RECUEIL

DES

ACTES DU COMITÉ DE SALUT PUBLIC

AVEC LA CORRESPONDANCE OFFICIELLE

DES REPRÉSENTANTS EN MISSION

ET LE REGISTRE

DU CONSEIL EXÉCUTIF PROVISOIRE

PUBLIÉ

PAR F.-A. AULARD

PROFESSEUR D'HISTOIRE DE LA RÉVOLUTION FRANÇAISE À LA FACULTÉ DES LETTRES DE PARIS

TABLE ALPHABÉTIQUE

DES CINQ PREMIERS VOLUMES

PARIS

IMPRIMERIE NATIONALE

M DCCC XCIII

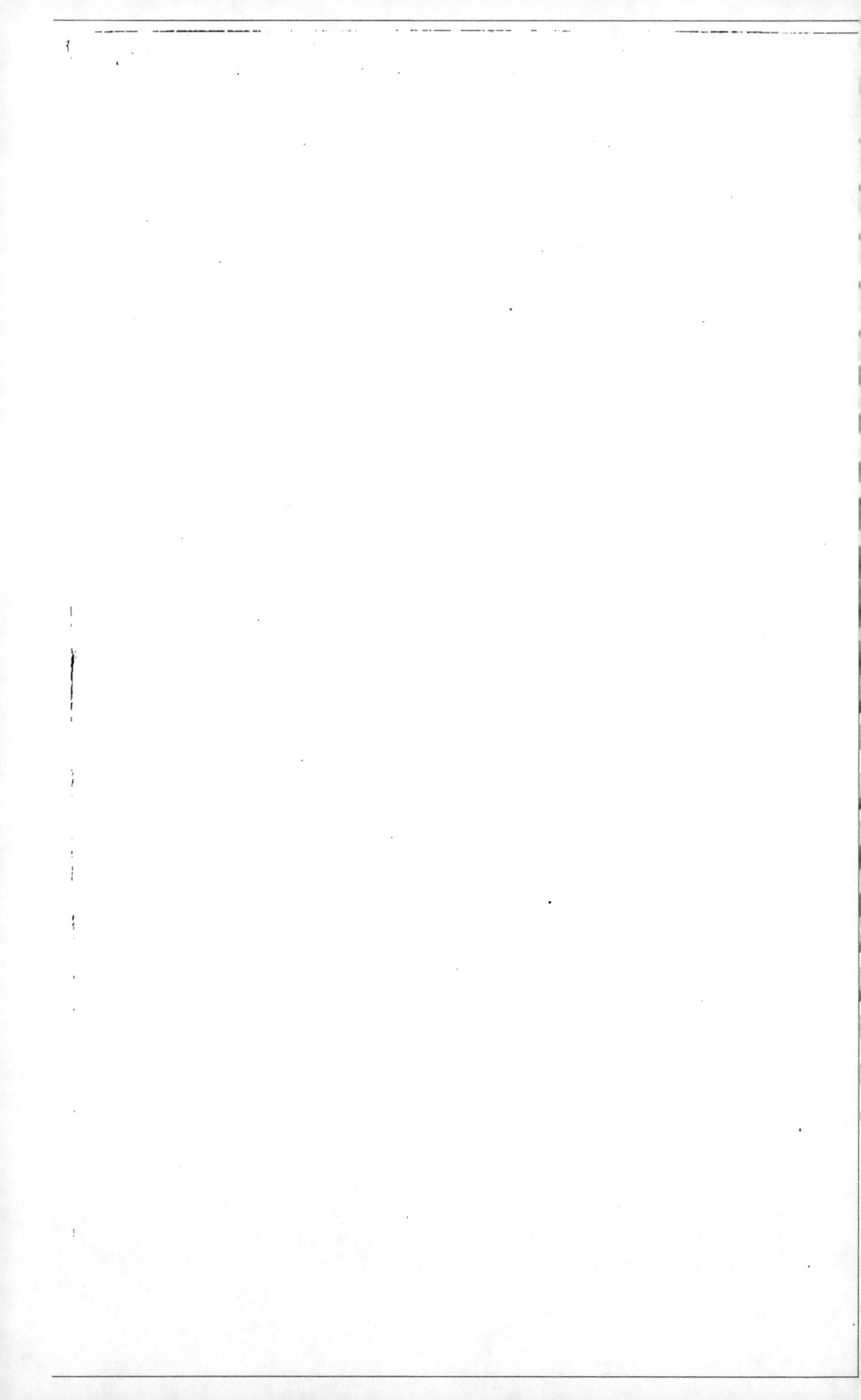

COLLECTION

DE

DOCUMENTS INÉDITS

SUR L'HISTOIRE DE FRANCE

PUBLIÉS PAR LES SOINS

DU MINISTRE DE L'INSTRUCTION PUBLIQUE

Par arrêté du 3 septembre 1888, M. le Ministre de l'instruction publique et des beaux-arts, sur la proposition de la section des sciences économiques et sociales du Comité des travaux historiques et scientifiques, a ordonné la publication du *Recueil des actes du Comité de salut public*, par M. AULARD.

M. DE ROZIÈRE, membre de l'Institut, a suivi l'impression de cette publication en qualité de commissaire responsable.

SE TROUVE À PARIS

À LA LIBRAIRIE HACHETTE ET Cⁱᴱ

BOULEVARD SAINT-GERMAIN, 79

RECUEIL

DES

ACTES DU COMITÉ DE SALUT PUBLIC

AVEC LA CORRESPONDANCE OFFICIELLE

DES REPRÉSENTANTS EN MISSION

ET LE REGISTRE

DU CONSEIL EXÉCUTIF PROVISOIRE

PUBLIÉ

PAR F.-A. AULARD

PROFESSEUR D'HISTOIRE DE LA RÉVOLUTION FRANÇAISE À LA FACULTÉ DES LETTRES DE PARIS

TABLE ALPHABÉTIQUE

DES CINQ PREMIERS VOLUMES.

PARIS

IMPRIMERIE NATIONALE

M DCCC XCIII

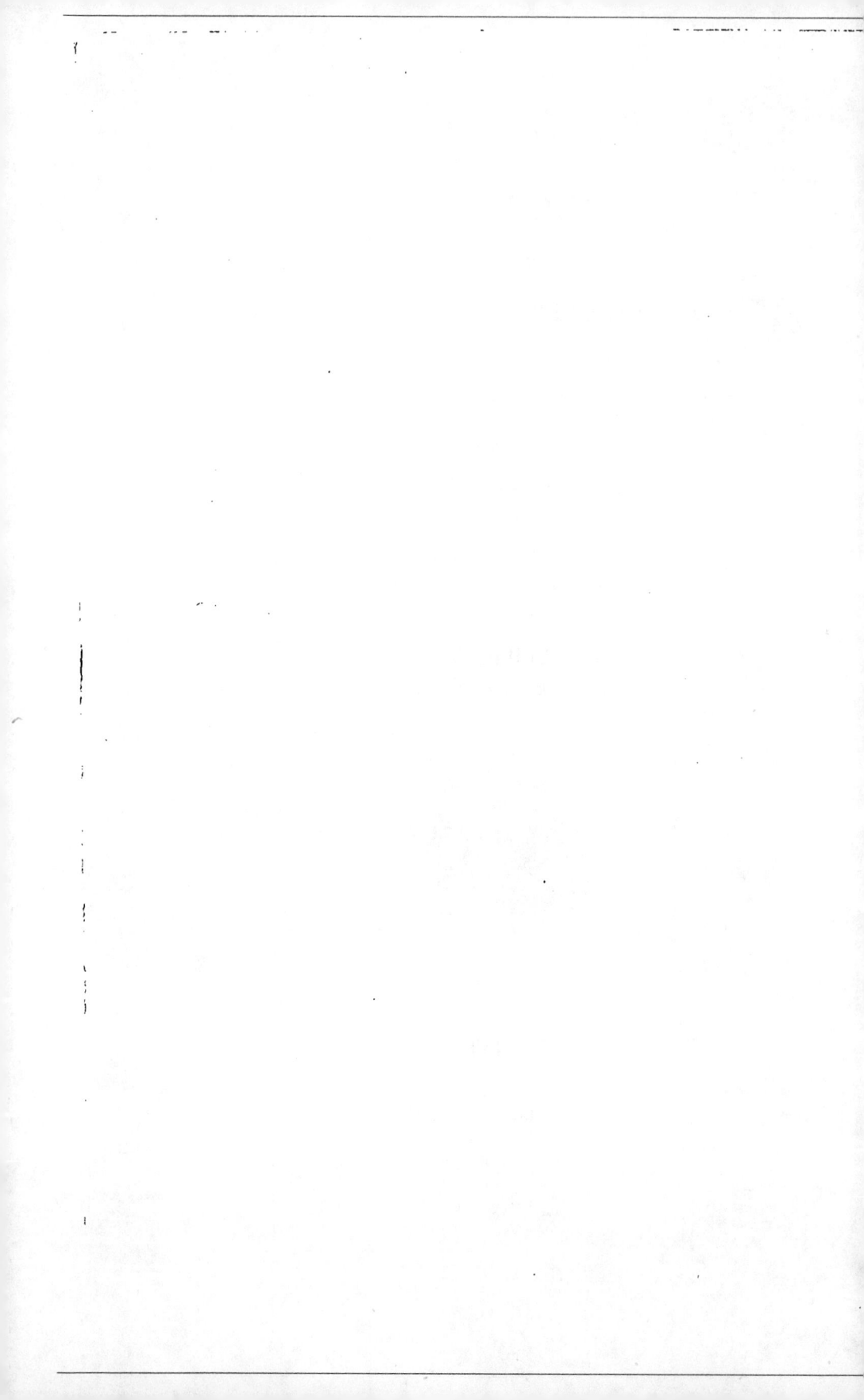

AVERTISSEMENT.

Au début de cette publication, nous n'avions pu fixer qu'approximativement le nombre des volumes qui devaient la composer, parce qu'il fallait en avoir entièrement achevé la préparation pour arriver à une idée précise des éléments qui en feraient partie. Il s'est trouvé que les arrêtés du Comité de salut public et la correspondance des représentants en mission, dont on croyait qu'une grande partie avait disparu, subsistaient à peu près en entier dans les divers dépôts d'archives, et il s'ensuit que ce recueil, qui devait compter huit à dix volumes, en demandera environ quinze.

Dans ces conditions, il y avait un grave inconvénient à attendre, pour imprimer la table, l'achèvement d'une publication qui exigera peut-être autant d'années qu'elle comptera de volumes. Il nous a paru que nous rendrions service au lecteur en lui donnant dès maintenant la table des tomes I à V, et il a été décidé par la Commission compétente qu'à l'avenir il paraîtrait une table toutes les fois que cinq volumes auraient paru.

Voici quelle méthode nous avons suivie pour la rédaction de cette table, qui est à la fois analytique et alphabétique.

Il ne fallait pas songer à faire un dépouillement analytique de toutes les choses et de tous les noms sans exception qui figurent dans le texte. Un semblable travail serait aussi étendu que le texte même et demanderait un aussi grand nombre de volumes, surtout pour un recueil où les noms de personnes et de lieux abondent.

Notre but a été de mentionner toutes les notions essentielles, tout ce qui peut être vraiment utile à l'historien, tout ce qui peut servir à le guider dans ses recherches sur l'histoire du Comité de salut public, des représentants en mission et du Conseil exécutif provisoire.

Quand un nom est cité en passant, par allusion ou par comparaison, et quand le rappel de ce nom est peu utile à la connaissance des faits qui font l'objet de ce recueil. nous l'avons passé sous silence. Mais nous avons pris soin de ne rien omettre de ce qui fait connaître le Comité de salut public, les représentants en mission et le Conseil exécutif provisoire.

On trouvera, au mot *Représentants en mission*, le rappel de tous les décrets relatifs à l'envoi de ces représentants, lesquels s'appelèrent d'abord *Commissaires de la Convention,* mais que nous avons cru devoir ne désigner dans la table que sous le titre de *Représentants en mission.*

On n'aura pas aux mots *Comité de salut public, Représentants en mission, Conseil exécutif provisoire,* tout ce qui concerne ces trois objets; c'eût été analyser tout ce recueil. Mais on y aura ce qu'il est utile de savoir sur l'organisation du Comité, des missions et du Conseil exécutif.

Les noms de famille ne se trouvent, dans cette table, accompagnés des prénoms que quand c'est nécessaire pour éviter toute confusion. Nous avons cru cependant devoir toujours donner les prénoms des conventionnels, parce que dans ce recueil ils jouent le premier rôle.

Nous avons voulu être aussi bref et aussi clair que possible, et avons tâché, en éliminant tout le détail inutile, tout ce qui retarde ou égare la recherche rapide d'un renseignement, de donner tout l'essentiel.

Enfin, cette table nous a permis, en plus d'un cas, de compléter les précédents *errata,* surtout en ce qui concerne l'orthographe des noms propres.

F.-A. A.

RECUEIL

DES

ACTES DU COMITÉ DE SALUT PUBLIC,

AVEC LA CORRESPONDANCE OFFICIELLE

DES REPRÉSENTANTS EN MISSION

ET LE REGISTRE

DU CONSEIL EXÉCUTIF PROVISOIRE.

———————————— ➤◁•◁ ————————————

TABLE ALPHABÉTIQUE

DES CINQ PREMIERS VOLUMES.

Les noms de personnes sont en petites capitales; les noms de lieux et de choses sont en italiques.

A

Aarau (Suisse). — Diète dans cette ville, I, 155.

Abbeville (Somme). — Opérations de Pocholle et Saladin, III, 247. — Opérations des représentants aux côtes de Lorient à Dunkerque, 565, 613. — Opérations d'André Dumont, V, 463.

ABOVILLE (D'), capitaine d'infanterie. — Se constitue prisonnier, I, 137.

ABOVILLE (D'), général. — Commande l'armée de la Moselle, II, 190.

Accusateurs militaires. — Arrêtés les nomment, IV, 404, 405, 442, 475-476; V, 115, 225.

ACTON (Joseph), premier ministre du roi de Naples. — Fait remettre à la Porte un mémoire contre Sémonville, I, 189. — Notice biographique, *ibid.* — Boisset et Bayle demandent vengeance contre lui, III, 19.

ADAM, commissaire national en Belgique, I, 345.

ADAM (Guillaume), habitant de Carignan. — Est chargé d'acheter des chevaux à l'étranger, V, 533.

ADET. — Est nommé adjoint au ministre de la marine, III, 405.

Aeltre (Belgique). — Annexion de cette localité à la France, II, 404.

Aérostats. — Arrêté sur l'emploi des aérostats dans les armées, V, 414, 415.

AFFRY (Louis-Auguste-Augustin, comte D'), ex-colonel des gardes suisses. — Notice biographique, I, 51. — Demande la levée des scellés apposés sur les papiers de son régiment, 52.

Agde (Hérault). — Transfert à Narbonne de 90 canons qui se trouvaient dans le port d'Agde, IV, 475.

Agen (Lot-et-Garonne). — Nomination de

Farjon à la direction de la régie d'Agen, III, 404. — Opérations de Garrau et Paganel, IV, 49. — Et de Garrau seul, V, 175. — Et de Treilhard et Mathieu. 314.

Agents du Conseil exécutif. — Mesures relatives à leurs passeports, I, 34.

Agents secrets. — Le Conseil exécutif décide de ne plus envoyer en Angleterre que des agents secrets, I, 30. — Des agents secrets sont envoyés dans les départements, III, 265.

AGEROXT, volontaire de l'Isère. — Sa belle conduite, I, 104.

Aignan (Gers). — Insurrection dans ce canton, II, 571.

AILHAUD, commissaire civil à Saint-Domingue. — Est mis en arrestation, I, 380. — Levée des scellés apposés dans son domicile, 411.

Ain (Département de l'). — Mission d'Amar et de Merlino dans ce département, II, 303, 307. — Lettres de ces représentants, 429; III, 6, 108, 341, 346, 364; IV, 74. — Mission de Reverchon et de Laporte, V, 243. — Lettres de ces représentants, 342, 358, 398, 412, 454, 504.

Aisne (Département de l'). — Suspension du directoire de ce département, I, 9, 12. — Troubles au sujet des subsistances, 211. — Envoi de représentants dans ce département, 212. — Mission de Deville et de Saint-Just, II, 302, 305. — Lettres de ces représentants, 497, 666. — Un arrêté du directoire de ce département, qui avait exclu les frères Meslier des salles de ventes des domaines nationaux, est cassé, III, 268. — Lettre des administrateurs de l'Aisne, 300. — Irrégularité d'un arrêté de ce département, 369. — Mission de Saint-Just, V, 290. — Mission de Collot d'Herbois, Isoré, Lejeune et Lequinio, 444. — Lettres de ces représentants, 476, 489. — Arrêté relatif à leur mission, 497. — Lettres des représentants, 500, 503.

Aix (Ile d'). — Les représentants visitent cette île, II, 321. — Échec des mesures prises pour sa défense, IV, 345.

Aix-en-Provence (Bouches-du-Rhône). — Situation de cette ville en mars 1793, II, 370, 372. — Attitude antimontagnarde d'un bataillon d'Aix à Lyon, 386. — Esprit de la ville d'Aix en mai 1793, IV, 306. — Violation du secret des lettres, 366.

Aix-la-Chapelle (Allemagne). — Mauvaise conduite des soldats français dans cette ville, I, 256, 369. — Lettre des représentants datée d'Aix-la-Chapelle, 403. — Instruction pour ses sections rédigée par Dampierre, 448, 449. — Opérations des représentants, 470-472. — Évacuation de cette ville par l'armée française, II, 244, 249, 250. — Des bourgeois d'Aix-la-Chapelle tirent sur les troupes françaises, 320.

Aizenay (Vendée). — Évacuation de cette localité par les rebelles, III, 547.

Alauzet, receveur principal des douanes. — Est nommé directeur des douanes à la Rochelle, III, 355.

Albert de Saxe. — Somme la ville de Lille de se rendre, I, 102.

Albert le Sarmate, colonel. — Voir Turski.

Albitte (Antoine-Louis), député de la Seine-Inférieure à la Législative et à la Convention. — En mission dans les départements, I, LXII. — En mission à l'armée des Alpes, III, 539 à 544. (Voir ses lettres au mot Armée des Alpes.) — Notice biographique, 539. — Lettres de sa main, V, 74, 76. — Il prend part à l'expédition du général Carteaux contre les rebelles marseillais, 277.

Alcais, maire de la Canourgue. — Il fait arrêter plusieurs chefs de rebelles, IV, 52.

Alcudia (don Manuel de Godoï, duc de l'). Voir Godoï.

Alexandre (Charles-Alexis), ancien commandant du bataillon des Gobelins. — Notice biographique, I, 59, 60. — Reçoit une indemnité de 12,000 livres, 60. — Les représentants dans le Mont-Blanc demandent son maintien dans les fonctions de commissaire général ordonnateur de l'armée des Alpes, II, 352. — Rapport sur cette affaire, 573. —

Il est nommé ministre de la guerre, V, 35. — Notice biographique, 35. — Retrait de cette nomination, 49.

Alger. — Le dey d'Alger remercie la France, I, xxvi. — Déclaration du Conseil exécutif au dey d'Alger, 254-255. — Instructions données à un négociateur français chargé de traiter avec lui, 414. — Mesures prises par les représentants relativement à deux chébecs algériens, II, 323, 398. — Le dey d'Alger reconnaît la République, IV, 345. — Il est invité à réprimer l'audace de ses corsaires, 477. — Affaire du citoyen Kercy, V, 114.

Allarmont (principauté de Salm). — Cette ville est incorporée au département des Vosges, II, 248.

Allemagne. — La diète de Ratisbonne déclare la guerre d'Empire contre la France, I, 349.

Allier (Département de l'). — Mission de Fauvre-Labruncrie et de Forestier, II, 303, 316, 317. — Lettres de ces représentants, 411, 466, 526; III, 6.

ALLOBROGES (Convention nationale des). — Quelques habitants de Chambéry demandent son retour, II, 33.

ALLOBROGES (Légion des). — Sa mauvaise conduite à Annecy, I, 474. — Elle est envoyée à Perpignan, IV, 558.

Alost (Belgique). — Mauvaises dispositions des habitants de cette ville à l'égard de la France, II, 183.

Alpes-Maritimes (Département des). — Envoi dans ce département des conventionnels Grégoire et Jagot, I, 277. — Rapport sur leur mission, 277, 278. — Ils passent à Toulon, II, 238. — Mission de Roubaud et de Despinassy dans le Var et les Alpes-Maritimes, 303, 307. — Lettres des représentants Grégoire et Jagot, 326, 361, 378, 483. — Remontrances du Comité de défense générale à Grégoire, 572. — Lettres des représentants Grégoire et Jagot, III, 29, 77. — Organisation de ce département, 78. — Lettre des représentants Roubaud et Despinassy, 106. — Lettres de Grégoire et Jagot, 107, 277, 381, 401. — Lettre de Roubaud et Despinassy, 443. — Lettre de Grégoire et Jagot, 560. — Lettre de Despinassy et de Roubaud, IV, 247, 327. — Le département des Alpes-Maritimes accepte la constitution, V, 388.

ALQUIER (Charles-Jean-Marie), ex-constituant, député de Seine-et-Oise à la Convention. — En mission dans le Nord et le Pas-de-Calais, I, LVI. — En mission à Lyon à la place de Legendre, 61. (Voir ses lettres au mot *Lyon.*) — Notice biographique, *ibid.* — En mission à l'armée des Côtes de Brest, 540 à 544. (Voir ses lettres au mot *Armée des Côtes de Brest.*) — Il donne sa démission de ces fonctions, IV, 85.

Alsace. — Volontaires alsaciens envoyés contre les Vendéens, IV, 349.

Altkirch (Haut-Rhin). — Opérations de Haussmann et Pflieger dans cette ville, III, 478.

Alzey (Allemagne). — Opérations de Custine près de cette ville, II, 561.

AMABERT, adjudant général. — C.-A. Prieur et Romme le gardent à l'armée de Cherbourg, IV, 489.

AMAR (Jean-Pierre-André), député de l'Isère à la Convention. — Sa mission avec Merlino dans l'Ain et l'Isère, II, 303, 307. (Voir ses lettres au mot *Ain.*) — Est désigné pour une mission dans le Mont Blanc, III, 214 à 217. — Notice biographique, 214. — Lettres de sa main, 347; IV, 78.

AMAUDRU, adjoint au commissaire national Gadolle à Ostende. — Éloge de son patriotisme, II, 181.

Amboise (Indre-et-Loire). — Les conventionnels Longchamp, Villers et Couthon sont appelés dans cette ville, I, 299. — Projet d'y établir une manufacture d'armes, III, 610, 611.

AMELOT, ancien intendant de Bourgogne, commissaire administrateur de la Caisse de l'Extraordinaire. — Envoie l'état des employés de son administration, I, xxxiii.

— Instructions que lui donne le Conseil exécutif, 30. — Est entendu par ce Conseil, 44.

Amiens (Somme). — Présence dans cette ville des conventionnels Le Febvre, Tellier et Lidon, I, 253. — Opérations des représentants, 523-526; III, 68, 69. — Mission de Dumont et de Chabot, V, 351. — Opérations de Dumont et de Le Bon, 548.

Ascard. — Est nommé commissaire à Cassel, IV, 145.

Ancenis (Loire-Inférieure). — Les royalistes lèvent le siège de cette ville, II, 471, 472. — Les troupes républicaines y entrent, V, 196, 214. — La constitution y est proclamée en grande pompe, 305, 417. — Opérations de Philippeaux, 432. — Et de Cavaignac et Turreau, 531.

Andaud, membre de la commune, commissaire du Conseil exécutif, I, 38.

André (D'), membre de la Constituante. — Sa motion du 21 juin 1791, I, LV.

Anger, membre du district de Rennes. — Est nommé accusateur militaire, IV, 405.

Angers (Maine-et-Loire). — Opérations des représentants, II, 405, 406, 421, 448, 471, 496, 497; III, 11-12, 141, 160, 231 à 233, 375, 430 à 435. — Angers fait le plus mauvais accueil aux patriotes et à ceux qui volent au secours de la patrie, IV, 3. — Opérations des représentants, 43, 60, 270. — Évacuation d'Angers par les républicains, 547. — Ils y rentrent, V, 214. — Les représentants à l'armée des Côtes de la Rochelle y forment une commission centrale. 237, 253. — Opérations de Philippeaux, 397, 410. — Et de Turreau, 541.

Angleterre. — Ses armements en 1792, I, LI. — Rappel de l'ambassadeur d'Angleterre à Paris, I, 26. — Le Conseil exécutif décide de continuer les négociations avec Pitt, 300. — Le département du Calvados s'effraie des tentatives menaçantes de l'Angleterre, 367. — Le Conseil exécutif prend des mesures pour préserver le commerce des colonies en cas de guerre avec cette puissance, 368. — Mesures rigoureuses prises par le gouvernement anglais contre les étrangers, 370. — Discours de Kersaint sur les précautions à prendre contre l'Angleterre, 376. — Dépêches de Chauvelin, 451. — Mesures prises par le Conseil exécutif à l'égard des courriers venant d'Angleterre, 452. — Plan de campagne contre les Anglais dans les Indes, 453. — Discussion au Comité de défense générale sur la guerre avec l'Angleterre, II, 9. — Le cabinet de Londres rappelle son ambassadeur à Paris et renvoie Chauvelin après la mort de Louis XVI, 21, 22, 26. — Le Brun demande à l'Angleterre de laisser libre la communication entre Calais et Douvres, 31. — Manifeste français sur la déclaration de guerre, ibid. — Situation de l'Angleterre en janvier 1793, d'après Chauvelin, 38, 39. — Débat au Comité de défense générale sur les Anglais résidant en France, 48, 49. — L'Angleterre projette une descente entre le Havre et Dieppe, 50. — Débat au Comité de défense générale sur la rupture du traité de commerce et sur les relations par Boulogne avec l'Angleterre, 51. — Interdiction d'introduire en France des marchandises manufacturées provenant des États de la Grande-Bretagne, 53. — Véritables dispositions de l'Angleterre à l'égard de la France, 56. — Arrêtés du Conseil exécutif sur les relations maritimes avec l'Angleterre, 57. — Projet de négociations entre Dumouriez et le ministre anglais à la Haye, 57. — Le Conseil exécutif s'y oppose, 67. — Un service de paquebots est autorisé pendant la guerre entre la France et l'Angleterre, 111. — Le ministre anglais à Madrid pousse l'Espagne à faire la guerre à la France, 147. — L'Angleterre médite une attaque contre la Belgique, 152. — Des passeports sont exigés pour aller en Angleterre ou en venir, 194, 242, 243. — Projet de

descente des Anglais en Bretagne, 589.
— Interception des communications entre
Calais et Douvres, 591. — Négociations officieuses entreprises par James
Matthews, III, 34, 167. — Rapport de
Brissot sur l'Angleterre, 81. — Autre
rapport du même sur le même sujet,
ibid. — Et sur la déclaration de guerre
de la France à l'Angleterre, 82. — Deux
paquets venant d'Angleterre sont appor-
tés au Comité de salut public, III, 220,
226. — Mesures prises pour répandre
en Angleterre la circulai.e de la Convention au peuple anglais, 325. — On reprend aux Anglais deux bâtiments, 355.
— Le Comité de salut public ordonne
d'ouvrir toute correspondance pour ou
de l'Angleterre, 368. — Proposition
pour faire passer en Angleterre un grand
nombre d'exemplaires du manifeste de
la Convention, 369. — Duquesnoy et
Carnot s'élèvent contre l'idée de rétablir les communications avec l'Angleterre, IV, 86, 87. — Le bruit court
qu'une flotte est sortie des ports d'Angleterre, 127. — Six vaisseaux anglais
ont été vus à l'entrée de la Manche,
139, 188. — Les parlementaires anglais
se conduisent en espions, 203-204. —
Réponse de lord Grenville à Le Brun,
415. — Des prisonniers évadés offrent
au Comité de salut public des renseignements sur l'Angleterre, 462. — Une
flotte anglaise sort de Portsmouth, 464.
— Délibération du Comité et du Conseil sur les propositions de l'Angleterre,
484, 485, 486. — Mission de Forster
et Pétry, 486, 586, 594 — Autres
négociations secrètes, V, 45, 46. —
Instructions données à Forster et à Pétry,
ainsi qu'aux commissaires envoyés à
Londres pour y traiter de l'échange des
prisonniers, 324. — Apparition d'une
escadre anglaise sur les côtes de Bretagne, 465, 476. — Intrigues de l'Angleterre en France, 474. — Mesures
prises contre l'éventualité d'un débar-
quement, 556.

ANGLETERRE (D'), garçon de bureau du
Conseil exécutif. — Fixation de ses
appointements, I, 447.

Angoulême (Charente). — Opérations de
Guimberteau et de Bernard dans cette
ville, IV, 253.

ANISSON-DUPERON, directeur de l'Imprimerie
royale. — Demande un acompte sur les
sommes qui lui sont dues, I, 48.

Annecy (Mont-Blanc, aujourd'hui Haute-
Savoie). — Le représentant Simond séjourne dans cette ville, III, 187. —
Destitution du district d'Annecy, IV,
200.

ANSELME (J.-B.-M. D'), lieutenant général.
— Appelé au commandement de l'armée
du Midi, I, 35. — Notice biographique,
ibid. — Commandant de l'armée des
Hautes et Basses-Alpes, 91. — Conquiert le comté de Nice, 104. —
Est chargé de prendre part à l'expédition de Sardaigne, 123. — Reçoit
l'ordre de ne pas licencier les volontaires marseillais, 133. — Est désavoué
par le Conseil exécutif pour avoir de-
mandé à la république de Gênes un
emprunt de 6 millions, 213-214. —
Est rendu indépendant de Montesquiou
et commande en chef à Nice, 214. —
Exactions commises par son armée, 248.
— Il est décrété d'arrestation, 249. —
Le Conseil exécutif le blâme pour avoir
organisé un tribunal à Nice, 250. —
Témoignage de Grégoire sur les excès
commis par ses troupes, 278. — Est
remplacé par Biron dans le commandement de l'armée du Var, 336. — Attitude des conventionnels en mission à
son égard, 362, 450. — Est mandé
par le Comité de défense générale, II,
53, 57. — Horreurs commises sous son
commandement, III, 29. — Levée des
scellés apposés sur ses papiers, IV, 477.

ANTOINE (François-Paul-Nicolas), maire
de Metz, député de la Moselle à la Convention. — Obtient du Conseil exécutif
des mesures pour la défense de la ville
de Metz, I, 41, — Refuse d'aller en
mission dans le Doubs, 120. — Ses opérations à Nancy, II, 160-162. — En

mission dans la section du Bon-Conseil, 286. — En mission dans la Meurthe et la Moselle avec Le Vasseur, 302, 305. (Voir ses lettres au mot *Meurthe*). — Notice biographique, 503. — Sa santé l'empêche de reprendre à Paris son poste à la Convention nationale, IV, 91. — Il obtient un congé, 176.

Antiboul (Charles-Louis), député du Var à la Convention. — Est envoyé en mission en Corse, IV, 382. (Voir ses lettres au mot *Corse*.) — Notice biographique, *ibid*. — Son arrestation à Aix, V, 44, 56.

Antilles. — Avis donnés par la France aux colons de ces îles de pourvoir seuls à leur sûreté, II, 27.

Antoine (J.), secrétaire des commissaires de la Convention dans la principauté de Salm, II, 247.

Antoing (Belgique). — Annexion de ce lieu à la France, II, 414.

Antonelle, député à l'Assemblée législative. — Envoyé en mission, I, LIX, 16.

Anvers (Belgique). — Le Conseil exécutif décide de fortifier cette ville, I, 300. — Envoi de Trouguet-Saint-Michel et de Collin, 457, 459. — Rapport des représentants sur la situation politique d'Anvers, 485, 489, 490. — Marchés passés par Petit-Jean dans cette ville, II, 232. — L'armée de Hollande reçoit l'ordre de la défendre, 518. — Congrès tenu dans cette ville en avril 1793, III, 280.

Anzin (Nord). — L'avant-garde de l'armée est attaquée sur la hauteur d'Anzin, IV, 105.

Aoust (Eustache-Jean-Marie, marquis d'), député du Nord à la Convention. — Envoyé en mission dans le Nord. — Notice biographique, I, 77. (Voir ses lettres au mot *Nord*.) — Est malade à Douai, 230. — Lettre de sa main, 263.

Aran (Val d'). — Plan d'invasion de cette vallée, II, 373. — Ses habitants volent leur réunion à la France, IV, 565.

Arbanère, président du tribunal criminel de la Haute-Garonne. — Candidat au ministère de la justice, II, 439.

Arbres de la liberté. — Plantation d'un chêne au Carrousel, II, 15. — Libelles affichés sur un arbre de la liberté à Lyon, 200. — Cet arbre est incendié, 203. — L'arbre de la liberté est détruit à Brassac, 508. — A Sauviac et à Sarrant (Gers), 571. — Deville et Milhaud en plantent un sur la frontière, 419.

Archier, député à la Législative. — Est envoyé en mission, I, LXIII.

Archives nationales. — Les pièces relatives au décès de Louis XVI y sont déposées, III, 62.

Arçon [1] (Le Michaud d'), général. — Le Comité de défense générale lui demande des renseignements sur l'état des frontières des Alpes, II, 49. — Notice biographique, *ibid*. — Il donne au Comité les renseignements demandés, 64, 65. — Est suspendu de ses fonctions, 66. — Sa lettre à ce sujet, 73. — Dumouriez veut l'employer, 118. — Est réintégré, 119. — Sa lettre sur la prise de Breda, 227. — Assiège la place de Willemstad, II, 231.

Ardèche (Département de l'). — Mission de Gleizal et de Servière, II, 303, 309. — Ardeur des sentiments catholiques dans l'Ardèche, 310. — Lettres des représentants, 438, 507, 559, 595; III, 5, 6, 21, 74, 295, 324. — Dans ce département 10,000 hommes sont prêts à renouveler les scènes de la Vendée et des Deux-Sèvres, 345. — Lettres de Gleizal, 347, 400, 419, 463, 464, 481; IV, 52. — Arrêté du département de l'Ardèche qui porte concession aux citoyens Chauveau et Ferrand du droit d'exploiter pendant 50 ans une mine de charbon située dans les paroisses de Chaneac et d'Arcens, 84. — Le tribunal de l'Ardèche juge les complices de du Saillant, V, 264.

Ardennes (Département des). — Commissaires de l'Assemblée législative en-

¹ Et non *Parson*. — Voir l'erratum du tome II.

voyés. dans ce département, I, 17. —
Le directoire est autorisé à faire des
coupes de bois extraordinaires, II, 52.
— Mission de Deville et de Saint-Just,
302, 305. — Lettre de ces représentants, III, 376. — La majorité du département veut faire la contre-révolution,
IV, 489. — L'administration se plaint
d'avoir reçu la constitution trop tard, V,
281.

ARÉNA (Barthélemy), ex-député de la Corse
à la Législative. — Commissaire du
Conseil exécutif auprès du général d'Anselme, I, 123, 124. — Il est arrêté par
les ordres de Paoli, et élargi par les représentants en mission, III, 263. —
Participe à la défense de Calvi contre les
rebelles, IV, 451.

ARÉNA, payeur provisoire en Corse. — Dénonciation contre lui, II, 608-609; III,
171. — Annonce aux représentants que
sa caisse est en règle, 204.

Argentan (Orne). — La municipalité de
cette ville intercepte un courrier de
Wimpffen, V, 132.

Argenton-Château (Deux-Sèvres). — Prise
de cette ville par les insurgés vendéens,
III, 616; IV, 5.

Argenton-le-Peuple. — Voir Argenton-Chá-
teau.

Ariège (Département de l'). — Mission de
Fayau et de Gaston, II, 303, 311;
III, 276, 325. — Lettre de ces représentants, 379. — Lombard-Lachaux
craint une attaque du côté de l'Ariège,
IV, 51. — Délibération prise par ce département pour pourvoir à l'équipement
des volontaires qui se rendent à l'armée
des Pyrénées, 137.

Arles (Bouches-du-Rhône). — Formation
dans cette ville de deux clubs, celui des
amis de la liberté (les Monnayers) et
celui des contre-révolutionnaires (les
Chiffonnistes), III, 346.

Arles-sur-Tech. (Pyrénées-Orientales). —
L'ennemi occupe cette localité, III,
464.

Arlon (Belgique). — Prise de cette ville
par les Français. V, 15-17.

Armateurs. — Pétition des Armateurs de
la Liberté, II, 66, 118, 161, — Et des
Armateurs de Dunkerque, 217.

Armée. — Diverses pièces relatives aux
affaires militaires, I, xxxv, xxxvi. — Mesures prises pour la subsistance des
troupes, 34. — Affectation des édifices
publics de Paris au logement de gens de
guerre, 55. — Établissement de huit
armées, 76. — Tableau de cette nouvelle
division, 82. — Le 30ᵉ régiment proteste de son civisme, 172. — Le Conseil
exécutif arrête que les armées françaises
ne se reposeront pas avant d'avoir repoussé l'ennemi au delà du Rhin, 189.
— Le Conseil exécutif interdit aux généraux de conférer des grades sans l'autorisation du ministre de la guerre,
208, 209. — Et d'avoir aucune négociation politique avec l'ennemi, 222. —
Création d'une Légion nationale des Pyrénées, 256. — Réclamation des représentants en mission à Bayonne sur
la solde des troupes, 256, 257. —
Le Conseil exécutif élève les forces de
la France à 500,000 hommes, 463. —
Il délibère sur la situation des armées,
485, 499. — Questions posées au ministre de la guerre par le Comité de
défense générale, II, 1-2. — Rapport
de Beurnonville sur la situation militaire,
88, 108. — Situation des militaires prévenus de crimes et de délits, 150. —
Répartition nouvelle des armées de la
République, 228. — Débat au Conseil
exécutif sur l'emploi des officiers généraux, 271. — Débat au Comité de
défense générale sur les corps francs,
296. — Décret sur la solde, 326, 327.
— Observations de Grégoire et de Jagot
sur la nouvelle organisation militaire et
en particulier sur le mode d'avancement,
362, 364. — Dispositions militaires
contre les rebelles de la Vendée, 461.
— Adresse à l'armée rédigée par Lasource, III, 45. — Rapport de Lidon
sur l'organisation de la force armée, 82.
— Décret relatif aux missions aux
armées, 212. — Du Bois du Bois et Briez

sont d'avis d'amalgamer les bataillons de volontaires, 245. — Delmas propose des bases pour le mode de nomination des officiers, 265. — Les représentants aux armées du Nord demandent qu'on modifie les pouvoirs des généraux, etc., 271. — Décret qui autorise à former de nouveaux bataillons avec l'excédent des recrues, 283. — Carnot et Duquesnoy dénoncent le fléau des femmes et des filles qui suivent l'armée, 287. — Règlement concernant la solde des armées, 301. — Le Comité de salut public défend la formation de nouveaux bataillons, 310. — On discute à ce Comité le mode d'avancement dans l'armée, 352. — La Convention ordonne une revue extraordinaire de toutes les troupes de la République en avril 1793, 383. — Carnot et Duquesnoy demandent la suppression dans l'armée des mille et un corps étrangers, 390. — Le Comité approuve la rédaction d'une adresse à l'armée, 420. — Le Comité s'occupe des plans d'organisation des armées, 465. — Trahison à peu près complète du 20e régiment d'infanterie, ci-devant Cambrésis, 491. — Le Comité de salut public arrête que les volontaires seront sans délai incorporés dans les cadres existants, 507, 508. — Décret du 30 avril 1793 relatif à la formation des armées, 533. — Deville propose de donner à tous les soldats de ligne l'habit de garde-nationale, 585. — Mesures militaires prises contre les rebelles vendéens, 593. — Les principaux employés de l'administration sont exceptés du recrutement, 597. — Fonctions des représentants du peuple relativement aux armées, IV, 25. — Le Conseil exécutif veut maintenir la plus exacte discipline dans l'armée, 83. — Delmas présente à la Convention la liste des officiers choisis pour composer l'état-major des onze armées de la République, 137. — Lettre du Comité sur l'uniforme des troupes, 206. — Arrêté sur le commandement des armées, 239, 240.

Reconnaissance des conditions auxquelles les Vendéens ont mis des prisonniers en liberté, 308. — Projet de statistique de tous les citoyens en état de porter les armes, 343, 344. — Vols et désordres commis par les soldats français à Furnes, 419. — Organisation de bataillons d'infanterie de ligne et de bataillons de chasseurs, 430. — Le Comité de salut public charge Gasparin, Delacroix et Delmas de s'occuper de ce qui concerne la guerre, 540. — Milhaud et Deville demandent des renseignements sur le sens de la loi sur l'avancement, 546. — Observations des représentants à l'armée des Côtes de la Rochelle sur la solde des troupes, 597; V, 42. — Réflexions de Boffroy et de Sacy sur la situation des lieutenants-colonels en second des canonniers volontaires, 347. — Les chevaux de luxe de Paris sont mis à la disposition du ministre de la guerre, 352. — Mise en arrestation de tous les généraux qui se trouvent à Paris, 405. — Arrêté sur l'emploi des aérostats dans les armées, 414, 415. — Arrêté relatif aux états-majors, 472. — Fabrication de 500,000 piques, 479. — Prévarications des fournisseurs, 520. — Mesures pour le remplacement des hommes réformés, 529.

Armée de Dumouriez ou de Belgique. — Camus, Delacroix, Gossuin, Danton, Merlin (de Douai), Treilhard et Robert sont envoyés en mission près de cette armée, I, 282. — Résumé des opérations et des rapports de ces représentants, 283-286. — Leurs lettres à la Convention, 289, 304, 306, 307, 319. — Compte rendu de Camus sur l'état de cette armée, 317, 319. — Décret des 15 et 17 décembre 1792 sur la conduite à tenir dans les pays qu'elle occupe, 331-335. — Lettres des représentants, 337, 348, 349, 350. — L'armée de Belgique est commandée par Lanoue, puis par Valence, pendant le voyage de Dumouriez à Paris, 349. — Décret relatif à la mission en Belgique, *ibid.* —

Lettres des représentants, 354, 355, 356. — Extension de leurs pouvoirs, 355. — Augmentation de leur nombre, 364. — Autre lettre, 369. — Nouvelle extension de leurs pouvoirs, 370. — Autres lettres, 403, 412. — Dépêches du général Valence sur la situation de l'armée, 411. — Lettres des représentants, 442, 443, 448. — Libelle royaliste répandu dans l'armée, 442. — Lettres des représentants, 461, 452, 485, 487. — Décret relatif à leur mission, 497. — Lettre de Camus, ibid. — Rapport oral des représentants, II, 7, 12. — Leurs lettres, 16, 20. — Débat et décret sur leur mission, 34, 35. — Autres lettres, 35, 87, 89, 102, 112, 114, 123, 124, 125, 140, 145, 146, 149, 150, 151, 153, 159, 160. — Ils se divisent en trois groupes, 140. — Situation des soldats prévenus de crimes et de délits, 150. — Lettres des représentants, 168, 178, 184, 185, 205, 207, 212, 214, 217. — Décret relatif à leur mission en Belgique, 224. — Lettres des représentants, 230. — Décrets relatifs à leur mission, 243, 244, 248. — Lettres des représentants, 249, 250, 256, 264. — Décret relatif à leur mission, 271. — Autres lettres, 272, 276, 278, 288. — Décret relatif à leur mission, 317. — Autres lettres, 318, 320, 327, 335, 336. — Décret relatif à leur mission, 341. — Autres lettres, 350, 355, 365, 393. — Décret relatif à leur mission, 404. — Rapport oral de Camus, 441, 444. — Lettre des représentants, 445. — Arrêté du Conseil exécutif relatif à l'armée de Dumouriez, 461. — Décret relatif à la mission en Belgique, 463. — Lettres des représentants, 464, 493, 494. — Situation de l'armée de Dumouriez, 516, 517, 518. — Autres lettres, 545. — Mémoire sur l'état de cette armée, 553. — Le Comité de défense générale décide le maintien des représentants en Belgique, 554. — Lettre d'un de ces représentants, 555. — Rappel des représentants, 565. — Autre lettre,

566. — Mission de Camus, Lamarque, Bancal, Quinette et Carnot à l'armée de Dumouriez, 574. — Lettres des représentants Delacroix, Gossuin, etc., 577, 595, 596, 598. — Rapport de Treilhard sur cette armée, III, 1. — Lettre des représentants, 42. — Delacroix, Gossuin, Treilhard, Merlin et Robert sont entendus par le Comité de défense générale, 43. — Un état des officiers de l'armée de Dumouriez est dressé par la Convention, 45. — Rapport oral d'un des représentants à cette armée, 48-50. — Le général Dampierre est nommé commandant de cette armée, 59. — Détails sur la débandade de son camp, 96.

Armée de Hollande. — Est fusionnée avec celle du Nord, II, 518.

Armée de la Loire. — Collot d'Herbois et Laplanche requièrent des approvisionnements pour cette armée, III, 255.

Armée de la Moselle. — Est commandée par Kellermann, 1, 82. — Puis par Beurnonville; sa délimitation, II, 228. — Réquisition pour ses subsistances, 330. — Situation de cette armée, 557. — Beurnonville, blessé et prisonnier, est remplacé par Custine, III, 60. — Cette armée grossit tous les jours, 151. — Houchard en est nommé commandant sous les ordres du général Custine, 191. — Mesures relatives à cette armée, 220, 310, 325. — Elle est dans de bons principes, 339. — Le Comité de salut public confirme la nomination de Houchard, 422. — Mission auprès de cette armée, 534 à 544. — Le Comité de salut public approuve la nomination provisoire de Houchard au commandement des deux armées du Rhin et de la Moselle, IV, 129. — Dubois-Desprès, Valmont, Mourgoin et Gron sont nommés représentants près de cette armée, 145. — Lettres des représentants, 170, 262, 292, 304, 337, 375. — Mission du commissaire national Descamps, 355. — Lettres des représentants, 398, 411, 437, 505; V, 15, 43. — Mission de

Gentil (du Mont-Blanc), 5o. — Lettres des représentants, 92, 117. — Mission de Cusset, 120, 124. — Lettres des représentants, 180, 206. — Rappel de Maignet, 192. — Lettres des représentants, 253, 268, 298. — Mission de Richaud, 3oo. — Lettres des représentants, 316. — Mission d'Ehrmann, 337. — Lettres des représentants, 340, 349. — Mission de Lacoste et de Guyardin, 365. — Le général Landremont est proposé pour commander l'armée de la Moselle, 380. — Lettres des représentants, 381. — Décret relatif à la mission auprès de cette armée, 394. — Lettres des représentants, 427, 428. — Décret relatif à la mission auprès de cette armée, 431. — Mission de Prieur (de la Marne), Jeanbon Saint-André et Le Bas, 442. — Le général Ferrier est appelé au commandement de l'armée de la Moselle, 443. — Lettre des représentants, 453. — Décret relatif à cette armée, 463. — Lettres des représentants, 477, 484, 492, 519. — Mesures prises pour la réorganiser, 534. — Lettre des représentants, 543.

Armée de l'intérieur. — Commandée par Berruyer, I, 82. — Ce général veut qu'elle soit formée de 20,000 à 30,000 hommes, II, 417.

Armée de l'Ouest. — Recrues envoyées à cette armée, IV, 155, 174.

Armée de Mayence. — Bruit de la capitulation de cette armée, III, 588. — Combat livré par elle, IV, 171. — Sa situation, 177; V, 18, 19. — Elle capitule, 368, 381, 428, 429. — Envoi de l'armée de Mayence en Vendée, 440, 441, 442, 492, 504, 521. — Mise en liberté des officiers de l'état-major, 535.

Armée de Montesquiou. — Voir *Armée du Midi.*

Armée de Péronne. — Cellier et Varin sont nommés commissaires nationaux auprès de cette armée, IV, 145.

Armée de réserve. — Commandée par Berruyer; sa délimitation, II, 229; III. 534. — Son mode d'organisation, 592.

— La Porte, Barre et Bruslé sont nommés commissaires nationaux auprès de cette armée, IV, 145.

Armée des Alpes. — Fraudes commises par les fournisseurs de cette armée, I, 62. — Elle est commandée par Montesquiou, 82. — Sa situation, d'après les représentants dans le Mont-Blanc, 399, 437, 438; II, 81, 82. — Mesures pour son approvisionnement, 140. — Elle est commandée par Kellermann; sa délimitation, 228. — Elle se déclare contre Dumouriez, III, 187. — Arrêté du Comité relativement aux officiers d'état-major de cette armée, au remplacement des généraux qui doivent être rappelés, et aux mesures pour éloigner Bolidoux, 239. — Efforts de Lombard-Lachaux pour tirer du département de la Haute-Garonne des approvisionnements à l'usage de cette armée, 416. — Après avoir entendu Kellermann, le Conseil exécutif confirmera ou remplacera ce général au commandement de cette armée, 446. — Dornac remplit provisoirement les fonctions de commandant de cette armée, 446. — Mission auprès de cette armée, 534 à 544. — Marché proposé par le département du Mont-Blanc pour lui procurer des fusils, IV, 137. — Le Comité entend Kellermann sur la situation de cette armée, 138. — Elle est commandée provisoirement par le général Dornac, 144. — Blanchet, Gonard et Docqueret sont nommés commissaires nationaux près cette armée, 145. — Lettre des représentants, 246. — Kellermann commande en chef les armées des Alpes et d'Italie, 265. — Lettres des représentants, 293, 305, 315, 325, 342, 363, 399, 400, 420, 423, 438, 459, 471, 491. — Décret relatif aux pouvoirs de ces représentants, 478, 483. — Leurs lettres, 498, 510, 523, 539, 612; V, 22, 62, 73, 74, 118, 130, 276, 289, 343, 381, 419, 439, 467, 492, 505. — Mission d'Escudier et de Gasparin, 515. — Lettres des représentants, 534, 553, 563.

Armée des Ardennes. — Westermann est nommé commissaire national près de cette armée, I, 56. — Elle est commandée par Dumouriez, 82. — Puis par Valence; sa délimitation, II, 228. — Reçoit l'ordre de garnir les places, 518. — Envoi de représentants à l'armée du Nord et des Ardennes, III, 62, 64. — Laporte, Hentz et Thuriot sont proposés pour être envoyés comme représentants à cette armée, 168. — Laporte, Hentz et Deville y sont envoyés, 181, 213. — Lettre de Deville, Hentz et Laporte, III, 400. — Une compagnie des chasseurs de la Meuse est renvoyée dans l'intérieur, 420. — Lettres de Hentz, Laporte et Deville, 441, 463. — Mission près de cette armée, 534 à 544. — Lettres des représentants, 547, 584, 617; IV, 14, 91, 168, 252, 300. — Mission du commissaire national Du Fresne, 355. — Lettres des représentants, 360, 419, 488, 501, 530, 546, 563, 574. — Mission de Perrin, Calès et Massieu, 578, 589. — Lettres des représentants, 581; V, 7, 37, 79, 134, 157, 193, 236, 259, 266, 271, 281, 312, 354, 409. — Mission de Prieur (de la Marne), Jeanbon Saint-André et Le Bas, 442. — Lettres des représentants, 464, 477, 490, 509, 526, 530, 534, 541.

Armée des côtes. — Commandée par Wimpffen, I, 82. — Est mise sous les ordres de La Bourdonnaye; sa délimitation, II, 229, 461. — Faiblesse numérique de cette armée, 585. — Elle sera partagée, depuis la Garonne jusqu'à l'Authie, en trois divisions ou armées, III, 446.

Armée des Côtes de Brest. — Formation de cette armée et mission envoyée auprès d'elle, III, 534, 544. — Lettre des représentants, 546. — Cavaignac est nommé représentant près de cette armée par décret du 10 mai 1793, en remplacement d'Alquier, IV, 84, 85. — Lettres des représentants, 150, 151, 178, 234, 269, 348, 360, 384, 397, 408, 434, 435, 444, 456, 468, 479,

489, 494, 519, 531, 564, 574, 591, 596; V, 8, 37, 39, 71, 90, 116, 134, 145, 151, 158, 186, 196, 214, 228, 261, 267, 274, 282. — Mission de Bourbotte et de Turreau, 302. — Lettres des représentants, 305, 314, 329, 338, 348, 409, 417. — Mission de Ruelle, de Garnier (de Saintes) et de Méaulle, 444. — Lettres des représentants, 445, 465, 476, 491, 511, 531, 541, 550.

Armée des Côtes de Cherbourg. — Formation de cette armée et mission envoyée auprès d'elle, III, 534, 544. — Lettres des représentants, IV, 87, 150, 209, 229. — Délimitation de cette armée, 240. — Lettres des représentants, 291, 396, 408, 443, 456, 489, 501; V, 54. — Décret relatif aux pouvoirs de Le Cointre et de Prieur (de la Marne), 156. — Mission de Carrier et de Pocholle, 242, 547. — Lettres des représentants, 213, 261, 312, 326, 328, 347, 379, 417, 424, 425, 451, 464, 490, 509, 516, 517, 518, 523, 530.

Armée des Côtes de la Manche. — Cette armée va de Saint-Malo jusqu'à l'Authie et sera commandée par le général Canclaux, III, 446.

Armée des Côtes de la Rochelle. — Formation de cette armée et mission envoyée près d'elle, III, 534 à 544. — Lettre d'un des représentants à cette armée, 617; IV, 43. — Le département de la Seine-Inférieure a deux bataillons équipés et prêts à se joindre à cette armée, IV, 69. — Ronsin est nommé commissaire national auprès de cette armée, 71. — Elle reçoit des renforts, 81. — Jard-Panvillier et Lecointe-Puyraveau sont nommés, par décret du 10 mai 1793, représentants auprès de cette armée pour le département des Deux-Sèvres; Bodin et Ruelle, pour l'Indre-et-Loire; Creuzé-Pascal et Thibaudeau, pour la Vienne, 85, 86. — Lettres des représentants, 90, 170, 180, 210, 243, 257, 271, 291, 301. — Le Comité de salut public renonce à renforcer cette armée aux dé-

pens de celle du Nord, 328. — Mission
du commissaire national Guetevel de
Mamers, 355. — Lettres des représentants, 361, 374, 384, 385, 386, 397,
398, 406, 410, 420, 437, 444, 446,
469, 480, 490, 494, 503, 519, 520,
532, 535. — Rappel de Carra, 526,
545. — Lettres des représentants, 546,
547, 548, 565. — Mission de Turreau
(de l'Yonne) en remplacement de Julien,
556, 561. — Lettres des représentants,
581, 597, 598; V, 9, 10, 11, 29, 39,
40, 42. — Réduction à dix des représentants en mission auprès de cette
armée, 23, 49. — Lettres des représentants, 55, 71, 72, 79, 90, 91, 104,
105, 116, 117, 125, 127, 145, 158,
159. — Répartition des représentants
en deux groupes, 86. — Mission de Gasparin, 86. — Rapport oral de plusieurs
représentants, 119. — Lettres des représentants, 161, 171, 187, 197, 203, 214.
— Mission de Goupilleau (de Montaigu)
et de Ruelle, 202. — Lettres des représentants, 237, 253. — Réduction à
quatre des représentants auprès de cette
armée, 301. — Lettres des représentants,
305, 314, 338, 339. — Mesures pour
renforcer cette armée, 344. — Lettres
des représentants, 348, 355. — Arrêté
relatif à cette armée, 371. — Lettres des
représentants, 397, 398, 411. — Philippeaux dénonce le sybaritisme de cette
armée, 432. — Lettres des représentants, 433. — Maintien de Bourbotte,
444. — Arrêté du Comité de salut public relatif à cette armée, 446. —
Lettres des représentants, 452, 483,
503, 518. — Mission de Dubois de
Bellegarde, 547. — Lettres des représentants, 551.

Armée des Côtes de l'Ouest. — Cette armée,
commandée par le général Biron,
s'étendra depuis la Loire jusqu'à Saint-
Malo, III, 446.

Armée des Pyrénées. — Commandée par
Servan, I, 76, 82. — Sa délimitation,
II, 229. — Débat au Conseil exécutif sur
le commandement de cette armée, 376.

— Son dénuement, 603. — Projean,
Chaudron-Roussau, Bandot, Ysabeau,
Leyris et Garrau sont envoyés en mission
auprès d'elle, III, 215, 217. — Vols
sur les fournitures, 289. — Elle est
suspecte aux citoyens du Lot, 307. —
Lombard-Lachaux et Mailhe demandent
qu'on la fortifie, 308. — Nullité de
cette armée, 379. — Observations que
les représentants Ysabeau et Neveu ont
à faire à son sujet, 394. — Elle sera
divisée en deux parties, dont l'une sera
l'armée des Pyrénées orientales et l'autre
l'armée des Pyrénées occidentales, 422.
— Lettres de Projean, Bandot, etc.,
492. — Il sera envoyé à cette armée
tous les fusils disponibles de la manufacture de Saint-Étienne, 509. — Lettre
des représentants IV, 8. — Le Comité de
la guerre dit qu'il a été pourvu à l'approvisionnement des armées des Pyrénées, 98. — Délibération du département
de l'Ariège pour pourvoir à l'équipement
des volontaires qui se sont rendus à l'armée des Pyrénées, 137. — Borel est
nommé commissaire national auprès de
cette armée, 145.

Armée des Pyrénées occidentales. — L'armée des Pyrénées sera divisée en deux :
l'armée des Pyrénées orientales et l'armée des Pyrénées occidentales, III, 422.
— Réquisition du Comité de salut public pour faire partir pour l'armée des
Pyrénées occidentales quatre compagnies de canonniers avec vingt pièces
de canon de bataille, 522. — Mission
auprès de cette armée, 534 à 544. —
Envoi de vingt pièces de canon et de
quatre compagnies de canonniers, 553.
— Lettres des représentants, IV, 117,
233, 314, 375, 471, 490, 504, 520,
549; V, 14, 61, 73, 83, 106, 134,
137. — Décret envoyant le conventionnel
Ysabeau en mission près de cette armée,
157. — Lettres des représentants, 162,
175, 187, 204, 221, 238, 247, 262,
275, 297, 315, 316, 334, 356, 359,
367, 368, 379, 412, 513, 525, 553.

Armée des Pyrénées orientales. — L'armée

des Pyrénées sera divisée en deux : l'armée des Pyrénées orientales et l'armée des Pyrénées occidentales, III, 422. — Mission près de l'armée des Pyrénées orientales, 534, 544. — Le Comité arrête qu'on remettra aux représentants en mission auprès de cette armée des cartes décrivant le pays confié à leur administration, IV, 20. — Lettres des représentants, 79, 136, 183, 257. — Bataille et défaite du Mas-Deu, 258, 262. — Lettres des représentants, 315, 325, 336, 342, 363, 377, 378. — Projet de renforcer cette armée, 351, 352, 366, 367, 429. — Lettres des représentants, 427, 446. — Adjonction d'Espert à la mission à l'armée des Pyrénées orientales, 454. — Lettres des représentants, 472, 481. — Renforts envoyés à cette armée, 462, 483, 557, 558. — Lettres des représentants, 552, 555, 565, 566, 584, 585, 613. — Mission de Leffot et de Monestier (du Puy-de-Dôme), V, 3, 27. — Lettres des représentants, 106, 118, 130, 138, 147, 152, 178, 188, 199, 207, 215, 222, 223. — Mission de Cassanyès, 180, 191. — Arrêté pour renforcer cette armée, 190. — Lettres des représentants, 232, 238, 248. — Envoi de renforts, 256. — Lettres des représentants, 269, 279, 298, 308, 323, 334, 343. — Mesures pour renforcer cette armée, 344, 346. — Lettres des représentants, 348, 350, 363, 369, 383, 400, 412, 420, 439, 445, 459. — Les représentants ôtent le commandement au général Flers et le donnent à Barbantane, 459, 468. — Lettres des représentants, 484, 495, 520, 532, 554, 564.

Armée des Vosges. — Commandée par Custine, I, 82.

Armée d'Italie. — Le général Biron envoie le bulletin de cette armée aux commissaires de la Convention, II, 154. Elle est commandée par Biron: sa délimitation, 229. — Le général de division Brunet est nommé en remplacement de Biron, III, 446. — Mission près de cette armée, 534 à 544. — Saint-Preux, Lambert et Massoulard sont nommés commissaires nationaux, IV, 145. — Lettres des représentants, 216. — Brunet commande cette armée sous les ordres de Kellermann, 265. — Lettres des représentants, 277, 293, 305, 316, 326, 342, 350, 366, 378, 388, 400, 414, 440, 449, 473, 555, 576, 613; V, 29, 62, 76, 95, 269. — Missions de Robespierre le jeune, 301. — Et de Ricord, 325. — Lettres des représentants, 350, 383, 400. — Adjonction de Fréron et de Roubaud à la mission près l'armée d'Italie, 391, 402. — Lettres des représentants, 484, 495. — Mission d'Escudier et de Gasparin, 515.

Armée du Midi. — Mission de Dubois-Crancé, Gasparin et Lacombe Saint-Michel à l'armée du Midi, commandée par Montesquiou, I, 68. — Circonstances et résumé de cette mission, 68-70. — Lettres des représentants, 91, 104, 114.

Armée du Nord. — Commandée par La Bourdonnaye, I, 82. — Est placée sous les ordres de Dumouriez; délimitation des pays qu'elle occupe, II, 228. — Elle reçoit l'ordre de garnir les places de grande ligne, 518. — Dampierre est nommé commandant de cette armée, III, 59, 62. — Envoi de représentants 62 à 64. — Elle est forte de 25,000 hommes, 134. — Lapoype est nommé général de division à cette armée, 156. — Bellegarde, Cochon et Lequinio sont adjoints à la mission de du Bois du Bais et Briez, 176. — Esprit de cette armée, 182. — Lettre de Duhem et de Gasparin, 197. — Décret relatif à la mission près de cette armée, 212. — Gasparin, Duhem, Duquesnoy, Carnot, Briez, du Bois du Bais y sont envoyés en mission, 214 à 217. — Lettres de Gasparin, Duhem, Duquesnoy et Carnot, 226, 246. — Lettre du Comité de salut public aux représentants, 268. — Lettres de Duhem et Gasparin, 269 à 271, 287, 303, 314, 335, 361, 374,

390. — Décret relatif à cette armée, 405. — Lettres de Duhem et Gasparin, 413, 472, 488; — de Carnot et Duquesnoy, 514, 527. — Mission près de cette armée, 534 à 544. — Lettres des représentants, 545, 546, 557, 566, 583. — Briez et du Bois du Bais sont maintenus en mission près de cette armée, 602. — Lettres des représentants, 614; IV, 4, 60. — Le général Kilmaine en est nommé général en chef, 68. — Lettres des représentants, 72, 73. — Gossuin est nommé représentant près de cette armée, par décret du 10 mai 1793, en remplacement de Lequinio, 84. — Lettres des représentants, 86, 104, 111. — Le Comité de salut public approuve la nomination du général Custine au commandement en chef de cette armée, 129. — Lettre des représentants, 130. — Huguenin et Du Fresne sont nommés commissaires du Conseil exécutif provisoire, 144. — Lettres des représentants, 147, 148, 149, 168, 177, 193, 194, 207, 208, 209, 229, 241, 242. — Rapport oral de Duhem, 222. — Lettres des représentants, 268, 290, 298, 299, 300. — Rappel de Lequinio, Briez, Bellegarde et Courtois, 297. — Les représentants à l'armée du Nord se divisent en sections, 300. — Lettres des représentants, 312, 323, 324, 333, 347, 348, 359, 372, 384. — Le Comité de salut public renonce à renforcer l'armée de la Vendée aux dépens de celle du Nord, 327, 328. — Mission du commissaire national Philippe Viget, 355. — Mission des conventionnels de Sacy, Bollet et Beffroy, 382. — Lettres des représentants, 395, 407, 419, 434, 468, 487, 488, 501, 515, 516, 528. — Maintien de Courtois, 526, 544. — Lettres des représentants, 545, 573, 579, 580, 590, 596. — Mission de Méaulle, V, 3, 37. — Lettres des représentants, 7, 28, 35, 36, 50, 51, 54, 60, 61, 71, 79, 90, 102, 104, 116, 125, 133, 145, 150, 157, 170, 186, 212, 219, 226, 227, 228, 234,

235, 243, 244, 250, 251, 259, 265, 280, 294. — Mission de Charlier et de Servière, 301. — Lettres des représentants, 303. — Mission de Levasseur et de Le Tourneur (de la Sarthe), 325. — Diettmann est nommé commandant en chef, en remplacement de Custine, 336. — Lettres des représentants, 347, 353, 354. — Mission de Delcher et de Roux-Fazillac, 365. — Lettres des représentants, 366, 367. — Mission de Lacoste, 374. — Lettres des représentants, 374, 377, 378. — Diettmann refusant le commandement de l'armée du Nord, Houchard est proposé pour ce poste, 380. — Mission de Peyssard, 394. — Lettres des représentants, 394, 408, 409. — Décret relatif à la mission à l'armée du Nord, 416. — Lettres des représentants, 423, 432. — Mission de Collombel, Bentabole, Deville et Châles, 442, 443. — Nomination définitive de Houchard, 443. — Lettres des représentants, 444, 445. — Mission de Duquesnoy et de Le Bas, 449. — Lettres des représentants, 450, 463, 464. — Barthel commande provisoirement l'armée du Nord, 474. — Lettres des représentants, 475, 481, 482. — Rappel de Cochon et de Briez, 488. — Lettres des représentants, 489, 490, 492, 503. — Arrêté pour renforcer l'armée du Nord de 30,000 hommes, 507. — Lettres des représentants, 515. — Envoi de 12,000 hommes, 519, 522. — Mission de Carnot, 528. — Lettres des représentants 529, 530, 533, 538, 540, 541. — Les soldats de l'armée du Nord désertent leur poste en se prétendant compris dans la capitulation de Valenciennes, 549. — Lettres des représentants, 550. — Mission des commissaires nationaux Deschamps et Bécard, 555. — Lettres des représentants, 559.

Armée du Rhin. — Commandée par le général Biron, I, 82. — Puis par Deprez-Crassier, 336. — Mission des conventionnels Reubell, Haussmann et Merlin (de Thionville) près de cette armée,

341, 342. — Lettres de ces représentants, 365, 406, 407, 452, 468; II, 43, 46, 68, 69, 115. — On distrait de l'armée du Rhin les gendarmes nationaux qui en font partie, 134. — Lettres des représentants, 140, 141. — Tableau de la situation des forces de cette armée, 170. — Mémoire de Beauharnais sur son organisation, 196. — Lettres des représentants, 212, 219. — Conflit entre ces représentants et ceux envoyés dans le Bas-Rhin, la Meurthe et la Moselle, 219, 221. — L'armée du Rhin est commandée par Custine; sa délimitation, 228. — Lettres des représentants, 290, 292, 294, 330, 331, 424, 462, 513, 561. — Rapport oral d'Haussmann sur la situation de cette armée, 579, 581. — Décret relatif à la mission de l'armée du Rhin, 581. — Arrêté du Conseil exécutif sur cette armée, 594. — Le Conseil exécutif s'occupe de ses besoins, III, 3. — Custine donne sa démission, 60. — Il est maintenu par le Conseil exécutif, ibid. — Décret envoyant trois nouveaux commissaires de la Convention, 148. — Haussmann, Maribon-Montaut, Merlin, Soubrany, Ruamps et Reubell sont envoyés en mission, 213. — Lettres de ces représentants, 218, 235, 273, 274, 294, 308, 312, 317. — Ils demandent que leurs collègues à l'armée des Vosges et à Porentruy se réunissent à eux, 317, 318. — Lettres de Maribon-Montaut et de Soubrany, 337, 417. — Plusieurs officiers de cette armée sont partisans de Dumouriez, 418. — Lettre de Haussmann et Pflieger, 478. — Nouvelle mission près de cette armée, 534 à 544. — Lettres des représentants, 588, 607; IV, 15, 65. — Le Comité de salut public approuve la nomination de Diettmann au commandement provisoire, 129. — Les représentants à cette armée se divisent en plusieurs sections, 134. — Gateau et Garnerin sont nommés commissaires nationaux près de cette armée, 144. — Les représentants à l'armée du Rhin demandent si leurs pouvoirs s'étendent aux corps administratifs et judiciaires, 146. — Lettres de ces représentants, 171, 216, 234, 243, 245, 262, 274, 276, 292, 304, 315, 325, 342, 349, 377. — Mission du commissaire national Valentin Probst, 355. — Beauharnais est provisoirement appelé à commander l'armée du Rhin, 349, 367. — Lettres des représentants, 387, 410, 437, 458, 471, 505, 521, 536. — Rapport verbal de Maribon-Montaut, Haussmann et du Roy, 525. — Lettres des représentants, V, 7, 18, 21, 43, 93, 106, 138, 146, 164, 202, 207, 230, 232, 248, 269. — Mission de Maribon-Montaut, 301. — Lettres des représentants, 305, 316, 356. — Mission de Lacoste et de Guyardin, 365. — Lettres des représentants, 368, 380, 427. — Mission de Prieur (de la Marne), Jeanbon Saint-André et Le Bas, 442. — Lettres des représentants, 453, 465, 466, 484, 492, 504, 519, 542.

Armée du Var. — Elle conquiert le comté de Nice, I, 104. — Exactions commises par elle dans ce pays, 246-249. — Dénuement de cette armée, 252. — Le commandement en est confié à Biron, 336. — Les commissaires de la Convention écrivent que la majorité de cette armée est bonne, 363. — Décret sur leur rapport, II, 34. — Solde de l'armée du Var, 326, 327. — Despinassy, Roubaud et Barras sont envoyés en mission auprès d'elle, III, 214 à 217. — Dartigoeyte et Ichon se plaignent que les recrues du Gers lui soient envoyées, 292. — Le département du Gard lui envoie 1,926 volontaires, et celui de l'Hérault 1,795, 559. — Lettre des représentants, IV, 66. — Recrues qu'envoie à cette armée le département de l'Hérault, 154. — Mesures pour la compléter, 264.

Armée révolutionnaire. — Rapport de Gobier sur sa formation, I, XXXIV.

Armentières (Nord). — État des travaux construits à Armentières, III, 413.

Armes. — Marchés d'armes passés par Beaumarchais, I, 24, 52-54. — Le

Conseil exécutif achète 13,500 fusils à Londres, 98. — Rapport des représentants dans le Nord sur 10,000 fusils de rebut dans l'arsenal de Calais, 237. — Des agents sont envoyés en Suisse pour faire des achats de fusils, III, 553. — Des fusils sont accordés aux citoyens des Deux-Sèvres qui veulent s'armer contre la Vendée, 596. — Projet d'établir une manufacture d'armes à Amboise, 610, 611. — Le Comité de salut public arrête que 3,000 fusils seront pris dans l'arsenal de Toulouse pour armer les volontaires destinés à l'armée des Pyrénées, IV, 57. — Achat de 38,000 fusils, 127. — Marchés d'armes négociés par Beaumarchais, 156. — Arrêté du Comité de salut public relatif à l'épreuve de l'arme blanche, 201. — Et à la manufacture de Tulle, 278. — Affaire de Beaumarchais, 279 à 285. — Projet de décret sur les manufactures d'armes. 318. — Délivrance d'armes au département de la Côte-d'Or. 294. — Et au département du Lot, 295. — Établissement d'agents du Conseil exécutif auprès de chaque armée pour vérifier les armes, 354, 355. — Arrêté sur la manufacture d'armes de l'Allier, 571. — Achat d'armes à Hambourg, V, 141. — La municipalité de Givet offre 1,000 fusils, 167.

Arsault. — Est nommé juge militaire, V, 225.

Arxalt (La citoyenne), institutrice. — Le département de Loir-et-Cher la remercie de l'offrande patriotique faite par ses jeunes élèves, IV, 213.

Arnay-le-Duc (Côte-d'Or). — Émeute dans cette localité, III, 418.

Arras (Pas-de-Calais). — Les représentants rendent compte de l'état de l'arsenal de cette place, I, 174, 175. — Leurs opérations, 177. — État des armes existant dans la citadelle, 179. — Jean de Bry et Cochon donnent des renseignements sur la situation de cette place, II, 117, 121. — Opérations de Carnot et Duquesnoy

III, 390. — État des subsistances et des hôpitaux, IV, 347. — De Sacy et Delbrel y transportent leur bureau central, V, 7, 35. — Fortifications d'Arras, 47. — Opérations de Duquesnoy et de Sacy, 170. — Cette ville accepte la constitution, 226. — Opérations de Niou et de Billaud-Varenne, 529. — Et de Le Tourneur, Collombel et Delbrel, 559.

Arreau (Hautes-Pyrénées). — Les représentants en mission Ysabeau, Neveu et Mazade se proposent de visiter cette ville, III, 392.

Arrêtés du Comité du salut public. — Par qui ils sont rédigés, I, xv.

Arsenaux. — Lettres des représentants dans le Nord sur l'état des arsenaux de Gravelines et de Calais, I, 237, 238. — Paye des ouvriers de l'arsenal de Toulon, II, 143, 144. — Police de cet arsenal, 235. — Nouveaux détails sur la paye des ouvriers qui y sont employés, 237, 238. — Les ouvriers des arsenaux du Nord sont dispensés d'aller aux armées, 424. — Le Comité arrête que le ministre de la guerre donnera des ordres pour tirer tous les fusils des arsenaux et des magasins de la République, les faire réparer et les faire transporter où il jugera convenable, III, 465, 466, 486.

Artois (Charles-Philippe, comte d'), frère de Louis XVI. — Mesures en faveur de ses domestiques, II, 484. — Merlino et Amar recherchent une correspondance de lui, III, 111.

Asselixe, homme de loi. — Est mis en arrestation, II, 592.

Assemblées primaires. — Décret relatif à leur convocation, V, 300.

Assenède (Belgique). — Cette commune vote sa réunion à la France, II, 256.

Assignats. — Noms des directeurs de la fabrication des assignats, I, xxxii. — Nomination de signataires des assignats, 82. — Leur valeur remonte à Bayonne, 154. — Instructions aux commissaires nationaux sur la façon de les faire accepter aux Belges, 431, 433. — Cambon propose une nouvelle émission,

II, 19. — Le maître de poste de Valenciennes refuse les assignats, 112. — Les soldats de l'armée de Belgique demandent à ne pas être payés en assignats, 124. — Fabriques de faux assignats en Suisse, 134. — Les juifs les font baisser en Alsace, 136. — Envoi d'un commissaire en Belgique pour rechercher les faux assignats, 155, 156. — Débat au Comité de défense générale sur les moyens de diminuer la masse des assignats, 162. — Les habitants de Bruges en redoutent l'introduction, 180. — Propositions de Cambon, 192. — La force armée est requise pour défendre la fabrique d'assignats à Paris, 211. — Émission de faux assignats en Belgique, 212. — Les représentants en mission demandent que le tribunal criminel du département du Nord soit chargé de connaître du crime de l'émission de faux assignats dans le Nord, le Pas-de-Calais, les Ardennes, l'Aisne et la Belgique, 213. — Cambon renouvelle ses propositions sur les assignats, 215. — L'emprunt forcé imposé aux habitants de Mayence est payable pour un tiers en assignats, 242. — Débat sur le mode de payement des dettes des Belges, 282. — Décret sur le mode de fabrication des assignats et mesures prises par le Conseil exécutif à cet effet, 297, 375. — Nomination du directeur de l'imprimerie des assignats, 441, 480, 481; III, 58. — Circulaire du Comité de salut public sur la nécessité de substituer la circulation des assignats à celle du numéraire, 242. — Discrédit des assignats à Strasbourg, 252. — Et à l'armée du Rhin, 274. — Ils perdent à Bayonne plus de 50 p. 100 de leur valeur, 294. — Ils perdent à Saarbrück plus de 55 p. 100, 274. — Ils perdent dans le Bas-Rhin et le Haut-Rhin, 70 et 75 p. 100, 319. — La division du général Pully ne voudrait pas être payée en assignats, 339. — Gasparin et Duhem envoient une proclamation à l'armée sur la solde en assignats, 361. —

Les assignats sont repoussés dans le département du Mont-Blanc, 377. — Les représentants dans les Alpes-Maritimes se plaignent de n'avoir pas reçu le décret sur le payement des soldats en assignats, 381. — Le cours des assignats, après avoir été arrêté à Bayonne, est rétabli par les représentants en mission, 393. — Les soldats de l'armée du Rhin acceptent sans murmurer d'être payés en assignats, 478. — Mesures prises par le représentant en mission pour les faire circuler dans le Haut-Rhin, 478. — Hérault-Séchelles demande que, pour donner crédit aux assignats dans le Mont-Blanc, on supprime le numéraire, 503. — Discrédit des assignats en Corse, IV, 317. — Et en Vendée, 565. — Et à Lyon, V, 130. — Arrêtés d'Espert et de Projean en vue d'empêcher ce discrédit dans les Pyrénées-Orientales, 369. — Envoi d'un vérificateur dans le Calvados, 441, 470. — Discrédit des assignats à Marseille, 494. — Arrêté relatif à la fabrication du papier des assignats, 546.

Attichy (Oise). — La municipalité de cette commune saisit des papiers contre-révolutionnaires, III, 31. — Troubles à Attichy, V, 502.

Aubagne (Bouches-du-Rhône). — Raille et Beauvais envoient une délibération de cette commune, IV, 350.

Aube (Département de l'). — Le Conseil exécutif approuve les dépenses faites par ce département pour l'approvisionnement du camp de Châlons, I, 57. — Mission des conventionnels Garnier (de l'Aube) et Turreau, II, 303, 317. — Lettres de ces représentants, 426, 463, 560, 599; III, 141, 249, 250, 294, 499, 337, 496, 516, 528. — Les citoyens de l'Aube acceptent la constitution, V, 267.

Auberon, directeur des douanes à Metz. — Prend sa retraite, I, 375.

Aubert, agent français à Madrid. — Yrabeau l'envoie au Comité de salut public, V, 84.

Aubert, commandant temporaire à Cambrai. — Est nommé adjoint au ministre de la guerre, III, 284. — Est nommé adjudant général, 612.

Aubert, habitant de Marseille. — Sert de courrier à Barbaroux, IV, 415, 513.

Aubry (François), député du Gard à la Convention. — Envoyé en mission à l'armée des Pyrénées et à Perpignan, I, 62. (Voir ses lettres au mot *Perpignan*.) — Notice biographique, 63. — Membre suppléant du Comité de la défense générale, II, 514. — Son projet de l'organisation d'une armée de 40,000 hommes est adopté, III, 81. — Sa déclaration au Comité de la guerre au sujet de Malus, IV, 98.

Auch (Gers). — Présence dans cette ville des conventionnels Carnot, Lamarque et Garrau, I, 256. — Opérations de Dartigoeyte à Auch, II, 584, 585. — Ichon va à Auch presser l'arrivée des recrues, III, 363. — Opérations des représentants, III, 558; IV, 302 à 304.

Auckland (Lord), ministre anglais à la Haye. — Projet de négociations entre Dumouriez et lui, II, 57. — Le Conseil exécutif s'oppose à ces négociations, 67.

Aude (Département de l'). — Mission de Mailhe, Guffroy et Lombard-Lachaux, II, 303, 311. — Lettres de ces représentants, III, 293, 308, 379, 416. — Le bataillon de l'Aude est numériquement trop faible, 461. — Lettres des représentants, 516, 549, 567; IV, 19, 51, 215, 232. — Concession de mines, 266. — Lettre des représentants, 274. — Le département de l'Aude est autorisé à faire une levée d'hommes, 592. — Il désobéit à une réquisition des représentants, V, 468.

Audouin (Pierre-Jean), député de Seine-et-Oise à la Convention. — En mission dans la section des Quinze-Vingts, II, 286.

Audouin (Xavier), membre de la Commune. — Commissaire du Conseil exécutif, I, xxx, 38. — Envoyé dans les Deux-Sèvres et la Vendée, 39. — Approbation de ses opérations, 228. — Est nommé adjoint au ministre de la guerre, III, 284. — Se rend à Vernon, V, 245.

Audrein (Yves-Marie), député du Morbihan à la Législative et à la Convention, I, lxiv. — En mission dans la section de la Fraternité, II, 286.

Auersperg (François-Xavier, comte). — Est retenu comme otage par les Français, III, 80.

Auguis (Pierre-Jean-Baptiste), député des Deux-Sèvres à la Législative et à la Convention. — Est envoyé en mission, I, lxiii. — En mission dans la section des Invalides, II, 286. — En mission avec Carra dans les Deux-Sèvres et la Vendée 303. (Voir ses lettres au mot *Deux-Sèvres*.) — Notice biographique, 417. — Part pour les Sables, 551. — Est à Niort, III, 178. — Répète au Comité que, malgré des avantages récents, la position est désastreuse en Vendée, IV, 47.

Augustin (F.-N.), commissaire du département de la Seine-Inférieure. — Sa lettre à Saladin, III, 488.

Aulagnier, commissaire de Roland dans la Haute-Loire, l'Ardèche et la Lozère, I, 39.

Aumale (Seine-Inférieure). — Froideur des habitants de cette ville, II, 524. — Opérations d'Élie Lacoste, V, 538.

Auray (Morbihan). — Cette ville tombe au pouvoir des insurgés royalistes, II, 549. — Menées contre-révolutionnaires dans le district d'Auray, IV, 169.

Aurigny (île anglaise). — Le gouverneur de cette île traite avec la municipalité de Cherbourg d'un échange de prisonniers, II, 157.

Autriche. — Les Autrichiens rasent la maison des demoiselles Fernig à Mortagne, I, 86, 87. — Ils bombardent Lille, 95. — Ils dévastent les environs, 100. — Leurs intelligences avec les aristocrates du Pas-de-Calais, 101. — Ils perdent beaucoup de monde au siège de Lille, 103. — Ils lèvent ce siège, 107. —

Leur mésintelligence avec le roi de Prusse et les émigrés, 107. — Leur rage barbare, 113. — Ils sont battus au Pont-Rouge, à Comines, à Warheton, 229. — Convention entre les généraux autrichiens et Kellermann, 270. — Les Autrichiens sont regrettés dans le Tournaisis, II, 179. — Duel entre un soldat français et un soldat autrichien, III, 302. — Ils sont repoussés devant Flers, 314. — Faute de s'entendre avec les Prussiens, ils lèvent le camp de Bruille, 360. — Avantage remporté par l'armée française sur les Autrichiens, 532. — Mesures prises en France à l'égard des déserteurs autrichiens, 614. — Les Autrichiens sont battus à Arlon par l'armée de la Moselle, IV, 505-507, 530, 531. — Ils sont repoussés à Wissembourg, V, 542, 543.

Autun (Saône-et-Loire). — Mission de Brival et de Forestier près la manufacture d'armes de cette ville, V, 50.

Auvenay (D'). — Est nommé directeur des douanes à Metz, I, 375.

Auxerre (Yonne). — Opérations de Turreau et de Garnier, III, 249 à 251, 294, 337.

Auxonne (Côte-d'Or). — Les représentants en mission dans le Doubs proposent de comprendre cette ville dans la sixième division militaire, I, 184. — La place d'Auxonne est mise directement sous les ordres du ministre de la guerre, II, 229.

Avesnes (Nord). — Le Comité de salut public invite le district d'Avesnes à rapporter une de ses délibérations, III, 610. — Transfert dans cette ville de la manufacture d'armes que Gossuin avait établie à Lille, IV, 142, 155.

Aveyron (Département de l'). — Mission de Bo et de Chabot, II, 303, 311. — Lettres de ces représentants, 508, 603; III, 347, 417, 518. — Décret pour que le tribunal criminel de l'Aveyron juge Charrier sans appel, V, 167.

Avignon (Bouches-du-Rhône, aujourd'hui Vaucluse). — Opérations des représentants, III, 550. — Préparatifs de l'armée de Carteaux pour l'attaque d'Avignon, V, 359, 361. — Prise de cette ville, 456. — Massacre des patriotes, 458. — Opérations de Poultier, 493, 526.

Avy, homme de loi à Aix. — Est nommé juge militaire, V, 226.

Ayat (Beaufranchet D'), maréchal de camp. — Commande à Tours, II, 461. — Reçoit une réquisition des représentants, 485. — Part pour Niort, 486. — Envoie 900 hommes au secours des Sables, 550.

B

Bachmann, lieutenant-colonel du régiment de Salis-Samade. — Est expulsé de France, I, 36.

Baculard d'Arnaud, littérateur. — Reçoit un secours, II, 74. — Notice biographique, 75.

Baille (Pierre-Marie), député des Bouches-du-Rhône à la Convention. — En mission à l'armée d'Italie, III, 539 à 544. (Voir ses lettres au mot *Armée d'Italie*.) — Sa captivité à Toulon, V, 384, 386.

Bailloeul (Belgique). — Annexion de ce lieu à la France, II, 464.

Bailly (de Béthune), commissaire du ministre Roland dans la Vendée, I, xxx, 39.

Bains (Fort des) [Pyrénées-Orientales]. — Reddition de cette place, IV, 446, 473.

Bâle (Suisse). — Le général Ferrier annonce aux bourgmestres de Bâle qu'il évacue la batterie de Bourgfeldt, I, 129. — Le chancelier de Bâle a une audience du Comité de défense générale, II, 37. — Lettre de Reubell sur l'attitude à prendre à l'égard de Bâle, 292. — Arrêté du Conseil exécutif sur divers pays attenant à l'évêché de Bâle, 403. — Pflieger et Louis racontent leur voyage à Bâle, III,

463. — Le magistrat de cette ville interdit l'exportation du riz en France, 516.

BALIN, membre de la Commune. — Commissaire du Conseil exécutif, I, 38.

BALLAND (Joseph), homme de loi à Senones. — Remet les sceaux de la principauté de Salm aux représentants en mission, II, 248.

BANCAL DES ISSARDS (Jean-Henry), député du Puy-de-Dôme à la Convention. — En mission à l'armée de Dumouriez, II, 574-576. (Voir ses lettres au mot *Armée de Dumouriez*.) — Combat la motion de Danton du 11 mars 1793, III, 112.

Bapaume (Pas-de-Calais). — Émotion populaire dans cette ville, II, 484.

BAR (Jacques-Charles), historiographe des ordres religieux et militaires. — Reçoit du Conseil exécutif une subvention, I, 262.

BARAGUEY D'HILLIERS [1], chef de l'état-major de l'armée du Rhin. — Est suspendu de ses fonctions, V, 202. — Détenu, est autorisé à communiquer avec sa famille, 497.

BARBANTANE (PUGET-), général commandant de division à Avignon. — La suspension dont il avait été l'objet est levée, III, 237. — Il remplace le général Flers dans le commandement de l'armée des Pyrénées orientales, V, 459.

Barbaresques (États). — Négociations avec ces États, III, 166. — Présents faits par la France aux chefs des régences de Barbarie, IV, 163.

BARBAROUX (Charles-Jean-Marie), député des Bouches-du-Rhône à la Convention. — Membre du Comité de défense générale, II, 515. — Dénonce Bayle et Boisset, IV, 183. — Et Gasparin, 207. — Arrestation du courrier qui porte sa correspondance, 414, 415, 513. — Barbaroux passe pour être aller prêcher la révolte à Nantes, V, 285.

BARBERET, premier médecin de l'hôpital de la marine à Toulon. — Est mis à la retraite, II, 144.

Barbets. — Ils harcèlent les Français dans le comté de Nice, II, 379.

Barcelone (Espagne). — Les représentants aux côtes de la Méditerranée reçoivent de cette ville des avis importants, II, 397. — Le consul de France à Barcelone est renvoyé par le gouvernement espagnol, III, 154.

BARÈRE (Bertrand), député des Hautes-Pyrénées à la Convention. — Ses écrits en réponse à Le Cointre, I, v-vi. — Rédige plus spécialement les arrêtés du Comité de salut public relatifs aux lettres et aux arts, xv. — Est désigné pour aller en mission à Bayonne, 62. — Membre du Comité de défense générale, 391. — Notice biographique, *ibid.* — Nommé commissaire pour le maintien de l'ordre des délibérations du Comité de défense générale, 450. — Est chargé d'un rapport sur les relations avec l'Espagne, II, 10, 25, 49. — Et sur l'organisation des ministères de l'intérieur et de la marine, 49. — Et sur les étrangers domiciliés en France, 51. — Répète son rapport sur le ministère de la marine, 64, 92. — Fait un rapport sur la rupture avec l'Espagne, 209, 254. — Et sur l'organisation du ministère de l'intérieur, 215, 216, 226. — Ajournement de son rapport sur l'Espagne, 263. — Est réélu au Comité de défense générale, 514. — Vice-président de ce Comité, 516. — Chargé d'un rapport, *ibid.* — Lettre que lui écrivent Jeanbon Saint-André et Élie Lacoste, 532. — Préside le Comité de défense générale, 561, 590; III, 31, 42. — Est chargé d'un autre rapport, 57. — Fait un rapport sur la conduite de l'Espagne, 81. — En fait un autre sur le même sujet, 82. — Et sur l'organisation du ministère de la marine, *ibid.* — Et sur l'organisation du ministère de l'intérieur, *ibid.* — Il intervient dans le débat sur l'établissement du Comité de salut public, 84. — Il

[1] Et non *Hillier*.

est chargé de rédiger un rapport sur ce projet, 87. — Intervient encore dans le débat sur l'établissement du Comité de salut public, 114. — Est nommé membre de ce Comité, 116. — Et secrétaire du même Comité, 133. — Est chargé de surveiller le ministère des affaires étrangères, 182. — Et de présenter à la Convention nationale une adresse à l'armée, 420. — Il lit un projet de décret pour indemniser les alliés de la République, 552. — Il est chargé de rédiger un plan de décret sur le recrutement à Paris, 598, 609. — Expose à la Convention que le renouvellement des pouvoirs du Comité est arrivé, IV, 68, 80. — Il lit une délibération du département de l'Ariège pour l'équipement des volontaires à l'armée des Pyrénées, et fait un rapport sur l'armée du Nord, 137. — Arrêté de sa main, *ibid.* — Rédige une adresse aux Vendéens, 222. — Et aux Corses, 295, 298. — Est chargé, dans le Comité de salut public, des affaires étrangères, 540. — Son rapport sur la Corse, V, 25. — Et sur le citoyen Bourbon-Conti, 131. — Lettre que lui écrit Lesterpt-Beauvais, 207. — Il est réélu au Comité de salut public, 224. — Arrêtés de sa main, 345, 351, 372, 421, 430, 441, 479, 495, 498, 506, 507, 521, 522, 535, 545, 546. — Son rapport sur l'adjonction de Carnot et de Prieur (de la Côte-d'Or) au Comité de salut public, 547. — Arrêté de sa main, 555.

BARNAVE, membre de la Constituante. — Sa mission à Varennes, I, LVI. — Mouvements causés par lui à Grenoble, IV, 78.

BAROZZI, résident de France à Francfort, I, 29.

Barr (Bas-Rhin). — Annulation d'un arrêté du département du Bas-Rhin qui transfère dans ce chef-lieu de canton le siège du district de Benfeld, I, 270.

BARRAS, administrateur du district de Toulouse. — Se rend auprès de la Convention pour tâcher de faire cesser l'état de dénuement de la frontière, III, 567. — Un passeport lui est délivré, IV, 441.

BARRAS (Paul-François-Jean-Nicolas), député du Var à la Convention. — En mission dans la section du Faubourg-du-Nord, II, 286. — En mission avec Fréron dans les Hautes et les Basses-Alpes, 303, 307. (Voir ses lettres au mot *Basses-Alpes*.) — En mission à l'armée du Var, III, 214 à 217. (Voir ses lettres au mot *Armée du Var*.) — Notice biographique, 214. — En mission à l'armée d'Italie, 539 à 544. (Voir ses lettres au mot *Armée d'Italie*.) — Beauvais et Baille ne savent où il est, IV, 326, 327. — Ses pouvoirs sont contestés par le général Brunet, V, 484, 485.

BARRE. — Est nommé commissaire près l'armée de réserve, IV, 145.

BARRÉ (Le chevalier), chef de division à Nantes. — Candidat au ministère de la justice, II, 438.

BARREAU (Rose). — Cette femme sert comme grenadier dans le 2ᵉ bataillon du Tarn, V, 315. — Elle reçoit une gratification de 300 livres, 316.

BARROIS, lieutenant-colonel d'artillerie volante à l'armée du Nord. — Prisonnier des Autrichiens, est échangé, IV, 285.

Bar-sur-Aube (Aube). — Le district et la municipalité de Bar-sur-Aube délivrent un passeport à deux prêtres, III, 141.

BARTHE, commissaire des monnaies à Marseille. — Est destitué, V, 442.

BARTHEL, général de division. — Commande provisoirement l'armée du Nord, V, 474.

BARTHÉLEMY, ambassadeur en Suisse. — Sa note du 16 janvier 1793, II, 14.

BASIRE (Claude), député de la Côte-d'Or à la Législative et à la Convention. — Membre de la Commission extraordinaire de la Législative, I, XLVII. — En mission aux prisons, LXIII. — En mission à Lyon, II, 198-205. (Voir ses lettres au mot *Lyon.*) — Notice biographique, 204. — Est envoyé en mission avec Rovère dans les Bouches-du-Rhône, V, 70, 79. —

Poultier le remplace dans cette mission, 101.

Basques. — Les commissaires à Bayonne écrivent qu'ils sont fanatisés et demandent que l'on traduise les lois à leur usage, I, 226.

Bas-Rhin (Département du). — Annulation d'un arrêté de ce département qui transporte à Barr le siège du district de Benfeld, I, 270. — Mission des conventionnels Dentzel, Couturier et Rühl, 351-354. — Lettre de ces représentants, 381, 441, 475, 498, 502; II, 6, 36, 63, 71, 75, 116, 124, 132, 135, 137, 141, 142. — Leur arrêté relatif au commandant de Landau et leur conflit avec Custine, 156. — Autres lettres, 162, 170, 171, 172, 176, 187, 188, 196, 197. — Conflit entre ces représentants et les représentants envoyés à l'armée du Rhin, 219-221. — Lettre de Couturier et Dentzel, 260. — Mission de Louis et de Pflieger dans le Bas-Rhin, 302, 305. — Décret relatif à la mission dans le Bas-Rhin, la Meurthe et la Moselle, 388. — Lettre de Couturier, 455, 537, 546; III, 6. — Décret relatif à cette mission, 7, 47. — Lettres de Blaux, 79, 130, 148, ib., 150, 160. — Rapport oral de Hentz et de Laporte, 167. — Lettre de Couturier et Dentzel, 184. — Les administrateurs du département demandent des secours, III, 239. — Lettres de Pflieger et Louis, 252, 275, 294, 295. — Lettre du directoire du Bas-Rhin, 300. — Lettres de Pflieger et Louis, 308, 319, 320. — Le conseil général demande un secours pour le département, 326. — Lettre de Blaux, 338, 340. — Le directoire de ce département suspend des municipalités et plusieurs fonctionnaires publics, 356. — Lettre de Pflieger et Louis, 364. — Lettres de Blaux, 400, 441. — Lettre de Louis et Pflieger, 463. — Lettres de Blaux, 496, 516, 547, 548, 575. — Lettres de Louis et Pflieger, 607, 617; IV, 17, 18, 52, 64. — Lettre de Blaux, 198. — Lettre

de Louis et Pflieger, 263, 276. — Lettre de Blaux, 276. — Couturier et Dentzel transmettent leur rapport sur leur mission dans le Bas-Rhin, 467.

Bassal (Jean), député de Seine-et-Oise à la Convention. — En mission dans la section de l'Observatoire, II, 285. — En mission dans le Jura et les départements limitrophes, IV, 591, 595. (Voir ses lettres au mot Jura.) — Notice biographique, 595. — Lettres de sa main, 438, 439, 478.

Basse, commissaire national dans les départements, I, xxx.

Basses-Alpes (Département des). — Mission de Barras et de Fréron dans les Hautes et les Basses-Alpes, II, 303, 307. — Lettres de ces représentants, IV, 92, 350, 510. — Mission volontaire de Dherbez-Latour, V, 107. — Lettre des représentants, 215.

Basses-Pyrénées (Département des). — Activité de ce département en vue de la défense nationale, I, 151. — Mission de Neven et d'Ysabeau dans les Hautes et les Basses-Pyrénées, II, 303, 312. — Le département des Basses-Pyrénées offre d'envoyer des forces au secours de la Vendée, 531. — Lettres d'Ysabeau et Neven, III, 188, 293, 391, 491; IV, 51, 304. — Situation de ce département d'après Féraud, 549. — Lettre de Neven, V, 61.

Bassevelde (Belgique). — Cette commune vote sa réunion à la France, II, 256.

Bassville (Hugou de), secrétaire de la légation de France à Naples. — Est assassiné à Rome, II, 37. — Décret de la Convention relatif à cet événement, 37-38. — Mesures prises par le Conseil exécutif, 39, 40. — De Flotte rend compte de sa mort, 147. — Rôle du ministre d'Espagne lors de cet événement, 157.

Bastard, procureur-syndic du district de Nogaro. — I, 58.

Bastia (Corse). — Opération de Delcher, Lacombe Saint-Michel et Saliceti dans cette ville, III, 203 à 205, 238, 261

à 264. — Réclamation du district de cette ville contre la surveillance des opérations des districts de l'île, 261. — Opérations des représentants en Corse à Bastia, IV, 123, 172.

Bastille. — Extraction des objets commémoratifs enfouis sous les fondements de la colonne à élever sur les ruines de la Bastille, III, 600.

BATAILLARD (C.-F.), sous-garde du cabinet de minéralogie. — Reçoit un secours du Conseil exécutif provisoire, I, 241, 242.

BATTELLIER (Jean-César), député de la Marne à la Convention. — En mission avec Drouet dans la Marne et la Meuse, II, 302, 305. (Il n'y a pas de lettres de lui.)

BAUDIN (Pierre-Charles-Louis), député des Ardennes à la Législative et à la Convention. — Commissaire de l'Assemblée législative à l'armée de La Fayette, I, LXI, 17.

BAUDOT (Marc-Antoine), député de Saône-et-Loire à la Convention. — Est envoyé en mission à l'armée des Pyrénées et à Bayonne, III, 215 à 217. (Voir ses lettres au mot *Armée des Pyrénées.*) — Notice biographique, 215. — Lettre de sa main, 495. — Son éloge par Projean et Chaudron-Roussau, IV, 234. — En mission dans le Lot, V, 374. (Voir ses lettres au mot *Lot.*)

BAUDRAIS (Jean), officier municipal à Paris. — Son rôle dans les préparatifs de l'exécution de Louis XVI, 495. — — Notice biographique, *ibid.*

BAUDRY, agent du Conseil exécutif. — Est envoyé à Niort, III, 4. — Son rapport sur les troubles de la Vendée, IV, 464-465. — Sa lettre au Conseil exécutif, V, 144.

BAUDRY, capitaine. — Est nommé commandant temporaire de la place de Laon, V, 5.

BAUDRY, lieutenant-colonel. — Il marche sur les camps de la Grève et de la Gamache, III, 142. — Son armée détruit les retranchements de la Grève, de la

Gachère et de Véray, 162, 177. — Il se rend maître d'une correspondance précieuse, *ibid.* — Niou fait son éloge, 202.

Baulne (Seine-et-Oise). — Cette commune s'oppose à la circulation des grains, V, 496.

BAUNIER, commissaire observateur en 1793, I, XXIX, XXX, 38.

BAUSSAY, armateur à la Rochelle. — Adresse une réclamation aux représentants en mission, II, 82.

Bavière. — M. de Bourgoing est nommé ministre à Munich, IV, 499.

BAYARD, commissaire observateur en 1793, I, XXIX.

BAYAU, quartier-maître au 4ᵉ régiment d'infanterie. — Son arrestation, II, 198.

Bayeux (Calvados). — Opérations de Defermon, Prieur et Rochegude dans cette ville, III, 316; IV, 209, 229, 396, 408, 456, 489.

BAYLE (Moïse), député des Bouches-du-Rhône à la Convention. — En mission avec Boisset dans les Bouches-du-Rhône et la Drôme, II, 303, 308. (Voir ses lettres au mot *Bouches-du-Rhône.*) — Notice biographique, III, 21. — En mission dans le Mont-Blanc, 214 à 217. (Il n'y a pas de lettre de lui dans cette dernière mission.)

Bayonne (Basses-Pyrénées). — Mission dans cette ville de Garrau, Lamarque et Carnot, I, 62. — Pouvoirs de ces représentants, 63, 64. — Analyse de leurs rapports, 64. — Lettres de ces représentants, 110, 137. — Arrivée de Carnot, Garrau et Lamarque, 137, 183. — Autres lettres, 150. — Mesures qu'ils prennent, 152, 153, 154. — Leur lettre sur la situation de Bayonne, 170, 171. — Ils changent les noms de ses fortifications, 171. — Autres lettres, 220, 226, 256. — Plaintes sur un de leurs actes dans le département des Hautes-Pyrénées, II, 16. — Préparatifs pour défendre Bayonne contre les Espagnols, 473, 475, 491. — Opérations du représentant Mazade, III, 201. — Mission de Projean, Chaudron-

Roussau et Baudot, 215, 217. — Opérations de Mazade, 234 à 235, 292 à 293. — Dénuement de la place, 292. — Opérations de Niou et Ysabeau, 317. — État des subsistances existant dans les magasins militaires, 362. — Le cours des assignats est rétabli à Bayonne, 393. — Opérations de Mazade, 460 à 462, 491, 568. — Lettres et opérations des représentants, 567 à 568, 607. — Nomination d'un essayeur dans la monnaie de cette ville, 613. — Dartigoeyte fait réparer les fortifications, IV, 8. — Opérations des représentants à l'armée des Pyrénées, 8, 50, 64. — Mauvais état de défense de la ville, 133. — Mission du commissaire national Prière, 145. — Lettres des représentants, 375, 471, 490. — Envoi d'artillerie dans cette ville, V, 2. — Incendie du fort de Château-Neuf, 238, 262. — Opérations de Garrau et de Lefiot, 412.

BAZANGE (Paul), agent secret en Allemagne. — Réclame une indemnité, V, 240.

Bazas (Gironde). — Garrau et Paganel partent pour Bazas, où des mouvements viennent d'éclater, III, 439.

BAZUS, général de brigade commandant à Châlons. — Est confirmé dans son commandement, V, 144.

Beaucaire (Gard). — Opérations de Bonnier et Voulland, III, 163, 188, 203, 237. — Troubles, 276. — L'ordre règne, mais les esprits ne sont pas soumis, 325. — Récit détaillé des troubles, 618. — Arrêtés relatifs aux événements, IV, 19. — Opérations de Bonnet et Fabre, 377. — Le drapeau rouge est déployé, V, 74.

BEAUFORT, adjudant général à l'armée du Nord. — Le Comité de salut public ordonne son arrestation, III, 282.

Beaugency (Loiret). — Les conventionnels Longchamp, Couthon et Villers ramènent le calme dans cette ville, I, 297. — Sa municipalité fait deux envois de farine aux armées, III, 10.

BEAUHARNAIS (Alexandre, vicomte DE), ex-

constituant, officier général. — Candidat au ministère de la guerre, II, 56. — Remet aux représentants en mission un tableau de situation des forces de l'armée du Rhin, 170. — Ses vues sur l'organisation de cette armée, 196, 197. — Il en accepte le commandement, IV, 349, 367, 466. — Le Comité de salut public le désigne pour être ministre de la guerre, 482, 526. — Il est nommé et refuse, 544. — Son éloge par les représentants à l'armée du Rhin, V, 18. — Est rétabli dans ses fonctions de commandant de cette armée, 25. — Sa lettre au général ennemi, 368. — Il offre sa démission, 453.

Beaulieu (Vendée). — Évacuation de cette localité par les rebelles, III, 547.

BEAUMARCHAIS (Caron DE), auteur dramatique. — Son traité avec Lajard, I, 24. — Il est entendu par le Conseil exécutif, 52-54. — Arrêtés du Comité de salut public sur ses marchés d'armes, IV, 156, 236, 279 à 285. — Un passeport lui est donné, 309. — Nouveaux arrêtés relatifs à Beaumarchais, 319; V, 63, 65.

BEAUMÉ, commissaire national. — Voir DESFORGES-BEAUMÉ.

Beaumont-de-Lomagne (Haute-Garonne, aujourd'hui Tarn-et-Garonne). — Le Conseil exécutif casse l'arrêté par lequel la municipalité de cette ville a nommé un receveur de l'enregistrement, I, 239.

Beaune (Côte-d'Or). — Émeute dans cette ville, III, 418.

BEAUREGARD, premier lieutenant-colonel du 1er bataillon de la Seine-Inférieure. — Est nommé général de brigade, III, 217. — Éloge de sa conduite, 222. — Les représentants à l'armée des Ardennes se plaignent de son incapacité et proposent de le remplacer par le citoyen Grandchamp, IV, 14, 15.

Beauvais (Oise). — Delbrel et Roux-Fazillac font passer à Beauvais le 27e régiment de cavalerie, III, 360. — Opérations de Mauduyt et Isoré, 373, 390. — La commune de Beauvais réclame

de la poudre et des boulets pour exercer ses canonniers, IV, 417.

BEAUVAIS DE PRÉAU (Charles-Nicolas), député de Paris à la Convention. — En mission dans la section de la Réunion, II, 285. — En mission à l'armée d'Italie, III, 539 à 544. (Voir ses lettres au mot *Armée d'Italie.*) — Sa captivité à Toulon, V, 384, 386.

BEAUVAIS (Mme). — Est mise en arrestation à Cambrai, II, 591.

BÉCARD, agent du Comité de salut public. — Est envoyé à l'armée du Nord, V, 555.

Béclers (Belgique). — Annexion de ce lieu à la France, II, 464.

Bédarieux (Hérault). — Troubles dans cette ville, II, 582-584, 607. — Retrait des forces qui y ont été envoyées, III, 163. — Mouvement contre-révolutionnaire, 559.

BÉDIGIS, commissaire observateur en 1793, I, XXIX.

BEFFROY, ci-devant noble, général de la réserve. — Plainte contre lui, V, 297.

BEFFROY (Louis-Étienne), député de l'Aisne à la Convention. — En mission dans la section de la Croix-Rouge, II, 286. — Et à l'armée du Nord, IV, 378, 382. (Voir ses lettres au mot *Armée du Nord.*) — Notice biographique, 382. — Il dénonce du Bois du Bais, V, 51. — Il est mandé par le Comité de salut public, 421-422.

BÉGON, chirurgien-major. — Est mis en état d'arrestation et traduit devant le tribunal révolutionnaire, III, 270.

BÉGUINOT. — Est promu au grade d'adjudant général lieutenant-colonel, IV, 474.

BELAIR (Alexandre-Louis JULIENNE, dit), adjudant général chef de brigade et directeur du camp de Paris. — Son projet pour diminuer le poids des pièces d'artillerie, III, 420.

Belfort (Haut-Rhin). — Annulation d'un arrêté de l'assemblée électorale du district de Belfort, II, 174.

Belgique. — Documents sur les Belges réfugiés à Paris, I, XXIX. — Le Conseil exé-

cutif décide de faire envahir les Pays-Bas autrichiens par Dumouriez, 99. — État d'esprit du corps d'armée qui, sous d'Harville, va envahir la Belgique, 209, 210. — Ouverture de l'Escaut et de la Meuse, 239, 240. — Mission de Camus, Delacroix, Gossuin, Danton, Merlin (de Douai), Treilhard et Robert à l'armée de Dumouriez, 282. — Décret des 15 et 17 décembre 1792 sur la conduite à tenir dans ce pays, 331-335. — Nomination de commissaires nationaux en Belgique, 345. — Rapport de Chépy sur la Belgique, 379. — Instructions des commissaires du Conseil exécutif en Belgique, 414-437. — Débats au Conseil exécutif et au Comité de défense générale sur l'exécution du décret du 15 décembre 1792, 452, 453, 454. — Liste des commissaires nationaux en Belgique et tableau de leurs arrondissements, 456, 459. — Appréciations des représentants sur les Sociétés populaires et l'esprit public de la Belgique, 490, 491. — Réclamations des députés des Deux-Flandres au sujet du décret du 15 décembre 1792, II, 1. — Camus rend compte des dispositions des Belges, 16. — Débat à la Convention sur la Belgique, 34. — Décret sur la mission dans ce pays, 35. — Un corps de Belges est cantonné à Louvain, 87. — Projet pour la formation d'une armée de 40,000 hommes en Belgique, 88. — Les représentants se divisent le territoire de la Belgique pour faciliter leurs opérations, 140. — Ils prévoient des vêpres siciliennes dans ce pays, 151. — Envoi du citoyen de Percy en Belgique pour y rechercher les faux assignats, 155, 156. — Vœu des officiers et soldats belges pour la réunion à la France, 168, 169. — Débat au Comité de défense générale sur la conduite à tenir à l'égard de la Belgique, 215. — Envoi d'un commissaire national dans ce pays pour y organiser les postes, 271. — Débat sur le mode de payement des dettes de la Belgique, 282. — Annexion de divers

territoires belges à la France, 404, 405. — Rapport oral de Camus sur la Belgique, 441, 444. — Annexion à la France de diverses communes de la Belgique, 464. — Débat au Comité de défense générale sur les Belges devenus Français, 554. — Retour à Paris de Fabricius Pâris, commissaire national, et de Fourcade et Desjardins, agents de la République en Belgique, 566. — Rapport de Guadet sur la Belgique, III, 81. — Rapport du même sur la formation d'une armée en Belgique, 82. — Les représentants à l'armée du Nord demandent qu'on facilite au 4e bataillon des Belges les moyens de se recruter, 566. — Corps belges en garnison à Saint-Omer, IV, 168. — Secours aux Belges réfugiés en France, 189. — Delbrel et de Sacy réclament contre le décret en faveur des Belges, V, 28.

BELHOSTE, commissaire du département de la Seine-Inférieure. — Sa lettre à Saladin, III, 488.

BELLAND, directeur de l'enregistrement à Alençon. — Est destitué, I, 76.

BELLEGARDE (DUBOIS DE), député de la Charente à l'Assemblée législative et à la Convention. — Commissaire de la Législative, I, LIX, 25. — Envoyé en mission dans le Nord, 77-79. (Voir ses lettres au mot Nord.) — Notice biographique, ibid. — Proposé par le Comité de défense générale pour une nouvelle mission dans le Nord, II, 38. — Est nommé représentant aux places fortes du Nord, III, 37. — Est adjoint à du Bois du Bais et Briez, 212. — Doit opérer particulièrement à Saint-Quentin, 214 à 217. — Proposé pour une mission à l'armée du Nord en remplacement de du Bois du Bais et Briez, 326, 352, 367. — Est envoyé à Valenciennes, 405. — Est confirmé dans sa mission à l'armée du Nord, 538 à 544. (Voir ses lettres au mot Armée du Nord.) — Malade, demande son rappel, dans une lettre de sa main, IV, 149, 268. — Est entendu par le Comité de salut

public, 540; V, 180. — En mission à l'armée des Côtes de la Rochelle, 547.

Bellegarde (Pyrénées - Orientales). — L'ennemi menace ce fort, III, 464. — Et en fait le siège, IV, 555, 566. — Capitulation de Bellegarde, V, 106, 130, 383.

Belle-Isle-en-Mer (Morbihan). — Projets et mesures pour la défense de cette île, II, 64, 72, 83, 207, 246, 589; IV, 225, 531, 564.

Bellelay (L'abbaye de). — Elle participera provisoirement aux avantages de la neutralité helvétique, III, 444.

Belley (Ain). — Le district et la municipalité de Belley fournissent le double du contingent, III, 109.

BELLIARD, adjoint aux adjudants généraux à l'armée du Nord. — Est mis en arrestation, III, 451, 525.

BELOUARD, employé dans la commission des canaux en Belgique. — Est nommé juge militaire, V, 293.

BELPREY, commandant du génie au Quesnoy. — Est suspendu de ses fonctions, IV, 148.

Benfeld (Bas-Rhin). — Annulation d'un arrêté du département du Bas-Rhin qui ôte à cette ville sa qualité de chef-lieu de district, I, 270. — Suspension du juge de paix, II, 198.

BENGY DE PUY-VALLÉE, ex-constituant. — Les représentants à Bourges ordonnent son arrestation, II, 411. — Il s'évade, 412.

BENJAMIN (Jacob), munitionnaire de la viande pour l'armée du Midi. — Est traduit devant le tribunal criminel de Rhône-et-Loire, I, 243. — Ses malversations, 244, 245, 265, 266.

BENNAT, payeur des guerres. — Est suspendu de ses fonctions, II, 136.

BENNOT, habitant du Porentruy. — Arrêté arbitrairement par le maréchal-de-camp Demars, II, 97.

BENOIST, directeur de la régie à Moulins. — Donne sa démission, III, 577.

BENOIT, commandant de Cayenne. — S'oppose à un arrêté de l'assemblée coloniale, I, 281.

Benoît, employé chargé de rechercher les fausses croix de Saint-Louis. — Reçoit une indemnité, II, 228.

Bentabole (Pierre), député du Bas-Rhin à la Convention. — En mission dans la section des Gardes-Françaises, II, 285. — En mission à l'armée du Nord, V, 443. (Voir ses lettres au mot *Armée du Nord.*) — Notice biographique, *ibid.* — Se rend à Arras, 523. — Lettre de sa main, 541.

Berchény (Hussards de). — Ils passent à l'ennemi, III, 98, 138. — Projet de les réunir à l'escadron du Calvados, 311. — Ils rentrent un à un en France, IV, 223.

Bercy (Paris, aujourd'hui Seine). — Prétendus troubles à Bercy, II, 554, 555.

Berdier (Pierre et Jacques). — Ils sont condamnés à mort pour avoir excité une rébellion à Seysses, III, 293.

Bérenger. — Est employé dans les bureaux du Comité de défense générale, puis renvoyé, III, 33. — Est nommé expéditionnaire au Comité de salut public, IV, 125.

Berger, ex-jésuite. — Est mis en jugement comme agent de contre-révolution, III, 255.

Berguebuoy. — Est nommé commissaire au Havre, IV, 145.

Bergues (Nord). — Cette ville est mise en état de défense, I, 233, 234. — Mesures de sûreté prises par le Comité de salut public au sujet de cette place, III, 189. — Opérations de Carnot et Duquesnoy, 298, 359.

Bergzabern (duché de Deux-Ponts). — Les habitants de ce bailliage demandent leur réunion à la France, II, 172.

Berlier. — Est nommé commis aux écritures au Comité de salut public, III, 133. — Est nommé expéditionnaire au même Comité, IV, 125.

Berlier, habitant de Lyon. — L'ex-contrôleur général Lambert trouve un refuge chez lui, II, 200.

Berlier (Théophile), député de la Côte-d'Or à la Convention. — Est adjoint au Comité de salut public, IV, 453. — Notice biographique, *ibid.* — Est chargé, dans le Comité de salut public, de la correspondance générale, 540. — En mission dans la Haute-Garonne, le Tarn, le Gard et l'Hérault, V, 101. (Voir ses lettres au mot *Gard.*)

Bernard. — Est chargé, par la Commune, de dénoncer l'abbé Bodin, I, xxxii.

Bernard (André-Antoine), député de la Charente-Inférieure à la Convention. — En mission avec Guimberteau dans la Charente et la Charente-Inférieure, II, 303, 312. (Voir ses lettres au mot *Charente.*) — Notice biographique, 377. — En mission aux Côtes, III, 215 à 217. (Voir ses lettres au mot *Armée des Côtes de la Rochelle.*)

Bernay (Eure). — Cette ville demande du secours contre les fédéralistes, V, 304. — Établissement d'une administration départementale provisoire à Bernay, 326.

Bernazais, aide de camp de Dumouriez. — Donne des renseignements sur l'armée de Belgique, III, 56. — Conduite qu'il aurait tenue au camp de Dumouriez, 176. — Sa conduite est désapprouvée, IV, 80.

Berne (Suisse). — Rôle de cet État dans les démêlés de la Suisse avec la France en octobre 1792, I, 156 à 158. — Le canton de Berne reconnaît l'ambassadeur de la République française, II, 245. — Affaire de la prévôté de Moutier-Grandval et du canton de Berne, IV, 442.

Bernenon [1], maréchal de camp. — Assiège la place de Gertruydenberg, II, 231. — Mis en arrestation, 592.

Bernot-Chabant, juge à Bourges. — Les représentants en mission ordonnent son arrestation, II, 411. — Il s'évade, 412.

Béralle, soldat de la marine. — Son intrépidité, III, 202.

Bernuyer (Jean-François), général. — No-

[1] Et non *Bernerou.*

tice biographique, I, 59. — Commandant de l'armée de l'intérieur, 82. — Est proposé par les représentants dans le Nord pour servir sous La Bourdonnaye, 136. — S'entend avec le Conseil exécutif pour les mesures à prendre pendant le jugement de Louis XVI, 301. — Commande l'armée de réserve, II, 229. — Fait passer des forces à Tours, 417. — Commande sur la rive gauche de la Loire, 461. — Arrive à Tours, 545. — Et à Angers, III, 11. — Le général La Bourdonnaye vient se concerter avec lui, 144. — Sa correspondance est dénoncée par les membres du Comité de défense de Tours, 160. — L'administration d'Indre-et-Loire se plaint de lui, 190. — Ses opérations en Vendée, 232. — Lettre où il rend compte du succès qu'il a remporté sur les rebelles, 266. — Autres avantages remportés par lui, 288. — Il remplace le général Verteuil au commandement des troupes de la Rochelle, 291. — Moyens d'augmenter les forces de l'armée commandée par ce général, 326. — Déroute de son armée dans le Maine-et-Loire, 430. — Le Conseil exécutif met des recrues à sa disposition, 437. — Les représentants lui refusent d'organiser le contingent de Tours en corps particulier, 459. — Est appelé à Paris pour rendre compte de sa conduite, 509. — Entendu par le Comité de salut public, 553. — Déclare qu'il s'en réfère sur sa conduite à ce que les représentants du peuple en rapporteront, IV, 3. — Les représentants dans l'Orne et le Loiret envoient de nouvelles dénonciations contre lui, 61.

Berryer père, avocat. — Extrait de ses Souvenirs, II, 441.

Berthèche, général. — Sa conduite à l'égard de Wimpffen, V, 313, 523.

Berthelmy, chef de brigade. — Est nommé premier aide de camp du général Bouchard, IV, 341. — Jeanbon Saint-André et Prieur (de la Marne) se défient de lui, V, 492.

Berthelot, procureur général syndic du département de Paris. — S'entend avec le Conseil exécutif pour les mesures à prendre pendant le jugement de Louis XVI, I, 301, 302. — Est remplacé par Lulier, 337.

Berthier (Alexandre), officier général. — Est destitué, I, 27. — Vient conférer avec le Comité de salut public, IV, 46. — Ordre délivré par Carra au général Berthier de se rendre de Saumur à Paris, 96. — Les représentants sont autorisés à l'employer dans l'état-major de Biron, V, 139, 140.

Berthollet, de l'Académie des sciences. — Fait partie d'une commission, III, 166. — Est chargé de faire des essais sur la poudre de muriate, 531.

Bertier, ancien intendant de Paris. — Proclamation concernant ses biens, I, 117. — Arrêté du directoire de l'Yonne sur le séquestre de ses biens, 237.

Berville, député du directoire de la Somme auprès du Roi, I, 11.

Berville, trésorier des Suisses et Grisons. — Le prix des sels délivrés aux cantons suisses sera payé sur les lieux et remis dans la caisse du citoyen Berville, III, 445.

Berwick (Duc de). — Sa campagne de 1709 citée comme modèle par les représentants en mission dans le Mont-Blanc, I, 438.

Besançon (Doubs). — État de cette ville d'après les représentants en mission, I, 120, 168. — Opérations de ces représentants, 182-188. — Fête en l'honneur des Savoisiens, 187, 188. — Opérations de Michaud et de Siblot, II, 604-606. — Établissement d'une Société de femmes républicaines, III, 91. — Opérations de Michaud et Siblot, 235. — Nomination d'un directeur des douanes à Besançon, 600. — Opérations de Bassal, V, 435.

Béthune (Pas-de-Calais). — Le corps électoral du département du Nord s'assemble dans cette ville, I, 177. — Détails sur la garnison de Béthune, II, 127, 128.

Beunnier, commandant des vétérans à Monaco. — Fait don de sa croix de Saint-Louis, III, 29.

Beurnonville, général. — Veut donner sa démission de ministre, I, xxxiv. — Ses opérations du côté du Grandpré, 79. — Annonce aux représentants qu'il a fait des prisonniers, 81, 82. — Intercepte un convoi ennemi, 84. — Son éloge, 85. — Rend compte de ses mesures pour réprimer le brigandage et la maraude, 296. — Arrêté du Conseil exécutif relatif aux cantonnements de son armée, 325. — Notice biographique, ibid. — Nouvel arrêté sur ses cantonnements, 347. — Dénuement de son armée, 401. — Le Conseil exécutif lui enjoint d'obéir à Custine, 473. — Il obtient un congé, 482. — Ses lettres importantes au Comité de défense générale, 492; II, 44. — A une audience du Conseil exécutif, 45. — Est nommé ministre de la guerre, 56. — Ses vues sur l'organisation de ses bureaux, 66. — Sa réponse aux représentants en mission, à Sarrelouis, 133. — Conserve le commandement de l'armée de la Moselle, 190. — Est nommé lieutenant général à dater du 22 août 1792, 195. — Préside le Conseil exécutif, II, 255. — Donne sa démission de ministre de la guerre, 334. — Communique une lettre de Dumouriez, 349. — Blessé et prisonnier, est remplacé par Custine dans le commandement de l'armée de la Moselle, III, 60. — Reçoit plusieurs coups de sabre lorsqu'il est arrêté, 98. — Lettre de lui, 329. — Il invite les représentants dans la Manche à faire passer à Saint-Malo les nouveaux soldats, 452.

Bexon, commissaire national en Belgique. — Est envoyé à Namur, I, 456, 458. — Est nommé accusateur militaire, IV, 405.

Beyssen, adjudant général. — Commande une expédition pour délivrer Redon, II, 469, 567. — S'empare de la Roche-Bernard et de Guérande, III, 38. — Détails sur la prise de Machecoul par

ce général, 586. — Éloge de Beyssen par Coustard, IV, 234. — Sa complicité avec les Nantais, V, 262. — Retire son adhésion à la révolte nantaise, 267. — Décret rendu contre lui, 280. — On ne peut l'arrêter, 282. — Détails sur son attitude séditieuse, 294, 295. — Ordres donnés pour son arrestation, 305.

Bézard (François-Siméon), député de l'Oise à la Convention. — En mission à Chantilly, II, 482. (Voir ses lettres au mot Chantilly.) — Notice biographique, ibid.

Béziers (Hérault). — Opérations des représentants, II, 583; III, 351. — Cette ville, requise de donner 1,500 hommes, en fournit 3,000, 533.

Bidars. — Commande la garde nationale de Guichen, II, 451.

Bidart (Le camp de). — L'armée des Basses-Pyrénées est concentrée en un seul camp, établi en ce lieu, IV, 10.

Bidermann (Jacques), négociant, membre de la municipalité de Paris. — Fait partie du directoire des achats, I, 371. — Est arrêté, II, 13. — Auguis demande s'il est chargé de fournir l'armée des Pyrénées, III, 289.

Biens nationaux. — Annulation d'une vente de ces biens faite à Saint-Quentin, III, 5. — Rapport de Doulcet sur les domaines nationaux, 81. — Le Conseil exécutif rapporte la proclamation qui annulait les ventes des biens nationaux faites par le directoire du district de Saint-Quentin, III, 268.

Bigarré (Auguste). — Est nommé commissaire des guerres à Belle-Isle, II, 205, 246. — Notice biographique, 205.

Bigot de Préameneu, député à la Législative. — Membre de la Commission extraordinaire, I, xlix.

Billard, jeune volontaire d'Orléans. — Son enthousiasme civique, III, 47.

Billaud-Varenne (Jacques-Nicolas), membre de la Commune, député de Paris à la Convention. — Bibliographie de ses factums en l'an III, I, v-vi. — Commissaire du pouvoir exécutif à Châlons,

38, 46. — Notice biographique, *ibid.*
— En mission dans la section de Bonne-
Nouvelle, II, 285. — En mission avec
Sevestre dans les Côtes-du-Nord et l'Ille-
et-Vilaine, 303, 313. (Voir ses lettres
au mot *Côtes-du-Nord.*) — Lettre de sa
main, 569. — En mission aux Côtes,
III, 215, 217. — Rapporte que le re-
crutement est achevé dans les Côtes-du-
Nord et l'Ille-et-Vilaine, 421. — En
mission dans le Pas-de-Calais et le Nord.
V, 413, 444. (Voir ses lettres au mot
Nord.)

Billecard, membre du directoire de la
Meurthe. — Est rétabli dans ses fonctions, V, 431.

Billiesnas, juge de paix à Lyon. — Il est
question de le nommer juge militaire,
V, 225.

Billigheim (Palatinat du Rhin). — Les habitants de ce bailliage demandent leur
réunion à la France, II, 172.

Billod, procureur général syndic du département du Doubs. — Les représentants en mission le louent de son zèle,
I, 187.

Bingen. — Opérations militaires près de
cette ville, II, 579.

Biron (Armand-Louis de Gontaut, duc de).
— Est envoyé en mission, I, LVI. —
Nommé commandant de l'armée du
Rhin, 7. — Confirmé dans cette nomination, 27, 82. — Notice biographique,
27. — Demande à conférer avec Servan, 117. — Le Conseil exécutif lui
communique ses résolutions à l'égard du
général Ferrier, 130. — Les représentants dans le Doubs parlent de lui dans
leur lettre à Brissot, 198. — Est maintenu dans le commandement de l'armée
du Var, 414, 446. — Sa conférence
avec le Comité de défense générale, 444,
445. — Et avec le Conseil exécutif,
447. — Mandé par le Comité de défense générale, 492. — Ses instructions
au sujet de la Sardaigne, II, 31. — Est
chargé de donner aux représentants en
Corse un officier pour les accompagner,
92. — Convoque les assemblées pri-

maires du Porentruy, 95. — Les représentants à Toulon lui demandent un
renfort, 132. — Il leur envoie le bulletin de l'armée d'Italie, 154. — Commande cette armée, 229. — Dépêche de
lui, 296. — Servan propose de lui donner
le commandement de l'armée des Pyrénées, II, 365. — Le Conseil exécutif
repousse cette proposition, 376. — Biron
demande des instructions au Conseil
exécutif, 481. — Sa correspondance
avec le ministre de la guerre, 574. —
Se plaint de l'indiscipline de son armée,
594. — Le commandement des côtes, de
la Loire à la Garonne, lui est confié, III,
156. — Sa lettre par laquelle il informe
le ministre des affaires étrangères de l'arrestation d'un fils du citoyen Égalité,
267. — Il fait arrêter un homme atta-
ché à Égalité fils aîné, 277. — Et trois
citoyens de Menton, 278. — Ses projets, 381. — Il reçoit le commandement en chef de l'armée des Côtes, et
il doit commander en personne l'armée
des Côtes de l'Ouest, 446. — Avantage remporté par son armée sur les
Autrichiens, 552. — Tallien se plaint
que Biron n'arrive pas en Vendée, IV, 5.
— Sa lettre sur la Corse, 203, 227. —
Est nommé commandant de l'armée de
Vendée, 249. — Se met en route pour se
rendre à son poste, 330. — Il y arrive,
361. — Son arrivée à Niort, 385. —
Approbation de son plan de campagne,
595. — Son expédition sur le Busseau.
V, 56. — Est maintenu dans son commandement, 112. — Le Comité de salut
public approuve son plan et sa conduite,
140. — Appréciation de son caractère,
159, 171, 253. — Il part pour Paris,
286. — Il rend compte de sa conduite
au Conseil exécutif, 310.

Binotteau (Jean-Baptiste), député des
Pyrénées-Orientales à la Convention. —
Est envoyé en mission dans l'Eure-et-Loir.
I, 272. (Voir ses lettres au mot *Eure-et-
Loir.*) — Notice biographique, *ibid.* —
Intervient dans le débat sur l'établisse-
ment du Comité de salut public, III,

115. — Son séjour à Lyon. V, 278. — Il part de cette ville, 455.

Bischwiller (Bas-Rhin). — Adresse de la Société populaire de cette ville, II, 162.

Bissy (Jacques-François), député de la Mayenne à la Convention. — En mission dans la section des Invalides, II, 286.

Bitche (Moselle). — Une colonne d'ennemis se dispose à se porter vers cette localité, III, 150.

Blaise, secrétaire de Blaux. — Est dénoncé par Boutay, II, 478.

Blamont (Doubs). — Les représentants dans le Doubs y séjournent I, 195-201. — Situation de cette ville, 216, 219. — Les Français fortifient les gorges de Blamont, II, 163.

Blanc, commissaire observateur en 1793, I, xxix.

Blanchard (Claude), ex-membre de la Législative. — Est nommé adjoint au ministère de la guerre, II, 375.

Blanchet. — Est incarcéré en Saône-et-Loire, IV, 124.

Blanchet. — Est nommé commissaire près l'armée des Alpes, IV, 145.

Blanchon, ex-député de la Charente à la Législative. — Est destitué de ses fonctions de commissaire des guerres, I, 263.

Blanchot, payeur du département du Bas-Rhin, II, 142. — Est autorisé à faire certaines avances, 172.

Blandain (Belgique). — Annexion de ce lieu à la France, II, 464.

Blanié, agent d'observation, I, xxxvi. — Reçoit une indemnité, V, 537.

Blankenberghe (Belgique). — Annexion de cette localité à la France, II, 404.

Blanqui (Jean-Dominique), député des Alpes-Maritimes à la Convention. — Sa note sur le port de Nice, annexée au rapport de Grégoire, I, 278.

Blaux (Nicolas-François), député de la Moselle à la Convention. — Est envoyé en mission dans le Bas-Rhin, la Meurthe et la Moselle, I, 351-354. (Voir ses lettres au mot *Bas-Rhin*.) — Notice biographique, 352. — Est chargé spé-
cialement d'aller à Sarreguemines pour y préparer l'annexion des communes allemandes voisines, 502, 503. — Arrive à Strasbourg, II, 149. — Laporte et lui se réunissent à Hentz, 162. — Lettre de sa main, 346. — Se rend dans le pays de Deux-Ponts, 477. — Est dénoncé par Boutay, 478-480. — Lettres de sa main, III, 79, 341, 499, 547, 549. — Il annonce son retour à la Convention, IV, 277.

Blaye (Gironde). — Paganel et Garrau visitent le fort de Blaye, qui a besoin de réparations, III, 292. — Mazade s'en occupe, IV, 272. 374.

Bleharies (Belgique). — Annexion de ce lieu à la France, II, 464.

Blesimard, ex-accusateur public du département de Seine-et-Oise. — Est nommé juge militaire, V, 293.

Blieskastel (Deux-Ponts). — Incarcération des gens de la comtesse de La Leyen IV, 198.

Blin, membre de la Constituante. — Sa motion contre Mirabeau, I, lxviii.

Blin, procureur général syndic du département de l'Aisne. — Est suspendu de ses fonctions, I, 12.

Blois (Loir-et-Cher). — Lacération des tapisseries de la maison commune de cette ville, I, 274. — Opérations des représentants, 297-299.

Bo (Jean-Baptiste-Jérôme), député de l'Aveyron à la Convention. — En mission dans la section des Droits de l'homme, II, 286. — En mission avec Chabot dans l'Aveyron et le Tarn, 303, 311. (Voir ses lettres au mot *Aveyron*.) — Lettre de sa main, III, 518. — En mission en Corse, IV, 382. (Voir ses lettres au mot *Corse*.) — Notice biographique, *ibid.* — Son arrestation à Aix, V, 44, 56.

Bodin, ex-vicaire de la métropole de Paris, I, xxxii.

Bodin (Pierre-Joseph-François), député d'Indre-et-Loire à la Convention. — Est nommé représentant près l'armée des Côtes de la Rochelle, IV, 86. (Voir ses

lettres au mot *Armée des Côtes de la Ro-chelle*.) — Notice biographique, *ibid*.

Bodson, commissaire du Conseil exécutif, I, xxx, 38. — Sa destination, 39. — Approbation de ses opérations, 228.

Boehmer (G.-G.), professeur à Worms. — Reçoit de la France une indemnité de 6,000 livres, I, 249.

Boffin, officier à Brest. — Est suspendu de ses fonctions, II, 254.

Boidin, défenseur officieux. — Est nommé juge militaire, V, 480.

Boillaud [1], lieutenant-colonel dans la Côte-d'Or. — Est nommé général de brigade, III, 217.

Boilleau (Jacques), député de l'Yonne à la Convention. — Ne veut pas qu'on choisisse les représentants en mission parmi les nobles ou les prêtres, III, 213.

Boiret, ex-capitaine d'artillerie. — Est nommé directeur du parc d'artillerie de Nantes, II, 578.

Boisand, colonel. — Sa conduite au combat de Vézins, IV, 270.

Boisselin. — Est mis en arrestation, II, 592.

Boisjolin, commissaire observateur en 1793, I, xxix.

Boisset (Joseph-Antoine), député de la Drôme à la Convention. — En mission avec Bayle dans les Bouches-du-Rhône et la Drôme, II, 303, 308. (Voir ses lettres au mot *Bouches-du-Rhône*.) — Notice biographique, III, 21.

Boissy-d'Anglas (François-Antoine), député de l'Ardèche à la Convention. — Est envoyé en mission à Lyon, I, 61. (Voir ses lettres au mot *Lyon*.) — Notice biographique, 62.

Boitel, défenseur officieux. — Est nommé juge militaire, V, 226.

Bollet (Philippe-Albert), député du Pas-de-Calais à la Convention. — Est envoyé en mission à l'armée du Nord, IV, 378-382. (Voir ses lettres au mot *Armée du Nord*.) — Notice biographique, 382.

Bollyen (Guillaume), Belge. — Est incarcéré, II, 355.

Bompart. — Est nommé essayeur à la monnaie de Perpignan, III, 613.

Bonet (Claude), homme de loi à Orange. — Est nommé juge militaire, V, 480.

Bonhomme de Comeyras, littérateur. — En mission dans les départements méridionaux, II, 134-135. — Notice biographique, 134. — Sa lettre sur les troubles de la Lozère, IV, 465.

Bonjour, chef du bureau des fonds de la marine. — Est nommé adjoint au ministère de la marine, I, xxxiv; II, 167; III, 405.

Bonneau, secrétaire de la légation de France à Varsovie. — Est envoyé en Sibérie, III, 90.

Bonnecarrère, directeur des affaires étrangères. — Son compte rendu à la Commission des Douze, I, li. — Est mis en arrestation, II, 592.

Bonne-Espérance (Cap de). — Le Comité de défense générale examine plusieurs questions relatives au cap de Bonne-Espérance, II, 118. — Le gouvernement français projette une expédition contre cette colonie, 275, 354.

Bonnefoy, commissaire national. — Remplace Darnaudery à Gand, II, 135. — Est nommé juge militaire, V, 225.

Bonnemain, homme de loi, — Est nommé juge militaire, V, 292.

Bonnemant, ex-constituant, commissaire du Conseil exécutif, I, xxx, 38. — Envoyé dans le Rhône-et-Loire, 39. — Approbation de ses opérations, 228. — Commissaire national en Belgique, 345. — Envoyé à Ruremonde, 457, 459. — Est entendu par le Conseil exécutif, II, 348. — Est nommé accusateur militaire, IV, 405.

Bonnet de la Liberté. — Figure dans le sceau de l'État, I, 13. — Un officier français veut proscrire le bonnet rouge en Belgique, 355.

Bonnet (Pierre-François-Dominique), député de l'Aude à la Convention. — En

[1] Et non *Boileau*.

mission à l'armée des Pyrénées orientales, III, 39 à 544. (Voir ses lettres au mot *Armée des Pyrénées orientales.*) — Notice biographique, 539.

Bonnet (Pierre-Louis), député du Calvados à la Convention. — En mission avec du Roy dans le Calvados et l'Eure, II, 303, 314. (Voir ses lettres au mot *Calvados.*) — Sa mission volontaire et secrète dans le Calvados, V, 45, 96. — Lettre de sa main, 517.

Bonnéval (Germain), député de la Meurthe à la Convention. — En mission dans les départements de Seine-et-Oise, de l'Eure et d'Eure-et-Loir, V, 294. (Voir ses lettres au mot *Eure.*) — Notice biographique, *ibid.* — Extension de sa mission au département du Loiret, 555.

Bonneville, commissaire national en Belgique, I, 345.

Bonnier (Ange-Élisabeth-Louis-Antoine, ci-devant *Bonnier d'Alco*), député de l'Hérault à la Législative et à la Convention. — Membre de la Commission extraordinaire, I, LIII. — En mission dans le Gard et l'Hérault avec Voulland, II, 303, 309. (Voir ses lettres au mot *Gard.*)

Bontems, inspecteur de la régie. — Est nommé directeur de la régie dans le département des Basses-Alpes, III, 405.

Bonvoust [1], directeur du parc d'artillerie de Nantes. — Est destitué, II, 578.

Boos, commandant. — Sa trahison, I, 589.

Bordas (Pardoux), député de la Haute-Vienne à la Convention. — En mission avec Borie dans la Corrèze et la Haute-Vienne, II, 303, 310. (Voir ses lettres au mot *Corrèze.*) — Notice biographique, 402. — Lettre de sa main, III, 438.

Bordeaux (Gironde). — Opérations des représentants, I, 110, 111. — Séance des Jacobins de Bordeaux, 111. — Les représentants approvisionnent cette ville de blé grâce aux Sociétés populaires, 150. — Elle proteste contre la déclaration de guerre aux villes hanséatiques, II, 364.

— Esprit des habitants en mars 1793, 387, 388, 474, 475. — Séjour des représentants, 489, 491. — L'État prête 2 millions à la commune de Bordeaux, 577. — Opérations de Paganel et Garrau, III, 292; 362, 416, 438, 567, 587; IV, 117 à 122. — Agitation hostile, 196. — Séjour de Mazade, 271, 302. — Envoi d'un agent secret à Bordeaux, 512. — Mission des conventionnels Treilhard et Mathieu, 571. — Opinion de Mazade et de Garnier sur la situation de Bordeaux, V, 13. — Opérations de Mathieu et de Treilhard, 82, 91. — Menées des députés de Bordeaux dans les départements du sud-ouest, 85. — Les bataillons bordelais sont invités à continuer leur service, 88. — Détails sur l'insurrection bordelaise, 135. — Les bataillons de Bordeaux à l'armée de Biron réclament leur remplacement, 160, 161. — Nouveaux détails sur la sédition bordelaise, 332, 333, 369. — Envoi de 500,000 livres à Bordeaux pour le service de la marine, 498.

Borel. — Est nommé commissaire du Conseil exécutif près l'armée des Pyrénées, IV, 145. — Son rapport au sujet de l'esprit public sur la route de Limoges à Toulouse, 328.

Borelly, auteur du *Journal d'instruction publique.* — Demande un emploi, II, 119.

Borgnet (Ad.), professeur à l'Université de Liège. — Son *Histoire des Belges à la fin du XVIIIe siècle*, I, 449, 451, 458.

Borie (Jean), député de la Corrèze à la Convention. — En mission avec Bordas dans la Corrèze et la Haute-Vienne, II, 303, 310. (Voir ses lettres au mot *Corrèze.*) — Notice biographique, 402.

Bosque, commissaire national en Belgique, I, 345. — Envoyé à Dinant, 457, 459. — Meurt dans cette ville; secours accordé à sa veuve, II, 360.

Bossut (Belgique). — Annexion de ce lieu à la France, II, 464.

[1] Et non Bouvoux.

BOTIDOUX (Jean-François LE DEIST DE), ex-constituant. — Est nommé commissaire général ordonnateur provisoire de l'armée des Alpes, II, 352. — Débat sur cette nomination, 573. — Propose à Kellermann de marcher sur Paris, III, 202. — Mesures pour l'éloigner de l'armée des Alpes, 239.

BOUASSIER, habitant du département d'Ille-et-Vilaine. — Est nommé accusateur militaire, IV, 405.

Bouchain (Nord). — Opérations de Bellegarde, Cochon et Lequinio dans cette ville, III, 197. — L'esprit public s'y raffermit, 217. — Courrier envoyé par le Comité de salut public à Bouchain, V, 497.

BOUCHER (Antoine-Sauveur), député de Paris à la Convention. — En mission dans la section du Mont-Blanc, II, 285.

BOUCHER (François), émissaire de Dumouriez. — Est arrêté, III, 186. — Est transféré à Paris, 200.

BOUCHER, juge à Bayeux. — Candidat au ministère de la justice, II, 439.

BOUCHER-RENÉ, maire de Paris par intérim. — Le Conseil exécutif lui renvoie un arrêté de la section de Beaurepaire, I, 279, 280.

Bouches-du-Rhône (Département des). — Mission de Bayle et de Boisset dans les Bouches-du-Rhône et dans la Drôme, II, 303, 308. — Lettres de ces représentants, III, 14, 237. — Les députés de ce département dénoncent l'arrêté du directoire levant 6,000 hommes, etc., 382, 383, 385, 411. — Lettres des représentants, 518, 550. — Décret du 12 mai 1793 relatif à la mission dans ce département, IV, 129. — Lettre des représentants, 136. — Rapport oral de Bayle et de Boisset, 296. — Annulation d'un de leurs arrêtés, 318, 322. — Arrêté de Baille et de Beauvais relativement à l'armée de 6,000 hommes levée par le département des Bouches-du-Rhône, 414. — Députation extraor-dinaire de ce département auprès du Comité de salut public, 453. — Décret sur les citoyens qui y sont incarcérés, V, 63. — Mission de Basire et de Rovère, 70. — Poultier remplace Basire dans cette mission, 101. — Lettres de Rovère et de Poultier, 359, 456, 493, 526.

BOUCHET [1], maréchal de camp, commandant de Givet. — Est destitué, I, 155.

BOUCHET, receveur des salines en Franche-Comté. — Est mis en arrestation, V, 508.

BOUCHOTTE, commandant temporaire à Cambrai, ministre de la guerre. — Court des dangers en voulant rétablir l'ordre à Cambrai, I, 131. — Est nommé ministre de la guerre, III, 63 — Est retenu à Valenciennes par les représentants en mission, 139. — Rend compte que toute l'armée de Dumouriez est revenue et a abandonné le traître, 182. — Nommé ministre de la guerre par la Convention nationale, il prend séance au Conseil exécutif, 190. — Il entre en exercice de la présidence, 266. — Le Comité de salut public propose de le remplacer par Beauharnais, IV, 482. — Il consigne au registre du Conseil exécutif son opposition au plan de Custine, adopté par ce Conseil, 493. — Merlin (de Douai) et Cavaignac demandent son remplacement, V, 314.

BOUGON, procureur général syndic du Calvados. — Sa lettre aux représentants à l'armée des Côtes de Cherbourg, V, 452.

BOUI, lieutenant. — Est adjoint à l'état-major du général de Hesse, I, 187.

BOUILLET, commissaire du Conseil exécutif. — Est envoyé à Saint-Étienne, IV, 145.

BOUIN, commissaire du Conseil exécutif, I, XXX. — Est envoyé à Dunkerque, IV, 145.

Bouin (Île de). — Cette île tombe au pouvoir des insurgés royalistes, II, 549.

BOUISSET, commissaire observateur en 1793, I, XXIX.

BOIZOT, membre du directoire de l'Aisne. — Est suspendu, I, 12.

Boulard, chef de brigade. — Remplace le général Marcé, II, 136. — Marche sur la Mothe-Achard et Saint-Gilles, III, 142. — Son armée emporte le poste de la Grassière et s'établit à la Mothe-Achard, 162, 177. — Annonce une victoire sur les Vendéens, IV, 209. — Tracassé par Ronsin, il donne sa démission, V, 228. — Philippeaux dénonce les intrigues dont Boulard est l'objet, 563.

Boullé, membre de la Constituante. — Est envoyé en mission, I, LVI.

Boulogne-sur-Mer (Pas-de-Calais). — Réclamation des députés du commerce de cette ville, II, 51. — Beaucoup d'émigrés rentrent en France par Boulogne, 396. — Le ministre de la marine est autorisé à faire des coupes de bois dans le Boulonnois, 403. — Les passeports délivrés par la municipalité de Boulogne sont suspects, 541. — Suspension de toute communication entre la France et l'Angleterre, III, 135.

Bouquier (Gabriel), député de la Dordogne à la Convention. — En mission dans la section du Pont-Neuf, II, 285.

Bourbons. — Le Comité arrête que la famille des Bourbons sera transférée à Vincennes ou à Dijon, III, 156. — Décret par lequel les membres de cette famille, autres que les prisonniers du Temple, seront transférés à Marseille, 157. — Instruction aux commissaires chargés de les y conduire, 170. — Ils y arrivent sains et saufs, III, 355, 524. — Détails sur leur translation, IV, 288. — Pétition de Bourbon-Conty, V, 131.

Bourbotte (Pierre), député de l'Yonne à la Convention. — En mission dans les Deux-Sèvres et la Vendée, II, 303. — En mission à Orléans, 390-392. (Voir ses lettres au mot *Orléans*.) — Notice biographique, 391. — Se rencontre à Orléans avec Collot d'Herbois et Laplanche, 529. — Lettre de sa main, III, 102. — En mission à Tours, 601. (Voir ses lettres au mot *Tours*.) — A un cheval tué sous lui à la prise de Saumur, IV, 504, 519. — Dénonce Duchastel,

542. — Est blessé dans un combat contre les Vendéens, V, 266. — Est envoyé en mission à l'armée des Côtes de la Rochelle, 444. (Voir ses lettres au mot *Armée des Côtes de la Rochelle*.)

Bourdon, commissaire du Conseil exécutif, I, XXX, 38.

Bourdon (François-Louis), député de l'Oise à la Convention. — En mission dans la section des Amis de la Patrie, II, 285. — En mission avec Le Carpentier dans la Manche et l'Orne, 303, 314. (Voir ses lettres au mot *Manche*.) — Est proposé pour une autre mission, IV, 541. — En mission à Orléans avec Dameron, 561. (Voir ses lettres au mot *Orléans*.) — Notice biographique, 563.

Bourdon (Louis-Jean-Joseph-Léonard), député du Loiret à la Convention. — En mission dans le Jura et la Côte-d'Or, II, 303, 307. (Voir ses lettres au mot *Côte-d'Or*.) — Attentat dont il est victime à Orléans, 376, 377, 381, 382, 383. — Notice biographique, 383. — Événements qui sont la conséquence de l'assassinat tenté contre lui, 389, 390-392. — Sa lettre à ce sujet, 406. — Bonnes nouvelles de sa santé, 448. — Lettre de sa main, *ibid.* — Opinion de Paganel et de Garrau sur l'attentat dont il a été victime, 489. — Et de Jeanbon Saint-André et de Lacoste, 497, 498. — Arrestation de ses assassins, III, 186, 200. — Lettre de sa main, 341. — Son énergie infatigable, 418. — Information relative à son assassinat, 454. — Il parcourt les parties du Jura les plus voisines de la Suisse, 591. — Est dénoncé par les Nantais, IV, 198.

Bourg (Ain). — Opérations des représentants, II, 429. — Le district de cette ville s'approprie une délibération de la commune de Revonnas, III, 108. — Les représentants Merlino et Amar arrivent à Bourg, 344.

Bourg-des-Comptes (Ille-et-Vilaine). — La garde nationale de ce lieu vole au secours de Rennes, II, 450.

Bourgeon (Belgique). — Annexion de ce

lieu à la France, II, 464.

Bourges (Cher). — Opérations des représentants, II, 411, 412, 466.

Bourgfeldt (Allemagne). — Le général Ferrier abandonne ce poste, I, 129, 130.

Bourgoing (De), ministre de la République à Madrid. — Reçoit l'ordre de demander satisfaction au gouvernement espagnol, I, 133. — Sa lettre aux représentants à Bayonne sur les dispositions de la cour de Madrid, 220. — Son autre lettre du 21 janvier 1793 sur le même sujet, II, 48, 49, 50. — Son rappel, 195. — Nouvelle lettre de lui, 222.

Bourg-sur-Gironde (Gironde). — Prêtres incarcérés dans cette ville, IV, 122.

Bourmont (Haute-Marne). — Suspension du ci-devant maître particulier des eaux et forêts de Bourmont, II, 530.

Boursault, député suppléant de Paris à la Convention, directeur du théâtre de Molière. — Reçoit une subvention, I, 73.

Boursier, commissaire des guerres. — Employé à Kleindert, II, 231.

Bousin, émigré. — Ses réclamations, I, 460.

Boutay, administrateur du district de Sarreguemines, délégué aux armées. — Ses opérations au pays de Deux-Ponts, II, 477. — Sa lettre au président de la Convention, 478. — Est dénoncé par Blaux, IV, 198-200.

Bouvier (F.). — Son livre *Les Vosges pendant la Révolution*, II, 246, 247.

Bouvot, capitaine aux forges. — Est suspendu de ses fonctions, I, 185.

Bouziques. — Est nommé juge militaire, V, 293.

Boyer-Foxfrède (Jean-Baptiste), député de la Gironde à la Convention. — Membre du Comité de défense générale, I, 391. — Notice biographique, *ibid*. — Secrétaire du Comité de défense générale, 392. — Est chargé d'un rapport sur les colonies occidentales, II, 10. — Et sur la mission à envoyer en Corse, 24. — Son rapport sur les relations avec l'An-

gleterre, 26. — Sur la Corse, 41. — Sur les colonies, 43, 73, 108, 118. — Est chargé de communiquer au Conseil exécutif une lettre des représentants en Belgique, 163. — Et de conférer avec le ministre de la marine, 173. — Et de faire un rapport sur le sort des réfugiés hollandais, 245, 254. — Critique une lettre des représentants en Belgique, 329, 330. — Est chargé de demander le renouvellement du Comité de défense générale, 334. — Et de faire un rapport sur les villes hanséatiques, 364. — Membre suppléant du Comité de défense générale renouvelé, 514. — Il fait un rapport sur les colonies occidentales, III, 81. — Et sur l'île de Corse, 82. — Il obtient des voix pour être membre du Comité de salut public, 131. — Sa lettre au citoyen Dignac, de Bordeaux, IV, 196.

Boyer-Foxfrède (Mme), femme du précédent. — Un passeport lui est accordé, V, 484.

Brabant. — Envoi de Chaussard et de Gouget-Deslandres dans cette province, I, 456, 458.

Brac, soldat dans la légion germanique. — Reçoit une indemnité du Conseil exécutif, I, 303, 304.

Braln, inspecteur des douanes dans le département du Mont-Blanc. — Est nommé directeur des douanes à Marseille, III, 355.

Branzon, administrateur des vivres à Toulon, II, 373.

Brassac (Tarn). — Mouvements dans cette commune, II, 508.

Brassant[1], procureur-syndic du district de Bergues. — Est nommé juge militaire, V, 480.

Braun, banquier à Strasbourg, I, 23.

Bréard, citoyen de Thionville. — Est massacré par le peuple, III, 475.

Bréard (Jean-Jacques de), député de la Charente-Inférieure à la Législative et à la Convention. — En mission aux

armées, I, LXIII. — Membre du Comité de défense générale, I, 389. — Notice biographique, *ibid.* — Nommé commissaire pour la réorganisation du ministère de la guerre, 440. — Est chargé d'un rapport sur l'administration de la marine, II, 10. — Et d'examiner un plan de campagne maritime, 108. — Et d'écrire au ministre de la guerre au sujet de la défense de la Rochelle, 192. — Est réélu au Comité de défense générale, 514. — Secrétaire de ce Comité, 516. — Chargé d'un rapport, *ibid.* — Est adjoint à Delmas, 591. — Assiste à la séance du 1ᵉʳ avril 1793, III, 1. — Son rapport sur l'organisation de la marine, 81. — Appuie une proposition d'Isnard, 83. — Est nommé membre du Comité de salut public, 116. — Et vice-président de ce Comité, 133. — Est chargé d'un projet de décret sur Chazot, 135, 155, 156. — Décret rendu sur la proposition de Bréard, 158, 159. — Il est chargé de rédiger un projet de décret, 167, 169. — Il fait adopter un projet de décret, 171. 172. — Est chargé de surveiller le ministre de la marine, 182. — Il fait un rapport sur le mémoire du citoyen Kerguelen, 183. — Il est chargé de présenter un tableau des représentants près des armées, 189. — Il le présente, 213. — Présente un projet de décret pour lever la suspension de la marche des bataillons envoyés en Espagne, 326. — Du Bois du Bais et Briez réfutent ses accusations contre eux, 333. — Vérifie les états de la marine, 530. — Propose un décret sur les subsistances, IV, 247. — Son discours en faveur du général Tuncq, V, 553.

BRECK. — Ce citoyen entreprend des ouvrages pour la défense de Landau, II, 188.

Breda (Hollande). — Dumouriez annonce la prise de cette ville, II, 214-215. — Cette nouvelle est démentie, 217. — Puis confirmée, 227. — Détails sur la capitulation de Breda, 230, 231, 232.

241. — La garnison rentre en France par Courtrai, III, 314.

Bréhat (Île de). — Projets de travaux pour la défense de cette position, IV, 310.

Bressuire (Deux-Sèvres). — Le général Quétineau est obligé de se replier sur cette ville et craint d'y être attaqué, III, 288. — Les représentants dans la Vienne font diriger sur cette ville les munitions et choses nécessaires à l'armée qui combat contre les brigands, 335, 336. — 1,200 hommes de la garnison ont déserté, 528. — Bressuire est évacué par les troupes républicaines, 615, 616; IV, 5.

Brest (Finistère). — Situation des chiourmes dans le port de Brest, I, XXXIV. — Mission du membre de la commune Guermeur, I, 57. — Affaire des commissaires de Saint-Domingue, 330, 331. — Des matelots et des ouvriers quittent l'arsenal de Brest pour aller servir de garde à la Convention, 405, 406. — Mission de Defermon, Prieur (de la Côte-d'Or) et Rochegude, 499. — Leur lettre sur la situation de Brest, II, 158. — Ordre d'appareiller donné à la flotte de Brest, 196. — Opérations des représentants, 341-342, 356-359, 369. — Mouvements séditieux, 536. — Arrêtés divers des représentants, 586, 587. — Utilité d'agrandir la fonderie qui se trouve dans cette ville, 600. — Les députés de Brest sont entendus par le Conseil exécutif, III, 34. — Mesures pour venir en aide à cette ville, 40. — Le tribunal criminel du département y est transféré, 52. — Les autorités constituées de Brest informent le Conseil exécutif que le commandant Varennes est suspendu, 370. — Peyre et Garnerin sont nommés commissaires du Conseil exécutif à Brest, IV, 145. — Opérations des représentants Sevestre et Cavaignac, 434, 444, 456. — Il est question de les mettre en arrestation dans cette ville, V, 38.

BRET, homme de loi. — Est nommé juge militaire, V, 292.

Bretagne. — Mesures prises par le Conseil

exécutif au sujet d'une conspiration si-gnalée dans les départements de cette province, II, 41. — Insurrection roya-liste vaincue à Fougères et à Redon, 313. — Débat au Comité de défense générale sur les moyens de réprimer les troubles de la Bretagne, 389, 403. — Envoi de 4,000 hommes dans ces dépar-tements, III, 288, 312, 328, 329. — Émotion en Bretagne à la nouvelle des événements du 2 juin 1793, IV, 531, 532. — Envoi en Bretagne de trois commissaires du Comité de salut public, V, 535. — Mission de Carrier et de Pocholle, 547.

Breteuil (Oise). — Mauduyt et Isoré en-voient des pièces relatives à une contri-bution illégalement demandée aux habi-tants de cette commune, III, 390.

Brézin (Michel), serrurier de la Monnaie. — Reçoit l'ordre de faire une pièce de quatre en fer battu, IV, 124.

Bridault, commissaire national dans le Morbihan, I, xxix.

Briez (Philippe-Constant-Joseph), député du Nord à la Convention. — En mission à l'armée du Nord et des Ardennes, III, 63. (Voir ses lettres au mot Armée du Nord.) — Est confirmé dans sa mission, 214 à 217. — Notice biographique, 214. — Lettre de sa main, 225. — Est rappelé de sa mission, ibid. — Lettre de sa main, 314. — Delmas fait ajour-ner son rappel, 326. — Lettre de sa main, 334, 361. — Delmas présente le projet concernant son remplacement, 384, 387. — Lettre de sa main, 430, 527, 566. — Est maintenu en mission à l'armée du Nord, 602. — On lui re-proche d'influencer les opérations mili-taires, IV, 209. — Il est continué dans sa mission, 378, 383. — Son rappel, V, 488.

Brigantin (Ambroise). — Est nommé essayeur à la monnaie de Strasbourg, III, 613.

Brissot (Jacques-Pierre), député d'Eure-et-Loir à la Convention. — Membre de la Commission extraordinaire, I, LIII. —

Il reçoit, comme membre du Comité diplomatique, une lettre des représen-tants aux frontières du Doubs, I, 195. — Membre du Comité de défense générale, 390. — Notice biographique, ibid. — Vice-président du Comité de défense générale, 392. — Fait adopter par ce Comité un préambule au rapport de Kersaint sur la marine, 450, 451. — Est chargé d'un rapport sur les moyens de faire la guerre à l'Espagne, II, 10. — Et sur la guerre avec l'Angle-terre et la Hollande, 25. — Et d'écrire à Grégoire, 572. — Il fait un rapport sur l'Angleterre, II, 81. — Sur l'Angle-terre et l'Espagne, ibid. — Sur une expé-dition dans les établissements espagnols, 82. — Sur la guerre à faire à l'Angle-terre et à la Hollande, ibid. — Brissot et Gorsas calomnient le bien que font les représentants en mission, 350. — Le Comité de salut public le fait trans-férer à Paris, IV, 578. — Est détenu à la mairie, V, 45. — Est autorisé à communiquer avec sa famille, 153.

Brival, ancien juge de paix à Ussel. — Est nommé juge militaire, V, 226.

Brival fils (J.), procureur de la commune d'Ussel. — Est nommé juge militaire, V, 226.

Brival (Jacques), député de la Corrèze à la Convention. — En mission dans la section des Piques, II, 285. — Et à la manufacture d'armes de Tulle, V, 49. (Voir ses lettres au mot Tulle.) — Notice biographique, ibid. — Lettre de sa main, 369, 412. — Est envoyé à Saint-Yrieix, 499.

Broculut, membre de la commune. — Commissaire du Conseil exécutif à Châ-lons-sur-Marne, I, xxx, 38, 39.

Broglie (Charles-Louis-Victor de), ex-constituant, maréchal de camp. — Est mis en arrestation, II, 592. — Notice biographique, ibid.

Broglie (Maréchal de). — A la cuisse cassée dans une reconnaissance, I, 122.

Broussonet, député à la Législative. —

Membre de la Commission des Douze, I, xlvii, xlviii.

Brows, courrier anglais. — Le Conseil exécutif ordonne son arrestation, II, 119, 120.

Bruat (Joseph), député à la Législative. — Son rapport sur les faux assignats, I, xxxiii. — Est envoyé en mission à l'armée de Luckner, lii. — Est nommé accusateur militaire, IV, 405.

Bruges (Belgique). — Le baron de Triest intrigue à Bruges contre les Français, II, 148. — Violences contre les Français, 151, 153. — Caractère et attitude des habitants, 180. — Cette ville émet son vœu de réunion à la France, 213, 214. — Annexion de sa banlieue, 404. — Projet d'une attaque sur cette ville, IV, 128.

Bruges (Gironde). — Mission de Fréciue à la papeterie de ce lieu, V, 202.

Bruguières (Jean-Guillaume), naturaliste. — Reçoit des frais de voyage pour sa mission en Orient, 212-213. — Notice biographique, ibid.

Bruille (Nord). — Les Prussiens et les Autrichiens lèvent le camp de Bruilles, III, 360.

Bruix [1] (Eustache), commandant la frégate la Sémillante. — Son rapport aux représentants en mission, II, 169.

Brux (Jean-Claude). — Servière le fait arrêter, III, 464.

Brux ou Le Brux, constructeur de vaisseaux. — Envoyé à Constantinople, I, 275.

Brune (Guillaume-Marie-Anne), commissaire général aux mouvements militaires, futur maréchal de France. — Notice biographique, I, 281. — Arrêté du Conseil exécutif sur les frais de sa mission, 281-282.

Brunel, administrateur du département de l'Hérault. — Son zèle civique loué par les commissaires de la Convention, I, 311.

Brunel (Ignace), député de l'Hérault à la Convention. — Membre du Comité de défense générale, I, 391. — Notice biographique, ibid. — Désigné par le Comité de défense générale pour aller en mission aux côtes de la Méditerranée, 499. (Voir ses lettres au mot Côtes de la Méditerranée.) — Sa mission, II, 315. — Lettres de sa main, III, 381; IV, 215. — Il est décrété d'arrestation, V, 449.

Brunet, général. — Remplace provisoirement d'Anselme à la tête de l'armée du Var, I, 363. — Ses opérations militaires, II, 378. — Reçoit le commandement de l'armée d'Italie, III, 446; IV, 240, 265. — Attaque le camp de la Fourche, 555. — Conteste les pouvoirs de Barras et de Fréron, V, 484, 485. — Est dénoncé par Poultier comme fédéraliste, 493. — Barras et Fréron le suspendent, 495.

Brunswick (Duc de). — Ses lettres de change sur le ci-devant roi, I, 88. — Ses négociations avec Kellermann sur l'évacuation de Longwy, 164, 165; III, 20. — Lettre de Custine à Brunswick, IV, 16, 65.

Bruslé [2]. — Est nommé commissaire du Conseil exécutif près de l'armée de réserve, 145.

Bruxelles (Belgique). — Le Comité de défense générale reçoit les procès-verbaux des sections de cette ville, I, 440. — Les représentants interdisent la réunion des électeurs nommés par ces sections, 449. — Envoi dans cette ville de Chaussard et de Gouget-Deslandres, 456, 458. — Et de Chépy, II, 30. — La citoyenne Montansier organise un spectacle à Bruxelles, 74. — Les représentants se réunissent tous les quinze jours dans cette ville, 140. — Ils y organisent le service de la poste, 146. — Préparatifs hostiles contre les Français, 151. — Convocation de l'assemblée du peuple de Bruxelles, 159. — Les représentants demandent un renfort de troupes à cette occasion, 160,

---

[1]: Et non Bruis. — [2] Et non Brule.

161, 163, 164. — Le gouvernement français envoie à Bruxelles un nouveau commandant à la place de Moreton, 164. — Le bataillon des Lombards y tient garnison, 182. — Cette ville vote sa réunion à la France, 207, 216. — Treilhard et Camus se disposent à s'y rendre, 272. — Fermentation dans cette ville, 279. — Discours de Dumouriez aux représentants provisoires de Bruxelles, 355.

Bruyelle (Belgique). — Annexion de ce lieu à la France, II, 464.

Buache (Jean-Nicolas), géographe, chef du bureau des cartes de la marine, II, 11.

Bucaille, habitant du village de Thionville. — Est massacré par le peuple, III, 474, 475.

Buchon (Robert), commissaire national envoyé par Roland dans la Manche, I, 39.

Buhot, commissaire du Conseil exécutif, I, xxx.

Buke, fournisseur de l'armée. — Reçoit une indemnité, I, 57.

Bulletin de la Convention. — Création de ce journal, I, vii-viii. — Les représentants dans le Nord demandent qu'on l'envoie aux armées, 142. — Comment on y analyse les lettres des représentants, 396, 462. — Cette feuille est envoyée aux armées par l'intermédiaire des représentants, III, 64. — Les représentants à l'armée du Rhin se plaignent que dans le *Bulletin* on laisse subsister le nom de *commissaires*, 338. — Erreur du *Bulletin* sur les forces réunies à Perpignan, IV, 122.

Bulletin d'Évreux, journal fédéraliste. — Arrestation du rédacteur de cette feuille, V, 347.

Buragu, lieutenant-colonel de la Légion germanique. — Est dénoncé par les Marseillais, IV, 453.

Bussière (Charles de la), employé du Comité de salut public. — Ses mémoires, I, vii.

Buxy (Saône-et-Loire). — Adresse patriotique des habitants de cette commune, V, 358.

Buzot (François-Nicolas-Léonard), ex-constituant, député de l'Eure à la Convention. — Sa motion sur l'organisation du ministère, I, lxxi. — Membre du Comité de défense générale, II, 515. — Notice biographique, *ibid.* — Est chargé d'un rapport, 564. — Combat un projet d'Isnard, III, 112.

C

Cabarrus père et fils. — Taschereau, commissaire du Conseil exécutif, les fait mettre en liberté, IV, 50.

Cadillac (Gironde). — Ce district s'offre à marcher tout entier, III, 588. — Il adhère avec chaleur à la Convention et à la constitution, V, 246.

Caen (Calvados). — Opérations des représentants, II, 585. — Une compagnie de *Carabots* se forme dans cette ville, III, 229. — Opérations des représentants, 335, 515. — Les autorités de Caen font arrêter les représentant Romme et C.-A. Prieur, IV, 501-503, 516, 517, 518. — Le Comité de salut public s'oppose à ce que l'usine Périer délivre des canons à la commune de Caen, 569. — Opérations de Bonnet et de R. Lindet, V, 417, 425. — Et de Carrier, 450. — Et de Du Roy et R. Lindet, 464, 490. — Fouché brûle à Nevers des écrits que lui ont envoyés les séditieux de Caen, 505. — Opérations de Du Roy et de R. Lindet, 509-511, 516, 517, 518.

Cagliari (Sardaigne). — Apparition d'une escadre anglaise devant cette place, IV, 481.

Cahors (Lot). — Opérations de Jeanbon Saint-André, III, 305. — Établissement de cartes civiques à Cahors, 306. —

Opérations de Jeaubon Saint-André, 337. — Et de Baudot, V, 504.

CAILHAVA, lieutenant-colonel du bataillon franc. — Est maltraité par les gendarmes nationaux, I, 131.

CAILLEUX, commissaire observateur en 1793, I, XXIX. — Membre de la commune de Paris, commissaire du Conseil exécutif, III, 170. — Rend compte que les Bourbons prisonniers sont arrivés sains et saufs à Marseille, 524. — Reçoit une indemnité, IV, 288, 289. — Commissaire pour la levée des scellés chez le général d'Anselme, 477. — Commissaire pour accompagner les troupes envoyées dans l'Eure, V, 263.

Caisse de l'Extraordinaire. — Elle cesse de fournir aux dépenses secrètes du Conseil exécutif, I, 224-225.

Calais (Pas-de-Calais). — Le corps électoral du département du Nord s'assemble dans cette ville, I, 177. — État de son arsenal, 237, 238. — Les communications entre Calais et Douvres resteront libres pendant la guerre, II, 31. — Les représentants signalent trois prises anglaises dans ce port, 122. — Réclamation de la garnison de Calais, 139. — Ordre d'intercepter les communications entre Calais et Douvres, 591. — Demande de secours d'argent pour cette ville, III, 181. — Demande de secours pour repousser toute attaque contre Dunkerque et Calais, 296. — Le ministre de la guerre fait passer à Calais des fonds pour réparer les fortifications, 299. — Une somme de 200,000 livres est accordée à la ville de Calais par le Comité de salut public, 444. — Giot et Hébert y sont envoyés comme commissaires du Conseil exécutif, IV, 145. — Opérations de Billaud-Varenne et de Niou, V, 482.

CALÈS. — Est nommé juge militaire, V, 226.

GALÈS (Jean-Marie), député de la Haute-Garonne à la Convention. — En mission à l'armée des Ardennes, IV, 578, 589. (Voir ses lettres au mot Armée des Ardennes.) — Notice biographique, 589.

CALON (Étienne-Nicolas DE), député de l'Oise à la Législative et à la Convention. — Sa mission aux prisons, I, LXIII. — Et dans la section des Arcis, II, 285.

Calvados (Département du). — Le directoire de ce département demande la formation d'une armée sur les côtes de la Manche, I, 367. — Et la nomination de Félix Wimpffen au commandement de cette armée, II, 168. — Mission de Bonnet et de Du Roy dans l'Eure et le Calvados, 303, 314. — Lettres de ces représentants, 406, 585, 591, 595. — Le Conseil exécutif arrête que les trois bataillons du Calvados se porteront en Bretagne, III, 312. — Lettre des représentants, 374. — Décret contre les administrateurs du Calvados, IV, 541, 542. — Mission volontaire de Bonnet dans ce département, V, 45, 96. — Mesures contre les rebelles du Calvados, 157, 165, 166. — Mission de Carrier et de Pocholle, 239. — Et de Robert Lindet, Du Roy et Bonnet, 290. — Message pacifique du département du Calvados, 424. — Idées de R. Lindet sur la réorganisation de ce département, 510. — Proclamation des représentants sur les subsistances, 518. — Arrêté relatif aux receveurs de l'enregistrement dans le Calvados, 545.

CALVET. — Commissaire national dans la Sarthe, I, XXIX.

Calvi (Corse). — La municipalité de Calvi envoie une députation aux représentants en mission, III, 261. — Opérations de ces représentants à Calvi, IV, 449; V, 370, 468, 527.

CAMAS, directeur d'artillerie au port de la Liberté. — Sa lettre, III, 55, 56. — Ses réclamations, 72. — Offre sa démission de commandant du port de la Liberté, 104. — Est suspendu provisoirement et arrêté, 179, 527.

CAMBACÉRÈS (Jean-Jacques-Régis DE), député de l'Hérault à la Convention. — Membre du Comité de défense générale, II, 514. — Notice biographique, ibid. — Secrétaire du Comité, 516. — Est

chargé de lire les lettres de Dumouriez,
553. — Donne lecture d'une lettre de
Fouché, 591. — Est chargé d'un rapport sur la trahison de Dumouriez, 593.
— Assiste à la séance du 1er avril 1793,
III, 1. — Préside le Comité de défense
générale et est chargé d'une communication auprès de la Convention, III, 30.
— Préside de nouveau, 80. — Barère
propose de le charger de préparer un
décret pour l'établissement d'un Comité
de salut public, 87. — Il obtient des
voix pour être membre de ce Comité,
131. — Est proposé pour une mission à
l'armée des Ardennes, IV, 578.

CAMBON (Pierre-Joseph), député de l'Hérault à la Convention. — Dénonce l'exis-
tence d'un registre secret du Comité de
salut public, I, xiv. — Et les marchés
frauduleux de Vincent, 243. — Fait
nommer une commission pour examiner
les marchés militaires, 266. — Fait voter le décret des 15 et 17 décembre 1792
sur la conduite à tenir dans les pays
envahis, 332, 335. — Membre du
Comité de défense générale, 390. —
Notice biographique, ibid. — Son rapport au Comité de défense générale sur
les finances et les assignats, II, 17. —
Adjoint à Delacroix, Camus et Danton,
34. — Demande un débat sur la rupture avec l'Angleterre, 39. — Son rapport sur l'application à la Hollande du
décret du 15 décembre 1792, 171. —
Propose un projet de décret sur les relations avec les puissances ennemies et
sur les assignats, 192, 215. — Débat
au Comité de défense générale sur son
rapport relatif à la Hollande, 223. — Présente la formule du décret contre Paoli,
III, 35. — Son projet de réorganiser le
Conseil exécutif, 43. — Est nommé
membre du Comité de salut public, 116.
— Y est chargé de la correspondance,
182. — Est chargé de présenter un
projet de décret ayant rapport aux forges,
183. — Transmet la démission de
Monge comme ministre de la marine,
210. — Est chargé d'un projet de dé-

cret pour supprimer le ministère des
contributions, 220. — Se charge d'un
rapport sur Kellermann, 310. — Propose Bellegarde, Cochon et Lequinio pour
remplacer Du Bois du Bais et Briez dans
leur mission dans le Nord, 326. —
Doit proposer un projet de décret pour
l'envoi de représentants en mission, 367.
— Ysabeau, Neveu et Mazade croient que
Cambon ne leur saura pas mauvais gré
d'avoir fait exécuter par anticipation la loi
sur les assignats, 393. — Il est chargé de
présenter un projet de réorganisation des
commissions et députations envoyées par
la Convention dans les départements, les
armées et les frontières, 421, 422. —
Prépare un projet de décret sur les opérations de la trésorerie nationale, 465.
— Fait approuver par le Comité de salut
public son projet de décret sur les représentants en mission, 529. — Et le fait
voter par la Convention, 533; IV, 1. —
Il est chargé d'un projet de décret relatif au ministère de la guerre et aux
troubles de la Vendée, 67. — Il est
chargé de rendre compte à la Convention de l'événement arrivé au général
Dampierre, 79. — Signe deux arrêtés
le 31 mai 1793, 392. — Est chargé,
dans le Comité du salut public, de la
correspondance générale, 540. — Et de
combiner avec Delmas et Saint-Just des
mesures contre les insurgés de l'intérieur, 568. — Et de faire avec Saint-
Just un rapport sur les Girondins détenus, 578. — Et de surveiller la trésorerie
nationale, V, 119. — Le Comité de salut
public propose de l'envoyer en mission à
l'armée des Pyrénées orientales, 180. —
Son rapport sur les opérations du Comité, 224.

CAMBOULAS (Simon), député de l'Aveyron
à la Convention. — Son rapport sur
Saint-Domingue, II, 192, 241, 254.

Cambrai (Nord). — Les représentants cal-
ment les esprits dans cette ville, I, 95,
96. — Les gendarmes nationaux forcent
ses prisons, 130. — Troubles, 131, 132.
— Les représentants viennent y rétablir

l'ordre, 145, 146, 147. — Infection de ses hôpitaux, 343. — Opérations de Bellegarde, Cochon et Lequinio, III, 217. — Et de Deville, 584. — Et de Carnot, IV, 333. — Et de Delbrel, Le Tourneur et Levasseur, V, 374, 377, 394, 408, 463, 464. — Cette place n'est plus cernée par les ennemis, 541.

Camille. — Est nommé commis aux écritures au Comité de salut public, III, 133.

Campine brabançonne. — Envoi de Paris et de Lanelle en qualité de commissaires du Conseil exécutif dans cette province, I, 457, 459.

Campmas. — Commissaire du Conseil exécutif, I, xxx.

Camus (Armand-Gaston), député de la Haute-Loire à la Convention. — Notice biographique, I, 283. — En mission à l'armée de Dumouriez. (Voir ses lettres au mot Armée de Dumouriez.) — Sa lettre à la Convention, 307. — Son compte rendu oral à la Convention sur l'état de l'armée de Belgique, 317, 319. — Fait rendre un décret sur les subsistances militaires, 323. — Apporte en Belgique le décret du 15 décembre, 337. — Sa présence en Belgique est jugée indispensable, 443. — Il est rappelé, 448. — Sa lettre autographe à la Convention, 20 janvier 1793, 497. — Presse le Comité de défense générale de prendre un parti sur le décret du 15 décembre 1792, II, 10. — Adjoint aux Comités, 13. — Rend compte des dispositions des Belges, 16. — Chargé d'un rapport sur la Belgique, 34. — Son retour dans ce pays, 35. — Transmet les réclamations des soldats, 124. — En mission dans le Hainaut et dans la Flandre, 140. — Lettre de sa main, 149. — Reste en Belgique avec Treilhard, 265. — Surveille la fabrication des assignats, 297. — Demande et obtient son rappel, 350. — Lettre de sa main, 351. — Son rapport oral sur les affaires de Belgique, 441-444. — Membre du Comité de défense générale,

515. — Assiste à une délibération du Conseil exécutif, 517. — Est chargé d'un rapport sur le projet de requérir les chevaux de luxe, 539, 541. — Présente un projet de décret, 553. — Demande un rapport général sur les affaires de Belgique, 563. — Sa nouvelle mission à l'armée de Dumouriez, 574. — Son rapport, 578.

Camus, employé des domaines. — Est nommé garde des dépouilles des églises, I, xxxiii.

Canclaux, général. — Se concerte avec Defermon, Rochegude et Prieur, II, 369, 536. — Lettre de lui, III, 53. — Il signe une proclamation et une capitulation, 53, 54. — Éloge de son civisme, 55. — Est nommé commandant des troupes de la Loire à la Somme, 156. — Est nommé général de l'armée des côtes de la Manche, 446. — Le Conseil délibère sur sa proposition de former 9 camps liés entre eux, IV, 100. — Son arrivée à Nantes, 179. — Il se rend à Brest, 373. — Se transporte de nouveau à Nantes, 564. — Est destitué par le Conseil exécutif provisoire, mais maintenu par les représentants en mission, V, 9.

Canone Dhercque. — Prévenu de vol et prisonnier à Cambrai, est massacré par les gendarmes nationaux, I, 130, 131.

Canons. — Arrêté du Comité de salut public pour convertir les cloches en canons, III, 563; IV, 49.

Cantal (Département du). — Mission de Faure et de Lacoste dans ce département, II, 303, 310. — Lettres de ces représentants, 503; III, 13, 275.

Cany (Seine-Inférieure). — Troubles dans ce district, III, 473.

Carcassonne (Aude). — Les habitants de cette ville retiennent un convoi de blé destiné à l'Hérault et au Gard, I, 159. — Opérations de Bonnet, IV, 566.

Carles. — Est nommé juge militaire, V, 293.

Carnot (Lazare-Nicolas-Marguerite), député du Pas-de-Calais à la Convention.

— Rédige plus spécialement les arrêtés du Comité relatifs à la guerre, I, xv. — Sa mission au camp de Soissons, lviii. — Et aux armées, lix. — Envoyé en mission à Bayonne. (Voir ses lettres au mot *Bayonne*), I, 62. — Notice biographique, 62, 63. — Auteur du rapport sur cette mission, 64. — Est chargé par le Comité de défense générale du rapport sur les annexions de territoire, II, 9. — On ne sait à quelle date il fut adjoint à ce Comité, 45. — Jean de Bry et Cochon demandent son adjonction à la mission aux places fortes du Nord, II, 91. — Chargé par le Comité de défense générale de conférer avec le ministre de la marine, 92. — Et de recevoir les renseignements de Dillon sur les colonies, 108. — Jean de Bry et Cochon demandent de nouveau que Carnot leur soit adjoint, 117. — Il est chargé de conférer avec le Conseil exécutif, 161. — Et de faire deux rapports, 210. — Fait voter le décret qui annexe Bruxelles, 273. — Est chargé d'écrire à Mazade, 274. — Et de faire un rapport sur les affaires de Marseille, 282. — Et sur le projet d'une grande mission dans les départements, 283. — En mission dans la section de 1792, 285. — Dépose son rapport sur la mission dans les départements, 295, 298. — Envoyé en mission avec Lesage-Senault dans le Nord et le Pas-de-Calais, 302, 304. (Voir ses lettres au mot *Nord.*) — Et à l'armée de Dumouriez, 574. — Ne peut rejoindre à temps ses collègues, 575. — Sa correspondance publiée par M. Étienne Charavay, III, 7. — Lettre de sa main, 36. — Délibère avec les représentants en Belgique, 48. — Lettre de sa main, 50. — En mission à l'armée du Nord et des Ardennes, 63. (Voir ses lettres au mot *Armée du Nord.*) — Son rapport sur les réunions et incorporations au territoire de la République, 81. — Lettres de sa main, 99,

122, 159, 178. — Est confirmé dans sa mission à l'armée du Nord, 214 à 217. — Lettre de sa main, 287. — Il se plaint qu'il y ait dans les armées un trop grand nombre de femmes, 309. — Lettres de sa main, 335, 390, 473. — Est de nouveau confirmé dans sa mission, 538 à 544. — Lettres de sa main, 557; IV, 87. — Il propose d'envoyer une croisière en avant du Sund pour intercepter le commerce de l'Angleterre, 104. — Lettres de sa main, 177, 194, 395, 419, 488; V, 104, 133, 227, 281. — Les représentants à l'armée du Nord demandent son maintien, 354. — Lettres de sa main, 424, 450. — Il se méfie du général O'Moran, 483. — Le Comité de salut public l'envoie à l'armée du Nord, 528. — Il est adjoint au Comité de salut public, 547.

CARNOT DE FEULINT [1] (Claude-Marie). — Lazare Carnot et Duquesnoy le demandent pour commissaire du Conseil exécutif à l'armée du Nord, III, 514.

CARNY. — Propose une nouvelle poudre, III, 484, 485, 530.

CARO, commandant en chef de l'armée espagnole. — Il a son quartier général à Pampelune, IV, 12. — Maladie de ses soldats, 233. — Propose des conditions inacceptables pour l'échange des prisonniers, V, 316.

Carouge (Suisse). — Montesquiou y envoie des troupes, I, 92, 105. — Opérations des représentants, 116.

CARRA (Jean-Louis), député de Saône-et-Loire à la Convention. — Envoyé en mission à Châlons, I, 66. — Notice biographique, *ibid.* — Demande la destitution du général Montesquiou, 68. — Fait voter le décret du 19 novembre 1792, 388. — Recommande les avis de Chaumette sur la Hollande, II, 18. — En mission avec Auguis dans les Deux-Sèvres et la Vendée, 303. (Voir ses lettres au mot *Deux-Sèvres.* — Lettres de sa main, 488, 551; III, 127, 177,

---

[1] Et non *de Feulins.* Voir la *Correspondance de Carnot*, par M. Étienne Charavay.

218. — Il présente un plan de campagne pour la guerre de l'intérieur, 401. — Ses projets sur la Vendée sont discutés au Comité de salut public, 420. — En mission à l'armée des Côtes de la Rochelle, 540 à 544. (Voir ses lettres au mot *Armée des Côtes de la Rochelle.*) — Lettre de sa main, IV, 46. — Son rappel, 526, 545.

CARRIER (Jean-Baptiste), député du Cantal à la Convention. — En mission dans la Seine-Inférieure et autres départements, V, 239, 242. (Voir ses lettres au mot *Seine-Inférieure.*) — Notice biographique, 242. — Ses opérations dans l'Eure, 396. — Sa mission est étendue aux départements du Finistère, de l'Ille-et-Vilaine, des Côtes-du-Nord, du Morbihan et de la Loire-Inférieure, 547. (Voir ses lettres au mot *Loire-Inférieure.*)

CARRIER, homme de loi, fils du député. — Est nommé accusateur militaire, IV, 405.

CARRIER, journaliste à Lyon. — Reçoit un secours de 600 livres, II, 164. — Les commissaires de la Convention le dénoncent, 385.

CARRIEZ (Gabriel), commissaire du département de l'Hérault à Carcassonne, I, 159.

Carrousel. — Cette place est appelée *de la Fraternité* et on y plante un chêne, II, 15.

CARTEAUX, général. — Commande les troupes envoyées contre les rebelles de Marseille, V, 277, 289, 360, 361, 456, 457. — Les représentants en mission se plaignent de lui, 526.

Cartes de civisme. — Inconvénient d'en exiger des fonctionnaires, II, 239. — Établissement de cartes civiques à Montauban et à Cahors, III, 306. — Arrêté du conseil général du Loir-et-Cher relatif aux cartes de civisme, 328. — Le directeur des douanes de Besançon est révoqué pour n'avoir pu obtenir un certificat de civisme, 600. — Arrêté du Conseil exécutif sur ces certificats, IV, 145.

CASABIANCA (Raphaël), général. — Il prend des dispositions pour la défense de la Corse, III, 204. — Les représentants le disent entièrement dévoué à la République, 238. — Lacombe Saint-Michel le réintègre dans ses fonctions, V, 370.

CASSANYÈS (Jacques-Joseph-François), député des Pyrénées orientales à la Convention. — En mission à l'armée des Pyrénées orientales, V, 180, 191. (Voir ses lettres au mot *Armée des Pyrénées orientales.*) — Notice biographique, 191. — Son rapport sur la situation de Villefranche, 446. — Et sur la situation de Mont-Louis, 564.

CASSE, commandant d'une compagnie franche dans l'armée des Alpes. — Passe en jugement, est acquitté et réintégré dans son poste, IV, 543, 544.

Cassel (Nord). — Les représentants constatent que cette ville se rallie à la Révolution, I, 232. — L'armée du général O'Moran y entre, III, 197. — Ancard y est nommé commissaire du Conseil exécutif, IV, 145. — Opérations des représentants, V, 424, 529.

Castel ou *Kastel*, fort de Mayence. — Les Français le réparent, I, 469. — Sommes qu'a coûtées sa construction, II, 138. — Bon état de cette forteresse, 579.

Casteljaloux (Lot-et-Garonne). — Attitude des administrateurs du district de Casteljaloux en présence de l'insurrection bordelaise, V, 331, 332.

Castella, régiment suisse. — Est envoyé à Metz, I, 51.

CASTELLON, major. — Est nommé commandant des armes à Toulon, V, 442.

Castelsarrasin (Haute-Garonne, aujourd'hui Tarn-et-Garonne). — Opérations des représentants aux côtes de Lorient à Bayonne, IV, 133, 170.

Castillonnès (Lot-et-Garonne). — Séjour de Jeaubon Saint-André et d'Élie Lacoste, II, 570.

Castres (Tarn). — Opérations de Bo et de Chabot, II, 508; III, 347 à 351, 417. — Envoi d'un commissaire national dans le district de Castres pour y vérifier l'état des subsistances, V, 507.

CASTRIES (Duc de). — Un des chefs des émigrés, I, 90.

Catalogne. — Projet de mettre obstacle à l'approvisionnement de cette province, II, 222.

CATAUX. — Est nommé expéditionnaire au Comité de salut public, IV, 125.

CAUDRON, ci-devant maire de Cambrai. — La citoyenne Beauvais est mise en arrestation chez lui, II, 591. — Est mis lui-même en arrestation, 592.

CAUMONT, commissaire du Conseil exécutif à Brest. — Son arrestation et sa mise en liberté, V, 34.

CAVAIGNAC (Jean-Baptiste), député du Lot à la Convention. — En mission dans la section de la Place-des-Fédérés, II, 286. — En mission à l'armée du Nord, III, 538 à 544. — Notice biographique, 538. — Il est nommé représentant près l'armée des Côtes de Brest, par décret du 10 mai 1793, en remplacement d'Alquier, IV, 85. (Voir ses lettres au mot Armée des Côtes de Brest.)

Cavalerie. — Mauvais état de son équipement à l'armée du Rhin, I, 470. — Arrêté du Comité de salut public pour la levée de 25,000 hommes de cavalerie, III, 280. — Les représentants dans la Charente font prendre à ce département un arrêté pour la formation d'un corps de cavalerie, IV, 48. — Hentz et Laporte demande qu'on débarrasse le costume des hussards des superfluités hongroises, 563. — Levée de 3,400 hommes de cavalerie, V, 460. — Formation de dépôts généraux de cavalerie, 482.

Cayenne (Guyane). — Le Conseil exécutif casse un arrêt de l'assemblée coloniale de Cayenne, I, 281.

CELLIER, membre de la Commune. — Commissaire du Conseil exécutif, I, 38. — Est nommé commissaire près l'armée de Péronne, IV, 145. — Et près des bataillons envoyés dans l'Eure, V, 263.

Céret (Pyrénées-Orientales). — Tentative malheureuse faite sur le pont de Céret par les généraux Willot et Gauthier, III, 381. — L'ennemi occupe Céret, 464, 591.

CERF BERR. — Voir MAX CERF BERR.

CÉNISIAT, général. — Voir SERIZIAT.

Cervione (Corse). — Mesures prises par les représentants en mission à l'égard de cette ville, IV, 173.

Cette (Hérault). — La municipalité de cette ville dénonce des abus dans les fournitures de l'armée, III, 505.

CHABOT (François), député de Loir-et-Cher à la Législative et à la Convention. — Envoyé en mission, I, LXIII. — Parle contre le général Montesquiou, 68. — En mission dans la section de Molière et La Fontaine, II, 285. — En mission avec Bo dans l'Aveyron et le Tarn, 303, 311. (Voir ses lettres au mot Aveyron.) — Il s'occupe de diriger des forces vers Perpignan, III, 518. — Renvoie au Comité de salut public un paquet à l'adresse des Girondins détenus, V, 76. — En mission à Amiens, 351. — Et dans la Somme, 407. — Est remplacé dans cette mission par Le Bon, 514.

CHAIGNEAU, capitaine du génie. — Nommé inspecteur des côtes de Bretagne, II, 84.

CHALBOS [1], lieutenant-colonel en garnison à Tours, II, 485. — Adjudant général, tue 200 hommes aux brigands et fait 20 prisonniers, III, 218. — Il fait une proclamation, 233. — Sa conduite à Fontenay-le-Comte, IV, 335.

CHALES (Pierre-Jacques-Michel), député d'Eure-et-Loir à la Convention. — En mission dans la section du Contrat social, II, 285. — En mission avec Maure en Eure-et-Loir et en Seine-et-Oise, 303, 315. (Voir ses lettres au mot Eure-et-Loir.) — Réponse de Garra à ses allégations contre le général Menou, IV, 45. — En mission à l'armée du Nord, V, 443. (Voir ses lettres au mot Armée du Nord.) — Notice biographique, ibid.

[1] Et non Chalbord.

Chalgrin, secrétaire de légation à Constantinople. — Sa lettre à Le Brun, III, 17, 18.

Châlons-sur-Marne (Marne). — Affluence des volontaires dans cette ville, I, 45. — Billaud-Varenne y est envoyé, 46. — Mission de Prieur (de la Marne), Sillery et Carra, 65. — Résumé de cette mission et analyse des trois rapports y relatifs, 66, 68. — Lettres de ces représentants, 79, 82, 83, 84, 87, 107, 121, 125, 138. — Leur entrevue avec le général Kalckreuth, 140. — Autres lettres, 148. — Ils font une enquête sur la conduite des habitants de Verdun pendant l'occupation ennemie, 148, 149. — Autres lettres, 162, 164, 180, 191.

Châlon-sur-Saône (Saône-et-Loire). — Vingt voitures de blé sont arrêtées dans cette ville, III, 297.

Chambarlhiac, commandant au fort Vauban. — Il demande du numéraire pour payer l'entrepreneur de Drusenheim, III, 372.

Chambéry (Mont-Blanc, aujourd'hui Savoie). — Les représentants y arrivent, I, 92. — Ils y trouvent un club des Jacobins, 93. — Lettres de Simond, Grégoire, Hérault et Jagot sur la situation de cette ville, 339, 344, 375. — Elle est mise en état de guerre, 483, 484. — Elle devient chef-lieu du département du Mont-Blanc, II, 31. — Tableau de l'esprit public, 33. — Opérations d'Hérault-Séchelles, III, 187, 256 à 260, 364 à 366, 377 à 379, 499 à 505, 549 à 550. — Opérations d'Albitte, Nioche et Gauthier, IV, 293, 305, 315, 325, 342, 363, 400.

Chambon de Montaux, maire de Paris. — Fait un rapport au Conseil exécutif sur l'état de la capitale, I, 374. — Son rôle dans les préparatifs de l'exécution de Louis XVI, 493 à 495. — Notice biographique, 495.

Chambonnas, ex-curé. — Gleizal essuye vainement de se saisir de lui, III, 464.

Champeaux, membre de la Commune de Paris. — Sa mission dans le Loiret et l'Eure-et-Loir en qualité de commissaire du Conseil exécutif, V, 497.

Champion de Villeneuve, ex-ministre de l'intérieur. — Examen de ses papiers, I, 33.

Champlitte (Haute-Saône). — Arrestation dans cette commune des commissaires du Conseil exécutif Danjou et Martin, I, xxxi. — Le receveur de la poste de cette commune est dénoncé comme suspect, III, 236.

Champmorin[1], général. — Ses succès contre les Autrichiens, I, 229. — Sa conduite à Neerwinden, III, 197. — Lettre du Comité à son sujet, 359.

Champollon, général. — Reçoit le commandement de l'armée campée à Carignan, V, 271.

Champs (Aisne). — Troubles religieux dans cette commune, V, 59, 115.

Champy (J.-B.). — Nommé régisseur des poudres et salpêtres, I, 325.

Chancel, général. — Le général Dampierre lui donne le commandement de Condé, III, 191. — Le Conseil exécutif ne le maintient pas dans ce commandement, ibid. — Ses rapports avec le général Autrichien, 199.

Chantilly (Oise). — Mission de Thibault et de Bézard, II, 482. — Lettres de ces représentants, 542, 578, 609, 610; III, 35, 91, 136, 137, 185, 205. — La Convention décrète en principe l'envoi d'une nouvelle mission à Chantilly, 541. — Lettres et opérations des représentants, 557, 613.

Chantonnay (Vendée). — Prise de cette ville par les insurgés royalistes, II, 367. — Victoire remportée par le général Marcé près de Chantonnay, 399, 415, 416.

Chapatte, chef de bureau au ministère de la marine. — Est nommé adjoint à la première division, V, 498.

Chaptal, professeur de chimie à Mont-

[1] Et non Chamorin. Voir l'erratum du tome I, à la fin du tome II.

pelliet. — Est chargé d'essais de poudre, IV, 174.

CHARAVAY (Étienne). — Sa collection d'autographes, 1, XXVI. — Éditeur de la Correspondance de Carnot, XLIV.

CHARBONNIER père, administrateur des vivres à Toulon, II, 378.

Charente (Département de la). — Mission de Bernard et de Guimberteau, II, 303, 312. — Lettre de ces représentants, 376. — Le directoire des Deux-Sèvres demande des secours à celui de la Charente, 429. — Le département de la Charente fait acheter des fusils à Bordeaux, 490. — Lettre de Bernard et Guimberteau, III, 290. — Ce département lève un bataillon prêt à se rendre à Paris au premier ordre, 384, 385, 387. — Lettres de Bernard et Guimberteau, 415, 586; IV, 48. — P.-J. Maulde, député de la Charente, est adjoint aux représentants, 72. — Ce département donne toutes ses forces, hommes et armes, contre les insurgés, IV, 116. — Lettre du Comité de salut public aux représentants dans la Charente, 128. — Lettres de ces représentants, 253, 457; V, 80, 246.

Charente-Inférieure (Département de la). — Les volontaires de ce département se signalent à l'affaire de Virton, I, 191, 192. — Mission de Bernard et de Guimberteau, II, 303, 312. — Ce département donne toutes ses forces, hommes et armes, contre les brigands, IV, 116.

Charenton (Paris, aujourd'hui Seine). — Rassemblement de conspirateurs dans cette ville, V, 200.

CHARETTE, chef vendéen. — Ses menaces contre Nantes, V, 531.

Charlemont (Ardennes). — Les habitants de cette commune font savoir qu'ils se préparent à une vigoureuse résistance, III, 390.

Charleroi (Belgique). — Cette ville reçoit, en 1793, le nom de Charles-sur-Sambre, II, 46. — Ses sentiments français, 152. — Sa réunion à la France, 341.

CHARLES, citoyen de Mons. — S'adjoint au commissaire national Courtois, II, 256. — Est nommé juge militaire, V, 225.

Charles-sur-Sambre. — Voir Charleroi.

Charleville (Ardennes). — Envoi de commissaires du Conseil exécutif dans cette ville, IV, 145. — Activité de la manufacture d'armes de Charleville, 419; V, 134.

CHARLIER, lieutenant-colonel de la légion des Alpes. — Fait hommage de sa croix de Saint-Louis, I, 115.

CHARLIER (Louis-Joseph), député de la Marne à la Législative et à la Convention. — Membre de la Commission extraordinaire, I, XLIV. — En mission, LXV. — S'oppose à la création d'un Comité de défense générale, I, 377. — En mission à l'armée du Nord, V, 301. — N'accepte pas cette mission, 325.

CHARMES (Xavier), directeur du secrétariat et de la comptabilité au ministère de l'instruction publique, I, LXVII.

CHARPENTIER. — Est nommé payeur des guerres, II, 136.

CHARRIER, ex-constituant. — Chef de l'insurrection de la Lozère, IV, 447 à 448. — Est fait prisonnier, 472. — Le Comité de salut public arrête de le transférer à Paris, 512, 513, 515. — Détails sur son procès, 536, 585, 610. — Pièces sur sa translation, V, 21. — Les représentants dans la Lozère retardent cette translation, 61. — Décret pour que le tribunal criminel de l'Aveyron le juge sans appel, 167. — Il témoigne vouloir faire des déclarations, 191. — Son procès et sa mort, 287.

CHARTIER (François), commissaire de la commune de Dunkerque. — Dépose deux croix de Saint-Louis, I, 135.

CHARTON, maréchal de camp. — Le ministre de la guerre est autorisé à l'employer, I, 296.

Chartres (Eure-et-Loir). — Troubles à l'occasion des subsistances, I, 273, 280. — Mesures prises à ce sujet par le Conseil exécutif, 281. — Le Comité de salut public envoie à Chartres des canons et des piques, IV, 568. — Importance militaire de cette ville, V, 125. — Opéra-

tions de Bonneval et Roux, 378. — Des charrettes de farines sont arrêtées à Chartres, 544.

CHARTRES (Duc DE). — Commande le centre de l'armée de Dumouriez à Tirlemont, II, 442. — Son arrestation est ordonnée, 592. — Lettres que lui écrivent les représentants aux places fortes du Nord, III, 66, 96, 99. — Il passe à l'ennemi, 98.

CHARTREY, membre de la Commune. — Commissaire du Conseil exécutif en Seine-et-Oise, I, xxx, 38, 39. — Approbation de ses opérations, 228.

CHASSAIGNAC, député à la Législative. — Membre de la Commission des Douze, I, XLVII.

CHASSET (Charles-Antoine), ex-constituant, député de Rhône-et-Loire à la Convention. — Commissaire de la Constituante, I, LVI. — Parle contre le général Montesquiou, 69. — Combat une proposition de Boilleau, III, 213. — Son séjour à Lyon, V, 278. — Son adresse à ses commettants, 343.

Chasseurs de la Meuse. — Une compagnie de ces chasseurs est envoyée dans l'intérieur, III, 420.

Chasseurs du Nord. — Habillement, équipement et armement du 6ᵉ bataillon de chasseurs du Nord, III, 553.

Chasseurs royaux des princes français. — Le capitaine de cette compagnie est fait prisonnier, I, 139.

CHÂTANIER, commandant du 4ᵉ bataillon de Saône-et-Loire. — Fait hommage à la patrie de la somme de 150 livres, III, 308.

Châteaubourg (Ille-et-Vilaine). — Le fort de Châteaubourg, pris par les brigands, est repris le 20 avril 1793, III, 375.

CHÂTEAUNEUF (DE), résident de France à Genève. — Signale les mauvaises dispositions de cette ville, I, 74. — Est chargé de faire des représentations au Conseil de Genève, 99. — Rend compte de sa conduite aux représentants, 114. — Le bruit court qu'il va rentrer à Genève, III, 504.

CHÂTEAUNEUF-RANDON (Alexandre-Paul), ex-constituant, député de la Lozère à la Convention. — Rapporteur d'un projet de légion batave, II, 210, 216, 227. — Et de l'affaire de la nomination provisoire du commandant de Landau, 226, 227. — En mission dans la section des Lombards, 285. — Et dans la Lozère, IV, 432. (Voir ses lettres au mot Lozère.) — Notice biographique, 433.

Châteauroux (Indre). — Dénuement de cette ville en fait d'artillerie, V, 283.

Château-Thierry (Aisne). — Arrêté relatif aux subsistances de cette ville, V, 486. — Zèle du district de Château-Thierry, 489.

Châtellerault (Vienne). — Opérations de Féraud dans cette ville, IV, 117.

CHATILLON. — Est nommé juge militaire, V, 225.

Châtillon-sur-Seine (Côte-d'Or). — Les représentants dans la Côte-d'Or y font arrêter des prêtres fanatiques, IV, 52.

CHAUDRON-ROUSSAU (Guillaume), député de la Haute-Marne à la Législative et à la Convention. — Sa mission aux prisons, I, LXIII. — Est envoyé en mission à Bayonne, III, 215 à 217. (Voir ses lettres au mot Bayonne.) — Notice biographique, 215. — En mission à l'armée des Pyrénées occidentales, 540 à 544. (Voir ses lettres au mot Armée des Pyrénées orientales.) — Lettre de sa main, IV, 234. — Il annonce au Comité de salut public son prochain retour à Paris, V, 368.

CHAUMETTE (Pierre-Gaspard), procureur de la commune de Paris. — Ses avis sur la Hollande sont recommandés par Carra au Comité de défense générale, II, 28. — Est entendu par ce Comité, 69.

Chaumont (Haute-Marne). — Le maire de cette ville est chargé d'exécuter l'arrêté qui suspend le directoire de la Haute-Marne, I, 18.

CHAUMONTEL, émigré. — Son arrestation, V, 34.

Chauny (Aisne). — Arrestation du nommé

IMPRIMERIE NATIONALE.

Osselin - Conflans dans cette ville, IV, 578.

CHAUSSARD (Publicola), commissaire observateur en 1793, I, XXIX. — Commissaire national en Belgique, 345. — Ses mémoires, 416. — Envoyé à Bruxelles, 458. — Notice biographique, *ibid.* — — Écrit aux représentants, II, 205. — Compose un hymne patriotique, V, 538.

CHAUSSEGROS, contre-amiral. — Sa maladie, II, 90. — Il est mandé à Paris, V, 414.

CHAUVELIN (Marquis DE), ambassadeur de France en Angleterre. — Son rappel, I, 30. — Notice biographique, *ibid.* — Le Conseil exécutif veut que les négociations avec Pitt aient lieu par son entremise, 300. — Son entrevue avec Fox et Sheridan, 301. — Lecture de ses dépêches au Conseil exécutif, 451. — Il est renvoyé d'Angleterre après le 21 janvier, II, 21, 22, 26. — Il donne au Comité de défense générale des renseignements sur l'Angleterre, 38, 39. — Obtient une indemnité pour ses dépenses extraordinaires à Londres, 440. — Est nommé ministre à Florence, IV, 499. — Ses instructions, V, 233.

CHAZOT, général. — Commande à Sedan, II, 606. — Dénonciation contre lui, III, 135. — Arrêté du Comité de salut public pour le faire mettre en état d'arrestation, 155. — Il est autorisé à rester chez lui sous la garde d'un gendarme, V, 440.

Chemillé (Maine-et-Loire). — Opérations de Richard et Choudieu dans cette ville, III, 288, 415.

CHÉNIER (Marie-Joseph), député de Seine-et-Oise à la Convention. — Demande la destitution du général Montesquiou, I, 68. — En mission dans la Haute-Garonne, le Tarn, le Gard et l'Hérault, V, 101.

CHÉPY, commissaire du Conseil exécutif en Belgique. — Fait un rapport au Conseil exécutif, I, 379. — Commissaire national à Liège, 457. — Puis à Bruxelles, 458. — Notice biographique, *ibid.* —

Ses opérations à Louvain, II, 17. — Envoyé à Bruxelles, 30. — Est entendu par le Conseil exécutif, 359, 360, 365.

Cher (Département du). — Mission de Fauvre-Labrunerie et de Forestier dans l'Allier et le Cher, II, 303, 316, 317. — Opérations de ces représentants, 411, 412. — Leur lettre, 463.

Cherbourg (Manche). — La municipalité est autorisée à échanger des prisonniers, II, 157. — Mesures prises par le Conseil exécutif pour la défense de cette ville, III, 33. — Opérations de Rochegude, Defermon et C.-A. Prieur, 227 à 231, 272 à 273, 287. — Projet de travaux de défense dans le port de Cherbourg, 310 à 312.

CHÉNIN, adjudant général. — Arrêté par ordre de Dumouriez, parvient à s'échapper, III, 99. — Il est entendu sur les besoins de l'armée, sa force, ses ressources et ses dispositions, 327. — Son entretien avec Mack, colonel autrichien, 389. — Il est mis en arrestation, V, 423, 424, 489.

CHEVALLIER, aide de camp du chouan Montméjan. — Est guillotiné, IV, 360.

Chevaux. — Le ministre de la guerre est invité à rendre compte de tous les dépôts de chevaux qui existent en France, IV, 343.

CHEVIGNÉ, général commandant la 13e division à Rennes. — Nomme une commission pour visiter les côtes de la Bretagne, II, 83. — Son éloge, 189. — Écrit au général du Petit-Bois qu'il va redemander des hommes et des armes, III, 123. — Est destitué, V, 9.

CHEVILLARD, chef d'administration. — Est nommé ordonnateur à Toulon, V, 442.

CHIAPPE (Ange), député de la Corse à la Convention. — Refuse d'aller en mission en Corse, IV, 382.

Chiffonistes, aristocrates d'Arles. — Merlino et Amar dénoncent des contre-révolutionnaires de ce nom enrôlés dans le 67e régiment, III, 346.

Chin (Belgique). — Annexion de ce lieu à la France, II, 464.

Chinon (Indre-et-Loire). — Tallien craint que les Vendéens ne s'emparent de cette ville, III, 615. — Et qu'ils ne se cantonnent dans la forêt qui en est proche, IV, 6. — Création d'une commission centrale, 62. — Opérations de Tallien, 87 à 90, 131, 132, 152, 211, 213. — Les Vendéens s'emparent de Chinon, 547. — Les débris de l'armée républicaine s'y rallient, V, 348.

Choderlos de Laclos, commissaire du Conseil. exécutif, I, 38. — Envoyé à l'armée de Luckner, 39. — Est entendu par le Comité de défense générale sur l'organisation du ministère de la guerre, 453. — Notice biographique, ibid. — Est entendu de nouveau par le Comité de défense générale, II, 9, 14, 16. — Son invention pour augmenter les effets de l'artillerie, 556, 557. — Est mis en arrestation, 592.

Choiseul-Gouffier (De), ambassadeur de France à Constantinople. — Ses intrigues contre Sémonville, III, 16.

Choiseul-Gouffier (Mme de). — Incarcérée à Dunkerque, puis relâchée, I, 441. — Le Conseil exécutif agite la question de savoir si elle est émigrée, III, 211, 212.

Cholet (Maine-et-Loire). — Annulation d'un arrêté du district de cette ville, II, 53. — Prise de Cholet par les insurgés royalistes, 381, 400, 416. — Ils l'évacuent, III, 288. — Mesures prises par les républicains pour l'attaque de Cholet, V, 314.

Choudeulin, Anglais d'origine. — Les représentants demandent qu'on lui délivre un passeport en blanc et quatre sauf-conduits, III, 515.

Choudieu (Pierre-René), député de Maine-et-Loire à la Convention. — En mission dans la section des Champs-Élysées, II, 285. — En mission avec Richard dans le Maine-et-Loire et la Sarthe, 303, 313. (Voir ses lettres au mot Maine-et-Loire.) — Se rend à l'armée, III, 12. — En mission aux côtes, 215 à 217. — Notice biographique, 215. — En mission

à l'armée des Côtes de la Rochelle. 540 à 544. (Voir ses lettres au mot Armée des Côtes de la Rochelle.) — Il dénonce Duchastel, IV, 542. — Jard-Panvillier et Lecointe-Puyraveau critiquent une de ses lettres au Comité, V, 129. — Son rapport oral au Comité de salut public, 139. — Se dispose à se rendre à Paris, 253. — Son projet pour finir la guerre de Vendée, 433.

Chrétien. — Est nommé juge militaire, V, 225.

Christine, archiduchesse d'Autriche. — Voir Marie-Christine.

Christophe-Joseph, officier étranger. — Reçoit 300 livres sur les fonds secrets, IV, 570.

Chronique de Paris, journal. — Collot d'Herbois la dénonce, III, 397.

Cincello (Marquis de), ambassadeur des Deux-Siciles à Paris. — Réclame ses malles qui ont été arrêtées par la section du Roule, V, 211.

Civisme. — Voir Cartes de civisme.

Clacissen, fournisseur de l'armée. — Reçoit une indemnité, I, 57.

Clamecy (Nièvre). — Mission de Forestier dans cette ville, V, 480, 481. — Et de Fouché, 487.

Clarke, chef de l'état-major de l'armée du Rhin, à titre provisoire. — Dentzel demande sa nomination définitive à ce poste, V, 317.

Claudet, commissaire national dans les départements, I, xxx.

Clavière (Étienne), ministre des contributions. — Inscrit son opinion sur le registre du Conseil exécutif, I, xxviii. — Sa lettre datée de la Conciergerie, xxxiv. — Son élection au ministère des contributions publiques, 4. — Notice biographique, ibid. — Fait consigner sur le registre son opposition à la destitution de Dillon, 28. — Président du Conseil, 44. — Son débat avec Beaumarchais au Conseil exécutif, 52, 54. — Fait supprimer les droits d'entrée des salaisons importées en France, 155. — Fait annuler un arrêté du district de Toulouse,

167. — Rend compte de ses dépenses secrètes et extraordinaires, 224. — Fait casser un arrêté de la municipalité de Beaumont-de-Lomagne, 239. — Président du Conseil, 249; II, 52. — Fait rechercher les faux assignats, 155, 156. — Président du Conseil, 334. — Couturier se plaint de lui. 538. — Il préside encore le Conseil, III, 510.

Cléder (Finistère). — Capitulation accordée à cette commune, III, 53, 54.

Clémence, commissaire du Conseil exécutif. — Envoyé dans les départements de l'Est, I, 38.

Clerfayt, général autrichien. — Une partie de ses soldats désertent après Jemmapes, I, 231. — Il dîne avec Dumouriez, III, 50.

Clergé. — Mesures prises contre les prêtres réfractaires par les représentants dans le Bas-Rhin, II, 6, 7. — Et par les représentants en Belgique, 146. — Les représentants à l'armée du Rhin dispensent les prêtres salariés du service militaire, II, 424. — Proclamation pour interdire aux prêtres de dresser aucun acte d'état civil, 440. — Intrigues des prêtres enfermés au château du Taureau, 586; III, 27. — Et du clergé du district de Belley, 109. — Détention provisoire des prêtres arrêtés dans la Haute-Garonne, 293. — Le département du Lot est autorisé à faire transporter ses prêtres à Bordeaux, III, 306. — Le curé d'Herbitzheim intrigue contre la France, 548. — Intrigues des prêtres dans la Nièvre, 569, 572, 573. — Troubles religieux à Champs (Aisne), V, 59, 115. — Le traitement du clergé fait partie de la dette publique, 77. — Incarcération de quarante-neuf prêtres assermentés, 124.

Clerget, commissaire national en Belgique, I, 345; II, 135.

Clermont, volontaire de l'Isère. — Sa belle conduite, I, 104.

Clermont-en-Argonne (Meuse). — Cette ville est évacuée par les Hessois.

Clermont-Ferrand (Puy-de-Dôme). — Opé-rations de Petit-Jean et Monestier, III, 528. — Des fonds sont accordés à la commune de Clermont, V, 373.

Clermontois. — Découverte des titres de propriété du Clermontois au château de Chantilly, II, 542.

Clermont-Tonnerre (Comte de), membre de la Constituante. — Appuie une motion de Mirabeau, I, LVVII.

Cléry, valet de chambre de Louis XVI. — Le Conseil exécutif autorise la Commune à régler sa situation, II, 216.

Clisson (Loire-Inférieure). — Fouché révoque un magistrat de cette ville, II, 578.

Cloches. — Arrêté du Comité de salut public pour convertir les cloches en canons, III, 563; IV, 49.

Club des Jacobins. — Il envoie deux de ses membres interroger l'évêque Gohel, II, 360. — Il sollicite le rapport du décret contre Proly, Dubuisson et Pereyra, III, 1. — Et la destitution des nobles, V, 3. — Il communique au Comité de salut public des nouvelles de Provence, 59. — Voir Sociétés populaires.

Clubs. — Voir Sociétés populaires.

Coblentz (Allemagne). — Haussmann croit que Custine aurait pu prendre cette ville, II, 580.

Cobourg (Prince de), général autrichien. — Ses relations avec Dampierre et Ferrand, III, 198. — Sa lettre aux représentants près l'armée du Nord, 223. — Du Bois du Bais et Briez s'expliquent sur la lettre qu'ils lui ont écrite, 313, 314, 332, 334. — Lettre de ce général au général Dampierre, 326, 357, 384. — Son entretien avec un agent de la République, 389. — Sa proclamation à l'occasion de la prise de Condé, V, 366.

Cochelet (Adrien-Pierre-Barthélemy), ex-député à la Constituante. — Commissaire national à Liège, I, 457-459. — Sa dépêche au ministre des affaires étrangères sur les troubles de Liège, II, 73. — Est suspendu de ses fonctions, 125. — Est destitué, 213, 214. — Se justifie

devant la Convention, 248, 249. — Et devant le Conseil exécutif, 255.

COCHET, homme de loi. — Est nommé juge militaire, V, 292.

COCHON DE L'APPARENT (Charles), député des Deux-Sèvres à la Convention nationale. — Envoyé en mission aux places fortes du Nord, II, 58, 62, 63. (Voir ses lettres au mot *Places fortes du Nord*.) — Notice biographique, 62. — Lettre de sa main, 352. — Sa lettre à son ami Jean de Bry, 465. — Est adjoint à du Bois du Bais et Briez, III, 212, 326, 352, 367. (Voir ses lettres au mot *Armée du Nord*.) — Est envoyé à Valenciennes, 405. — Est confirmé dans sa mission à l'armée du Nord, 538 à 544. — Est rappelé, V, 488.

COEDÈS, employé de l'administration des vivres. — Est nommé adjoint au ministère de la guerre, II, 110.

COLARDEAU, homme de loi à Rocroy. — Est nommé accusateur militaire, IV, 405.

COLLIN, commissaire national en Belgique. — Envoyé à Anvers, I, 457, 458, 459. — Invité à se justifier, II, 2, 3. — Rappelé, 44.

Collioure (Pyrénées-Orientales). — Blindage des fortifications de cette place, II, 54. — Les représentants aux côtes de la Méditerranée projettent de se rendre à Collioure, V, 222, 223. — Préparatifs du siège de cette place, V, 222, 223. — Son état, 298. — Opérations des représentants à l'armée des Pyrénées orientales, 363, 495.

COLLOMBEL (Pierre), député de la Meurthe à la Convention. — En mission à l'armée du Nord, V, 443. (Voir ses lettres au mot *Armée du Nord*.) — Notice biographique, *ibid.*

COLLOT D'HERBOIS (Jean-Marie), député de Paris à la Convention. — Ses écrits en l'an III, I, v. — Est envoyé en mission à Nice, I, 247. (Voir ses lettres au mot *Nice*.) — Notice biographique, *ibid.* — Rédige le rapport de cette mission, 248. — Vote par lettre contre Louis XVI, 346. — En mission dans la section de Montreuil, II, 286. — Et dans le Loiret et la Nièvre, 303, 317. (Voir ses lettres au mot *Nièvre*.) — Lettre de sa main, 414. — Convertit le château de Chantilly en prison, 483. — Réclame des indemnités pour la commune de Saint-Agnès, III, 29. — Lettres de sa main, 255, 399, 441, 571, 575. — Fait l'éloge du général Brunet, IV, 264. — En mission dans l'Aisne et l'Oise, V, 444. (Voir ses lettres au mot *Aisne*.) — Lettres de sa main, 476, 503.

Colombier (Ardèche). — Gleizal fait arrêter l'ex-curé de cette localité, III, 464.

COLONGE (Le citoyen). — Sa mission en qualité de commissaire du Conseil exécutif à Melun et à Montereau, V, 514, 528.

Colonies. — Le Conseil exécutif prend des mesures pour préserver leur commerce en cas de guerre avec l'Angleterre, I, 368. — Débats au Comité de défense générale sur les colonies, II, 10, 51, 72, 73, 88, 92, 108, 118, 132, 154, 155, 173, 186, 192, 241, 245, 254. — Rapport de Pénières sur les colonies orientales, III, 81. — Et de Boyer-Fonfrède sur les colonies occidentales, *ibid.*

COLONNA, membre de la Constituante. — Envoyé en mission, I, LVI.

Comelle (Belgique). — Annexion de ce lieu à la France, II, 464.

COMEYRAS. — Voir BONHOMME DE COMEYRAS.

Comité d'agriculture. — Ce Comité confère avec Jeanbon Saint-André sur l'approvisionnement de la ville de Tours, IV, 577. — Il donne son avis sur les subsistances, V, 166.

Comité d'aliénation. — Ce Comité s'oppose à ce qu'on transforme le palais du ci-devant prince de Condé en magasin de poudre, IV, 309.

Comité de commerce. — Concourt à la formation du Comité de défense générale, I, 389, 392. — Présente un rapport sur la rupture du traité de commerce avec l'Angleterre, II, 51. — Est chargé de faire un rapport sur une pétition des orfèvres de Strasbourg, 173. — Son

rapport sur la rupture des traités de commerce, 192. — Rapport de Marec sur l'acte de navigation, V, 120.

Comité de constitution. — Concourt à la formation du Comité de défense générale, I, 389, 391.

Comité de défense générale. — Débats relatifs à sa création, I, 376-377. — Son organisation, sa composition et sa première séance, 389-392. — Plan de ses travaux, 445. — Nomme trois commissaires pour le maintien de l'ordre dans ses délibérations, 450. — Projet d'établir un mode de communication de ce Comité avec les ministres, 455. — Limites de ses attributions par rapport au Comité de la guerre, II, 5. — Ordre de ses travaux, 8, 9. — Ducos, Dechézeaux et Paganel lui sont adjoints, 29. — Lettres du Comité aux représentants aux côtes de la Méditerranée, 126, 170, 186, 208. — Petion est nommé président du Comité, 254. — Le Comité de défense générale décide de demander son propre renouvellement, 334. — Guadet remplace Petion à la présidence, 402. — Décret sur la réorganisation du Comité, 491, 492. — Liste de ses nouveaux membres, 514. — Son organisation, 516. — Reçoit dans l'usage le nom de Comité de salut public, 511. — Son règlement intérieur, 555, 556. — Appel de ses membres, 573. — Autre règlement intérieur, III, 32.

Comité de la guerre. — Il demande au Conseil exécutif les motifs du rappel de Dillon, I, 360. — Concourt à la formation du Comité de défense générale, 389, 390. — Ses observations sur la compétence des deux Comités, II, 5. — Il s'élève des doutes sur la nomination de ses membres au Comité de défense générale, 49. — Ce Comité prépare un rapport sur le recrutement de l'armée, 51, 66. — Projet de décret pour supprimer les hussards de Berchény, III, 311. — Le Comité s'occupe d'un cartel général d'échange des prisonniers, IV, 190. — Fait un rapport sur les volon-

taires parisiens, 320. — Sa réunion hebdomadaire avec le Comité de salut public, V, 430.

Comité de législation. — Renvoi à ce Comité d'un arrêté des représentants en mission qui suspend un juge de paix, II, 198. — Deux procédures sur les émeutes d'Arnay-le-Duc et de Beaune lui sont envoyées, III, 418. — Il confère avec le Comité de salut public, IV, 525, 540. — Deux membres de ce Comité lui sont adjoints, V, 109.

Comité de liquidation. — Ses fonctions, I, 380.

Comité de marine. — Concourt à la formation du Comité de défense générale, I, 389. — Mesures prises par ce Comité, III, 323. — Est chargé de préparer un acte de navigation, IV, 318. — Rapport de Marec sur cet objet, V, 120.

Comité de salut public. — Bibliographie des sources imprimées de son histoire, I, III-VII. — Bibliographie des sources inédites, XII-XVI. — Par qui ses arrêtés sont rédigés, XV. — Premier projet de création d'un Comité de salut public, II, 492. — Le Comité de défense générale reçoit, dans l'usage, le nom de Comité de salut public, 518. — Décret du 5 avril 1793 relatif à son établissement, III, 82 à 87. — Second décret relatif à son établissement, 112 à 117. — Autre décret analogue, 131, 132. — Il n'y aura pas de suppléant à ce Comité, *ibid.* — Son organisation et son règlement intérieur, 133, 134. — Fait arrêter le général Chazot, 155. — Ses membres se partagent les travaux, 182. — Se fait transmettre quotidiennement les décrets de la Convention qui le concernent, 189. — Circulaire de ce Comité aux représentants près les armées, 192. — Ses lettres à divers représentants, 193, 202, 226, 240, 241. — Sa circulaire aux représentants en mission, 241, 244. — Il engage les représentants dans le Loir-et-Cher et l'Indre-et-Loir à inviter les sédentaires à se dégarnir de leurs armes en faveur des

recrues, 249. — Joie que la formation du Comité de salut public inspire aux représentants dans le Loiret et la Nièvre, 253. — Envoi d'agents secrets de ce Comité dans les départements, 265. — Ses lettres aux représentants, 268, 273, 275, 285, 287, 288, 292, 293, 294, 295, 302, 303, 304, 307, 309, 316, 329, 335. — Sa circulaire aux représentants près les places fortes et les armées, 357, 358, *ibid.* — Ses lettres aux représentants, 360, 371, 388, 406, 425, 450, 468. — Il s'occupe de l'examen de la correspondance et de la distribution du travail, 485. — Lettres aux représentants, 487, 512, 513, 524, 544, 551. — Notes sur l'indication des sources de ses arrêtés, 553. — Lettres aux représentants, 581, 582, 583, 587, 603-606. — Instructions du Comité de salut public aux représentants en mission, IV, 23. — Circulaire aux mêmes, 59. — Délibération sur les passeports des agents du Comité de salut public, 67. — Renouvellement des pouvoirs du Comité, 68. — Circulaire aux représentants en mission, 101. — Lettres du Comité à divers représentants, 102. Organisation de ses bureaux, 124. — Lettres du Comité à divers représentants, 146, 147, 165 à 168, 177, 191, 205, 206, 207, 240, 241, 250, 251, 267, 277, 289, 290, 312, 322, 332, 346, 355, 358, 368, 383. — Décret adjoignant au Comité Hérault, Ramel, Saint-Just, Mathieu et Couthon, pour présenter les articles constitutionnels, 30 mai 1793, 381. — Lettres du Comité, 394, 395. — Décret le chargeant d'un rapport, 404. — Lettres du Comité, 406, 418, 433, 443. — Décret du 5 juin 1793 adjoignant Berlier au Comité en remplacement de Bréard, 453. — Lettres du Comité, 454, 455, 466, 478. — Il a une femme parmi ses employés, 462. — Lettres du Comité, 515. — Il est prorogé, 527. — Jeanbon Saint-André et Gasparin lui sont adjoints, 528. — Organisation intérieure du Comité et division du travail, 540, 569. — Lettres du Comité, 545. — Autre arrêté sur son organisation intérieure, 592. — Robert Lindet est nommé de nouveau membre du Comité de salut public, 22 juin 1793; V, 25, 48. — Mallarmé est adjoint au Comité, 100. — Danton et Delmas sont chargés de la guerre et Cambon de la Trésorerie nationale, 119. — Le Comité ne recevra que les demandes écrites, 166. — Thomas Lindet, du Roy et Francastel lui sont adjoints, 169. — Lettres du Comité, 169, 170, 184, 185, 192, 202, 211, 219. — Renouvellement du Comité, 10 juillet 1793, 224, 225. — Lettres du Comité, 243, 265. — A partir du 19 juillet 1793, le registre du Comité de salut public ne relate plus que les arrêtés, 302. — Lettres du Comité, 311, 346. — Démission de Gasparin, 352. — Le Comité de salut public ne siège pas le 25 juillet 1793, 364. — Robespierre lui est adjoint, 371, 393. — Lettres du Comité, 408, 423. — Il fixe le mode de sa réunion hebdomadaire avec le Comité de la guerre, 429, 430. — Une somme de 50 millions est mise à sa disposition, 447. — Règlement intérieur du Comité, 459, 460. — Lettres du Comité, 473, 474, 481. — Il envoie trois commissaires en Bretagne, 535. — Prorogation de ses pouvoirs, 536. — Adjonction de Carnot et de Prieur (de la Côte-d'Or), 547. — Lettre du Comité, 559.

Comité de sûreté générale. — Demande l'envoi de commissaires à Sens, I, 118. — Se réunit au Comité de défense générale, II, 591. — Notes qu'on lui envoie sur une correspondance suspecte, III, 324. Le citoyen Pelvey est traduit devant lui, 354. — Il est invité à faire une enquête sur l'incendie de Lorient, 520. — Les administrateurs de Saône-et-Loire lui transmettent les pièces relatives aux prisonniers de Lyon transférés à Mâcon, 521. — Il est invité à prendre des mesures au sujet des manœuvres

aristocratiques qui ont lieu à Paris contre le recrutement, 609. — Carra se plaint du Comité de sûreté générale, IV, 46. — Le Comité de salut public met 20,000 livres à sa disposition, V, 508.

Comité de surveillance. — Ses comptes, I, xxxi.

Comité des achats. — Voir Directoire des achats.

Comité des assignats et monnaies. — Ses observations sur les agents chargés de fabriquer les assignats, II, 375.

Comité des colonies. — Concourt à la formation du Comité de défense générale, I, 389, 391. — Son rapport sur Saint-Domingue, II, 192.

Comité des domaines. — S'occupe des biens des émigrés recélés à Liège, II, 145.

Comité des finances. — Concourt à la formation du Comité de défense générale, I, 389, 390. — Le Conseil exécutif lui soumet ses instructions aux commissaires nationaux, 453. — Confère avec le Comité de défense générale sur l'exécution du décret du 15 décembre 1792, II, 23, 24. — Devra présenter un projet de décret pour la consolidation de la dette publique, V, 77. — Les représentants en mission correspondent avec ce Comité, 89. — Il blâme un acte des représentants à l'armée de la Moselle, 349. — Extrait de son procès-verbal, 546.

Comité des inspecteurs de la salle. — Lettre qui lui écrivent les commissaires à Chantilly, III, 185. — Il fournit des voitures aux représentants en mission, V, 450.

Comité des marchés. — Lettre que lui écrivent Grégoire et Jagot, III, 107. — Communication de ce Comité au sujet des compagnies Masson et d'Espagnac, IV, 53.

Comité des pensions. — Le Comité de salut public est chargé de lui remettre l'état des pensions à accorder aux défenseurs de la patrie, à leurs veuves et à leurs enfants, V, 537.

Comité des pétitions et de correspondance. — Il désigne trois de ses membres pour faire partie du Comité de défense générale, II, 29.

Comité des secours publics. — Il confère avec le Comité de défense générale, II, 273, 274.

Comité des subsistances. — Son projet de circulaire aux représentants en mission, V, 180.

Comité diplomatique. — Concourt à la formation du Comité de défense générale, I, 389, 390. — Le Conseil exécutif lui communique des dépêches de Chauvelin, 452. — Est chargé de faire un rapport sur l'annexion de divers pays, II, 172.

Comité insurrectionnel du 10 mars 1793. — Débat au Conseil exécutif sur ce Comité, II, 359, 360.

Comité militaire. — Le Conseil exécutif charge le ministre de la guerre d'examiner ce qu'il convient de faire relativement à la pétition des citoyens Dumoulin et Daniel, que lui a envoyée ce Comité, III, 564. — Mémoire adressé à ce Comité par les administrateurs des subsistances, IV, 97.

Comité révolutionnaire du 31 mai. — Annonce qu'il va se dissoudre, IV, 441.

Comités de surveillance. — Indemnités accordées aux membres de ceux de Paris, V, 497.

Comités extraordinaires. — Le Comité de salut public veut les supprimer tous, IV, 463.

Commerce. — Le Conseil exécutif renonce à percevoir les droits d'entrée des salaisons importées en France, I, 155. — Les représentants à Bayonne prohibent l'exportation des bestiaux de France en Espagne, 152, 153. — Ils se refusent à prohiber l'exportation des viandes salées, 173. — Instructions données aux consuls de France aux États-Unis, 395. — Interdiction du commerce des bestiaux dans le Chablais, 473. — Interdiction d'introduire en France des marchandises manufacturées provenant d'Angleterre, II, 58. — Projet de rompre tous les traités de commerce, 196. — Protection du commerce des pêcheurs, 242. —

Arrêté des représentants dans l'Aube et l'Yonne sur la circulation des grains, 426. — Instructions aux représentants au sujet du commerce, IV, 38.

Commissaires de la Convention. — Voir Représentants en mission.

Commissaires de l'Assemblée constituante. — Tableau de leurs missions, I, LIV-LVIII.

Commissaires de l'Assemblée législative. — Tableau de leurs missions, I, LVIII-LXVI. — Le Conseil exécutif provisoire discute sur leurs pouvoirs, 6. — Ils nomment Dillon commandant de l'armée du Nord, 25. — Correspondance du Conseil avec eux, 26. — Le Conseil exécutif se plaint de leurs pouvoirs, 37. — Ils se concertent avec le Conseil exécutif, 38.

Commissaires du Comité de salut public. — Mission de Teissier à l'armée du Nord, IV, 330, 331. — Mission de Sian aux armées, V, 478, 479. — Mission de Louis Comte à Caen, 523, 524. — Mission de Bécard et de Deschamps à l'armée du Nord, 555.

Commissaires du Conseil exécutif. — Leur lettre de Corse (31 mars 1793), I, XXXI. — Liste de ces commissaires, XXXI, XXXII. — Leur rapport, XXXVI. — Commissaires envoyés par Roland, XXXVI. — Il en est envoyé 12 dans 16 départements désignés par le ministre de la guerre, 37. — Liste de 30 d'entre eux, 38. — Leurs destinations, 39. — Autres commissaires nommés par Roland, 39. — Commissaires envoyés dans les 48 sections, 43. — Rapport de tous ces commissaires, 59. — Règlement de leurs dépenses, 99. — Ch.-Ph. Ronsin et de Labarre sont envoyés aux frontières du Nord, 141. — Lacuée est envoyé sur la frontière d'Espagne, 151. — Leurs commissions doivent être signées de la majorité des ministres, 166. — Mission de Gobel dans le Porentruy, 206, 207. — De Genet près du général Montesquiou pour négocier avec Genève, 222, 225. — Le Conseil exécutif approuve les opérations d'une partie des commissaires envoyés le 20 août et le 3 septembre 1792, 227, 228. — Mission de Le Febvre (d'Arles), chargé d'aller mettre à exécution le décret d'accusation contre le général Montesquiou, 235. — Indemnité accordée aux commissaires envoyés par Roland, 242. — Mission donnée à Brune pour la remonte de la cavalerie, 280. — Instruction préparée pour les commissaires à envoyer en Belgique, 342. — Mission de Fourcroy et de Roussillon dans les hôpitaux de Cambrai, 343. — Nomination de commissaires nationaux en Belgique, 345. — Leurs instructions, 414-437, 453. — Liste de ces commissaires et tableau de leurs arrondissements en Belgique, 456-459. — Ils demandent une augmentation de traitement, 477. — Mission d'Ysabeau et de Sallais pour assister à l'exécution de Louis XVI, 497. — Extension des pouvoirs des commissaires en général, 503. — Il leur est interdit de porter une décoration, II, 3. — Le Conseil exécutif annule un de leurs arrêtés en faveur de la citoyenne Montansier à Bruxelles, 74. — Mission de Bonnefoy à Gand et de Théophile Mandar en Rauracie, 135. — Envoi du citoyen de Percy en Belgique pour rechercher les faux assignats, 155, 156. — Les représentants en mission réclament l'envoi de commissaires du Conseil exécutif dans le Porentruy, 177. — Mission de Renard Desclozeaux à Versailles, 438. — De Pierre Gauthier à Vire, 439. — De Genneau près de la Monnaie d'Orléans, ibid. — De Baudry et Févelat en Vendée, III, 4. — De Lalligant, Marillon et Sicard à Rennes, 61. — Envoi de commissaires à l'armée du Nord, 134. — Instructions aux commissaires chargés de conduire la famille Bourbon à Marseille, 170. — Suppression du traitement des commissaires en Belgique, 171. — Des commissaires sont envoyés aux armées du Nord pour rallier les soldats qui ont abandonné la République, 247. — Envoi de Gadolle à

Dunkerque, 300. — Envoi de commissaires à Chantilly, 541. — Envoi d'agents dans tous les départements, 579. — Mission de Descars, 612. — Délibération sur les passeports des agents du Conseil exécutif, IV, 67. — La Chevardière et Minier sont nommés commissaires du Conseil exécutif dans les départements insurgés, 70. — Rousin est nommé commissaire du Conseil exécutif près l'armée des Côtes de la Rochelle, 71. — Le Conseil exécutif refuse d'en nommer de nouveaux, 83. — Mission de Clément Gonchon dans le Rhône-et-Loire et l'Ain, 96. — De Momoro et Damesmes, 99. — De François Millières et Antoine Félix, *ibid.* — Dénonciation contre les commissaires du Conseil exécutif, 103. — État des commissaires envoyés par le ministre de la guerre depuis le 16 avril 1793, 144. — Mission de Hazard, 204. — Les commissaires du Conseil exécutif doivent faire viser leurs passeports par les représentants en mission, 221. — Mission de Viget, Du Fresne, Descamps, Probst et Guetevel (de Mamers) auprès des armées, 355. — Louis et Pflieger se plaignent des empiètements des commissaires du Conseil exécutif, 410, 411. — Mission de Forster et de Petry à l'armée de Custine, 486, 586. — Envoi de deux commissaires à Coulommiers, 573. — Mission de Quincy et Caumont à Brest, V, 34. — Réclamations des commissaires envoyés en Belgique, 98. — Les représentants à l'armée du Rhin révoquent un commissaire du Conseil exécutif, 230. — Mission de Menessier, Dumetz, Cailleux et Collin près de l'armée envoyée dans l'Eure, 263. — Arrêté relatif aux réclamations des ci-devant commissaires en Belgique, 292. — Arrêté du Comité de salut public sur les pouvoirs des commissaires du Conseil exécutif, V, 430. — Mission d'Héranlt à Rocroy, 541.

Commissaires nationaux. — Voir *Commissaires du Conseil exécutif.*

Commissaires nationaux près du tribunal du 17 août. — Commissions qui leur sont expédiées, I, 17.

Commission de l'examen des marchés. — Le Comité de salut public lui renvoie une pétition, V, 5.

Commission des Douze (de la Convention). — Arrêté relatif à cette commission pris par le Comité de salut public le 31 mai 1793, IV, 389, 390.

Commission des Six. — Création de cette commission par la Convention, III, 5, 6.

Commission extraordinaire de l'Assemblée législative, dite des Douze. — Son histoire, I, XLVI-LIV.

Commune de Paris. — Extrait de sa délibération du 11 novembre 1792, I, XXIV. — Liste de ses 24 commissaires, 38. — Le Conseil exécutif désavoue ses soi-disant commissaires en Savoie, 112. — Elle s'entend avec le Conseil exécutif pour veiller à la sûreté générale pendant le jugement de Louis XVI, 301, 302. — Le Conseil exécutif casse son arrêté de fermeture des théâtres, 463, 465. — Son arrêté sur la plantation d'un chêne de la fraternité au Carrousel, II, 15. — Comptes demandés à quelques-uns de ses membres, 27. — Ses plaintes contre l'administration des postes, *ibid.* — Elle autorise le commissaire national Páris à prendre le prénom de *Fabricius,* 157, 158. — Elle a une conférence avec le Conseil exécutif, 191. — Et avec le Comité de défense générale, 540. — Le Comité de salut public lui interdit d'attenter à la liberté des ministres, IV, 390, 391. — Sa démarche auprès de ce Comité le 1ᵉʳ juin 1793, 403. — Sa lettre du 5 juin 1793 au président du Comité de salut public, 452. — Voir *Paris.*

Compiègne (Oise). — Civisme des habitants de cette ville, V, 503.

Comte (Louis), agent du Comité de salut public. — Est arrêté à Caen, V, 523. — Ses intrigues, 524.

Condé (Nord). — Premières attaques des ennemis contre cette place, III, 174. —

Le général Chancel en est nommé commandant, 191. — Il n'est pas maintenu dans ces fonctions par le Conseil exécutif, *ibid.* — Tentatives des Autrichiens contre Condé, 198, 199, 200. — Bonne situation de cette place, 225. — Elle est toujours cernée, 286, 401. — Le Comité écrit au général Dampierre pour qu'il ne néglige rien pour la conserver, 402, 403, 430. — Elle attend avec calme sa délivrance, 514, 526, 545. — Détails sur sa situation, 584. — Elle est bloquée, II, 104, 108. — Proclamation de Cobourg au sujet de la prise de Condé, V, 366..

CONDÉ (Prince DE). — Interdiction d'établir un magasin de poudre dans son palais, IV, 309.

CONDORCET (Marie-Jean-Nicolas de CARITAT, marquis DE), député de Paris à la Législative et de l'Aisne à la Convention. — Membre de la Commission extraordinaire, I, XLIX. — Son projet sur l'éducation du prince royal et son rapport sur la déchéance, I, LII. — Propose d'envoyer des députés en mission, LXII. — Membre du Comité de défense générale, II, 515. — Notice biographique, *ibid.* — Est chargé d'un rapport sur le ministère de la marine, 562. — Assiste à la séance du 1er avril 1793, III, 1. — Barère propose de le charger de préparer un projet sur l'établissement du Comité de salut public, 87.

Conseil exécutif provisoire. — Bibliographie des sources imprimées de l'histoire de ce Conseil, I, XI-XII. — Et des sources inédites, XXVI. — Liste de candidats pour la place de secrétaire du Conseil, XXIX. — Décrets relatifs à son organisation, 1-5, 13-14. — Son règlement intérieur. 14-15. — Son local, 15, 23. — Demande des fonds secrets, 35. — Noms de ses commissaires dans les départements, 36, 39. — Répartit ses fonds secrets, 46. — Décide que chaque ministre signera seul les commissions, brevets et autres objets particuliers à son département, 122. — Arrête que tous

les fonctionnaires de tout ordre ne correspondront désormais avec la Convention que par son intermédiaire, 207, 208. — Arrêté relatif à son local aux Tuileries, 326. — Commence l'examen du décret du 15 décembre 1792, 336. — Fin du premier registre de ses délibérations, 358. — Règlement de ses frais de bureau, 447. — Ses dépenses particulières, II, 71. — Son règlement intérieur, 74. — Ses dépenses du mois de février, 276. — Il siège aux Tuileries, 276. — La Convention décide de le réorganiser à bref délai, 304. — Règlement intérieur, 492, 493. — Ses rapports avec le Comité de défense générale, 516, 562. — Ses dépenses pendant le mois de mars, III, 34. — Cambon et Isnard proposent de réorganiser le Conseil exécutif, 43. — Il est mandé par la Convention, 46. — Le Comité arrête qu'il lui rendra compte de tous les arrêtés pris jusqu'à ce jour, 219. — Subsides accordés par lui aux alliés de la République, 521. — S'occupe de faire exécuter le décret relatif à l'impression de l'état des fonctionnaires de chaque ministère, 555. — Ses dépenses particulières pour le mois d'avril 1793, 564. — Les représentants aux Côtes de la Méditerranée se plaignent que le Conseil exécutif ne fasse rien pour garantir cette frontière, 592. — Tallien dénonce sa criminelle insouciance, IV, 5. — Délibération sur les passeports des agents du Conseil exécutif provisoire, 67. — Les représentants dans le Finistère se plaignent de son incurie, 87. — Il fait dresser la liste de ses agents, 188. — Décret pour fortifier ses pouvoirs, 190. — Le Comité de salut public lui demande une nouvelle liste de tous ses agents, 263. — Le Comité décide que le Conseil exécutif se réunira tous les jours avec le secrétaire du Comité, 343. — Le Conseil exécutif est l'objet d'un arrêté du Comité de salut public dans la journée du 31 mai, 390, 391. Nomination de Beauharnais au mi-

nistère de la guerre, 482, 526, 544. — Et de Destournelles au ministère des contributions, 526, 544. — Merlin, Gillet et Cavaignac dénoncent les bévues du Conseil exécutif provisoire, V, 9. — Nomination d'Alexandre au ministère de la guerre et de Deforgues à celui des affaires étrangères, 35. — Retrait de la nomination d'Alexandre, 49. — Les représentants à l'armée du Rhin dénoncent la conduite du Conseil exécutif, 231. — Le Conseil exécutif s'occupe du choix d'un nouveau secrétaire, 310. — Démission du ministre de l'intérieur Garat, 557.

Constant (Benjamin). — Son duel avec Sibuet, I, 458.

Constantini, citoyen corse. — Sa pétition au Comité de salut public, V, 4. — Est admis à la barre de la Convention, 469.

Constantinople. — Descorches est nommé envoyé extraordinaire dans cette ville, I, 326. — Ses instructions, 402. — Les Français de Constantinople élisent leur chef diplomatique, II, 209. — Détails sur la mission de Sémonville, III, 17-19.

Constitution de 1793. — Discussion du projet de cette constitution au Comité du salut public, IV, 492, 498; V, 30. — Éloge de cette constitution par Mazade et Garnier (de Saintes), 72. — Convocation des assemblées primaires pour la ratifier, 77, 78, 87. — Guimberteau et Bernard (de Saintes) envoient leur appréciation sur la constitution, 81. — Serment de fidélité à cette constitution prêté par les troupes de Chinon, 105. — Bon accueil fait à la constitution par les citoyens de Troyes, 136. — Et par ceux d'Agen, 175. — Et par ceux de Saintes, 198. — Ceux de la Dordogne l'attendent avec impatience, 203. — L'assemblée primaire de Maubeuge la vote à l'unanimité, 212. — Adhésion de la ville de Rouen, 213. — Et de celle de Lille, 220, 266. — Et de celle d'Arras, 226. — Et du camp de César, 227. — La constitution est traduite en flamand, 227. — Le département du Nord l'accepte avec enthousiasme, 228. — Elle est reçue avec allégresse à Périgueux, 228. — Et dans l'Aube, 229. — Proclamation de Mathieu et de Treilhard relative à cette constitution, ibid. — Elle est acceptée par l'armée du général O'Moran, 234. — Par les citoyens de Périgueux, 246. — Par ceux du Havre, 261. — Par ceux de Sedan, 266. — Par ceux de l'Aube, 267. — Par ceux de Strasbourg, 269. — Par ceux de la Dordogne, 274. — Par ceux de Saint-Amand (Cher), 276. — Elle excite l'enthousiasme des Espagnols, 297, 298. — Elle est proclamée en grande pompe à Ancenis, 305. — Adhésion de l'armée du Rhin, 305. — La constitution de 1793 est acceptée avec enthousiasme dans le Lot-et-Garonne, 314. — Par l'armée des Pyrénées occidentales, 315. — Par l'armée du Rhin, 317. — Par la ville de Nantes, 329. — Par la division de Saint-Jean-Pied-de-Port, 334. — Par la ville d'Évreux, 347. — Par l'armée des Pyrénées orientales, 348. — Et par les citoyens de Toulouse, 359. — Les représentants dans les Bouches-du-Rhône en transmettent des exemplaires, 362. — Elle est acceptée par la ville de Collioure, 363. — Par les villes de Saint-Palais et de Mauléon, 367. — Par les assemblées primaires des Alpes-Maritimes, 388. — Par l'armée des Côtes de Brest, 409, 410. — Par les citoyens d'Ancenis et de Varades, 417. — Fête en l'honneur de la constitution à l'armée du Nord, 522, 530. — A l'armée des Pyrénées occidentales, 525. — A Saarbrück, 526. — A l'armée des Ardennes, 530. — A l'armée des Côtes de Cherbourg, 530. — Et à l'armée des Côtes de Brest, 531.

Consuls. — Instructions données à Genet et aux consuls de France aux États-Unis, I, 394-396. — Le service des consulats est distrait du ministère de la marine pour être rattaché aux affaires étrangères, II, 64. — La France rappelle

tous ses agents consulaires auprès des puissances ennemies, IV, 163. — Le Conseil exécutif leur accorde une indemnité de retour, V, 149.

Contributions publiques. — Le Comité de salut public décide l'envoi d'une instruction pour le mode d'acquittement des contributions, IV, 278, 351. — Il charge Ramel et Mathieu de surveiller les contributions publiques, 540.

Convention des peuples libres de la Germanie. — Ses opérations, II, 580, 581.

Convention nationale. — Détails sur son *Bulletin* et son *Procès-verbal*, I, VII, VIII. — Les représentants à Châlons lui recommandent l'union, I, 109. — Son décret sur la conduite à tenir dans les pays envahis par l'armée française, 331-335. — Sur les secours à porter aux peuples en révolution, 388. — Fait imprimer le premier en date des *Livres jaunes*, 452.

Copenhague (Danemark). — Mission secrète du citoyen Percheron dans cette ville, V, 155.

COQUEBERT, aide de camp de Custine. — A une querelle avec son général, III, 294. — Les représentants du Haut-Rhin font son éloge, IV, 17. — Houchard veut l'avoir près de lui, 399. — Est désigné pour une mission à l'armée de Custine, mais n'y va pas, 586.

COQUILLARD. — Propos tenus par lui, II, 572.

COQUIZART, agent de la commune de Paris. — Sa mission pour l'approvisionnement de Paris, V, 496.

CORBEAU, lieutenant-colonel d'artillerie. — Sa mission à Manheim, III, 590. — Son arrestation, IV, 17, 18.

CORCHANT, commissaire du Conseil exécutif, I, xxx, 38. — Envoyé dans l'Oise et la Seine-Inférieure, 39.

CORDÉ, ingénieur à Lorient. — Est nommé provisoirement capitaine du génie au fort de la Liberté, III, 179.

CORDOU (Marquis DE), général piémontais. — Les représentants en mission logent dans son hôtel à Chambéry, 339.

Corginon (Haute-Marne). — Mouvement contre-révolutionnaire dans cette localité, III, 76.

CORNET-DEGNÉ. — Est mis en arrestation, II, 592.

CORNIC. — Est nommé adjoint au ministre de la marine, III, 405.

CORNU, juge au tribunal de la Roche-Bernard. — Échappe au massacre de ses concitoyens II, 450, 453.

Coron (Maine-et-Loire). — Le général Leigonyer s'empare de cette localité, III, 232.

Corps administratifs. — Instruction aux représentants au sujet des corps administratif, IV, 38.

Corrèze (Département de la). — Mission de Bordas et de Borie, II, 303, 310. — Lettres de ces représentants, 401, 506; III, 436.

Corsaires. — Dangers que nos corsaires courent dans la Manche, II, 226.

Corse (Île et département de la). — Lettres des commissaires nationaux et de Paoli, I, xxxi. — Proclamation et rapport au sujet de la Corse, xxxii. — Le service des postes dans cette île, xxxiii. — Les officiers du Conseil supérieur de Corse réclament leur traitement, 50. — La Corse forme la 23ᵉ division militaire, 82. — Le Comité de défense générale projette d'y envoyer des commissaires, II, 24. — Envoi dans cette île de Saliceti, Delche et Lacombe Saint-Michel, et résumé de leur mission, 41-43. — Les députés de la Corse proposent au Comité de défense générale des moyens de pourvoir à la défense de leur pays, 51. — Attitude équivoque de Paoli, 79, 80. — Les représentants en Corse sont entendus par le Conseil exécutif, 92. — Lettre du Comité de défense générale sur Paoli, 126. — Renseignements donnés par Volney sur la Corse, 173, 174, 222, 223. — Paoli est dénoncé de nouveau par les représentants aux côtes de la Méditerranée, 238. — Ceux-ci se concertent avec les représentants en Corse, 257, 258. — La Corse est exceptée de

la mission des 82 représentants dans les départements, II, 298. — Lettre des représentants, 608. — Esprit de ce département, 608, 609. — Décret relatif à la mission, III, 35. — Rapport de Biron sur cette île, 82. — Lettres des représentants Delcher, Lacombe Saint-Michel, Saliceti, 203, 238, 261. — Le citoyen Montauban est envoyé en Corse par le Conseil exécutif provisoire, 511. — Confirmation des pouvoirs des représentants en Corse, 535, 540. — Lettres d'un des représentants en Corse, IV, 123, 172. — Instruction du Comité à ces représentants, 191. — Lettre du général Biron sur la Corse, 203. — Renforts envoyés dans cette île, 228, 264. — Adresse aux Corses, 295, 298. — Décret relatif à la mission en Corse, 297 à 298. — Lettre des représentants, 316. — Mission d'Antiboul et de Bo, 381-382. — Lettres des représentants, 428, 449. — Projets hostiles des Espagnols sur la Corse, 556. — Débat au Comité sur la situation de la Corse, 577; V, 4. — Lettres d'Antiboul et de Bo, 44, 56. — De Lacombe Saint-Michel, 57. — Et de Delbrel, 107. — Rapport de Barère sur la Corse, V, 25. — Captivité d'Antiboul et de Bo, 45, 46. — Projet de décret sur la Corse, 45. — Détails sur la situation de cette île, 62, 63. — Paoli jette enfin le masque, 107. — Grand décret sur la Corse, 120-122. — Mise hors la loi de Paoli et autres, 279. — Envoi de troupes, 345, 351. — Lettre des représentants, 370. — Arrêté relatif à la Corse, 392, 414. — Lettres des représentants, 468, 527.

Corte (Corse). — Saliceti, pour sonder l'intérieur de l'île, prend pour prétexte d'aller voir sa famille à Corte, III, 238. — La Société populaire de cette ville envoie une députation aux représentants en mission, 261. — Le citoyen Montauban est nommé directeur de la régie nationale de l'enregistrement et domaines à Corte, 510.

Coste (Louis), président du département de l'Hérault. — Équipe un soldat à ses frais, II, 253.

Côte-d'Or (Département de la). — Mission de Léonard Bourdon et de Prost, II, 303, 307. — Lettre de ces représentants, III, 295. — Ce département suspend la libre circulation des grains, 297. — Lettres des représentants, 341, 591; IV, 51. — Délivrance d'armes à ce département, 294. — Différend entre le département de la Côte-d'Or et la commune de Dijon au sujet de l'examen des lettres arrivant de l'étranger, 431, 432.

Cotel, commissaire du Conseil exécutif à Ypres. — Est révoqué, II, 87.

Cotelle (Saint-Edme), homme de loi à Briare. — Candidat au ministère de la justice, II, 439.

Côtes. — Bernard (de Saintes), Choudieu, Richard, Billaud-Varenne, Guermeur et Goupilleau sont envoyés en mission aux Côtes, III, 215 à 217.

Côtes de la Méditerranée. — Mission de Rouyer, Brunel et Le Tourneur dans cette région, I, 499, 500; II, 4. — Lettres de ces représentants, 77, 78, 89, 102, 104. — Lettre que leur écrit le Comité de défense générale, 126. — Autres lettres des représentants, 128, 129, 142, 154. — Lettres du Comité de défense générale aux mêmes, 170, 208, 234, 237, 240. — Lettres des représentants, 251, 256, 265, 279, 322, 369, 372, 508. — Camille Desmoulins est chargé de correspondre avec eux, 573. — Lettres de Rouyer, Brunel et Le Tourneur, III, 153, 163, 237. — Lettre du Comité de salut public à ces représentants, 241. — Lettres de Brunel, Le Tourneur et Rouyer, 351, 380, 419, 464, 482, 505, 529, 559, 591, 622; IV, 19, 65, 122, 172, 215, 257, 260; V, 43, 95, 178, 215, 255, 262, 289, 318, 322. — Leurs opérations à Lyon, 342, 369, 382. — Arrestation de Rouyer et de Brunel dans cette ville, 449.

Côtes de la Rochelle. — Voir Armée des Côtes de la Rochelle.

Côtes de Lorient à Bayonne. — Mission de Nion, Trullard et Mazade dans cette région, I, 199, 200; II, 4. — Lettres de ces représentants, 72, 108, 115, 117, 188, 207, 225, 321, 356, 367, 387, 399, 431, 490, 531, 548, 569; III, 142, 147, 162, 201, 202, 234, 235, 293, 304, 317, 415, 460, 491, 547, 568; IV, 7, 50, 64, 133, 271, 302, 373.

Côtes de Lorient à Dunkerque. — Mission de Defermon, Prieur (de la Côte-d'Or) et Rochegude dans cette région, I, 499, 500; II, 4. — Lettres de ces représentants, 54, 82, 84, 86, 120, 158, 169, 191, 205, 218, 270, 333, 341, 342, 356, 358, 368, 422, 423, 535. — Guyton-Morveau est chargé de correspondre avec eux, 573. — Lettres des mêmes représentants, 586, 588, 599, 601; III, 24, 25, 26, 227, 230, 272, 287, 316, 335, 515, 546, 565, 607, 613; IV, 179, 334.

Côtes-du-Nord (Département des). — Mission de Billaud-Varenne et de Sevestre, II, 303, 313. — Lettres de ces représentants, 468, 495, 567. — Insurrection entre Moncontour et Lamballe, 568, 569. — Lettres des représentants, III, 145, 287, 417. — Le département des Côtes-du-Nord se rétracte, V, 417.

Coulommiers (Seine-et-Marne). — Mouvements contre-révolutionnaires dans cette commune, IV, 541. — Le Conseil exécutif y envoie deux commissaires, 573.

Couppé (Gabriel-Hyacinthe), député des Côtes-du-Nord à la Convention. — S'oppose à l'envoi de commissaires à Sens, I, 118. — Est envoyé en mission dans la Sarthe, 272. (Voir ses lettres au mot *Sarthe*.) — Notice biographique, *ibid*. — En mission dans la section de la Fontaine-Montmartre, II, 286. — Lettre de sa main, 330.

Couret, imprimeur libraire. — Chargé de vérifier les frais des impressions officielles, I, 51.

Coullet, sous-directeur de l'artillerie à Besançon. — Est suspendu de ses fonctions, I, 184.

Coupron, général. — Le général Servan lui confie le commandement de la place de Bayonne, IV, 13, 14.

Courrier de l'Égalité, journal. — Comparaison offensante qu'il fait entre la lettre de Du Bois du Bais et Briez et celle des représentants qui les ont précédés, III, 334.

Courriers extraordinaires. — Le Comité de salut public établit des courriers extraordinaires auprès des armées, III, 265.

Course sur mer. — Le Conseil exécutif l'autorise, I, 411.

Courtès, médecin à l'armée d'Italie. — Fait don d'un assignat de 100 livres, III, 29.

Courtois (Alexandre), commissaire national en Belgique, I, 345, 456. — Notice biographique, 458. — Ses opérations à Gand, II, 182, 256. — Est nommé accusateur militaire, IV, 405.

Courtois (Edme-Bonaventure), député de l'Aube à la Convention. — Son rapport contre Robespierre, I, vii. — Lettre de sa main, II, 318. — Est envoyé en mission à l'armée du Nord, III, 367, 405. (Voir ses lettres au mot *Armée du Nord*.) — Notice biographique, *ibid*. — Est confirmé dans sa mission à l'armée du Nord, 538. — Est rappelé, IV, 297. — Beffroy demande qu'on le lui adjoigne, 516. — Est maintenu en mission à l'armée du Nord, 527, 544. — Part pour Paris, V, 145, 421, 422.

Courtrai (Belgique). — Indemnité accordée à cette ville pour l'incendie de ses faubourgs par les Français, I, 347. — Envoi dans cette ville des commissaires du Conseil exécutif Harou-Romain et de Mandrillon, 458, 459. — Caractère et attitude des habitants. II, 180.

Cousin (Jacques-Antoine-Joseph), professeur au Collège de France, membre de la Commune de Paris. — Fait partie du directoire des achats, I, 371. — Est arrêté, II, 13.

Cousin, maréchal des logis. — Service qu'il rend aux représentants, III, 150.

Coustard (Anne-Pierre), député de la Loire-Inférieure à la Législative et à la Convention. — En mission aux armées, I, LIX. — Refuse d'aller en mission dans le Doubs, 120. — En mission dans le département de la Loire-Inférieure, 540 à 544. (Voir ses lettres au mot *Loire-Inférieure*.) — Notice biographique, 540. — Lettre de sa main, IV, 112. — Son rappel, 417. — Lettre de sa main, 520. — Il continue ses fonctions, 564. — Lettre de sa main, 583. — Décret rendu contre lui, V, 280. — Il se justifie, 330. — Sa justification par Gillet, 511, 512.

Coustard fils. — Une lettre de lui compromet Kellermann, III, 259, 260.

Coustard, général. — Son attitude à Strasbourg, II, 456.

Coutailloux, inspecteur de l'enregistrement. — Est nommé directeur à Niort, II, 542. — Refuse ce poste, III, 404.

Coutances (Manche). — Les habitants de cette ville émettent le vœu que les suspects qui y sont renfermés soient envoyés ailleurs, IV, 131.

Couthon (Georges), député du Puy-de-Dôme à la Convention. — Est envoyé en mission dans le Loir-et-Cher, I, 272. (Voir ses lettres au mot *Loire-et-Cher*.) — Notice biographique, *ibid.* — En mission dans la principauté de Salm, II, 246-248. (Voir ses lettres au mot *Salm.*) — Est adjoint au Comité de salut public, IV, 381. — Lettre que lui écrivent Châteauneuf-Randon et Malhes, 447. — Son mot sur Romme, 503. — Est chargé, dans le Comité de salut public, de la correspondance générale, 540. — Est réélu au Comité de salut public, V, 225. — Préside ce Comité, 322. — Arrêtés de sa main, 460, 486, 496, 508, 536.

Couturier (Jean-Pierre), député de la Moselle à la Convention. — Est envoyé en mission dans le Bas-Rhin, la Moselle et la Meurthe, I, 352. (Voir ses lettres au mot *Bas-Rhin*.) — Notice biographique, 353. — Résumé de sa mission, 353-354. — Est rappelé, II, 388, 458. — Il dénonce au Comité une pétition des factieux de Strasbourg, IV, 18.

Craon (Mayenne). — Mesures contre les suspects de cette ville, II, 430.

Creuse (Département de la). — Mission de Monestier et de Petitjean, II, 303, 316. — Lettres de ces représentants, 582; III, 528.

Creusot (Le). — Les représentants en mission demandent la révocation de l'administrateur et du directeur de la fonderie du Creusot, V, 412.

Creuzé-Dufresne (Michel-Pascal), député de la Vienne. — Par décret du 10 mai 1793, il est nommé représentant près l'armée des Côtes de la Rochelle pour le département de la Vienne, IV, 86. — Notice biographique, *ibid.* — Il annonce une victoire remportée près de Fontenay, 132.

Croisic (Loire-Inférieure). — Destitution du juge de paix de ce canton, II, 115. — Mesures pour la défense de cette ville, 189. — Elle tombe au pouvoir des insurgés, 549. — Elle est évacuée, III, 74.

Croix de Saint-Louis. — Les représentants à l'armée du Midi en demandent la suppression, I, 115. — Dons de croix de Saint-Louis à la patrie, II, 207. — Indemnité à un employé chargé de rechercher les fausses croix de Saint-Louis, 228. — Dons de croix de Saint-Louis, 408, 581; III, 29.

Crosne, membre de la Commune, commissaire du Conseil exécutif, I, 38. — Envoyé à l'armée du Rhin, 39. — Approbation de sa conduite par le Conseil, 296. — En mission à Bayonne, 145.

Crozat, homme de loi. — Est nommé accusateur militaire, IV, 442.

Crublier-Obterre, député à la Législative. — Son discours du 18 juillet 1792, I, LVIII.

Cuges (Bouches-du-Rhône). — Zèle de cette commune pour le recrutement, IV, 305.

CUPPEL. — Est nommé juge militaire, V, 225.

CUSSET (Joseph), député de Rhône-et-Loire à la Convention. — Propose un plastron à l'épreuve de la baïonnette, II, 120. — Notice biographique, *ibid.* — Est entendu par le Comité de salut public, IV, 571. — En mission secrète à Luxembourg, V, 87. — En mission à l'armée de la Moselle, 120, 124. (Voir ses lettres au mot *Armée de la Moselle.*) — Ses collègues le dénoncent, 253. — Il est rappelé, 408.

CUSTER, officier français. — Commande la place de Klundert, II, 231.

CUSTINE (Adam-Philippe, comte DE), général. — Commissaire de la Constituante, I, LVI. — Commandant de l'armée des Vosges, 82. — Prend Spire, 91. — Le Conseil exécutif approuve son plan de campagne, 224. — Propose au Conseil exécutif de s'emparer de la ville de Manheim, 268. — Annonce la prise de Francfort par les Prussiens, 302. — Son plan de campagne, 319. — Est autorisé à traiter de l'échange des prisonniers, 365. — Sa lettre sur l'arrestation des députés de Francfort, 378. — Mesures relatives à son armée, 452. — Parle au club de Mayence, 468. — Écrit au Conseil pour exiger que Beurnonville lui obéisse, 473. — Est autorisé à comprendre dans son armée le corps qui doit se porter sur Hambourg, 482. — Ses lettres importantes au Comité de défense générale, 492; II, 19. — Est entendu par ce Comité, 20. — Est mandé par le Conseil exécutif, 45. — Le Comité de défense générale ne veut rien décider avant son arrivée, 65, 66. — Lettres des représentants sur sa position, 132, 133. — Réclamation de Custine au sujet d'une lettre des représentants et réponse de ces représentants, 137, 138. — Son conflit avec eux au sujet du maintien du maréchal de camp Gillot à Landau, 156, 163, 220. — Commande l'armée du Rhin, 228. — Confère avec le Comité de défense générale, 263.

— Et avec le Conseil exécutif, 263, 264. — Confère de nouveau avec le Comité de défense générale, 270, 274. — Conseille une expédition dans l'Inde, 275. — Son plan de campagne, 283-284. — Envoie le général La Font à Manheim, 360. — Est autorisé à s'emparer de cette ville, *ibid.* — Le Conseil exécutif lui écrit, 557. — Ses opérations près d'Alzey, 561. — Bonne situation de son armée, d'après Haussmann, 579, 580. — Deprez-Crassier se plaint de lui, 594. — Il demande qu'on lui envoie un lieutenant général, III, 3. — Donne sa démission de commandant de l'armée du Rhin, 60. — Le Conseil exécutif le maintient et lui donne en plus le commandement de l'armée de la Moselle, *ibid.* — Le général Houchard est placé sous ses ordres, 191. — Ses opérations militaires d'après le général de Ligniville, 205 à 209. — Il demande que les 5e et 6e bataillons du Calvados se rendent à Strasbourg pour s'y compléter, 219. — Se plaint de la conduite des grenadiers à l'affaire de Bingen, 275. — Lettre que lui écrit le Comité de salut public, 285. — Querelle avec son aide de camp Coquebert, 294. — Dépêche au Comité, 327. — Ses opérations dans le pays des Deux-Ponts, 339. — Ses dispositions, 371. — Plan de Custine, 400. — Il s'absente pour préparer un plan de défense du côté de Hornburg, 400. — Son mémoire concernant la Suisse, 401. — Renseignements sur ses opérations, 442. — Est maintenu dans son commandement de l'armée du Rhin et des Vosges, 445. — Ses dispositions pour l'organisation des troupes dans l'armée du Rhin, 532. — Infidélité d'un courrier envoyé par lui, 576. — Les représentants en mission dénoncent sa lettre à Brunswick et ses velléités dictatoriales, IV, 16, 18. — Sa lettre au Conseil exécutif, 22. — Il manque de fonds pour les dépenses secrètes de la guerre, 64. — Sa lettre à Brunswick, 65. — Le Comité de salut public approuve sa nomination de général

en chef de l'armée du Nord, 129. — Un courrier lui sera envoyé pour lui donner ordre de se rendre au quartier général de l'armée du Nord et de prendre le commandement en chef de l'armée des Ardennes, 140. — Joie des soldats à son arrivée à l'armée du Nord, 347. — Examen de son plan de campagne, 403, 492. — Adoption de ce plan, malgré Bouchotte, 493. — Le Comité de salut public en ajourne l'exécution, V, 5, 7, 18. — Il demande l'autorisation de venir à Paris, 64. — Carnot critique son plan de campagne, 104. — Il est autorisé à venir à Paris, 179, 180. — Le Comité de salut public le mande par devers lui, 239. — Le Conseil exécutif se demande

s'il doit le conserver dans son commandement, 310. — Rapport du ministre de la guerre contre lui, 325. — Le Conseil exécutif lui ôte son commandement, 336.

CUSTINE (René-Philippe DE), fils et aide de camp du général Custine. — Il transmet au Comité de défense générale des renseignements sur Mayence, II, 65. — Il est entendu par le Conseil, III, 33. — Il lit au Comité un plan de défense envoyé par son père, 210. — Rend compte des dispositions particulières que son père lui a communiquées, 327. — Est mis en arrestation, V, 405.

Cysoing (Nord). — Adresse des citoyens de cette commune, V, 354.

D

DAGOBERT, général à l'armée des Pyrénées orientales. — Sa participation au combat du mas Deu, IV, 258-261. — Est provisoirement nommé général de division, 342. — Bonne tenue de ses troupes, V, 138.

DAILLY (Michel-François), président du Comité des finances de l'Assemblée constituante. — Témoignage rendu par lui à Santerre, III, 120.

DAIOT. — Commande la garde nationale de Guichen, II, 451.

DALBARADE, adjoint au ministère de la marine, I, XXXIV; II, 167. — Notice biographique, ibid. — Décret le nommant ministre de la marine en remplacement de Monge, III, 181. — Il prend séance au Conseil en cette qualité, 210.

DAMERON (Joseph-Charlemagne), député de la Nièvre à la Convention. — Est proposé pour une mission, IV, 541. — En mission à Orléans avec Bourdon (de l'Oise), 561. (Voir ses lettres au mot Orléans.) — Notice biographique, 563.

DAMESMES. — Est envoyé en mission par le Conseil exécutif, IV, 99.

Damme (Belgique). — Annexion de cette localité à la France, II, 404.

DAMPIERRE, général. — Rédige des instructions pour l'assemblée des sections d'Aix-la-Chapelle, I, 448, 449. — Remplace Desforêts à Aix-la-Chapelle, 472. — Est dénoncé, III, 58. — Remplace Dumouriez à l'armée de Belgique, 59, 64, 66. — Sa proclamation datée du Quesnoy, 66. — Arrêté sur les pouvoirs qui lui sont confiés, 88, 89. — Informe le Conseil exécutif que les ennemis vont attaquer Condé et qu'il a confié le commandement de cette place au citoyen Chancel, 191. — Cette nomination n'est pas maintenue par le Conseil exécutif, ibid. — Ses relations avec Cobourg, 198. — Conduite prudente de ce général, 245. — Il occupe le camp de Famars, ibid. — Il informe le ministre de la guerre d'un mouvement des ennemis contre Saint-Amand et de la trahison d'un lieutenant-colonel, 266. — Dépêche de lui annonçant des succès remportés par les troupes de la République, 284. — Le citoyen Nicolas Richard est envoyé en mission auprès de ce général, 296. — Lettre de Dampierre, 298. — Il est invité à secourir Dunkerque, 299. — Sa lettre, 300, 326. — Il informe

le Conseil d'un mouvement de l'ennemi sur Sedan et Orval, 370. — Autre lettre, 376. — Deville, Hentz et Laporte se plaignent qu'il conserve le commandement des deux armées du Nord et des Ardennes, 400. — Il annonce que la ville de Condé est entourée, 401. — Le Comité de salut public et le Conseil exécutif provisoire arrêtent un plan de campagne pour Dampierre et le lui envoient, 402, 403, 404, 422 à 424. — Lettre du général autrichien à Dampierre, 429. — Est maintenu dans le commandement de l'armée du Nord, 445. — Délibération du Comité de salut public et du Conseil exécutif provisoire sur le plan de campagne qu'il doit suivre, 522, 523. — Les représentants à l'armée des Ardennes se plaignent de lui, 547. — Le Conseil transmet par le ministre de la guerre à ce général l'avis que quarante bâtiments de transport et quatre frégates ont été aperçus en mer à Dunkerque faisant voile pour Ostende, 564. — Les représentants à l'armée du Nord pensent que Dampierre a trop craint de se compromettre, 566. — Dans une attaque il a la cuisse emportée par un boulet et est provisoirement remplacé par le général Lamarche, IV, 60. — Sa mort, 72, 73, 79. — Critique de son projet d'attaquer le bois de Vicoigne, 209. — Arrêté trouvé dans ses papiers, 252. — Accusations posthumes contre lui, 313. — Service funèbre en son honneur à Vannes, 314. — Autre dénonciation contre lui, V, 150.

DANDENAC jeune (Jacques), député de Maine-et-Loire à la Convention. — En mission à l'armée des Côtes de la Rochelle, IV, 257. (Voir ses lettres au mot *Armée des Côtes de la Rochelle.*)

Danemark. — Le Conseil exécutif adopte une proclamation en vue d'assurer protection aux navires danois et suédois, III, 284. — Mainlevée de bâtiments danois pris par des corsaires français, IV, 465-466, 475, 484. — Instruction de Grouvelle, ministre de la République à Copenhague,

476, 499. — Mission secrète du citoyen Percheron pour acheter des vaisseaux en Danemark, V, 155. — Arrêté relatif à un navire danois, 291, 448.

DANGOS. — Est nommé juge militaire, V, 480.

DANJOU, membre de la Commune. — Commissaire du Conseil exécutif, I, 38. — Est arrêté par le directoire de la Haute-Saône, 98. (Introd., p. XXXII.)

Dannemarie (Haut-Rhin). — Nomination d'un distributeur de lettres dans cette commune, II, 174.

DANTON (Georges-Jacques), député de Paris à la Convention. — Rend compte de ses dépenses secrètes, I, XXVII. — Demande à la Législative de nommer des commissaires, I, LVII. — Son élection au ministère de la justice, 2. — Notice biographique, *ibid.* — Présente la notice des décrets scellés, 5. — Son discours du 28 août à la Législative, 37. — Président du Conseil, 50. — Son débat avec Beaumarchais au Conseil exécutif, 52-54. — Demande la destitution du général Montesquiou ; puis fait revenir en partie sur ce décret, 69. — En mission à l'armée de Dumouriez, 283. (Voir ses lettres au mot *Armée de Dumouriez.*) — Ses opérations, ses rapports, 283-286. — Mort de sa première femme, 284. — Annonce son départ pour Paris, 443. — Chargé d'un rapport sur la Belgique, II, 34. — Renvoyé en Belgique, 35. — Est injurié par le maître de poste de Valry, 113. — En mission à Namur, Liège, Aix-la-Chapelle, 140. — Se dispose à partir pour Liège avec Delacroix, 265. — Se rend à Paris, 276, 278. — Confère avec le Comité de défense générale, 283. — Expose à la Convention la véritable situation de l'armée de Dumouriez, 284. — En mission dans la section de Marseille, 285. — Le Comité de défense générale le renvoie en Belgique, 364. — Treilhard et Robert invoquent son témoignage, 485. — Élu membre du Comité de défense générale, 514. — Assiste à une délibération du

Conseil exécutif, 517, 518. — Se rend à la séance du Comité de défense générale du 30 mars 1793, 573. — Combat un projet d'Isnard, III, 43. — Prétendu projet de Dumouriez de le faire arrêter, 50. — Est chargé de préparer un projet sur l'établissement du Comité de salut public, 87. — Sa motion dans la séance de la Convention du 11 mars 1793, 112. — Est nommé membre du Comité de salut public, 116. — Y est chargé de surveiller le ministère des affaires étrangères, 182. — Fait rendre le décret diplomatique du 13 avril 1793, 199. — Il est chargé de faire une enquête sur Sémonville, 353. — Est de nouveau chargé, dans le Comité de salut public, des affaires étrangères, IV, 540. — Et de la guerre, V, 119. — Sa proposition sur l'organisation du Comité de salut public, 447, 448.

Dareir, officier employé à Givet. — Est destitué, I, 155.

Darnaudery, membre de la Commune. — Commissaire du Conseil exécutif, I, xxx, 38. — Envoyé dans le Midi, 39. — Approbation de sa conduite par le Conseil, 296. — Commissaire national en Belgique, 345. — Envoyé à Ostende, 456, 458. — Remplacé par Bonnefoy, II, 135. — Ses opérations à Gand, 182.

Darneuilh (Pierre-Joseph), ex-député à la Législative. — Accompagne Féraud dans sa mission, IV, 118. — Notice biographique, ibid.

Dartigoeyte (Pierre-Armand), député des Landes à la Convention. — En mission dans la section des Amis de la Patrie, II, 285. — En mission avec Ichon dans le Gers et les Landes, 303, 312. (Voir ses lettres au mot Gers.) — Lettres de sa main, 376; III, 606; IV, 8, 50, 73, 243, 304.

Daubarède, ancien maréchal de camp. — Le Comité de salut public fait appel à ses connaissances militaires, IV, 473-474.

Davalle, ex-capitaine. — Est mis en arrestation, V, 508.

David, chef d'administration civile de la marine. — Est nommé adjoint du ministre de la marine, V, 6.

Dax (Landes). — Opérations de Dartigoeyte et Ichon dans cette ville, III, 416.

Dedésis, mécanicien de Paris. — Invente une machine à forer de petits canons de campagne portatifs à dos de mulet, III, 509.

De Bry (Jean-Antoine-Joseph), député de l'Aisne à la Convention. — Membre de la Commission extraordinaire, I, xlix. — Envoyé en mission, lxii. — Désigné par le Comité de défense général pour une mission dans le Nord, II, 38. — Envoyé en mission aux places fortes du Nord, 58-63. (Voir ses lettres au mot Nord.) — Notice biographique, ibid. — Lettres de sa main, 121, 122, 123. — Demande son remplacement pour raison de santé, 170, 171. — Décret prononçant ce remplacement, 189. — Renseignements qu'il donne sur l'esprit public dans le Nord, 209. — Présente un rapport sur la répression des émeutes, 270, 389. — Reçoit une lettre de son collègue Cochon, 465. — Membre du Comité de défense générale, 514. — membre du Comité de salut public, III, 116. — Il donne sa démission de cette fonction, ibid., 132.

Decaieu [1], député du directoire de la Somme auprès du roi, I, 11.

Decamps, membre du département des Hautes-Pyrénées. — Ysabeau dénonce ses intrigues, V, 85.

Dechézeaux (Pierre - Charles - Gustave - Daniel), député de la Charente-Inférieure à la Convention. — Est adjoint au Comité de défense générale, II, 29. — Notice biographique, ibid.

Decize (Nièvre). — Mouvement contre-révolutionnaire dans cette localité, III, 322.

[1] Et non Decaien.

Déclaration des droits de l'homme — Les Français en distribuent des exemplaires dans le Hainaut, II, 179. — Bon accueil fait à la déclaration des droits dans l'Indre-et-Loire, III, 435.

DEFERMON (Jacques), député d'Ille-et-Vilaine à la Convention. — S'oppose à l'envoi de représentants à Sens, I, 118. — Son rapport sur les affaires militaires de Belgique, 322. — Membre du Comité de défense générale, 390. — Notice biographique, *ibid.* — Désigné par le Comité de défense générale pour aller en mission à l'armée des Côtes de Brest, 499. — Y est envoyé, II, 4. (Voir ses lettres au mot *Armée des Côtes de Brest.*) — Lettres de sa main, III, 316, 515.

DEFORGUES (François-Louis-Michel Chemin). — Est nommé chef de bureau du Comité de salut public, III, 133. — Est adjoint au ministre de la guerre, 612. — Est nommé ministre des affaires étrangères, V, 30, 35. — Notice biographique, 35. — Prend séance au Conseil exécutif provisoire, 88.

DEGUIN, capitaine au 109ᵉ régiment. — Est suspendu de ses fonctions, II, 205.

DEJEAN (Noël). — Est mis en prévention, III, 163.

DELAAGE, général employé à l'armée de la Moselle. — Il bat les Autrichiens à Arlon, IV, 505-508.

DELACROIX (Jean-François), député d'Eure-et-Loir à la Législative et à la Convention. — Membre de la Commission extraordinaire de la Législative, I, XLVII. — Envoyé en mission, LXIII. — Sa motion sur le ministère, LXXV. — Notice biographique, 283. — En mission à l'armée de Dumouriez, 283-286. (Voir ses lettres au mot *Armée de Dumouriez.*) — Annonce son départ pour Paris, 443. — Chargé d'un rapport sur la Belgique, II, 34. — Son retour en Belgique, 35. — Est injurié par le maître de poste de Vassy, 113. — En mission à Namur, Liège, Aix-la-Chapelle, 140. — Lettre de sa main sur les menées du parti prussien à Liège, 205-206. — Se dispose à partir pour Liège avec Danton, 265. — Se rend à Paris, 276, 278. — Confère avec le Comité de défense générale, 283. — Expose à la Convention la véritable situation de nos affaires en Belgique, 284. — Le Comité de défense générale le renvoie en Belgique, 364. — Lettres de sa main, 597, 598. — Son rapport oral sur Dumouriez, III, 48-50. — Est nommé membre du Comité de salut public, 117. — Est chargé de surveiller le ministère de la guerre, 182. — Est chargé de présenter à la Convention un projet de décret pour la levée de 25,000 hommes de cavalerie, 280. — Son projet de décret pour défendre la formation de nouveaux bataillons, 310. — Lit et fait adopter un projet de décret pour accélérer le versement des recrues dans les cadres de l'armée, 383. — Est chargé de présenter le projet de décret sur les passeports des agents du Conseil exécutif, IV, 67. — Et sur les corps administratifs, 175. — Fait partie de la section de la guerre dans le Comité de salut public, 540. — Est chargé d'un rapport sur la compagnie Winter, V, 97. — Offre sa démission, 131. — Demande la prorogation des pouvoirs du Comité de salut public, 536.

DELAIZIRE, député à la Législative. — Membre de la Commission des Douze, I, XLVII, XLVIII.

DELALAIN, général. — Commande à Saint-Jean-Pied-de-Port, IV, 490.

DELAMBRE. — Est choisi avec Méchain pour s'occuper de la mesure géométrique des degrés du méridien depuis Dunkerque jusqu'à Perpignan, III, 302.

DELAUNAY (Étienne), commissaire des guerres. — Traduit devant le tribunal criminel de Rhône-et-Loire, I, 243.

DELBRECQ (DUCHAMBGE-), général de division. — Garrau et Ysabeau se plaignent de le voir à la tête de l'armée des Pyrénées occidentales, V, 221.

DELBREL (Pierre), député du Lot à la Con-

vention. — En mission dans la section de la Place des Fédérés, II, 286. — En mission à l'armée du Nord et des Ardennes, III, 63. (Voir ses lettres au mot *Armée du Nord.*) — Notice biographique, 214. — Est confirmé dans sa mission, 214 à 217, 538 à 544.

Delcher (Joseph-Étienne), député à la Législative et à la Convention. — Envoyé en mission en Corse, II. 41-43. (Voir ses lettres au mot *Corse.*) — Notice biographique, 41. — Ses réflexions sur l'embargo, 161. — Est confirmé dans sa mission en Corse, III, 540 à 544. — En mission à l'armée du Nord, V, 365. — Est remplacé dans cette mission par Lacoste (du Cantal), 374.

Delecloy (Jean-Baptiste-Joseph), député de la Somme à la Convention. — En mission dans la section de la Cité, II, 286.

Delémont (Suisse). — La Société populaire y dénonce Gobel, Rengguer et Demars, II, 96, 100. — Cette ville vote sa réunion à la France, 346. — Il sera sursis à toute poursuite relative à la remise des effets appartenant à l'église du chapitre de Delémont, qui ont été transportés à Soleure, III, 444.

Delessart, ministre des affaires étrangères. — Son attestation en faveur de Santerre, III, 120.

Delluomme, chargé d'affaires à Genève. — Les représentants à l'armée des Alpes transmettent une lettre de lui, IV, 293.

Delmas, premier lieutenant-colonel du 1ᵉʳ bataillon de la Corrèze. — Est nommé colonel du 21ᵉ régiment, I, 201.

Delmas (Jean-François-Bertrand), député de la Haute-Garonne à la Législative et à la Convention. — Membre de la commission des Douze, XLIX. — Commissaire de la Législative, LIX, 25. — Envoyé en mission dans le Nord; notice biographique, 77. — Lettre de sa main, 146. — Est chargé avec Danton d'un rapport sur une mission dans 82 départements, II, 283. — Est envoyé en mission à Orléans, 391. — Rectification à sa notice biographique, *ibid.* — Refuse d'aller à Orléans, 392. — Membre du Comité de défense générale, 514. — Est chargé de conférer avec le Comité de la guerre, 553. — Et de divers rapports, 554, 555, 562. — Est chargé de correspondre avec les nouveaux commissaires en Belgique, 573, 590. — Se fait adjoindre Fabre, Isnard, Bréard et Dubois-Crancé, 591. — Assiste à la séance du Comité de défense générale du 1ᵉʳ avril 1793, III, 1. — Propose à ce Comité diverses mesures, 32. — Est chargé d'une communication auprès de la Convention, 43. — Est nommé membre du Comité de salut public, 116. — Se concerte avec le ministre de la guerre, 182. — Est chargé de surveiller le ministère de la guerre, 182. — Propose des bases sur le mode de nomination des officiers, 265. — Il lit un mémoire sur les forces des ennemis, 297. — Fait ajourner le rappel de Briez, 326. — Son rapport sur le mode d'organisation des 40,000 hommes de nouvelle levée, 327. — Il est invité à s'occuper de l'embrigadement, 352. — Représente le projet de décret arrêté la veille sur le remplacement du Du Bois du Bais et Briez, 384. — Il est chargé de présenter le projet d'une armée à envoyer contre les Vendéens, 575. — Il lit la rédaction de ce projet, 592. — Il est chargé de présenter un projet de décret sur les grenadiers-gendarmes, IV, 1. — Il soumet à la Convention la liste des officiers choisis pour composer l'état-major des onze armées de la République, 137. — Est chargé d'un rapport sur la levée de la cavalerie, 343. — Présente un projet d'organisation du Comité de salut public, 540. — Fait partie de la section de la guerre dans ce Comité, *ibid.* — Est chargé avec Cambon et Saint-Just de combiner les mesures contre les insurgés de l'intérieur, 568. — Danton lui est adjoint pour surveiller le ministère de la guerre, V, 119.

DEMARS, maréchal de camp. — Commande les troupes françaises dans le Porentruy, I, 288; II, 95. — Dénoncé par les habitants du pays, 96, 100. — Sa conduite dans le Porentruy, 233.

DEMALTORT, notaire à Paris. — Le département de Paris lui refuse un certificat de civisme, II, 224.

DEMERVILLE (Dominique). — Est nommé commis du Comité de défense générale, II, 295; III, 33. — Est nommé commis chargé de l'enregistrement au Comité de salut public, IV, 124.

Denain (Nord). — L'armée française qui campait à Famars se transporte à Denain, IV, 104.

DENORMANDIE. — Nommé directeur général de la liquidation, I, 52, 255. — Prête serment en cette qualité, 269, 270. — Est confirmé dans ces fonctions, II, 193. — Demande un adjoint, 354.

DENOYELLE. — Commissaire national dans les départements, I, xxx.

DENTZEL (Georges-Frédéric), député du Bas-Rhin à la Convention. — Est envoyé en mission dans le Bas-Rhin, la Moselle et la Meurthe, I, 351-352. (Voir ses lettres au mot Bas-Rhin.) — Résumé de sa mission et notice biographique, 252-354. — Se joint à Ferry, II, 162. — Est rappelé, 388, 458. — Son arrivée à Strasbourg, 538. — Lettre de sa main, IV, 387. — Le Comité de salut public projette de le faire envoyer en mission dans le Bas-Rhin et le Haut-Rhin, V, 23.

Départements du Centre et de l'Ouest. — Mission de Méaulle, Philippeaux, Fouché et Esnüe de la Vallée dans ces départements, V, 58, 70. — Lettres de ces représentants, 101, 136, 171, 187. 229, 236, 237, 267, 276, 282, 286, 296, 305, 340, 356, 397. 410, 418, 432, 466, 505, 519, 533, 550, 563.

DEPERRAY. — Est envoyé dans l'Eure et le Calvados en qualité de vérificateur des assignats, V, 441, 470.

DEPREZ DE CRASSIER, ex-constituant, lieutenant général. — Commissaire de la Constituante, I, LVI. — Commandant de l'armée du Rhin, 336. — Dissout l'Assemblée nationale rauracienne, II, 177. — Se plaint de Custine, 594. — Notice biographique, ibid. — Est rappelé à Paris pour rendre compte de sa conduite, III, 486. — Sa justification par Laurent et Ritter, IV, 171. — Il veut se rendre à Paris pour se disculper, 349.

DÉQUEN, président du tribunal de Doullens. — Candidat au ministère de la justice, II, 438.

DÉSAUGIERS, premier commis au secrétariat du Conseil exécutif. — Remplit provisoirement les fonctions de secrétaire, V, 462.

DES BRUSLYS, général, chef de l'état-major de l'armée du Nord. — Est mis en arrestation, V, 420, 533.

DESCAMPS. — Est nommé commissaire du Conseil exécutif près l'armée de la Moselle, IV, 355.

DESCARS, administrateur des postes. — Est chargé d'une mission extraordinaire par le Conseil exécutif, III, 612.

DESCHAMPS, agent du Comité de salut public. — Est envoyé à l'armée du Nord, V, 555.

DES CHASEAUX, commissaire du Conseil exécutif. — Est envoyé à Maubeuge et à Charleville, IV, 145.

DESCLOZEAUX (Renard), commissaire national à Versailles. — Candidat au ministère de la justice, II, 438.

DESCOMBES, membre de la Commune de Paris. — Commissaire du Conseil exécutif dans le Loiret et l'Eure-et-Loir, V, 497.

DESCORCHES (Marie-Louis-Henri, marquis de Sainte-Croix), ex-ministre de France à Varsovie. — Remplace Sémonville à Constantinople, I, 326. — Ses instructions, 402; III, 18. — Est envoyé à Constantinople pour préparer la réception de Sémonville, 353. — Est nommé ministre en Saxe, IV, 499.

Déserteurs. — Rentes accordées aux soldats étrangers déserteurs, I, 26. — Critique de la loi du 22 juin 1793 sur les

déserteurs français, V, 127. — Mesures proposées contre la désertion à l'armée du Nord, 562.

Desforêts, maréchal de camp commandant à Aix-la-Chapelle. — Est remplacé par Dampierre, I, 472.

Desforges-Beaumé. — Commissaire national à Tournai, I, 457, 458, 474; II, 180. — Est réprimandé par les représentants en mission, V, 244.

Deshautchamps, maréchal de camp. — Accompagne les représentants en mission dans le Doubs, I, 120. — Leur donne son avis sur un acte de Ferrier, 197. — Ils font son éloge à la Convention, 216.

Deshayes, ordonnateur à Cherbourg. — Est nommé adjoint du département de la marine, IV, 380.

Des Hayes, procureur général syndic des Ardennes. — Est nommé accusateur militaire, IV, 405. — Refuse cet emploi, V, 115.

Désirat. — Est nommé commis du secrétariat du Comité de salut public, IV, 125.

Desjardins, agent de la République en Belgique. — Retourne à Paris, 566; III, 43.

Deslan, président du district de Noyon. — Est impliqué dans une correspondance incivique, III, 31.

Deslandes (Martin), ex-sénéchal de Châteauneuf. — Est nommé juge militaire, V, 226.

Desmanets, commissaire du Conseil exécutif pour la recherche des monuments des arts, II, 11.

Desmoulins (Benoît-Camille), député de Paris à la Convention. — Membre du Comité de défense générale, II, 514. — Notice biographique, ibid. — Est chargé de correspondre avec les représentants aux Côtes de la Méditerranée, 573.

Desnos [1] (Henri-Louis-René), évêque réfractaire de Verdun. — Sa lettre contre-révolutionnaire à ses diocésains, I, 140.

Desombre, second lieutenant-colonel du 2ᵉ bataillon franc. — Décapité par les gendarmes nationaux, I, 131.

Despinassy (Antoine-Joseph-Marie), député du Var à la Convention. — Envoyé en mission à Perpignan, I, 62. (Voir ses lettres au mot Perpignan.) — Notice biographique, 63. — Est chargé par le Comité de défense générale de conférer avec le ministre de la marine, II, 72. — Et de recevoir les renseignements de Dillon sur les colonies, 108. — Et d'examiner les états de la marine, 154. — Et de conférer avec le ministre de la marine, 191. — En mission avec Rouhaud dans le Var et les Alpes-Maritimes, 303, 307. (Voir ses lettres au mot Alpes-Maritimes.) — En mission à l'armée du Var, III, 214 à 217. — En mission à l'armée d'Italie, 539 à 544. (Voir ses lettres au mot Armée d'Italie.)

Desportes, diplomate. — Est nommé ministre à Stuttgard, IV, 499.

Desrenaudes (Martial). — Commissaire observateur en 1793, I, xxix.

Destournelles, général de division. — Est mis en état d'arrestation; le Comité demande qu'on le transfère à Paris, III, 367.

Destournelles (Louis Deschamps). — Est nommé ministre des contributions publiques, 526-544. — Notice biographique, 544.

Destutt de Tracy, membre de la Constituante. — Son discours sur l'organisation du ministère, I, lxv.

Desvieux, commissaire observateur en 1793, I, xxix.

Deux-Ponts. — Attitude du duc de Deux-Ponts à l'égard de la France, I, 234. — Le Conseil exécutif applique le décret du 15 décembre 1792 à cette principauté, 358. — Les chevaux de ce pays sont réquisitionnés par les représentants, II, 116. — Opérations du général de Ligniville, 255. — Le duc de Deux-Ponts viole la neutralité, 290, 291. —

---

[1] Et non Desnot.

Réquisition de chevaux, 346. — Mission de Blaux et de Goupilleau (de Montaigu) dans ce pays, 477. — Opérations de Blaux, 478-480. — Lettre des représentants, 571. — Les Français évacuent la ville de Deux-Ponts, III, 79. — Ce duché va être occupé, 371, 390. — On lui a enlevé toutes ses subsistances, 496. — Le baron d'Esebeck, ministre du duc de Deux-Ponts, est détenu comme prisonnier à Metz, V, 99.

Deux-Sèvres (Département des). — Le directoire de ce département obtient du Conseil exécutif un secours pour armer ses volontaires, I, 45. — Mission de Gasparin, du Bois du Bais, Augnis, Carra et Bourbotte, II, 303, 312. — Lettre de ces représentants, 415. — L'administration de ce département demande des secours à celle de la Charente, 429. — Lettres des représentants, 487, 550; III, 125. — Gaudin est adjoint à Carra et Augnis, 127, 221. — Un administrateur de ce département inculpe Niou, 143. — Lettres des représentants Carra et Augnis, 177, 218, 233, 288, 316. — Le directoire des Deux-Sèvres arrête d'acheter 5,000 fusils à Tulle, 369. — Lettres d'Augnis et Goupilleau, 415, 460, 528, 547. — Des fusils sont accordés aux citoyens des Deux-Sèvres qui veulent s'armer contre la Vendée, 596. — Lettres d'Augnis, 614; IV, 47. — La Convention, par décret du 10 mai 1793, adjoint aux représentants près l'armée des Côtes de la Rochelle, pour ce département, Jard-Pauvillier et Lecointe-Puyraveau, 85. — Lettres des représentants dans les Deux-Sèvres, 112, 114, 116, 194, 209, 232. — Maintien de Gaudin comme représentant en mission, 500.

DEVAUX (Philippe), adjudant général. — Le Comité de salut public, à qui le citoyen Devaux a fait adresser une lettre pour son épouse, arrête que cette lettre sera envoyée par la voie ordinaire à la citoyenne Devaux, III, 298. — On examine les papiers trouvés sur Devaux, 367, 368.

DEVILLE (Jean-Louis), député de la Marne à la Convention. — En mission dans la section de la Fontaine-Montmartre, II, 286. — En mission avec Saint-Just dans l'Aisne et les Ardennes, 302, 305. (Voir ses lettres au mot *Aisne*.) — Lettre de sa main, 606. — Il rend compte au Comité de salut public du succès du recrutement à Sedan, III, 181. — Projet de l'envoyer à l'armée des Ardennes, *ibid.* — Il y est envoyé, 213, 538. (Voir ses lettres au mot *Armée des Ardennes*.) — Notice biographique, 213. — Il va à Valenciennes pour s'occuper du recrutement, 547. — Lettre de sa main, 585. — En mission à l'armée du Nord, V, 443.

DEVIQUE (François), négociant à Senones. — Remet les sceaux de la principauté de Salm aux représentants en mission, II, 248.

DEVISMES, membre de la Constituante. — Envoyé en mission, I, LVI.

DEYDIER (Étienne), député de l'Ain à la Convention. — Envoyé en mission dans le Doubs, le Jura et l'Ain, I, 120. (Voir ses lettres au mot *Ain*). — Notice biographique, *ibid.*

D'HERBEZ-LATOUR (Pierre-Jacques), député des Basses-Alpes à la Convention. — Sa mission volontaire et secrète dans les Basses-Alpes, V, 107. — Il est incarcéré à Lyon, 255. — Il recouvre sa liberté, 369.

DIANNIÈRES, commissaire observateur en 1793, I, XXIX.

Dictionnaires biographiques. — Bibliographie de ceux de ces dictionnaires qui se rapportent à la Révolution, I, XXXIX-XLII.

DIDON (Pierre), cultivateur à Saint-Aignan. — Son abnégation civique, II, 425.

DIDOT, imprimeur. — Est nommé directeur de l'imprimerie des assignats, II, 297. — Refuse ces fonctions, 375, 441.

Dieppe (Seine-Inférieure). — Cette ville souffre de la disette, I, 253. — Opérations des représentants, III, 335. — Le Comité de salut public les engage à presser les travaux de la ville de Dieppe,

469. — Secours obtenu par le district de Dieppe, 476. — Opérations des représentants. 585. — Projets pour l'amélioration du port, IV, 311.

DIETTMANN, général. — Le Comité de salut public approuve sa nomination provisoire au commandement de l'armée du Rhin, IV, 129, 141. — Diettmann refuse, 244, 292. — Il est satisfait de commander une division, 349. — Est nommé commandant en chef de l'armée du Nord et des Ardennes, V, 336. — Refuse ces fonctions, 380.

DIETRICH (Frédéric), ex-maire de Strasbourg. — Sa conduite dans cette ville d'après les représentants près l'armée du Rhin, I, 366, 367. - Le conventionnel Laurent dépose contre lui, II, 334. — Attitude de ses partisans à Strasbourg, 456.

DIEUDONNÉ, membre du directoire des Vosges, II, 248.

Dieuze (Meurthe). — Situation des salines de cette ville, I, 385.

Digne (Basses-Alpes). — Des instigateurs secrets qui cherchent à égarer les soldats arrivent à Digne et vont inspecter les places fortes, IV, 95.

Dijon (Côte-d'Or). — Le Comité de salut public arrête que la famille royale sera transférée à Dijon, III, 156. — Opérations des représentants, 591. — Opérations de Fouché, V, 340, 341, 356, 357, 519, 520.

DILLERIN, commis au ministère de la guerre. — Est destitué, I, 119.

DILLON, général. — Est nommé commandant de l'armée du Nord, I, 25. — Notice biographique, ibid. — Est remplacé dans son commandement, 27. — Poursuit les Hessois, 88. — Sa lettre au landgrave de Hesse-Cassel, 125, 126, 127, 128. — Est justifié par Dumouriez, 128. — Est mandé à Paris et remplacé par Valence, 133. — Le ministre de la guerre est chargé de recevoir son compte, 175, 176. — Rapport sur ce compte, 240. — Merlin (de Douai) adresse au Conseil une réclamation sur

le rappel de Dillon, 360. — Il donne au Comité de défense générale des renseignements sur les colonies, II, 108, 132, 154. — Est remis en activité, 165. — Renseigne le Comité de défense générale sur les affaires de la Martinique, 295-296. — Refuse de servir dans l'armée du Rhin, 376. — Demande à servir dans celle de Dumouriez, 481. — Reçoit l'ordre de rejoindre son poste, III, 3. — Son départ est suspendu jusqu'à nouvel ordre, 33. — Est entendu par le Conseil exécutif, 422. — Son arrestation, V, 133, 141.

Dinan (Côtes-du-Nord). — Création d'une garde nationale à cheval dans cette ville, II, 586, 587.

Dinant (Belgique). — Envoi des commissaires du Conseil exécutif Tisseron et de Bosque dans cette ville, I, 457, 459.

Diplomatie. — Le ministre des affaires étrangères lit un mémoire sur la situation politique de la France, III, 311. — Le gouvernement provisoire de Genève envoie à Paris deux députés extraordinaires, 328. — Il ne sera pas usé de représailles contre les Russes habitant la France, 352. — Circulaire du Comité de salut public qui invite les représentants près les armées à s'informer de ce qui se passe chez l'ennemi, mais sans négocier, 357. — Le gouvernement français rend la Hollande responsable du traitement des représentants du peuple détenus à Maëstricht, 366. — Le Comité de salut public recommande aux représentants en mission d'éviter, dans leurs démarches pour connaître la situation de l'ennemi, tout ce qui ressemblerait à une négociation diplomatique, 371. — Mémoire du général Custine, concernant la Suisse, 401. — Note du gouvernement français à la Hollande pour réclamer les représentants livrés par Dumouriez, 467. — Le citoyen Soulavie est entendu par le Comité sur les dispositions et les intérêts politiques de l'Europe, 484. — Projets d'alliance avec les puissances du Nord, 521. —

Subsides accordés aux alliés de la République, *ibid.* — Arrêté du Conseil exécutif provisoire relatif aux prises faites sur les villes hanséatiques, 531, 532. — Décret du 3 mai 1793 pour indemniser les alliés de la République, 552. — Négociation en vue d'une alliance avec la Suisse, 553. — Négociation entre la France et la Suède en vue d'un traité d'alliance, IV, 66, 70. — Le Conseil exécutif fait lever l'embargo mis sur un bâtiment américain détenu à Dunkerque, 141. — Projet de traité avec la Suède, 142. — Réclamation du ministre de Saxe-Gotha contre l'apposition des scellés dans sa maison de Paris, 143. — Les villes hanséatiques sont considérées par la France comme neutres, 162. — Indemnité accordée au bey de Tunis, *ibid.* — La France rappelle tous ses agents consulaires auprès des puissances ennemies, 163. — Présents aux chefs des régences de Barbarie et aux deys d'Égypte, *ibid.* — Traité avec la Suède, 185. — Mission de Sémonville à Florence, 235. — Réparations accordées à Genève, 286, 287. — Mission du général Dumay en Suisse, 305. — Projet d'une commission pour reviser les traités, 318. — Projet de mettre l'embargo sur des navires hambourgeois, 320. — Arrêté sur les passeports des Français rentrant de Suisse en France, 321. — Et sur les achats d'armes en Suisse, 329. — Le Comité de salut public propose d'autoriser le Conseil exécutif à disposer des effets précieux de l'ancien régime pour traiter des alliances et des achats d'armes, 329. — Négociations pour l'achat de bestiaux, de fourrages et d'armes à l'étranger, 343. — Reconnaissance de la République par le dey d'Alger, 345. — Réponse de Lord Grenville aux ouvertures de Le Brun, 415. — Mainlevée de bâtiments danois pris par des corsaires français, 465-466, 475. — Incident au sujet de la capture d'un navire de Rostock, 468, 483, 484. — Instructions générales des agents et

instructions particulières de Grouvelle, ministre en Danemark, 476. — Le dey d'Alger et le bey de Tunis sont invités à surveiller leurs corsaires, 477. — Tentatives de négociations secrètes avec l'Angleterre sous prétexte d'échanger des prisonniers, 484, 485, 486, 586. — Liste des agents à l'étranger, 499, 500. — Don Joseph de Stephanis offre ses services à la France auprès de plusieurs États de l'Italie, 521. — Barère, Danton et Hérault-Séchelles sont chargés par le Comité de salut public de surveiller les affaires étrangères, 540. — Affaire du canton de Berne et de la prévôté de Moutier-Grandval, 542. — Mission de Verninac à Stockholm et traité avec la Suède, 586-588. — Instructions de Maret et de Soulavie, 587. — Et de Forster et de Coquebert, 594. — Négociations secrètes avec l'Angleterre, V, 45, 46. — Mission secrète de Cusset à Luxembourg, 87. — Négociation secrète avec les généraux autrichiens par l'intermédiaire d'un ecclésiastique brabançon, 98. — Instructions de d'Eymar, envoyé à Malte, 98, 99. — Réclamation du baron d'Esebeck, ministre du duc de Deux-Ponts, 99. — Mission secrète du lieutenant-colonel Godard en Allemagne, 114. — Arrêté du Conseil exécutif pour la fourniture du sel aux Suisses, 142. — Instructions générales aux agents de la République en pays étranger, 217, 233. — Instructions de Chauvelin, ministre à Florence, 233. — Arrêté relatif à la mission secrète de Godard, 240. — Arrêté concernant un navire danois, 291. — Transfert à Paris du baron d'Esebeck, 309. — Envoi d'un commissaire du Conseil exécutif à Mulhausen, *ibid.* — Instructions données à Forster et à Pétry, ainsi qu'aux commissaires chargés de l'échange des prisonniers à Londres, 324, 407.

Directoire des achats. — Débats relatifs à ce directoire et à ses comptes, I, 371-374. — Les représentants en Belgique se plaignent de sa négligence, 403 à

405. — Dumouriez et le Comité de défense générale s'occupent de sa conduite, 439, 440. — Miranda fait de même, 461. — Il rend ses comptes au Conseil exécutif, 480-481.

Dobrie (Rachel). — Le passage sur le bateau parlementaire arrivé à Saint-Malo sera accordé à cette demoiselle, III, 386.

Docquenet. — Est nommé commissaire du Conseil exécutif près l'armée des Alpes, IV, 145.

Docquenne. — Est incarcéré en Saône-et-Loire, IV, 124.

Doinel, archiviste départemental à Orléans. — Son article sur Manuel à Montargis, II, 418.

Dôle (Jura). — Opérations de Bassal dans cette ville, V, 477, 478.

Dombasle (Meuse). — Kellermann et les commissaires de la Convention arrivent dans ce village, I, 121.

Donnet, ci-devant juge du tribunal de police et consul à Paris. — Est nommé juge militaire, V, 226.

Dordogne (Département de la). — Activité de ce département en vue de la défense nationale, I, 151. — Mission de Jeanbon Saint-André et d'Élie Lacoste dans la Dordogne et le Lot, II, 303, 311. — Lettres de ces représentants, 497, 532, 570. — Lettre que leur écrit le Comité, 193. — Autres lettres d'eux, III, 305, 337, 375, 477, 490; IV, 49, 180, 213. — Civisme des habitants de la Dordogne, V, 203, 204. — Ils acceptent unanimement la constitution, 274.

Doué (Ignace), chirurgien de Pomavenne. — Commissaire de Roland dans le Finistère et dans le Morbihan, I, xxv, 39.

Dorly, commissaire ordonnateur. — Est nommé adjoint au ministère de la guerre, II, 111. — Est remplacé par Blanchard, 375.

Dornac, général de division. — Reçoit le commandement provisoire de l'armée des Alpes, III, 446; IV, 144.

Dornier (Claude-Pierre), député de la Haute-Saône à la Convention. — Offre

50 pièces de canon à la République, IV, 476; V, 131.

Donvilliers, agent secret du Conseil exécutif en Allemagne. — Réclame une indemnité, V, 240.

Dottignies (Belgique). — Annexion de ce lieu à la France, II, 464.

Douai (Nord). — Arrivée des représentants, I, 95. — Destitution de deux juges de paix de cette ville, 190. — Opérations de divers représentants, II, 277. — Interruption de procédures commencées par le tribunal criminel de cette ville, 396. — Mauvais état des défenses de Douai, 444. — Opérations de Carnot, III, 36, 50, 99, 122, 159, 178. — Du Bois du Bais et Briez demandent qu'on y fasse un exemple sur 12 prisonniers, 413. — Opérations des représentants, 614; IV, 73, 407, 487; V, 233. — Organisation imparfaite de cette place, 541.

Douanes. — Arrêté des représentants en Belgique sur les droits des douanes, II, 244-245. — Nomination d'un directeur des douanes à Besançon, III, 600. — Les employés des douanes sont mis en activité de service contre l'ennemi, IV, 366, 379. — Nomination d'un directeur des douanes à Toulon, 368. — Projet d'employer les douaniers à empêcher la désertion des troupes, 499.

Doubs (Département du). — Mission de Deydier, Guyton-Morveau et Prieur (de la Côte-d'Or), I, 120, 121. — Lettres de ces représentants, 168, 181, 195, 215. — Pétition du 6e bataillon du Doubs contre le général Demars, II, 97, 99. — Mission de Michaud et de Siblot dans la Haute-Saône et le Doubs, II, 302, 306. — Lettres de ces représentants, 396, 400, 475, 604; III, 161, 235, 575.

Doué (Maine-et-Loire). — Réunion d'un corps d'armée dans cette ville, II, 448. — Échec des Vendéens à Doué, V, 483.

Doulcet de Pontécoulant (Louis-Gustave), député du Calvados à la Convention. — Envoyé en mission dans le Nord, I, 77. (Voir ses lettres au mot Nord.) — Notice

biographique, 78. — Lettres de sa main, 145, 170, 178, 191, 234. — Membre du Comité de défense générale, 390. — Nommé commissaire pour la réorganisation du ministère de la guerre, 440. — Est chargé d'un rapport sur les domaines, II, 10. — Et d'examiner le rapport des représentants en Belgique, *ibid.* — Rapporteur du décret relatif à Bassville, 37. — Est chargé d'un rapport sur l'état des dépenses militaires, 108. — Et sur le payement de la solde des gendarmes, 141. — Et de conférer avec le Conseil exécutif, 161. — Et d'examiner un mémoire de La Bourdonnaye sur la défense des côtes, 226. — Son rapport sur les domaines nationaux, sur les bois et sur les biens des émigrés, III, 81.

Doullens (Somme). — Réouverture des mines situées près de cette ville, V, 485.

Douvres (Angleterre). — Les communications entre Calais et Douvres resteront libres pendant la guerre, II, 31. — Ordre contraire, 591.

Dracon-Julien, secrétaire général du Comité de salut public. — Un logement lui est accordé, V, 440. — Est chargé de porter deux millions à l'armée de Mayence, 521.

Dragons. — Le 3ᵉ régiment de dragons abandonne Dumouriez, III, 197. — Réclamation du colonel du régiment des dragons de la République, 429. — Incivisme de plusieurs dragons du 14ᵉ régiment (ci-devant Chartres), 551.

Drepp, officier municipal de Saint-Pol-de-Léon. — Est destitué, II, 423.

Drieu, citoyen de la section des Halles. — Reçoit une indemnité pour avoir été arrêté illégalement ainsi que sa femme, II, 74.

Drôme (Département de la). — Lettre du procureur général-syndic de ce département au Conseil exécutif (6 avril 1793), I, xxxii. — Mission de Bayle et de Boisset, II, 303, 308. — Opérations du recrutement, 308. — Bon état de ce

département, III, 519. — Il décide d'envoyer une force armée à Paris, 523, 524. — Ses administrateurs reçoivent l'ordre de délivrer deux officiers du régiment du Cap incarcérés à Romans, III, 600. — Approbation de leur arrêté sur l'équipement des volontaires, IV, 321. — Mission de Sautayra, V, 107.

Drouet. — Est nommé juge militaire, V, 225.

Drouet (Jean-Baptiste), député de la Marne à la Convention. — En mission avec Battellier dans la Marne et la Meuse, II, 302, 305. (Il n'y a pas de lettre de lui.) — Est fait prisonnier, 578. — Mentionné par erreur dans un décret de la Convention, IV, 221.

Dubay (Jegon), ci-devant noble. — Est arrêté, III, 124.

Dubois (Pierre-Louis), volontaire du Morbihan. — Sa réponse héroïque, I, 108.

Dubois-Crancé (Edmond-Louis-Alexis), député des Ardennes à la Convention. — Envoyé en mission à l'armée de Montesquiou, I, 69. (Voir ses lettres au mot *Armée de Montesquiou.*) — Notice biographique, *ibid.* — Son discours sur la Savoie, 70. — Soutient le décret d'accusation contre Montesquiou, *ibid.* — Membre du Comité de défense générale, 390. — Nommé par ce Comité rapporteur de la guerre, 450. — Lit son rapport, 492, 498; II, 8. — Préside la Convention, 205. — Réélu membre du Comité de défense générale, 514. — Est adjoint à Delmas, 591. — Son autre rapport sur la guerre, III, 81. — Obtient des voix pour être membre du Comité de salut public, 131. — Fait lecture d'une adresse qu'il se propose d'envoyer à l'armée en son nom, 352. — Il est invité à s'occuper de l'embrigadement, *ibid.* — En mission à l'armée des Alpes, 539 à 544. (Voir ses lettres au mot *Armée des Alpes.*)

Dubois de Bellegarde, conventionnel. — Voir Bellegarde.

Dubois-Desprès, commissaire du Conseil exécutif, I, 38. — Envoyé dans la

Loire-Inférieure, 39. — Approbation de ses opérations, 228. — Est nommé commissaire près de l'armée de la Moselle, IV, 145.

Du Bois du Bais (Louis-Thibault), député du Calvados à la Législative et à la Convention. — Commissaire de la Législative, I, LIX, 25. — En mission avec Gasparin dans les Deux-Sèvres et la Vendée, II, 303, 312. (Voir ses lettres au mot *Deux-Sèvres*.) — En mission à l'armée du Nord et des Ardennes, III, 63. (Voir ses lettres au mot *Armée du Nord*.) — Est confirmé dans cette mission, 214 à 217. — Notice biographique, 214. — Est rappelé de sa mission, 225. — Lettre de sa main, 245. — Il est de nouveau rappelé de sa mission, 326. — Delmas représente le projet de décret concernant le remplacement de du Bois du Bais et Briez, 384, 387. — Prend part personnellement à l'un des combats livrés par l'armée du Nord, 565. — Est maintenu en mission près de cette armée, 602. — Lettre de sa main, IV, 530. — Sa conduite est amèrement critiquée par Courtois, Delbrel et Bollet, 579-580. — Se justifie des accusations de Beffroy, V, 51. — Obéit au décret qui le rappelle, 445.

Dubos, habitant de Saint-Vaast-de-la-Hougue. — Son offre civique, II, 612.

Dubouchade, général inspecteur d'artillerie. — Remporte un succès sur les Vendéens, V, 581.

Du Bouchet (Pierre), député de Rhône-et-Loire à la Convention. — En mission dans les départements de Seine-et-Marne et du Loiret, V, 294. (Voir ses lettres au mot *Loiret*.) — Notice biographique, ibid.

Dubouquet, général. — Campe à Fresnes, I, 83. — Mesures qu'il prend avec les représentants pour fortifier la citadelle de Bayonne, III, 235. — Il est d'avis de se replier en cas d'attaque des Espagnols, 363. — Commande en chef l'armée des Pyrénées orientales, 446. — Le général Duvergier ayant fait dégarnir le poste d'Agnon. Dubouquet le fait rétablir, 461. — Ysabeau s'oppose à ce que Dubouquet commande en chef l'armée des Pyrénées orientales, IV, 490. — Dubouquet refuse d'ouvrir un paquet qu'il reçoit de Lyon, V, 349.

Du Bourg, capitaine de génie. — Est suspendu, III, 179, 527.

Dubru-Chaumartin, officier au régiment du Cap. — Est incarcéré à Romans, III, 599.

Dubru-Saint-Victor, officier au régiment du Cap. — Est incarcéré à Romans, III, 599.

Dubuisson, agent de la République en Belgique. — Lecture de son rapport, II, 591. — Est mis en arrestation, 592. — Ses relations avec les représentants en Belgique, 596. — Débat sur son arrestation, III, 1, 2, 45.

Duchastel (Gaspard-Sevrin), député des Deux-Sèvres à la Convention. — Est décrété d'accusation, IV, 542.

Du Chastellet (Achille), général. — Candidat au ministère de la guerre, II, 56. — Il est entendu par le Conseil exécutif, III, 422. — Les généraux Du Chastellet et Grimoard sont invités à assister à la séance du Comité pour discuter les plans de guerre, III, 447.

Du Châtelet. — Est déclaré émigré, IV, 144.

Duché. — Commissaire observateur en 1793, I, XXIX.

Ducher (A.-G.-J.), littérateur. — Son livre *Les deux hémisphères*, I, XXXIV. — Communique au Comité de défense générale ses vues sur les colonies, II, 43. — Et sur les rapports commerciaux avec l'Angleterre, 171, 223, 270.

Duchesne, garçon de bureau au Conseil d'État. — Ses appointements lui sont payés par le Conseil exécutif provisoire, II, 360.

Duclaux, neveu de Desrenaudes. — Commissaire observateur en 1793, I, XXIX.

Duclugel. — Reçoit des avances pour l'approvisionnement de l'armée, II, 142.

Ducos (Jean-François), député de la Gi-

ronde à la Législative et à la Convention. — Est envoyé en mission, I, LXIII. — Membre du Comité de défense générale, II, 29. — Notice biographique, *ibid*. — Est chargé par le Comité de défense générale d'examiner un plan de campagne maritime, 108. — Et de faire un rapport sur la pétition des Armateurs de la Liberté, 118. — Fait ce rapport, 161. — Examine une lettre des représentants dans le Bas-Rhin, 171. — Membre suppléant du Comité de défense générale renouvelé, 514. — Du Bois du Bais et Briez réfutent ses accusations contre eux, III, 333. — Il obtient un passeport pour sa sœur, IV, 484.

Dufour, lieutenant-colonel commandant le 1er bataillon de la Charente-Inférieure. — Il est désigné pour être général, mais il demande à n'être employé qu'en qualité d'adjudant général colonel, IV, 137.

Du Four. — Commissaire national à Herve, I, XXX, 457, 459; II, 3. — Est nommé juge militaire, V, 226.

Dufourny (Louis-Pierre). — Régisseur des poudres et salpêtres, I, 52. — Commissaire du Conseil exécutif pour la recherche des monuments des arts, II, 11.

Du Fresne, agent du Conseil exécutif. — Est nommé commissaire à l'armée du Nord, IV, 145, 355.

Dufresne, ci-devant greffier. — Est nommé juge militaire, V, 226.

Dufresne Saint-Léon, directeur général de la liquidation. — Sa démission lui est demandée, I, 52. — Il la donne, II, 193.

Dufriche-Valazé (Charles-Eléonor), député de l'Orne à la Convention. — Il intervient dans la discussion sur l'établissement du Comité de salut public, III, 84.

Dugas. — Commissaire observateur en 1793, I, XXIV.

Dugua, chef de brigade. — Sa participation au combat du mas Deu, IV, 258.

Duhamel, général de division. — Est mis en arrestation, IV, 307. — Et suspendu de ses fonctions, V, 1, 2.

Duhamel (Charles), lieutenant de vaisseau. — Sa lettre sur une rixe à Gênes entre des Français et des Vénitiens, I, 15.

Duhem (Pierre-Joseph), député du Nord à la Convention. — Envoyé en mission dans le Nord, I, 77. (Voir ses lettres au mot *Nord*.) — Notice biographique, 78. — Intervient dans un débat sur l'envoi de représentants aux armées, II, 61. — En mission dans la section de Bondy, 286. — Croit que Saladin a failli être assassiné à Amiens, 519. — En mission à l'armée du Nord et des Ardennes, III, 63. (Voir ses lettres au mot *Armée du Nord*.) — Est confirmé dans sa mission, 214 à 217, 538 à 544. — Son rapport oral sur la situation de l'armée du Nord, IV, 222.

Duhoux, lieutenant général. — Mandé à Paris, I, 76. — Procès-verbaux d'un juge de paix de Lille sur sa conduite, 205. — Brutalité et injustice de ce général, III, 160. — Il est blessé à la jambe, 232.

Dulac, commandant de la garde nationale à Orléans. — Protège Léonard Bourdon, II, 382. — Son attitude à Orléans, 557.

Dulac, officier de l'armée de Stettenhoffen. — Donne des renseignements sur l'armée de Dumouriez, III, 56.

Dumas (Mathieu), général. — Sa mission à Varennes, I, LVII.

Dumay, général. — Les représentants à l'armée des Alpes ne l'autorisent pas à remplir sa mission diplomatique en Suisse, IV, 305.

Dumaz (Jacques-Marie), député du Mont-Blanc à la Convention. — En mission à l'armée des Alpes, V, 534.

Du Mesnion, général. — Est requis par les représentants en mission de rester à l'armée d'Italie, V, 95.

Dumesnil, commandant provisoire de la place de Valenciennes, II, 351.

Dumesnil (Alexis), éditeur des mémoires de Sénart, I, VII.

Dumetz, membre de la Commune de Paris. — Commissaire du Conseil exécutif, V, 263.

Dumolard. — Propose de poignarder Dumouriez, I, xxxi.

Dumont (André), député de la Somme à la Convention. — En mission dans la section du faubourg Montmartre, II, 286. — En mission à Amiens, V, 351. — Et dans la Somme, 407. (Voir ses lettres au mot *Somme*.) — Lettre de sa main, 550.

Dumont (Louis), citoyen de Lille. — Offre de lever un corps de hussards de la Liberté, II, 573.

Dumouriez, général. — Un sieur Dumolard veut le poignarder, I, xxxi. — Sa nomination comme général de l'armée du Nord est décidée en principe, 7, 16. — Maintenu définitivement dans ces fonctions, 26. — Lettre de lui sur la nomination de Dillon, 28. — Les représentants à Châlons font son éloge, 80. — Commande l'armée des Ardennes, 82. — Son éloge, 85, 86. — Placé à la tête de l'expédition contre la Belgique, 99. — Se porte sur Grandpré, 108. — Justifie Dillon, 128. — Fait l'éloge de sa cavalerie, 191. — Reçoit le titre de lieutenant général des armées de la République, commandant en chef l'expédition de la Belgique, 207. — Reçoit l'ordre d'envahir le territoire hollandais, 239. — Obtient du Conseil exécutif de n'avoir plus dans son armée le général La Bourdonnaye, 254. — Ses contestations avec le ministre de la guerre, 282. — Représentants envoyés près de son armée, I, 283-286. — Manière dont il les reçoit, 290. — Le Conseil exécutif ajourne, sans le repousser, son plan d'invasion de la Hollande, 295, 296. — Compte rendu de Camus sur l'état de son armée et sur ses plans de campagne, 317-319. — Le Conseil exécutif décide qu'il n'envahira pas la Hollande, 321. — Demande à comparaître devant la Convention, 322. — Est autorisé à se rendre à Paris, 347. — Le Conseil exécutif n'accepte pas le choix qu'il a fait du général Lanoue pour commander en son absence, 349.

— Est mandé par le Comité de défense générale, 413. — Ses quatre mémoires à ce Comité et ses explications orales, 439, 440. — Sa conférence avec le Conseil exécutif sur le même objet, 440. — Son opinion sur La Bourdonnaye, 441. — Sa nouvelle conférence avec le Comité de défense générale, 444, 445. — Transmet au Conseil exécutif une lettre de Miranda, 482. — Mandé et entendu par le Comité de défense générale, 492, 500. — Sa lettre à ce Comité, 500. — Est mandé par le Conseil exécutif, 502. — Est entendu par le Comité de défense générale, II, 5, 11. — Reçoit l'ordre de s'emparer de Venloo et de Maëstricht, 30. — Écrit au Comité de défense générale, 53. — Obtient une voix pour être ministre de la guerre, 57. — Sa lettre au Conseil exécutif sur les conférences qu'il est dans le cas d'avoir avec le ministre anglais à la Haye, 57. — Sa lettre au Comité de défense générale sur l'organisation du ministère, 65. — Le Conseil exécutif s'oppose aux négociations avec l'Angleterre projetées par Dumouriez, 67. — Dispositions du général Valence pour favoriser les opérations de Dumouriez sur Maëstricht et Venloo, 93. — Diverses lettres de lui, 118. — L'armée de Mayence sert à faire une diversion pour lui venir en aide, 133. — Dumouriez est d'avis de garnir de forces importantes la côte de Dunkerque à Ostende, 152. — Son plan d'invasion de la Hollande, 156. — Est autorisé à employer le général Moreton comme il le voudra, 164. — Les fortifications de Mons et de Tournai sont maintenues pour protéger éventuellement sa retraite, 165. — Il annonce la prise de Breda, 214, 215. — Ses premières opérations en Hollande, 224. — Commandant de l'armée du Nord, 228. — Ses autres opérations en Hollande, 230-232. — Est chargé de s'occuper de la levée d'une légion batave, 241. — S'empare de Gertruydenberg, 278. — Reçoit l'ordre de

se rendre en personne aux armées de Miranda et de Valence, 283. — Détails sur ses opérations, 288, 289. — Son entrevue avec Treilhard et Camus, 336, 337. — Outrepasse ses pouvoirs, 340. — Sa lettre au ministre de la guerre, 349. — Renvoie en France le général Moreton, 351. — Ses discours aux représentants provisoires de Bruxelles, 355. — Ses importantes dépêches au ministre de la guerre, 359, 364. — Ses opérations autour de Tirlemont, 393. — Livre bataille près de cette ville, 442. — Ses dépêches, 461, 481, 484, 516. — Le Conseil exécutif lui trace un plan de campagne, 518. — Ses lettres au ministre de la guerre, 539. — Reçoit les ordres nécessaires pour la sûreté des frontières, 553. — Débat sur sa correspondance, 563, 564. — Le Comité de défense générale propose de le faire mander à la barre de la Convention, 564. — Copie certifiée de sa lettre, 572. — Est mandé à la barre, 575. — Correspondance des représentants en mission avec Dumouriez, 577. — Ses conférences avec Proly, Pereyra et Dubuisson, 591. — Le duc d'Orléans déclare n'avoir aucune connaissance des faits qui lui sont imputés, 593. — Lettre de lui, III, 2. — Sa présence au camp de Maulde, 8. — Delmas propose de le mettre hors la loi, 32. — Sa proclamation aux troupes, 37. — Proclamation du Comité de défense générale pour mettre Dumouriez en état d'arrestation, 43. — Rapport oral de Delacroix sur Dumouriez, 48-50. — Il est déclaré traître à la patrie et remplacé par le général Dampierre, 59. — Il se sauve à la nage, 65. — Arrestation de son secrétaire, 66. — Détails sur sa trahison, 68, 69. — Il envoie 60 prisonniers prussiens à Nesle, 89. — Son projet de faire arrêter les représentants en mission, 98. — Il passe à l'ennemi, ibid. — Carnot et Lesage-Senault se saisissent d'une malle de Dumouriez remplie de papiers, 99. — Opinion de Guermeur et Lemalliaud sur sa trahison, 123, 180. — Et de Carra, 126. — Nouveaux détails sur sa trahison, 138 à 140. — L'armée des Alpes se prononce contre lui, 187. — Il inculpe Champmorin, 197. — Manifeste au sujet des représentants livrés par lui, 220. — Opinion de Mazade sur sa trahison, 234. — Arrêté du Comité de salut public relativement aux commissaires livrés à l'ennemi, 239. — Indignation dans le département de la Gironde contre Dumouriez, 249. — Kellermann est suspecté de connivence avec lui, 258. — Adresse de la commune d'Uzès sur sa trahison, 276. — Papiers trouvés dans ses poches, 282. — Billet du général Miaczinski trouvé dans sa redingote, 310. — Le ministre rend compte des corps qui ont suivi Dumouriez et ont été complices de sa trahison, 353. — Nouvelle proclamation de Dumouriez, 361. — Les citoyens de la Gironde et du Lot-et-Garonne sont indignés de sa trahison, 362. — Il essaie de mettre les troupes commandées par Miaczinski aux ordres de Philippe Devaux, 358. — Son billet à Lescuyer, 385. — On le dit passé en Suisse, 418, 504; IV, 104. — Nom de Dumouriez, donné, puis ôté au fils du général Quétineau, 113. — Dialogue entre Cobourg et Dumouriez, V, 59. — Mission secrète en Allemagne donnée par Dumouriez au lieutenant-colonel Godard, 240.

Dumoustier, commandant le 1er bataillon de la Vienne. — Est dénoncé par ses soldats, III, 499.

Dunkerque (Nord). — Établissement de paquebots de Dunkerque en Hollande, I, 58. — La municipalité de cette ville fait partir un navire chargé de blé, 135. — Mme de Choiseul-Gouffier est arrêtée à Dunkerque, 441. — Les Dunkerquois obtiennent du Conseil exécutif la promesse qu'en cas de guerre le charbon de terre continuera à entrer dans leur port, 482, 483. — Achat de poudre et de salpêtre à Dunkerque, II, 439. —

Pétition de cette ville au Comité de défense générale, 517. — Mazade la recommande à la Convention, 531. — Opérations de Carnot et Duquesnoy, III, 287. — Le duc d'York doit se porter d'Ostende sur Dunkerque, 296. — Le Comité de sûreté générale annonce que Dunkerque doit être attaqué par les Anglais, 299. — Mesures pour sa défense, *ibid.* — Opérations de Duquesnoy et autres, 303. — Autres mesures pour sa défense, 312. — Les représentants à l'armée du Nord partent pour Dunkerque, 473. — Sommation faite par le commandant d'une escadre anglaise croisant devant cette ville, 485. — L'ennemi n'attaque pas Dunkerque, 488. — Opérations des représentants à l'armée du Nord, 546, 557. — Cette ville annonce au Comité de salut public que 40 bâtiments de transport et 4 frégates anglaises ont été aperçus faisant voile pour Ostende, 564. — Opérations de Duquesnoy et Carnot, IV, 86, 87. — Danger où se trouve Dunkerque, 141. — Bouin et Retourna sont nommés commissaires nationaux, 145. — Opérations de Duquesnoy et de Carnot, 149. — Établissement d'un télégraphe à Dunkerque, V, 479.

DUPERREAU — Est nommé adjoint au ministre de la marine, III, 405.

DUPETIT-THOUARS (Aristide-Aubert), lieutenant de vaisseau. — Insuccès de son expédition à la recherche des traces de La Pérouse, II, 134. — Notice biographique, *ibid.*

DUPIN, chef de bataillon du génie. — Est nommé adjoint au ministère de la guerre, V, 201.

DUPLAIN, imprimeur. — Est mis en arrestation, V, 414.

DUPONT (Jacob), député d'Indre-et-Loire à la Législative et à la Convention. — En mission dans l'Oise, I, LVIII.

Du PONT (Adrien), constituant. — Son discours sur l'organisation du ministère, I, LXXI.

DUPRAT, président du tribunal criminel de Vaucluse. — Est nommé accusateur militaire, IV, 442.

DUPRAT (Jean), député des Bouches-du-Rhône à la Convention. — Demande que les députés ne puissent obtenir des grades, IV, 208. — Pactise avec les rebelles marseillais, V, 360, 362.

DUPRÉ, commissaire national à Anvers, I, 458, 459. — Remplace Collin dans ces fonctions, II, 135.

DUPREUILLE, ancien capitaine au régiment de Navarre. — Est mis en arrestation, V, 552.

DUPUY, aide-de-camp du général Brunet. — Est dénoncé, V, 495.

DUPUY, réfugié belge. — Sa pétition, V, 66, 98.

DUPUY (Jean-Baptiste-Claude-Henry), député de Rhône-et-Loire à la Convention. — On veut incendier sa maison à Montbrison, II, 200.

DUQUESNEL (Charles), courrier. — Ses frais de route, IV, 572; V, 78.

DUQUESNY, officier de marine. — Une lettre timbrée de Liège, qui lui est adressée, est transmise au Comité, III, 382.

DUQUESNOY (Ernest-Dominique-François-Joseph), député du Pas-de-Calais à la Législative et à la Convention. — Sa mission aux prisons, I, LXIII. — Envoyé en mission dans le Nord, 77. (Voir ses lettres au mot *Nord*.) — Notice biographique, 78. — En mission à l'armée du Nord et des Ardennes, III, 63. (Voir ses lettres au mot *Armée du Nord*.) — Est confirmé dans cette mission, 214 à 217. — Lettre de sa main, 303. — Est confirmé de nouveau dans sa mission, 538 à 544. — Lettres de sa main, 557; IV, 149, 359. — Tombe malade, 501. — Est remplacé par Méaulle, V, 3, 27. — Est envoyé de nouveau à l'armée du Nord, 449.

DURAND, négociant à Lyon. — Un passeport lui est délivré par le ministre des affaires étrangères, IV, 80.

DUREORT (Jean-Félicité-Louis DE), ex-ministre à Florence. — Est considéré comme émigré, IV, 589.

Du Roy (Jean-Michel), député de l'Eure à la Convention. — En mission dans la section des Gravilliers, II, 286. — En mission avec Bonnet dans l'Eure et le Calvados, 303, 314. (Voir ses lettres au mot *Eure*.) — En mission à l'armée du Rhin, III, 539 à 544. (Voir ses lettres au mot *Armée du Rhin*.) — En mission de nouveau dans l'Eure, V, 45, 218. (Voir ses lettres au mot *Eure*.) — Est adjoint au Comité de salut public, 169. — Ses opérations à Vernon, 245. — Lettre de sa main, 245. — Il demande son rappel, 509.

Dusaulx (Jean), député de Paris à la Législative et à la Convention. — Sa mission aux prisons de Paris, I, lxiii.

Durand, commissaire observateur en 1793, I, xxiv.

Duteil [1], général. — Fournit un état de munitions de guerre, II, 197.

Duval, administrateur du département du Calvados. — Est suspendu de ces fonctions, II, 595.

Duval, capitaine de vaisseau. — Reçoit l'ordre d'aller croiser sur les côtes d'Irlande, II, 196.

Duval, général à l'armée de Dumouriez. — Fait dégrader des fuyards, I, 232.

— Miranda le rappelle près de lui, II, 250. — Il commande en Brabant, 319. — Est requis de s'emparer du Pont-Rouge, III, 49. — Il est question de lui donner le commandement de la frontière, 66. — Confère avec le Comité de salut public, IV, 248.

Duval (Charles), courrier. — Des fonds lui sont accordés, V, 200.

Duval (Jean-Pierre), député de la Seine-Inférieure à la Convention. — Est envoyé en mission dans l'Orne, III, 195. (Voir ses lettres au mot *Orne*). — Notice biographique, *ibid*.

Duval-Destain, commissaire du Conseil exécutif, I, xxxvi.

Duvellenay, commissaire du 4ᵉ bataillon du Loiret. — Est tué à l'affaire de Fontenay-le-Comte, V, 33.

Duvenoen, général. — L'armée applaudit à son arrestation, III, 394. — Est nommé général à l'armée des Pyrénées occidentales sous le commandement en chef du général Dubouquet, 446. — Fait dégarnir le poste d'Agnon, 461. — Dartigoeyte dénonce au Comité sa perfidie, IV, 8.

Duvigneau, commissaire observateur en 1793, I, xxix.

E

Eaux et forêts. — Affaire de la maîtrise des eaux et forêts de Saint-Dié, II, 607.

Écuyer. — Est envoyé au tribunal comme agent de contre-révolution, III, 255.

Eecloo (Belgique). — Annexion de cette localité à la France, II, 404.

Égalité, cadet. — Voir Montpensier (Duc de).

Égalité fils. — Voir Chartres (Duc de).

Égypte. — Présents faits par la France aux deys d'Égypte, IV, 163.

Ehrmann (Jean-François), député du Bas-Rhin à la Convention. — En mission dans la section du Temple, II, 286. —

— En mission à l'armée de la Moselle, V, 337. (Voir ses lettres au mot *Armée de la Moselle*.) — Notice biographique, *ibid*. — Rectification d'une erreur de nom qui s'est glissée dans sa nomination, 394.

Eickmeyer [2], lieutenant-colonel du génie. — Les commissaires à l'armée du Rhin demandent son déplacement, II, 332.

Elbe (Île d'). — Le Conseil exécutif essaie d'en tirer du minerai de fer, V, 182.

Électeur Palatin. — Voir Palatinat.

Elne (Pyrénées-Orientales). — Conduite

[1] Et non *Duteuil*.

[2] Et non *Eckmayer*. Voir l'erratum du tome II.

admirable des magistrats de cette commune, IV, 326.

Embrun (Hautes-Alpes). — Opérations des représentants dans les Hautes et Basses-Alpes dans cette ville, IV, 92.

Émigrés. — Leurs atrocités en Champagne, I, 89. — Leur séjour en Savoie, 93. — Envoi aux généraux de la loi qui les concerne, 104. — Leur mésintelligence avec le roi de Prusse et les Autrichiens, 107. — Plusieurs sont faits prisonniers par Kellermann, 110. — Leurs maisons sont vendues à Lille, 146. — Pièces très importantes prises sur eux pendant la campagne de 1792, 149. — Elles sont adressées à la Convention et imprimées par elle, 162. — Autres lettres des mêmes saisies dans le village de Spincourt, 163. — Proclamation des représentants dans le Nord au sujet de leurs biens, 205. — Recèlement de leurs biens à Liège, II, 145. — Vente de leur mobilier dans le Tournaisis, 146. — Leur expulsion de Belgique, *ibid.* — Opérations relatives à leurs biens dans le Hainaut, 183. — Rapport de l'administrateur Maillard sur leurs biens à Paris, 380. — Beaucoup d'émigrés rentrent en France par Boulogne (mars 1793), 395. — Leur attitude en Bretagne, 452. — Proclamation de Grégoire et Jagot contre les émigrés rentrés dans les Alpes-Maritimes, III, 28. — Rapport de Doulcet sur les biens des émigrés, 81. — Un courrier des émigrés est fait prisonnier à Seyssel par Merlino et Amar, 111. — On craint une descente des émigrés réfugiés à Jersey, 168. — Exécution des lois qui les concernent, 170. — Arrêté du Comité de salut public sur leur correspondance, 281. — Les représentants Merlino et Amar ont découvert des correspondances avec les émigrés, 343. — Les émigrés sont à la tête des attroupements dans le Maine-et-Loire et la Sarthe, 432. — Affaire de l'émigré Laurent Toussaint, IV, 338. — Mesures pour empêcher les pêcheurs d'introduire les émigrés, 368.

— Proclamation du Conseil exécutif provisoire à leur sujet, 588.

Emmery, membre de la Constituante. — Rapporteur du Comité militaire, I, LV.

Enexon (J.), commissaire de Roland à Poitiers, I, xxv, 39.

Engelbach (G.), député de la ville de Francfort près de la Convention nationale, I, 302.

Enghien (Belgique). — Les habitants de cette ville menacent le commissaire du Conseil exécutif, II, 179.

Enregistrement. — Nomination d'un directeur de l'enregistrement à Niort, II, 542.

Épanvilliers (Vienne). — La Société populaire de cette commune dénonce le général Demars, II, 99.

Épiciers. — Le peuple veut les contraindre à vendre leurs denrées au-dessous des cours, II, 194.

Épinal (Vosges). — Opérations des représentants, II, 530.

Erguel (Porentruy). — Les commissaires dans le Porentruy prévoient l'annexion de ce pays, II, 347. — Arrêté du Conseil exécutif au sujet de l'Erguel, 403.

Escarène (L') [Alpes-Maritimes]. — Le général Biron date de ce bourg un de ses bulletins, II, 154.

Escaut. — Le Conseil exécutif arrête que la navigation de ce fleuve sera libre, I, 239, 240, 250. — Débat à ce sujet dans le Comité de défense générale, 451.

Escudier (Jean-François), député du Var à la Convention. — Dénonce Paoli, III, 35. — En mission aux armées des Alpes et d'Italie, V, 515. — Notice biographique, *ibid.*

Esebeck (Baron d'), ministre du duc de Deux-Ponts. — Il réclame sa mise en liberté, V, 99. — Est transféré à Paris, 309.

Esnue de la Vallée (François-Joachim), député de la Mayenne à la Convention. — Est désigné pour faire partie de la mission du 9 mars 1793, II, 301. — En mission dans les départements du Centre et de l'Ouest, V, 58, 70. (Voir ses lettres au mot *Départements du Centre*

et de l'Ouest.) — Est envoyé spécialement à Nantes, 64. — Notice biographique, 70.

Espagnac (Abbé d'). — Mémoire de Dumouriez sur son arrestation, I, 439. —
Est mis de nouveau en arrestation, II,
59². — Le colonel Mérian interrompt
le service de la compagnie Masson et
d'Espagnac, IV, 53. — D'Espagnac propose de procurer des grains à la République, 221. — Mémoire de Roland le
concernant, 473. — Débat et arrêté du
Comité de salut public sur son affaire,
498, 511. — Il est dénoncé par Du Bois
du Bais, 529. — Nouvelle proposition
de lui, V, 47.

Espagne. — Mesures défensives prises
contre cette puissance à propos des préparatifs qu'elle fait en Catalogne, I, 55.
— Le Conseil exécutif lui demande satisfaction à propos des vexations éprou-
vées par des Français, 133. — Renver-
sement, puis replacement des armes du
consul d'Espagne à Bayonne, 152. —
Les représentants prohibent l'exportation
des bestiaux de France en Espagne, 152,
153. — Un brigantin espagnol, capturé
par la marine française à Toulon, est
restitué à l'Espagne, 168. — Lettre de
M. de Bourgoing sur les dispositions de
la cour de Madrid, 220. — Les Espagnols de la rive gauche de la Bidassoa
regardent les soldats français planter un
arbre de la liberté sur la rive droite,
226. — Les représentants à Perpignan
croient qu'il sera facile d'envahir et de
vaincre l'Espagne, 242. — Le gouvernement espagnol promet à la France de
rester neutre, 358. — Réponse de la
France, 376. — Plan de Laclos pour combattre l'Espagne, II, 16. — Débat sur ce
plan au Comité de défense générale, 48.
— Dépêches de Bourgoing sur les dispositions de cette puissance, 48, 49, 50.
— Débat au Comité de défense générale
sur les questions soulevées par ces dépêches, 50, 55. — Débat au Conseil
exécutif sur le même sujet, 67. — Impression produite en Espagne par la

mort de Louis XVI, 147. — Le gouvernement français remercie le ministre
d'Espagne à Rome de son attitude lors
du meurtre de Bassville, 157. — Vues
de Revest sur l'Espagne, 171. — Projet
de campagne contre cette puissance,
174. — Rupture avec l'Espagne et rappel de Bourgoing, 195. — Barère est
chargé du rapport sur cette rupture,
209. — Nouvelle lettre de Bourgoing,
222. — Déclaration de guerre à l'Espagne, 254. — Vues de Servan sur
l'Espagne et ajournement du rapport de
Barère, 263. — Servan reçoit l'ordre
de s'emparer du val d'Aran, 264. —
Rapport de Brissot sur notre situation
par rapport à cette puissance, III, 81.
— Rapport de Barère sur le même sujet,
ibid. — Rapport de Brissot sur une expédition dans les établissements espagnols,
82. — De Barère sur cette puissance,
ibid. — Le gouvernement espagnol renvoie le consul de France à Barcelone,
154. — Ses vues hostiles sur le département des Pyrénées-Orientales, *ibid.* —
Renseignements sur ses préparatifs militaires, 298. — Les Espagnols envahis-
sent les Pyrénées-Orientales, 351. —
Insuffisance des moyens de défense
contre eux, 362. — Fortifications qu'ils
élèvent sur leurs frontières, 394. — Ils
nous attaquent le 23 avril 1793, 461.
— Préparatifs pour éviter une invasion
de leur part, 472. — Progrès de cette
invasion, 608. — Évaluation des forces
sur la frontière espagnole de la Navarre
et de la Biscaye, IV, 11. — Le département des Landes fait une levée en
masse à la nouvelle de l'invasion, 50.
— Mazade présente des observations
sur l'état intérieur et la politique de
l'Espagne, 50. — Communication du
général Flers avec les Espagnols au sujet
de l'échange des prisonniers, 66. —
Force de leur armée dans les Pyrénées-
Orientales, 172. — Maladie des soldats
de Caro, 233. — Victoire des Espagnols
au mas Deu, 258-262. — Ils s'emparent du fort des Bains, 446. — Ils

attaquent Saint-Jean-Pied de-Port, 471.
— Leurs projets hostiles sur la Corse,
556, 576. — Leur défaite sur la Bidassoa, V, 73, 84. — Affaire du citoyen Kercy, 114. — Engagement insi-
gnifiant avec les troupes de Dagobert,
138. — Lettre de Ricardos au général
Flers, 179. — Les soldats espagnols
sont enthousiastes de la constitution de
1793, 297, 298. — Négociations pour
l'échange des prisonniers, 316. — Les
représentants à l'armée des Pyrénées
orientales dénoncent la conduite infâme
de l'Espagne, 343. — Échec que le
général La Bourdonnaye fait subir aux
Espagnols, 356. — Ils payent en argent
ce qu'ils achètent en France, 468.

Espert (Jean), député de l'Ariège à la
Convention. — Est envoyé en mission à
l'armée des Pyrénées orientales, IV,
454. (Voir ses lettres au mot *Armée des
Pyrénées orientales.*) — Notice biographique, *ibid.* — Lettre de sa main, V,
520.

Espierres (Belgique). — Annexion de ce
lieu à la France, II, 464.

Esplechain (Belgique). — Annexion de ce
lieu à la France, II, 464.

Esquelmes (Belgique). — Annexion de ce
lieu à la France, II, 464.

Essonnes (Seine-et-Oise). — Mission de
Giraud dans cette ville, V, 337.

Estaimpuis (Belgique). — Annexion de ce
lieu à la France, II, 464.

Estranges (L'), adjudant général colonel.
— Est nommé adjoint au ministère de
la guerre, II, 111. — Est entendu par
le Comité de défense générale, 573. —
Dépose le compte de son administra
tion, III, 57.

Étain. — Conduite honteuse des administrateurs de ce district, I, 125. — Leur
lettre au landgrave de Hesse-Cassel, 126.

Étampes (Seine-et-Oise). — On s'y plaint
des approvisionnements faits pour Paris,
I, 211.

État-major. — Précautions prises contre
l'esprit de l'état-major des armées, III,
285. — Voir *Armée.*

États-Unis d'Amérique. — Négociations au
sujet des sommes qu'ils doivent à la
France, I, 224-225, 361. — Genet est
nommé ministre plénipotentiaire et consul général de France aux États-Unis,
361. — Dette des États-Unis envers la
France, 389. — Instructions données à
Genet comme ministre et comme consul,
393-398, 478. — Lettre du Conseil
exécutif à Washington, 478-480. —
Genet demande l'envoi d'une forte station dans les ports des États-Unis, II,
107, 108. — Rapport de Guadet sur
une lettre de Genet, III, 82. — Le
Conseil exécutif fait lever l'embargo mis
sur un bâtiment américain détenu à
Dunkerque, IV, 141. — Attitude bien-
veillante du Comité du salut public à
l'égard des États-Unis, V, 133, 257,
300.

Étrangers. — Débat au Comité de défense
générale sur les étrangers résidant en
France, II, 48, 49, 51, 173. — Rapport de Lacaze sur les étrangers voyageant ou résidant en France, III, 82.
— Le maire de Paris est invité à leur
appliquer la loi qui les concerne, IV,
464.

Eu (Seine-Inférieure). — Opérations de
Pocholle et Saladin, III, 315 à 316.

Eure (Département de l'). — Envoi de
représentants dans ce département pour
assurer la circulation des grains, I, 212.
— Mission de Bonnet et de Du Roy
dans l'Eure et le Calvados, II, 303,
314. — Opérations du recrutement,
406. — Les administrateurs de l'Eure
veulent acheter quatre pièces de canon,
561, 562, 563, 564. — Mesures prises
par le Comité de salut public au sujet de
ce département, 577. — Projet de mission dans l'Eure, 585, 586. — Situation
de ce département, V, 4. — Mission
volontaire de Du Roy, 45. — Mesures
contre les rebelles de l'Eure, 157, 165,
166, 189, 208. — Mission de R. Lindet
et de Du Roy, 218. — Lettres de ces
représentants, 244, 252, 260, 261,
266, 272, 281. — État de ce dépar-

tement, 293. — Mission de Bonneval et de Roux, 294. — Lettres de Robert Lindet et de Du Roy, 295, 304, 326, 328. — Lettres de Bonneval et de Roux, 378, 395. — Opérations de Carrier, 396.

Eure - et - Loir (Département de l'). — Troubles à l'occasion des subsistances, I, 271. — Mission des conventionnels Lecointe-Puyraveau, Maure, Birotteau, 272. — Leur compte rendu oral, 273, 274. — Mission de Chales et de Maure, II, 303, 315. — Lettres de ces représentants, 483, 539. — Le Conseil exécutif fait restituer à ce département une partie des pièces de canon qu'il a fournies contre les rebelles, III, 612. — Le bataillon d'Eure-et-Loir reprend Saint-Florent, mais il est accablé à Beaupréau, IV, 3. — Mission de Bonneval et de Roux, V, 294. — Civisme de l'administration départementale d'Eure-et-Loir, 378, 395.

Eustace (J.-S.), général américain au service de la France. — Est traduit devant une cour martiale, II, 194. — Sera conduit à Paris par deux gendarmes, III, 170. — Sera entendu par le ministre sur l'objet de sa démission, 191. — Adresse une pétition au Comité de la guerre, IV, 405.

Évregnies (Belgique). — Annexion de ce lieu à la France, II, 464.

Évreux (Eure). — Opérations de Bonnet et Du Roy, II, 586. — Nouvelles apportées d'Évreux par le citoyen J.-B. Millot, V, 3. — Mesures pour que force y demeure à la loi, 69, 131. — Soumission de cette ville, 272, 281. — Sentiments civiques de ses habitants, 295, 304. — Sa situation, 326, 327, 328, 347. — Opérations de Bonnet, Du Roy et R. Lindet, 379.

Eyman (D'), diplomate, envoyé à Malte. — Ses instructions, V, 98, 99. — Notice biographique, 98.

F

FABRE (Claude-Dominique-Cosme), député de l'Hérault à la Convention. — Son rapport sur l'envoi de représentants en Seine-et-Oise, etc., I, 210-211. — En mission dans la section de la Croix-Rouge, II, 286. — En mission à l'armée des Pyrénées orientales, III, 539 à 544. (Voir ses lettres au mot *Armée des Pyrénées orientales.*) — Notice biographique, 539. — Lettre de sa main, V, 554.

FABRE D'ÉGLANTINE, (Philippe-François-Nazaire), député de Paris à la Convention. — Il fait un rapport au nom du Comité de défense générale, II, 45. — En mission dans la section du Luxembourg, 285. — Membre du Comité de défense générale, 514. — Notice biographique, *ibid.* — Son rapport sur les obligations des propriétaires et concierges de Paris, 541. — Sa proposition au sujet des places fortes, 554, 555. —

Est chargé d'examiner l'affaire d'Alexandre et Botidoux, 573. — Et la correspondance de Biron, 574. — Est adjoint à Delmas, 591. — Assiste à la séance du 1er avril 1793, III, 1. — Son projet sur l'approvisionnement et la défense des places, 31.

FABRE FOND, colonel du corps des éclaireurs, frère de Fabre d'Églantine. — Mesures de rigueur prises contre lui à Nancy par les représentants II, 260, 261.

FABRY (Jean-Baptiste-Germain). — Auteur du livre *Les missionnaires de 93*, I, x.

FAILLEVITZ, capitaine de vaisseau. — Est nommé adjoint au ministre de la marine, II, 167. — Donne sa démission, III, 136.

FALCK, général. — Les représentants lui demandent une entrevue, I, 186. — Ils se plaignent de son peu de zèle, 200-202. — Leur jugement sur lui, 332. — Il remplace Beauharnais, IV, 349.

Fallot, ouvrier employé à la fabrication de la poudre de muriate. — Reçoit une gratification, V, 24.

Famars (Nord). — Formation d'un camp dans ce lieu, III, 65. — Le général Dampierre occupe ce camp, 245. — Le départ de l'armée campée à Famars pour se transporter à Denain facilite le blocus de Condé, IV, 104. — Occupation de ce camp par les Autrichiens, 333.

Fantin des Odoards, homme de lettres, juge au tribunal de cassation. — Est candidat au ministère de la justice, II, 439.

Farimount, premier lieutenant-colonel du 21e régiment. — Est suspendu par les représentants dans le Doubs, I, 201.

Fanjon, directeur de la régie dans le département des Basses-Alpes. — Est nommé à la direction d'Agen, III, 404.

Fauchet (Claude), évêque du Calvados, député du Calvados à la Convention. — Se plaint de la dénonciation de sa lettre pastorale par Roland, I, xxvi. — Membre de la Commission extraordinaire de la Législative, xlvii. — Envoyé en mission à Sens avec Rovère, 118. (Voir ses lettres au mot Sens.) — Son rapport sur cette mission, 119. — Notice biographique, ibid.

Fauchet (Joseph). — Commissaire du Conseil exécutif, I, xxx, 38.

Faure, ex-procureur au parlement de Besançon. — Est mis en arrestation, V, 508.

Faure, médecin de la marine. — Est nommé à l'hôpital de Toulon, II, 144.

Faure (Balthazar), député de la Haute-Loire à la Convention. — En mission avec J.-B. Lacoste dans le Cantal et la Haute-Loire, II, 303, 310. (Voir ses lettres au mot Cantal.) — Notice biographique, 505.

Faure (Pierre-Joseph-Denis-Guillaume), député de la Seine-Inférieure à la Convention. — Offre de se rendre en mission au Havre, V, 547. — Lettre de sa main, 548.

Faurès (Les frères), négociants à Bordeaux. — Leur pétition au ministre de la marine, II, 474.

Fauris, directeur des douanes à Besançon. — Est révoqué pour n'avoir pu obtenir un certificat de civisme, III, 600.

Faure-Labourenie (Charles-Benoît), député du Cher à la Convention. — En mission dans l'Allier et le Cher, II, 303, 316, 317. (Voir ses lettres au mot Allier.) — Notice biographique, 412.

Favars, commandant de Metz. — Est transféré à Lille, III, 168. — Est maintenu dans le commandement de Lille, 514.

Fay (Haute-Loire). — Renseignements demandés par Lacoste et Faure aux municipalités de ce canton, III, 13.

Fayau (Joseph-Pierre-Marie), député de la Vendée à la Convention. — En mission à la section de la Butte-des-Moulins, II, 285. — En mission avec Gaston dans l'Ariège et les Pyrénées-Orientales, 303, 311. (Voir ses lettres au mot Ariège.)

Fécamp, habitant de Pont-l'Évêque. — Est pris pour le duc d'Orléans, III, 515.

Fécamp (Seine-Inférieure). — Opérations des représentants aux côtes de Lorient à Dunkerque, III, 546.

Fédérés brestois. — Le Conseil exécutif les invite à se rendre aux frontières, I, 36.

Fédérés des 83 départements, casernés à la Nouvelle-France. — Réclament au sujet de leur solde, I, 142, 143.

Fédérés marseillais. — Le Conseil exécutif leur remplace leurs armes et leur promet une indemnité, I, 27. — Il les invite à se rendre aux frontières, 36. — Ils obtiennent l'étape, 56. — Et une indemnité de 50 livres par homme, 225. — Le Conseil exécutif les renvoie à Marseille, II, 44. — Attitude d'un de leurs bataillons à Lyon, 385, 386.

Félix, adjudant général à l'armée de la Moselle. — Est nommé adjoint au ministre de la guerre, II, 111.

Félix (Antoine-Jean-Baptiste-Henri), commissaire du Conseil exécutif, I, xxx, 38. — Envoyé en Seine-et-Oise, 39. —

Approbation de ses opérations, 228. — Reçoit une nouvelle mission, IV, 99.

Féraud (Jean), député des Hautes-Pyrénées à la Convention. — Contresigne comme secrétaire de la Convention une lettre des représentants, II, 423. — En mission à l'armée des Pyrénées occidentales, III, 540 à 544. (Voir ses lettres au mot *Armée d. s Pyrénées occidentales.*) — Notice biographique, 540. — Lettre de sa main, IV, 122. — Joue le rôle de grand pontife sur l'autel de la Patrie, V, 334. — Lettre de sa main, 513.

Fernando-Noronha, île portugaise. — Des Français sont arrêtés dans cette île, II, 134.

Fernig (Les demoiselles). — Comparées à Jeanne-d'Arc, 1, 86.

Féron (Victor), commissaire de Roland dans le Calvados, I, xxv, 39.

Ferrand (Jean-Henri Becays), général commandant à Mons. — Convoque l'assemblée des électeurs de cette ville, II, 114. — Est d'avis de maintenir les fortifications de Mons, 149. — Éloge de son patriotisme, 178. — Son rôle lors du vote de réunion, 179. — Ses opérations militaires à Mons, 443. —Témoignage favorable rendu sur lui par les représentants aux places fortes du Nord, III, 159. — Conseil de guerre tenu chez ce général, 174. — Il reçoit un message du général Cobourg, 198. Éloge de sa bravoure, 223, 225. — Commande le camp de Cassel, V, 489.

Ferrier, lieutenant général. — Annonce aux bourgmestres de Bâle qu'il évacue le poste de Bourgfeldt, I, 129. — Le Conseil exécutif lui ordonne de reprendre ce poste, 130. — Les représentants lui demandent une entrevue, 186. — Récit de cette conférence, 195-198. — Son mémoire sur la défense du Haut-Rhin, II, 292. — Est nommé commandant de l'armée de la Moselle, V, 443. — Éprouve un échec, 453.

Ferrussa, officier du génie. — Est adjoint aux commissaires près des armées de la Moselle et du Rhin, II, 59.

Ferry, procureur de la commune de Guebwiller. — Est nommé juge militaire, V, 480.

Ferry (Claude-Joseph), député des Ardennes à la Convention. — Son nom est prononcé pour une mission en Corse, II, 24. — Il est désigné par le Comité de défense générale pour une mission dans le Centre, 38. — Décret qui confirme cette désignation, 41. — Envoyé en mission aux places fortes du Rhin, 58-63. (Voir ses lettres au mot *Places fortes du Rhin.*) — Notice biographique, 58. — Dentzel se joint à lui, 162. — Il est à Besançon et prend des mesures pour la défense de cette frontière, III, 236. — En mission à l'armée du Rhin, 539 à 544. (Voir ses lettres au mot *Armée du Rhin.*)

Férus, commissaire des guerres à l'armée du Var. — Ses exactions dans le comté de Nice, I, 248. — Il est décrété d'arrestation, 249.

Feuille villageoise, journal rédigé par Grouvelle, I, 3.

Févelat, agent du Conseil exécutif. — Est envoyé en Vendée, III, 4.

Feydieu, lieutenant-colonel. — Demande une indemnité pour ses hommes, III, 71, 72.

Fief ou Saint-Fief (F.), adjudant général colonel. — Est nommé adjoint au ministre de la guerre, II, 111. — Rectification d'une de ses ordres, 239.

Figeac (Lot). — Prix du pain dans cette ville en avril 1793, III, 305. — Les représentants dans le Lot prennent un arrêté pour la formation d'un bataillon dans ce district, IV, 50, 181.

Finances. — Inventaire des papiers du Conseil exécutif relatif aux finances, I, xxxII. — Emprunt forcé imposé aux habitants de Mayence, II, 242. — Rapport de Guyton-Morveau sur l'état des finances, III, 81. — Projet de décret pour la consolidation de la dette publique, V, 77. — Cambon est chargé de suivre les opérations de la Trésorerie nationale, 119. —Interdiction aux divers receveurs

des finances de délivrer des fonds aux départements insurgés 233.

Finistère (Département du). — Renseignements sur l'état de ce département, II, 245. — Mission de Guermeur et Lemalliaud dans le Finistère et le Morbihan, 303, 313. — Lettres de ces représentants, 468, 588; III, 38, 52, 69, 178, 200, 304, 391, 413, 430, 514, 527, 546, 567, 586, 614; IV, 4, 60, 87, 149, 169, 194, 229, 253, 313 — Circulaire du département du Finistère au sujet de l'enrôlement, 453. — Décret contre les administrateurs de ce département, V, 299.

FLAMARENS (E.-L. Grossolles DE), ci-devant évêque de Périgueux. — Est porté sur la liste des émigrés, IV, 321.

FLAMENNE. — Courrier de Mme de Montesson. — Est arrêté, III, 30. — Est remis en liberté, 31.

Flandre. — Commissaires nationaux dans la Flandre littorale et dans West-Flandre, I, 456, 458. — Réclamation des députés des Deux-Flandres, II, 19, 36.

FLERS (DE), général. — Il envoie aux Espagnols un trompette pour traiter de l'échange des prisonniers, IV, 66. — Ses opérations, 215. — Sa défaite au mas Deu, 258, 262. — Ses réponses à Projean et à Espert, V, 215. — Ceux-ci dénoncent sa complète nullité, 232. — Ils le suspendent de ses fonctions, 459. 505. — Leyris se plaint de cette suspension, 532.

Flers (Nord). — Les Autrichiens sont repoussés devant cette ville, III, 314.

Fleurus. — Réunion de cette ville à la France, II, 341.

FLOCH, officier municipal de Saint-Pol-de-Léon. — Est destitué, II, 425.

Florac (Lozère). — Mouvement dans ce district, III, 21. — Opérations de Servière, 463 à 464, 481.— Et de Fabre, IV, 472.

Florence (Italie). — Mission de Sémonville à Florence, IV, 235. — Et de Chauvelin, 499; V, 233.

Florent (Belgique). — Annexion de ce lieu à la France, II, 464.

FLOTTE (DE). — Rend compte du meurtre de Bassville, II, 147.

Foissiat (Ain). — Troubles au sujet du recrutement dans cette localité, III, 108.

Foix (Ariège). — Opérations de Fayau et Gaston, III, 276, 326.

FONDEUR, ex-procureur. — Son arrestation, V, 461.

Fonds secrets à l'usage du Conseil exécutif provisoire. — Le Conseil demande 500,000 livres et obtient deux millions, I, 35. — Répartition de ces fonds entre les ministres, 46. — Compte rendu de Clavière, 224. — Une partie des commissaires dans les départements est payée sur les fonds secrets du ministre des affaires étrangères, 228. — Le journaliste Labbée reçoit une subvention sur ces fonds, 236. — Subvention au Lycée de Paris, 241. — Au citoyen Bataillard, 241, 242. — Aux commissaires envoyés par Roland dans les départements, 242. — Indemnité à Bœhmer de Francfort et à Schaden d'Augsbourg, 249, 250. — Indemnité à l'historien Bar et au citoyen Le Blond, 261, 262. — A la section des Champs-Élysées, 295. — Au poète Lebrun, 303. — Au soldat Brac, 303, 304. — Au théâtre de la Montansier, 359, 360. — Aux commissaires nationaux Pâris et Fréron, 381. — Au littérateur Turpin, 461. — A la Société philanthropique, 481, 482. — Acquittement des dépenses du Conseil, II, 71. — Indemnité au littérateur Baculard d'Arnaud, II, 74-75. Au journaliste lyonnais Carrier, 164. — Au poète Thomas Rousseau, 165. — Le maire de Paris reçoit 200,000 livres, 224. — Indemnité à Benoît, employé chargé de rechercher les fausses croix de Saint-Louis, 228. — Acquittement des dépenses particulières du Conseil, 276. — Secours à la veuve du commissaire national Bosque, 360. — Payements des appointements arriérés des commis au Conseil d'État, 360, 361.

— Le Conseil exécutif fixe à 600 livres l'indemnité qu'il veut accorder à Thomas Rousseau, III, 284. — 6 millions sont mis à la disposition du Conseil exécutif, comme fonds secrets, 467. — Christophe Joseph, officier étranger, reçoit 300 livres, IV, 570. — 4 millions sont mis à la disposition des ministres de l'intérieur et des affaires étrangères, V, 109. — Indemnité aux citoyens Thuot et Poinsignon, 123. — 6,000 livres sont allouées au ministre de la marine, 124. — Répartition de 10 millions de fonds secrets entre les six ministères, 150.

FONFRÈDE. — Voir BOYER-FONFRÈDE.

Fontainebleau (Seine-et-Marne). — La légion de Saint-Georges a un dépôt dans cette ville, III, 599.

Fontarabie (Espagne). — Les Espagnols bombardent cette ville, III, 491.

FONTENAY, officier commandant la place de Valenciennes. — Les représentants en mission plaident sa cause, II, 351.

Fontenay-le-Comte (Vendée). — Arrivée dans cette ville des conventionnels Carra et Auguis, II, 415. — Une armée s'y forme, 488. — Opérations de Carra et d'Auguis, 550; III, 125, 177, 218, 233, 288 à 290, 316, 415, 528, 547. — Crenzé annonce une victoire remportée près de cette ville, IV, 132. — Opérations d'Auguis, 194, 232. — Prise de cette ville par les rebelles, 334, 335, 532. — Arrestation des membres d'un prétendu comité établi à Fontenay-le-Comte, V, 237.

Fontenay-le-Peuple. — Voir *Fontenay-le-Comte.*

FONTENILLE, lieutenant-colonel de chasseurs. — Déserte à l'ennemi, I, 115.

Fontenoy (Belgique). — Annexion de ce lieu à la France, II, 464.

FONTON, chef de la nation à Constantinople — Donne des renseignements sur l'accueil qui sera fait à Sémonville, III, 17.

Forbach (Moselle). — Opérations des représentants, IV, 243, 262, 292, 304.

FORBIN-JANSON, émigré. — Arrêté sur sa situation, V, 181.

Forçats. — Arrêté sur le transport des forçats au bagne, V, 405, 406.

Forces départementales. — Dissolution de tous les rassemblements militaires connus sous ce nom, V, 538.

FORESTIER (Pierre-Jacques), député de l'Allier à la Convention. — En mission dans la section des Tuileries, II, 285. — Et dans l'Allier et le Cher, 303, 316, 317. (Voir ses lettres au mot *Allier.*) — Notice biographique, 412. — Est proposé par le Comité de salut public pour une mission à la manufacture d'armes de Tulle, V, 31. — Est envoyé à la manufacture de Moulins, 50. (Voir ses lettres au mot *Moulins.*) — Et à celle de Nevers, 191, 192. — Sa mission à Clamecy, 480, 481. — Est remplacé dans cette mission par Fouché, 487.

Forêts. — Débat et décret sur les coupes de bois, II, 52. — Affaire de la maîtrise des eaux et forêts de Saint-Dié, 607.

Forges-les-Eaux (Seine-Inférieure). — Mission de Tallien et de Legendre dans cette ville, II, 98.

FORSTER (Georges), mayençais. — Sa mission à l'armée de Custine, IV, 486, 586, 594. — Ses instructions, V, 324, 407.

FORTIN. — Est nommé commis du Comité de salut public, IV, 125.

FOUCHÉ (Joseph), député de la Loire-Inférieure à la Convention. — En mission dans la Loire-Inférieure et la Mayenne, II, 303, 313. (Voir ses lettres au mot *Loire-Inférieure.*) — Lettre de sa main, 431. — Notice biographique, 431. — Se rencontre à Rennes avec Guermeur et Lemalliaud, 455. — Lettre de sa main, 559. — En mission dans les départements du Centre et de l'Ouest, V, 58, 70. (Voir ses lettres au mot *Départements du Centre et de l'Ouest.*) — Lettres de sa main, 137, 230, 268, 341, 357, 419, 467. — Est envoyé à Clamecy, à la place de Forestier, 481, 487. — Lettre de sa main, 520.

FOURCADE, commissaire observateur en 1793, I, XXIX. — Agent de la Répu-

blique en Belgique, II, 566. — Revient à Paris, III, 43.

Fourcroy (Antoine-François de), membre de l'Académie des sciences, député suppléant de Paris à la Convention. — Sa lettre à Clavière sur sa destitution, I, xxxii. — Maintenu malgré son refus dans la place de régisseur des poudres et salpêtres, 48. — Notice biographique, ibid. — Persiste dans son refus, 52. — Est remplacé par Champy, 325. — Est envoyé en mission à Cambrai, 343. — Fait partie d'une commission chargée de l'examen des moyens de défense, III, 166.

Fournier, général. — Est destitué par les représentants à l'armée du Nord, IV, 299.

Fournier l'Américain. — Est arrêté au 31 mai, IV, 392.

Fournisseurs militaires. — Les représentants à Châlons se plaignent des fournisseurs de souliers, I, 110. — Friponneries des fournisseurs de l'armée de la Moselle, V, 206.

Fox, homme d'État anglais. — Son entrevue avec Chauvelin, I, 301.

Foydel, commissaire ordonnateur en 1793, I, xxix.

Frameries (Belgique). — Annexion de ce lieu à la France, II, 464.

Français, juge au tribunal de Lille. — Est nommé adjoint au ministre de la guerre, III, 284. — Est nommé administrateur de la régie de l'habillement, 612.

Françastel (Pierre-Marie-Adrien), député de l'Eure à la Convention. — Est adjoint au Comité de salut public, V, 169.

Francfort (Allemagne). — Prise de cette ville par les Prussiens, I, 302, 408. — Ses députés sont retenus comme otages à Paris, 302, 303. — Proclamation du roi de Prusse sur la foire de Francfort, II, 76.

Franche-Montagne (Évêché de Bâle). — Onze communes de la Franche-Montagne demandent leur réunion à la France, II, 177.

François, député à la Législative. — Membre de la commission des Douze, I, xlvii, xlviii.

François de Neufchâteau, député à la Législative. — Sa mission aux prisons, I, lviii. — Refuse la place de ministre de la justice, 132.

Frécine (Augustin-Lucie), député de Loir-et-Cher à la Convention. — En mission à la papeterie de Bruges, tombe malade et est autorisé à se rendre en Loir-et-Cher, V, 201.

Frégeville, colonel. — Les représentants du Bois du Bais et Briez attestent son civisme, III, 225. — Est appelé à Paris et demande que sa conduite soit examinée, 309.

Frescu, banquier à Londres, I, 30.

Fréron, commissaire du Conseil exécutif, I, 38. — Envoyé à Metz, 39. — Son règlement de comptes, 380.

Fréron (Stanislas-Louis-Marie), député de Paris à la Convention. — En mission dans la section du Marais, II, 285. — En mission avec Barras dans les Hautes-Alpes et Basses-Alpes, 303, 307. (Voir ses lettres au mot Basses-Alpes.) — Lettre de sa main, V, 217. — Il est adjoint à la mission à l'armée d'Italie, 391. (Voir ses lettres au mot Armée d'Italie.) — Ses pouvoirs sont contestés par le général Brunet, 484. — Lettre de sa main, 485.

Froidmont (Belgique). — Annexion de ce lieu à la France, II, 464.

Fromentin, général. — Commande les cantonnements sous Bergues, V, 489.

Froussand, commissaire national en Belgique, I, 345.

Furnes. — Ajournement de l'expédition projetée sur Furnes, IV, 298. — Elle a lieu le 30 mai 1793, 384. — Prise de cette ville, 395, 407.

Fyox[1], général commandant le bataillon liégeois, I, 209.

[1] Et non Fion. Voir l'erratum du tome I, à la fin du tome II.

G

Gabriel, secrétaire des représentants dans le pays de Deux-Ponts, II, 479.

Gachère (Vendée). — Les retranchements de ce bourg sont détruits par la division commandée par Baudry, III, 162, 177.

Gadeau. — Est chargé par la Commune de dénoncer l'abbé Bodin, I, xxvii.

Gadolle, commissaire national à Ostende, I, 456, 458; II, 180. — Il parle plusieurs langues et montre, à Ostende, un zèle habile, 181. — Il est envoyé à Dunkerque, III, 300. — Ses instructions, 312, 313.

Gailland, receveur des domaines à Saint-Dié. — Sa réclamation au ministre des contributions, V, 99.

Gailliot, capitaine. — Est destitué, II, 356.

Galbaud, général. — Règle la capitulation de Verdun, I, 139. — Commande la citadelle de cette ville, 140. — Confère à Brest avec les représentants, II, 218, 254.

Gallatin. — La famille Gallatin bénéficie d'une surtaxe sur les ports de lettres à Genève, II, 193.

Gallet, commissaire du département de la Vendée. — Sa lettre aux administrateurs de la Vendée, III, 316.

Gallois, commissaire observateur en 1793, I, xxix.

Galour, capitaine. — Est destitué, II, 356.

Gamache (Camp de la). — Le lieutenant-colonel Baudry marche sur ce camp, III, 142.

Gand (Belgique). — Mission de Courtois et Darnaudery, I, 456, 458. — Lettre des représentants en Belgique sur l'esprit de cette ville, II, 35. — Bonnefoy y est nommé commissaire national 135. — Attitude et caractère des habitants, 181, 182. — Ils votent leur réunion à la France, 185, 256.

Gany, visiteur des rôles du département de la Corrèze. — Est nommé juge militaire, V, 225.

Gap (Hautes-Alpes). — Opérations des représentants dans les Hautes-Alpes et les Basses-Alpes, IV, 93.

Garat (Dominique-Joseph), ex-constituant. — Est nommé ministre de la justice, I, 132. — Notice biographique, ibid. — N'est pas présent à la séance du Conseil du 24 octobre 1792, 188. — Président du Conseil, 206, 305, 492. — Notifie à Louis XVI sa condamnation à mort, 494, 495. — Ministre de l'intérieur, préside le Conseil exécutif, II, 594. — Orateur du Conseil exécutif à la barre de la Convention, III, 46. — Lettre que lui écrivent Grégoire et Jagot, 107. — Est nommé rédacteur d'un journal officieux du Comité de salut public, V, 506. — Donne sa démission de ministre de l'intérieur, 557.

Gard (Département du). — Quatre bataillons de ce département rentrent dans leurs foyers, I, 105. — Ce département est menacé de la famine, 159. — Dénuement du 4e bataillon du Gard, II, 237. — Mission de Bonnier et de Voulland, 303, 309. — Lettres de ces représentants, 325, 351, 551, 582, 607; III, 163, 188, 203, 237, 276, 366. — Le Comité de salut public décide de leur écrire au sujet de l'arrêté du département des Bouches-du-Rhône relatif à une levée de 6,000 hommes, 385. — Lettres de Bonnier et Voulland, 442, 482, 505, 549, 559, 591, 607, 618, 622; IV, 19, 79, 92, 122, 153. — Mission de Berlier et de Chénier dans départements de la Haute-Garonne, du Tarn, du Gard et de l'Hérault, V, 101.

Garde-Meuble. — Arrêté relatif aux objets provenant du vol du Garde-Meuble, I, 294, 295.

Garde nationale. — Situation de la garde nationale soldée à Toulon, II, 236. — Formation de gardes nationales dans le Hainaut, 265. — Mauvaise volonté des gardes nationaux dans le Maine-et-Loire, III, 433. — Les gardes nationaux seront requis et envoyés sur les lieux menacés par les rebelles, IV, 56. — Décret sur leur solde, 221. — Défense aux Conseils de discipline d'excéder leur compétence, 381. — Fonds accordés au commandant général de la garde nationale parisienne, V, 309, 310. — Il est logé à l'hôtel Saint-Aignan, 485. — Il reçoit 300,000 livres pour dépenses secrètes, 498. — Voir *Volontaires.*

GARNERIN, commissaire du Conseil exécutif. — Est envoyé à l'armée du Rhin, IV, 144.

GARNERIN, autre commissaire du Conseil exécutif. — Est envoyé à Brest, IV, 145.

GARNIER, commissaire observateur en 1793, I, XXIX.

GARNIER (Antoine-Marie-Charles), député de l'Aube à la Convention. — Est primitivement désigné pour faire partie de la mission du 9 mars 1793, II, 300. — En mission dans l'Aube et l'Yonne, 303, 317. (Voir ses lettres au mot *Aube.*) — Et dans le Jura avec Bassal, IV, 591, 595. (Voir ses lettres au mot *Jura.*) — Notice biographique, 595.

GARNIER (Jacques) [de Saintes], député de la Charente-Inférieure à la Convention. — Membre suppléant du Comité de défense générale, II, 514. — En mission à l'armée des Côtes de la Rochelle, III, 540 à 544. (Voir ses lettres au mot *Armée des Côtes de la Rochelle.*) — Notice biographique, 540. — En mission à l'armée des Côtes de Brest, V, 444.

GARNIER (Pierre), lieutenant-colonel du bataillon de Marseille. — Est nommé lieutenant-colonel de chasseurs, I, 115.

GARRAN-COULON (Jean-Philippe), député du Loiret à la Convention. — En mission dans la section de la République, II, 286.

GARRAU (Pierre-Anselme), député de la Gironde à la Législative et à la Convention. — En mission dans les départements, I, LXVIII. — En mission à *Bayonne*, 62. (Voir ses lettres au mot *Bayonne.*) — Notice biographique, 63. — Fait réparer les routes du département des Landes, 154. — En mission dans la section de Bonne-Nouvelle, II, 285. — En mission avec Paganel dans la Gironde et le Lot-et-Garonne, 303, 312. (Voir ses lettres au mot *Gironde.*) — En mission à Perpignan, III, 215 à 217. — En mission à l'armée des Pyrénées occidentales, 540 à 544. (Voir ses lettres au mot *Armée des Pyrénées occidentales.*) — Lettre de sa main, V, 136.

GASPARIN (Thomas-Augustin DE), député des Bouches-du-Rhône à la Législative et à la Convention. — En mission aux armées, I, LIX. — En mission à l'armée de Montesquiou, 68-70. (Voir ses lettres au mot *Armée de Montesquiou.*) — Notice biographique, 69. — Son nom est mis en avant pour une mission en Corse, II, 24. — Et pour une mission aux frontières du Nord, 38. — Envoyé en mission aux places fortes du Nord, 58-63. (Voir ses lettres au mot *Nord.*) — Tombe malade et retourne à Paris, 91. — En mission dans la section de Marseille, 285. — Est chargé d'un rapport sur les corps francs, 296. — En mission avec Du Bois du Bais dans les Deux-Sèvres et la Vendée, 303, 312. (Voir ses lettres au mot *Deux-Sèvres.*) — En mission à l'armée du Nord et des Ardennes, III, 63. (Voir ses lettres au mot *Armée du Nord.*) — Est confirmé dans cette mission, 214 à 217, 538 à 544. — Il assiste à l'attaque de Saint-Amand et est témoin de la bonne conduite des troupes, 584; IV, 60. — Se défend, dans une lettre de sa main, contre une accusation de Barbaroux, 207, 208. — Est adjoint au Comité de salut public, 528. — Y est chargé de la guerre, 540. — Est envoyé en mission à l'armée des côtes de la Rochelle, V, 86. (Voir ses lettres

au mot *Armée des Côtes de la Rochelle.*)
— Est réélu au Comité de salut public,
224. — Donne sa démission de membre
de ce Comité, 352. — En mission aux
armées des Alpes et d'Italie, 515. (Voir
ses lettres au mot *Armée d'Italie.*)

Gaston, commandant de l'armée vendéenne, II, 368, 400. — Il est tué,
III, 528.

Gaston (Raymond), député de l'Ariège à
la Convention. — En mission avec
Fayau dans l'Ariège et les Pyrénées-
Orientales, II, 303, 311. (Voir ses
lettres au mot *Ariège.*)

Gateau. — Est nommé commissaire du
Conseil exécutif à l'armée du Rhin, IV,
144.

Gatelier. — Révèle un complot, III, 323.

Gatteux (Ambroise-Jean-Baptiste-Pierre-
Ignace), homme de loi à Paris. — Candidat au ministère de la justice, II,
439.

Gaudet (Pierre-Clément), administrateur
du département de l'Ain. — Est nommé
procureur syndic du district de Belley,
III, 109.

Gaudin, homme de loi à Paris. — Candidat au ministère de la justice, II, 439.

Gaudin (Joseph-Marie-Jacques-François),
député de la Vendée à la Convention.
— Notice biographique, III, 127. —
Est adjoint à la mission dans les Deux-
Sèvres et la Vendée, 127, 221. (Voir
ses lettres au mot *Deux-Sèvres.*) —
Opère aux Sables-d'Olonne, V, 411.

Gaulard, lieutenant garde d'artillerie. —
Remplace le capitaine aux forges Bouvot,
I, 185.

Gauthier, administrateur du Cher. — Se
met à la tête d'un détachement de
troupes, II, 467.

Gauthier, chef de la 2e division au ministère de la guerre. — Est nommé adjoint, V, 448.

Gauthier, commissaire national près le
tribunal de Vassy. — Est nommé juge
militaire, V, 480.

Gauthier, directeur des douanes à Marseille. — Donne sa démission, III, 355.

Gauthier, général. — Fait une tentative
malheureuse sur le pont de Céret, III,
381. — Il est rétabli dans ses fonctions,
419.

Gauthier, inspecteur des douanes à Cette.
— Est nommé directeur des douanes à
Toulon, IV, 368.

Gauthier (Antoine-François), député de
l'Ain à la Convention. — En mission à
l'armée des Alpes, III, 539 à 544. (Voir
ses lettres au mot *Armée des Alpes.*) —
Notice biographique, 539.

Gauthier (Pierre), commissaire national à
Vire. — Candidat au ministère de la
justice, III, 439.

Gauvilliers, général. — Il attaque les
brigands au Ménil et entre à Saint-
Florent, III, 232. — La division aux
ordres de Gauvilliers est attaquée, 435.

Gavand, volontaire. — Donne des renseignements sur l'armée des Vendéens, IV,
572.

Gavoty. — Communique au Comité de
défense générale ses vues sur l'artillerie
légère, II, 69.

Gay-Vernon. — Commissaire national en
Belgique, I, 345.

Gay-Vernon (Léonard), évêque de la Haute-
Vienne, député de ce département à la
Convention. — En mission dans la sec-
tion de Bondy, II, 286.

Gazette de France. — Rapport anonyme sur
ce journal, I, xxxvii. — Il publie une
communication du général Ferrier au
canton de Bâle, 129. — Reçoit des in-
sertions officielles ; ses changements de
titre, II, 168.

Gazile, inspecteur des postes d'Ille-et-Vilaine. — Est destitué, puis réintégré, V,
290.

Gendarmes nationaux. — Fomentent des
troubles à Cambrai, I, 130, 131. —
Les représentants font une enquête sur
leur conduite, 145, 146. — On distrait
de l'armée du Rhin ceux qui en font
partie, II, 134. — Se plaignent du
mode de payement de leur solde, 141.
— Réflexions et propositions des représentants aux côtes de la Méditerranée

relativement à la gendarmerie nationale, 371. — Pétition des gendarmes de Perpignan, 372. — Mesures prises contre les gendarmes déserteurs, 563. — Établissement d'un corps de gendarmerie à Nice, à Puget-Théniers et à Menton, III, 278. — Indemnités accordées aux gendarmes pour surcroît de travail, IV, 100. — Lâcheté des gendarmes à l'affaire de Fontenay-le-Comte, 335, 353. — Ceux de Paris réclament un supplément de solde, V, 67. — Arrêtés accordant une indemnité aux gendarmes pour leurs frais de garde, 234, 259, 509, 521, 537.

Généraux. — Duhem et Gasparin demandent que les généraux aient moins de latitude pour la nomination aux grades supérieurs, III, 287. — Voir au mot Armée.

Gênes. — Rixe dans cette ville entre des Français et des Vénitiens, I, 15. — Le chargé d'affaires de France demande au gouvernement génois que le port de Savone soit livré à la France, 194. — Gênes cesse de fournir des approvisionnements à Nice, III, 107. — Démarches à l'égard du Sénat de Gênes, 211. — L'exécution de l'arrêté sur la liberté de la navigation près de ces côtes est suspendue, 353.

Genet, ci-devant ministre à Pétersbourg. — Est envoyé près du général Montesquiou pour traiter avec Genève, I, 222, 225. — Est nommé à la fois ministre plénipotentiaire et consul général aux États-Unis, 361. — Notice biographique, ibid. — Projet d'instructions à lui donner, 380. — Adoption et texte de ces instructions, qu'il reçoit à la fois comme ministre et comme consul, 393-398. — Nouvelles instructions, 477. — Le Conseil exécutif presse son départ, II, 27. — Demande l'envoi d'une forte station dans les ports des États-Unis, 107, 108.

Genève. — Ordre donné à Montesquiou de marcher contre cette ville, I, 74, 75. — Elle est occupée par 1,600 hommes

de troupes suisses, 92. — Rectification du texte de l'arrêté du Conseil exécutif relatif à Genève, 96. — Le Conseil exécutif fait des représentations au gouvernement de Genève, 99. — Opinion des représentants à l'armée du Midi sur cette affaire, 105. — Leurs négociations avec cette ville, 115, 116. — Le Conseil exécutif persiste à exiger le départ des troupes suisses, 134, 155-158. — Projet de traité pour ce départ, 193. — Le Conseil exécutif décide d'en voyer un négociateur à Genève, 208. — Il envoie Genet, 222, 225. — Convention signée entre Montesquiou et Genève, 227. — Suppression de la poste française à Genève, 281. — Reybaz, ministre de la République de Genève à Paris, 344. — Rétablissement de la poste française dans cette ville, 402. — Reybaz expose au Conseil exécutif la récente révolution de Genève, 465-468. — Kellermann est autorisé par le Conseil exécutif à occuper éventuellement cette ville, II, 190. — Suppression d'une surtaxe sur les ports de lettres à Genève, 193. — Le gouvernement provisoire de Genève envoie à Paris deux députés extraordinaires, III, 328. — Agiotage des Genevois, 377, 504. — Conseils du Comité pour bien vivre avec les Genevois, 583; IV, 21. — Le Conseil exécutif fait réprimer des actes de désordre commis par l'armée française sur le territoire de Genève, 286, 287. — Les représentants à l'armée des Alpes se plaignent de la malveillance de Genève, 293. — Soulavie est nommé ministre à Genève, 500. — Ses instructions, 587.

Génissieu (Jean-Joseph-Victor), député de l'Isère à la Convention. — Déclare avoir reçu d'un quartier-maître du 1er bataillon de l'Indre une correspondance imprimée de Kellermann, III, 260.

Genneau, commissaire national près de la Monnaie d'Orléans. — Sa pétition au sujet de sa révocation, II, 439, 440.

Gensonné (Armand), député de la Gironde à la Convention. — Membre de la Commission extraordinaire, I, LIII. — Membre du Comité de défense générale, 391. — Notice biographique, ibid. — Est réélu membre du même Comité, II, 515.

Gentil (François), député du Mont-Blanc à la Convention nationale. — Est envoyé en mission à l'armée de la Moselle, V, 26, 50. (Voir ses lettres au mot Armée de la Moselle.) — Notice biographique, 50. — Est remplacé dans sa mission par Ehrmann, 337.

George, ex-député à la Constituante. — Est échangé contre le secrétaire du roi de Prusse, I, 85.

Georges, inspecteur des douanes à Calais. — Est nommé directeur à Lille, II, 16.

Germersheim (Palatinat du Rhin). — Les habitants de ce bailliage demandent leur réunion à la France, II, 172.

Gers (Département du). — Activité de ce département en vue de la défense nationale, I, 151. — Mission d'Ichon et de Dartigoeyte dans le Gers et les Landes, II, 303, 312. — Lettres de ces représentants, 570, 571, 584, 585; III, 292, 362, 376, 416, 477, 515, 558, 567, 606; IV, 8, 50, 64, 73, 243, 302; V, 105.

Gertruydenberg (Hollande). — Siège de cette place, II, 231. — Dumouriez s'en empare, 278. — La garnison de cette ville rentre en France par Courtrai, III, 314. — Capitulation de la garnison française laissée dans cette place, 370. — Vente de 17 milliers de poudre faite par cette garnison pour subvenir aux frais de transport de ses effets, 384.

Gestas (C.-S.-H. de), maréchal de camp. — Suspendu de ses fonctions de commandant de la 11e division, I, 226.

Gex (Ain). — Ce district a fourni son contingent, III, 109.

Gibert. — Est nommé commissaire du Conseil exécutif pour organiser les postes en Belgique, II, 271.

Gibraltar. — Prisonniers français internés dans cette ville, IV, 164, 204.

Gilbert, commissaire ordonnateur en 1793, I, XXIV.

Gillet (Pierre-Mathurin), député du Morbihan à la Convention. — En mission à l'armée des Côtes de Brest, III, 540 à 544. (Voir ses lettres au mot Armées des Côtes de Brest.) — Notice biographique, 540. — Lettres de sa main, IV, 269; V, 465, 512, 532.

Gillot, commandant de Landau. — Est maintenu à son poste par les représentants, malgré la décision de Custine, II, 156.

Gimel, général. — Il part pour Bayonne sur la réquisition du général Servan, III, 495.

Giot. — Est nommé commissaire du Conseil exécutif à Calais, IV, 145.c

Girard (Antoine-Marie-Anne), député de l'Aude à la Convention. — En mission dans la section de la Halle-au-Blé, II, 285.

Giraud, médecin de la marine. — Est nommé à l'hôpital de Toulon, II, 144.

Giraud, religieux de Montpellier. — Est pris et déporté, III, 22.

Giraud (Marc-Antoine-Alexis), député de la Charente-Inférieure à la Convention. — Membre du Comité de défense générale, I, 392. — Notice biographique, ibid. — Sa mission à Essonnes, V, 337.

Giraudy, négociant niçois. — Est maltraité dans une bagarre, I, 314.

Gironde (Département de la). — Ce département forme en huit jours un bataillon de volontaires, I, 151. — Ils se distinguent à l'affaire de Menin, 229. — Mission de Garrau et de Paganel, II, 303, 312. — Lettres de ces représentants, 459, 472, 489. — Observations du directoire de la Gironde sur l'état des routes, 531. — Lettres des représentants, 578; III, 124, 249. — Ce département envoie des députés à la Convention pour lui dénoncer des lettres et des écrits montagnards, 249. — Lettres de Paganel et Garrau, 292, 302. — Lettre du département de la Gironde qui annonce la reprise sur les An-

glais de deux bâtiments, 355. — Lettres de Garrau et Paganel, 362, 416, 438, 567, 587; IV, 49, 132. — 1,500 citoyens de ce département s'offrent pour combattre les Vendéens, 136. — Lettre de Garrau, 195. — Création d'un Comité de défense générale dans ce département, IV, 272.—Mission de Treilhard et de Mathieu, 590. — Lettres de ces représentants, V, 82, 91, 203, 228, 246, 274. — Rappel de Treilhard et de Mathieu, 311. — Lettres de ces représentants, 314, 331. — Deux bataillons de la Gironde quittent l'armée des Côtes de la Rochelle, 339, 411. — Marche en avant de la force départementale de la Gironde, 369. — Lettre de Treilhard et de Mathieu, 425. — Démarches des insurgés de la Gironde auprès du département de la Haute-Vienne, 433.

Givet (Ardennes). — Le commandant de cette place, Boucher, est remplacé par le général Pontier, I, 155. — Lettre du maire de Givet à Le Cointre, III, 2. — Le Comité de salut public arrête que les fusils qui se trouvent dans les magasins de Givet seront déposés dans les magasins de l'intérieur, 282. — Le ministre de la guerre est chargé de faire passer aux Pyrénées la légion germanique en garnison à Givet, 353. — Les habitants font savoir qu'ils se préparent à une vigoureuse résistance, 390. — La municipalité offre 1,000 fusils à la nation, V, 167.

Gleizal (Claude), député de l'Ardèche à la Convention. — En mission dans l'Ardèche et la Lozère, II, 303, 309. (Voir ses lettres au mot Ardèche.) — Notice biographique, 438. — Il part pour retourner à son poste à la Convention, IV, 52.

Glézen. — Est nommé commis pour la partie de la marine au Comité de salut public, IV, 125.

Godau, membre de la Commune. — Com-

missaire du Conseil exécutif dans la Seine-Inférieure et départements voisins, I, xxv, 38, 39. — Approbation de ses opérations, 228.

Gobel, évêque de Paris. — Est envoyé en mission par le Conseil exécutif à l'armée de Biron et dans le pays de Porentruy, I, 206, 207; II, 95. — Accusations des habitants de ce pays contre lui, 96-99. — Les représentants dans le Porentruy craignent qu'il n'intrigue à Paris, 177. — Sa conduite dans le Porentruy, 233. — Est entendu par le Conseil exécutif sur l'insurrection du 10 mars 1793, 359, 360.

Godard, lieutenant-colonel. — Réclame une indemnité pour sa mission secrète en Allemagne, V, 114, 240.

Godart, commissaire faisant les fonctions de procureur général syndic du département de Seine-et-Marne. — Il est destitué, III, 185.

Godechau (Joseph), juif de Thionville. — Dénonce le général Wimpffen, 261. — Sa dénonciation est réfutée par ce général, 268, 269.

Godoï, duc de la Alcudia, principal ministre d'Espagne. — Ses tendances pacifiques, II, 50.

Goetmann [1], volontaire de Tournai. — Fait l'oraison funèbre de Le Peletier, II, 148.

Goguet, secrétaire général du ministère de la justice. — Candidat aux fonctions de ministre de la justice, II, 438.

Gohier, ministre de la justice. — Forme ses bureaux, I, xxx. — Sa lettre sur l'armée révolutionnaire, xxxv. — Son élection au ministère de la justice, II, 438. — Notice biographique, 439. — Préside le Conseil exécutif, III, 136.

Gonchon, commissaire observateur en 1793, I, xxiv. — Manque d'être assassiné à Tournai, II, 327, 328. — Est envoyé en mission par le ministre de l'intérieur dans le Rhône-et-Loire et l'Ain, IV, 96.

Gonesse (Seine-et-Oise). — Des charrettes

_____

[1] Et non Gortmann. Voir l'erratum du tome II.

de farines sont arrêtées dans cette ville, V, 544.

Goxord l'aîné, commissaire du Conseil exécutif, I, xxx.

Goxord (Pierre), commissaire du Conseil exécutif, I, xxx, 38. — Est envoyé à Châlons-sur-Marne, 39. — Est nommé commissaire près l'armée des Alpes, 145. — Transmet des dépêches à Robert Lindet, IV, 550.

Goxord (Louis-Baptiste). — Est incarcéré en Saône-et-Loire, IV, 124.

Gontier, ex-employé dans les fermes. — Est nommé juge militaire, V, 226.

Goret. — Est nommé juge militaire, V, 226.

Gorey, sous-chef du bureau des classes à Lorient. — Mandat d'arrêt contre lui, III, 520.

Gorius (Belgique). — Annexion de ce lieu à la France, II, 464.

Gonsas (Antoine-Joseph), député de Seine-et-Oise à la Convention. — Bo et Chabot dénoncent ses écrits à la Convention, III, 350.

Gossuin (Constant-Joseph-Eugène), député du Nord à la Convention. — Membre de la Commission extraordinaire de la Législative, I, xlvii, xlviii. — En mission, lxiv. — Notice biographique, 283. — En mission à l'armée de Dumouriez, 283, 286. (Voir ses lettres au mot Armée de Dumouriez.) — N'accompagne pas Danton et Delacroix à Paris, 443. — Se rend dans le Brabant, II, 140. — Va presser la levée dans les départements du Nord, 264, 265. — Sa lettre à Sallengros, 394. — Sa proposition sur le service des postes, III, 58. — Il est nommé représentant près l'armée du Nord en remplacement de Lequinio, par décret du 10 mai 1793, IV, 85. (Voir ses lettres au mot Armée du Nord.).

Goudelin (Guillaume-Julien-Pierre), député des Côtes-du-Nord à la Convention. — Est autorisé à faire donner des armes à la garde nationale de Sévignac, IV, 540, 541.

Gouget des Landes ou Deslandres, commissaire observateur en 1793, I, xxix. — Commissaire national en Belgique, 345. — Envoyé à Bruxelles, 456. — Notice biographique, 458.

Gouix, officier municipal de Paris. — Est suspendu de ses fonctions, I, 188.

Goujon (Louis-Joseph-Marie), député de l'Oise à la Législative. — En mission, I, xlv.

Goupille, capitaine des ci-devant gardes-côtes. — Donne sa croix de Saint-Louis, II, 207.

Goupilleau (Jean-François-Marie, dit Goupilleau de Fontenay), député de la Vendée à la Convention. — Est envoyé en mission à Nice, I, 246-249. (Voir ses lettres au mot Nice.) — Notice biographique, 247. — Lettre de sa main, 346. — Volé par lettre contre Louis XVI, 346. — En mission dans la section des Quinze-Vingts, II, 286. — Et dans l'Indre-et-Loire et le Loir-et-Cher, 303, 315. (Voir ses lettres au mot Indre-et-Loire.) — Sa femme et ses enfants sont à Cholet pendant que cette ville est occupée par les Vendéens, 486. — Il suit le général Berruyer, III, 233, 460. — En mission à l'armée des Côtes de la Rochelle, 540 à 544. (Voir ses lettres au mot Armée des Côtes de la Rochelle.) — Il fait le récit des troubles de la Vendée au Comité de salut public, 553. — Lettre de sa main, V, 411.

Goupilleau (Philippe-Charles-Aimé, dit Goupilleau de Montaigu), député de la Vendée à la Convention. — Est envoyé en mission dans la principauté de Salm, II, 246-248. (Voir ses lettres au mot Salm.) — Notice biographique, 247. — En mission avec Richard dans le Maine-et-Loire et la Sarthe, II, 303, 313. (Voir ses lettres au mot Maine-et-Loire.) — Et dans le pays de Deux-Ponts, 477. — Lettre de sa main, III, 12. — En mission aux côtes, 215 à 217. (Voir ses lettres au mot Armée des Côtes de la Rochelle.) — Il dit au Comité que l'armée des Côtes de l'Océan n'est point

organisée, etc., IV, 20. — De nouveau
en mission à l'armée des Côtes de la
Rochelle, V, 202. — Sa lettre à la
Convention, *ibid.*

GOURDIER DES HAMEAUX, juge au tribunal
de Bayeux. — Candidat au ministère
de la justice, II, 439.

GOUTHEUIL, commissaire observateur en
1793, I, XXIX.

GOUVION (Louis-Jean-Baptiste), lieutenant-
colonel du 3e bataillon de la Drôme.
— Hérault et Simond demandent qu'il
ne soit pas envoyé en Corse, III, 364,
365. — Le Comité de salut public repousse cette demande, IV, 267.

GOUY D'ARSY, ex-constituant, maréchal de
camp. — Est arrêté, II, 592. — Notice
biographique, *ibid.*

Grammont (Belgique). — Insurrection dans
cette ville, II, 355.

GRAMMONT, commissaire du Conseil exécutif
pour le mouvement de l'artillerie, I, 39.

GRANDCHAMP, directeur de l'arsenal de
Metz. — Est proposé par les représentants à l'armée des Ardennes pour remplacer le général de Beauregard, IV,
14, 15.

Grandfontaine, ville de la principauté de
Salm. — Est incorporée au département
des Vosges, II, 248.

GRANDIDIER. — Est nommé juge militaire,
V, 226.

GRANDJEAN, adjudant général. — Remet un
état des forces des Espagnols, III, 462.

GRANDPRÉ, maréchal de camp, employé à
Nimes. — Est requis de se rendre à
Carcassonne, I, 160.

GRANET (François-Omer), député des
Bouches-du-Rhône à la Législative et à
la Convention. — Envoyé en mission,
I, LXIII.

GRANET (Marc-Antoine), ex-député à la
Législative. — Est nommé adjoint au
ministère de la marine, I, XXXIV; II,
168. — Notice biographique *ibid.* —
Écrit au Comité de défense générale,
III, 32. — Il donne sa démission,
157.

GRANGE, habitant de Grenoble. — Est

nommé à un des emplois de police
militaire, V, 554.

GRANGENEUVE (Jean-Antoine), député de
la Gironde à la Législative et à la Convention. — Envoyé en mission, I, LXIII.
— Payement de frais de garde au gendarme chargé de le surveiller, V, 499.

Granville (Manche). — Projet de construction d'un quai à Granville, IV,
311.

GRASSET, juge à Clisson. — Est destitué,
II, 578.

Grassière (Poste de la) [Vendée]. — L'armée de Boulard emporte ce poste et s'établit à la Mothe-Achard, III, 162.

Gravelines (Nord). — État de l'arsenal de
cette ville, I, 237, 238.

GRAVERAN, administrateur du département
du Morbihan. — Est nommé juge militaire, V, 480.

GRÉBERT, employé aux bureaux de la régie
générale. — Est nommé juge militaire,
V, 225.

GRÉGOIRE (Henri), évêque de Loir-et-Cher,
député à la Convention. — Son registre
de correspondance, I, XVII. — Notice
biographique, 276. — Est envoyé en
mission dans le Mont-Blanc, *ibid.* (Voir
ses lettres au mot *Mont-Blanc.*) — Et
dans les Alpes-Maritimes, 277. (Voir
ses lettres au mot *Alpes-Maritimes.*) —
Son rapport sur cette mission, 277-278.
— Une lettre de lui en italien, 278-
279. — Son vote dans le procès de
Louis XVI, 463-464. — Il passe à Toulon, II, 238. — Est blâmé pour son
adresse aux habitants du Valais, 572.

GRÉGOIRE (DE THIONVILLE), commissaire national en Belgique, I, 345. — Envoyé
à Mayence, 457, 459.

Grenadiers-gendarmes. — Reçoivent l'ordre
de rejoindre l'armée de réserve, IV,
1, 2.

Grenoble (Isère). — Subvention à la Société populaire de cette ville, I, XXXVII.
— La place de Grenoble manque de
fusils, III, 7. — Lettre des membres du
Comité de de sûreté publique de cette
ville, 301. — Sentiments aristocratiques

des habitants, IV, 74. — Opérations de Dubois-Crancé et Albitte, 459, 471, 491, 498, 510, 523, 539, 612.

GRENUS (Jacques), genevois, député suppléant du Mont-Blanc à la Convention. — Est un des chefs du parti français à Genève, III, 504.

GRENVILLE (Lord), ministre anglais. — Dépose un bill contre les étrangers, I, 370. — Sa réponse aux ouvertures de Le Brun, IV, 415.

GRIMM (Baron DE), ministre plénipotentiaire de Saxe-Gotha. — Réclame contre l'apposition des scellés dans sa maison de Paris, IV, 143.

GRIMOARD (Comte DE), commandant des forces navales à Brest. — Démissionnaire, II, 120. — Est entendu par le Conseil exécutif, III, 422. — Les généraux du Chastellet et Grimoard sont invités à assister à la séance du Comité pour discuter les plans de guerre, 447. — Il est entendu par le Comité, 466. — Le Comité le garde à Paris. IV, 174.

GRIOLLET, capitaine. — Essaie d'empêcher la trahison du régiment de Cambrésis, III, 491.

Grive (Camp de la) [Vendée]. — Le lieutenant-colonel Baudry marche sur ce camp, III, 142. — Ses retranchements sont détruits, 162, 177.

GORBERT, inventeur d'une machine pyrobalistique, IV, 556, 557.

GROGNET. — Est nommé juge militaire, V, 225.

GROU. — Est nommé commissaire du Conseil exécutif près l'armée de la Moselle, IV, 145.

GROUSSAC, citoyen de Toulouse. — Est nommé juge militaire, V, 480.

GROUVELLE (J.-F.), directeur de la fabrication des assignats, I, XXXIII. — Est nommé inspecteur du timbrage des assignats, II, 297.

GROUVELLE (Ph.-A.), secrétaire du Conseil exécutif. — Comment il rédige ses procès-verbaux, I, XXVI-XXVIII. — Son élection comme secrétaire du Conseil exécutif provisoire, 3. — Notice biographique,

ibid. — Prend séance au Conseil, 5. — Son rôle dans les préparatifs de l'exécution de Louis XVI, 495. — Donne quittance au ministre des affaires étrangères, II, 71. — Candidat au ministère de la justice, 438. — Ministre à la cour de Danemark; ses instructions, IV, 476, 499. — Est autorisé à partir sur-le-champ, V, 30.

Guadeloupe. — Nouvelles de cette colonie, II, 88, 92.

GUADET, officier d'état-major. — Ses opérations dans le pays de Deux-Ponts, II, 477.

GUADET (Marguerite-Élie), député de la Gironde à la Convention. — Membre de la Commission des Douze, I, XLIX. — Fait rendre un décret sur les volontaires, 323. — Membre du Comité de défense générale, 390. — Notice biographique, ibid. — Est chargé de faire un rapport sur le décret du 15 décembre 1792, II, 9. — D'examiner le rapport des commissaires en Belgique, 10. — De faire un rapport sur Suzanne Labrousse, 29. — Est nommé vice-président du Comité de défense générale, 49. — Est chargé d'examiner les vues de Chaumette sur la Hollande, 69. — Et un projet sur la formation d'une armée de 40,000 hommes en Belgique, 88. — Est chargé de conférer avec le ministre de la marine, 92. — Et de faire un rapport sur une demande de Genet, 108. — Et de conférer avec le ministre de la marine, 173. — Son rapport sur le comté de Valangin, 186. — Est élu président du Comité de défense générale, 402. — Réélu membre du Comité de défense générale, 515. — Assiste à la séance du 1er avril 1793, III, 1. — Est chargé d'un rapport sur les comtes d'Auersperg et de Linange, 80. — Fait un rapport relatif à la Belgique, 81. — Et sur la détention de Suzanne Courcelle Labrousse, 82. — Examine un mémoire de Chaumette sur la Hollande, ibid. — Et un projet sur la formation d'une armée dans la Belgique, ibid. — Et une lettre de

Genet sur l'utilité d'une station aux États-Unis, *ibid.*

Guegnies (Belgique). — Annexion de ce lieu à la France, II, 464.

Gueldre autrichienne. — Envoi de commissaires nationaux dans cette province, I, 457, 459.

Guérande (Loire-Inférieure). — Cette ville est prise par Beysser, III, 38. — Elle est évacuée, 74.

Guérard, négociant à Lorient. — Offres et soumissions de ce négociant pour l'approvisionnement des îles de France et de la Réunion, V, 182.

Guéret (Creuse). — Séjour des représentants, II, 582.

Guérigny (Nièvre). — Le directoire du département de la Nièvre prend un arrêté pour fabriquer des piques dans les forges de Guérigny, III, 267. — Collot d'Herbois épure le personnel de cet établissement, 570, 574.

Guérin (d'Auray). — Commissaire de Roland dans le Morbihan, I, xxx, 39.

Guermeur (J.-M. Royou, dit). — Commissaire de la Commune envoyé à Brest et à Lorient, I, 57.

Guermeur (Jacques-Tanguy-Marie), député du Finistère à la Convention. — En mission avec Lemalliaud dans le Finistère et le Morbihan, II, 303, 313. (Voir ses lettres au mot *Finistère.*) — Notice biographique, III, 56. — En mission aux côtes, 215 à 217.

Guernesey (Île de). — Mesures prises pour interrompre les communications entre cette île et la France, II, 536.

Guerry de la Fontinière, chef vendéen. — Sa sommation aux habitants de l'île d'Yeu, II, 569.

Guetével de Mamers. — Est nommé commissaire du Conseil exécutif près l'armée des Côtes de la Rochelle, IV, 355.

Guffroy (Armand-Benoît-Joseph), député du Pas-de-Calais à la Convention. — En mission avec Maillie dans l'Aude et la Haute-Garonne, II, 303, 311. (Voir ses lettres au mot *Aude.*)

Guichen (Ille-et-Vilaine). — La municipalité de ce bourg est en permanence, II, 450, 451.

Guiffrey (Jules). — Auteur du livre *Les Conventionnels*, II, 391.

Guillaud, habitant de Niort. — Sa lettre au département de la Charente, II, 429.

Guillaume, marchand. — Est nommé juge militaire, V, 480.

Guillemardet (Ferdinand-Pierre-Marie-Dorothée), député de Saône-et-Loire à la Convention. — Projet de l'envoyer en mission à Péronne, V, 507.

Guillerault. — Est nommé juge militaire, V, 293.

Guillier, commissaire du département du Finistère. — Lettre de lui, III, 53, 55.

Guillot (F.-E.). — Directeur de la fabrication des assignats, I, xxxiii; II, 297.

Guillotine. — Dans le Nord, l'exécuteur spécule sur la guillotine, V, 234, 235.

Guilloud, vicaire à Vienne (Isère). — Sa conduite contre-révolutionnaire, IV, 77.

Guimberteau (Jean), député de la Charente à la Convention. — En mission avec Bernard (de Saintes) dans la Charente et la Charente-Inférieure, II, 303, 312. (Voir ses lettres au mot *Charente.*) — Notice biographique, 377.

Guiraut, auteur du *Logotachygraphe.* — Réclame une indemnité, I, xxxvi.

Gulleghem (Abbaye de). — Les volontaires de la Seine-Inférieure protègent les bois de cette abbaye belge, II, 256.

Gur, directeur des douanes à Charleville. — Est nommé à Besançon, III, 600.

Guyane. — Le bataillon de la Guyane proteste contre son incorporation avec celui de Port-au-Prince, II, 83. — Son départ est suspendu, 141.

Guyardin (Louis), député de la Haute-Marne à la Convention. — Est envoyé en mission aux armées de la Moselle et du Rhin, V, 365. (Voir ses lettres au mot *Armée de la Moselle.*) — Notice biographique, *ibid.*

Guyonnet, chef vendéen. — Est tué, III, 614.

Guyton-Morveau (Louis-Bernard), député

de la Côte-d'Or à la Législative et à la Convention. — Transmet une lettre au Conseil exécutif comme président du Comité de sûreté générale, I, xxxi — Membre de la Commission extraordinaire, xlix. — Propose d'envoyer Lacuée en mission, lxii. — Est envoyé en mission dans les départements du Doubs, du Jura et de l'Ain, 120. (Voir ses lettres au mot *Ain*.) — Notice biographique, *ibid.* — Membre du Comité de défense générale, 390. — Secrétaire de ce Comité, 392. — Commissaire pour le maintien de l'ordre dans ses délibérations, 450. — Est chargé d'un rapport sur les finances, II, 10. — Est nommé président du Comité de défense générale, 49. — Est chargé d'un rapport sur les affaires de Porentruy, 72. — Texte de ce rapport, 93-101. — Est chargé d'un rapport sur la solde des gendarmes, 141. — Réélu membre du Comité de défense générale, 514. — Président de ce Comité, 516, 553, 564, 572, 591; III, 1, 43, 56, 57. — Il fait un rapport sur l'état des finances, 81. — Est nommé membre du Comité de salut public, 116. — Et président de ce Comité, 133. — Chargé du rapport sur le transfert de la famille royale à Vincennes ou à Dijon, 156. — Est chargé de la correspondance du Comité, 182. — Lettre de sa main, 444. — Arrêtés de sa main, IV, 175, 352, 392. — Fait partie de la section de la marine dans le Comité de salut public, 540. — Arrêté de sa main, 557. — Surveille un emploi de fonds secrets, V, 109. — Est nommé représentant près la manufacture d'armes de Paris, 250. — Arrêtés de sa main, 415, 472.

H

Habillement des soldats. — Les représentants à Châlons réclament des capotes pour l'armée, I, 90, 91. — Ils réclament aussi des souliers, des habillements de tout genre, 110. — Les représentants Boissy d'Anglas, Vitet et Alquier dénoncent la mauvaise qualité des fournitures acceptées à Montpellier, 292, 293. — État des magasins de Valenciennes, 307. — Dénuement de l'armée de Belgique, 319. — Marchés passés à Anvers, II, 232. — Les représentants dans l'Ariège proposent d'habiller les soldats en drap de couleur, III, 276. — Arrêté du Comité de salut public pour l'estampillage des habillements, IV, 293.

Hagetmau (Landes). — Au premier bruit de l'invasion espagnole, les jeunes gens d'Hagetmau s'enrôlent, III, 477.

Haguenau (Bas-Rhin). — Annulation d'un arrêté pris par le district de cette ville, II, 40.

Hainaut. — Mission des commissaires nationaux Mouchet et de Légier dans cette province, I, 456, 458. — Des représentants Camus et Treilhard, II, 178, 179. — Opérations relatives aux biens des émigrés dans le Hainaut, 183. — Vote émis par les habitants de ce pays pour leur réunion à la France, 185. — Ils sont formés en gardes nationales, 265. — Blaux réunit provisoirement à la France plusieurs communes du Hainaut, III, 498.

Hainzelin (François), habitant de Lille, — Sauve le bonnet de la liberté placé sur le clocher de l'église de Saint-Étienne, I, 137.

Hal (Belgique). — Insurrection dans cette ville, II, 355.

Hallette, juge de paix de Lille. — Dresse le procès-verbal de l'ouverture des porte-manteaux de Philippe Devaux, III, 368.

Hallot, commandant de Strasbourg. — Il donne des inquiétudes, III, 168.

Hambourg. — Un Français établi dans cette

ville demande des lettres de marque, I, 44. — Un corps d'armée français se porte sur cette ville, 482. — Le Sénat de Hambourg expulse l'ambassadeur français, II, 227, 254. — Embargo à mettre sur des navires hambourgeois, IV, 320.

Hamel (Ernest), historien. — Son opinion sur les motifs de l'arrestation de Beffroy et de Courtois, V, 422.

Ham-sur-Sambre (Belgique). — Réunion de cette ville à la France, II, 341.

Hanséatiques (Villes). — L'embargo est mis sur les bâtiments appartenant à ces villes, II, 227. — Débat au Comité de défense générale sur les relations avec ces villes, 254, 270, 364, 374. — Arrêté du Conseil exécutif provisoire relatif aux prises faites sur les villes hanséatiques, 531, 532. — Ces villes sont traitées comme neutres, IV, 162. — Projet de mettre l'embargo sur des navires hambourgeois, 320. — Capture d'un navire de Rostock, 468.

Harambure (D'), lieutenant général. — Les représentants dans le Doubs l'accusent d'incivisme, I, 197.

Hablant, membre du directoire de la Meurthe. — Exerce provisoirement les fonctions de procureur général syndic, V, 431.

Harmand (Jean-Baptiste), député de la Meuse à la Convention. — Part pour l'armée de la Moselle par suite d'une confusion de son nom avec celui d'Ehrmann, V, 394.

Harou-Romain, membre de la Commune. — Commissaire du Conseil exécutif, I, 38. — Approbation de ses opérations, 228. — Commissaire national en Belgique, 345. — Envoyé à Courtrai, 458, 459. — Ignore la langue flamande, II, 180.

Harskirchen (Allemagne). — Ce bailliage demande sa réunion à la France, II, 136, 472. — Éloge du patriotisme des habitants de ce lieu, III, 497.

Harville (D'), général. — Commande le camp d'Auberive, I, 86. — Il a la con-

fiance des soldats, 209. — Repousse l'ennemi à Namur, 443. — Les représentants le font mettre en état d'arrestation, III, 168.

Hasselt (Belgique). — Scellés apposés sur les biens nationaux de cette ville, I, 488.

Hassenfratz (Jean-Henry), chimiste et homme politique. — Dénonce Custine, II, 65, 66. — Notice biographique, ibid.

Haussmann (Nicolas), député de Seine-et-Oise à la Convention. — Envoyé en mission à l'armée du Rhin, I, 341. (Voir ses lettres au mot Armée du Rhin.) — Notice biographique, ibid. — Résumé de sa mission, 342. — Son rapport oral, II, 579. — Est envoyé de nouveau en mission à l'armée du Rhin, III, 213, 539 à 544. — Lettres de sa main, IV, 171, 293. — Motifs de son voyage à Paris en juin 1793, V, 18.

Haute-Garonne (Département de la). — Mission de Mailhe, Lombard-Lachaux et Goffroy, II, 303, 311. — Conduite charitable du 1er bataillon de la Haute-Garonne à Saint-Agnès (Alpes-Maritimes), III, 29. — Le recrutement est presque terminé dans ce département, 293, 379. — Suspension du procureur général syndic, IV, 215. — Mission de Berlier et de Chénier dans la Haute-Garonne, le Tarn, le Gard et l'Hérault, V, 101.

Haute-Loire (Département de la). — Mission de J.-B. Lacoste et de Faure, II, 303, 310. — Approbation d'un arrêté de l'administration de ce département, V, 201.

Haute-Marne (Département de la). — Suspension du directoire de ce département, I, 18. — Il réquisitionne des subsistances pour le camp de Châlons, 56. — Mission de Roux et de Perrin, 302, 305. — Lettres de ces représentants, 407, 462, 530, 607; III, 75. — Succès du recrutement dans ce département, 75. — Lettre de Roux et Perrin, 129. — Lettre que leur écrit le Comité, 194.

Haute-Saône (Département de la). —

L'administration de ce département fait arrêter les commissaires Danjou et Martin, I, 97, 98. — Mission de Michaud et de Siblot dans la Haute-Saône et le Doubs, II, 302. — Succès du recrutement dans la Haute-Saône, 396, 401. — Esprit public dans ce département, 476. — Civisme du 10ᵉ bataillon de la Haute-Saône, 561. — Ce département demande une avance à la trésorerie nationale, IV, 155.

Haute-Vienne (Département de la). — Activité de ce département en vue de la défense nationale, I, 151. — Mission de Bordas et de Borie dans la Haute-Vienne et la Corrèze, II, 303, 310. — Opérations du recrutement, 402. — Lettre du Comité de salut public de ce département sur la correspondance secrète des émigrés, III, 281. — Délibération de ce département pour porter des secours dans la Vendée, IV, 68. — Opérations de Baudot, V, 433, 434. — Mission de Brival, 499.

Haut-Rhin (Département du). — Un des représentants à l'armée du Rhin y règle des affaires urgentes, II, 46. — Moyens de défendre ce département, 292. — Mission de Louis et de Pflieger, 302. — Le recrutement s'effectue bien dans ce département, III, 275.

Hautes-Alpes (Département des). — Mission de Parras et de Fréron, II, 303, 307.

Hautes-Pyrénées (Département des). — Activité de ce département en vue de la défense nationale, I, 151. — Mission de Neveu et d'Ysabeau, II, 303, 312. — Le recrutement est terminé, III, 391. — Les représentants demandent à la Convention un décret qui déclare que ce département a bien mérité de la patrie, 392. — Délibération de ce département portant qu'il sera formé six nouvelles brigades de gendarmerie, 402.

Havinnes (Belgique). — Annexion de ce lieu à la France, II, 464.

Havre (Le). — Voir *Le Havre*.

HAZARD, membre du district de Saint-Denis. — Est nommé commissaire du Conseil exécutif, IV, 204.

HÉBERT, officier municipal de Blangy. — Est nommé commissaire national dans les départements, I, XXIV.

HÉBERT, procureur de la commune de Bergues. — Est nommé commissaire des guerres dans l'arrondissement de Bruges, II, 87.

HÉBERT, secrétaire d'Adrien du Port. — Est mis en arrestation, II, 592.

HÉBERT (Bon-Jacques-René), commissaire national à Verviers (Belgique), I, 457, 459. — Est nommé commissaire à Calais, IV, 145.

HÉBERT (Jacques-René), auteur du *Père Duchesne*. — Est désigné comme commissaire par la Commune, mais ne va pas en mission, I, 38. — Substitut du procureur de la commune, joue un rôle dans les préparatifs de l'exécution de Louis XVI, 495. — Notice biographique, *ibid.* — Bentabole se plaint que l'armée du Nord ne reçoive plus le *Père Duchesne*, V, 540.

Helchin (Belgique). — Annexion de ce lieu à la France, II, 464.

HELFLINGER, diplomate. — Est nommé provisoirement ministre de la République en Saxe, IV, 499.

Hendaye (Basses-Pyrénées). — Observations concernant cette ville, III, 461. — Les Espagnols la pillent, 491. — L'armée des Basses-Pyrénées est divisée en trois camps, dont un à Hendaye, IV, 8.

HÉNIN, militaire et diplomate. — Est nommé secrétaire chargé d'affaires à Constantinople, IV, 500.

Hennebont (Morbihan). — Le recrutement y est achevé, III, 304.

HENRI (Jean), inspecteur des transports militaires. — Est chargé d'accompagner un convoi de fusils destiné pour Tours, IV, 96.

Henri-Chapelle (Belgique). — L'armée française laisse un détachement dans cette ville, II, 244.

HENTZ (Nicolas), député de la Moselle à la Convention. — Le Comité de défense gé-

nérale le désigne pour une mission au Rhin, II, 38. — Envoyé en mission aux places fortes du Centre, 58-63. (Voir ses lettres au mot : *Places fortes du Centre.*) — Notice biographique, 58. — Son arrivée à Metz, 142. — Laporte et Blaux l'y rejoignent, 162. — Projet de l'envoyer à l'armée des Ardennes, III, 181. — Il y est envoyé, 213, 538. (Voir ses lettres au mot : *Armée des Ardennes.*) — Lettre de sa main, 617.

Hénaudix (Réné), évêque constitutionnel de l'Indre. — Est suspendu pour avoir publié un mandement contre le divorce, V, 284.

Hérault, commissaire du Conseil exécutif. — Correspond avec un émigré, V, 541.

Hérault (Département de l') — Ce département envoie des commissaires à Carcassonne pour se procurer des subsistances, I, 159. — Zèle d'un de ses administrateurs, nommé Brunel, 311. — Mission de Bonnier et de Voulland, II, 303, 309. — Attitude d'un bataillon de l'Hérault à Lyon, 386. — Le recrutement est presque achevé, III, 325. — Arrêté de ce département relatif à un nouveau mode de recrutement, 482, 509. — Le recrutement est terminé, 505. — Le Comité de salut public recommande à tous les départements le plan de recrutement proposé par le département de l'Hérault, 520. — Ce plan est appliqué à Paris, 521, 554, 598. — Ce département envoie 1,795 volontaires à l'armée du Var, 559, 581, 582. — Son plan de recrutement est recommandé par le Comité de salut public aux représentants en mission, 603-606. — Arrêté de ce département en vue de se procurer des armes, IV, 92. — Le département des Basses-Alpes adhère au plan de recrutement de l'Hérault, 95. — Tableau des subsistances dans l'Hérault, 122. — Le département de la Moselle adhère au plan de recrutement de l'Hérault, 339. — Mission de Berlier et de Chénier dans la Haute-Garonne, le Tarn, le Gard et l'Hérault,

V, 101. — Arrestation des principaux membres du Comité de salut public de l'Hérault, 209.

Hérault de Séchelles (Marie-Jean), député de Seine-et-Oise à la Convention. — Membre de la Commission extraordinaire, I, LIII. — Sa motion sur le ministère, LXXV. — Est envoyé en mission dans le Mont-Blanc, I, 276-277. (Voir ses lettres au mot *Mont-Blanc.*) — Notice biographique, 277. — Ses soupçons sur Kellermann, III, 256. — Lettres de sa main, 505; IV, 200. — Est adjoint au Comité de salut public, 381. — Est chargé, dans le Comité de salut public, des affaires étrangères, 540. — Surveille un emploi de fonds secrets, V, 109. — Est réélu au Comité de salut public, 225. — Son rapport sur l'organisation de ce Comité, 448. — Arrêté de sa main, 506, 535. — Demande le renouvellement du Comité de salut public, 536. — Arrêté de sa main, 546.

Herbec, commandant de Lille. — Est transféré à Metz, III, 168.

Herbitzheim (Bas-Rhin). — Le curé de cette localité intrigue contre la France, III, 548.

Hergkelin, capitaine de vaisseau. — Est nommé adjoint au ministère de la marine, III, 136.

Herimnes (Belgique). — Annexion de ce lieu à la France, II, 464.

Herquegies (Belgique). — Annexion de ce lieu à la France, II, 464.

Herquiaux (Belgique). — Annexion de ce lieu à la France, II, 464.

Herseaux (Belgique). — Annexion de ce lieu à la France, II, 464.

Hertain (Belgique). — Annexion de ce lieu à la France, II, 464.

Herve (Limbourg). — État des magasins militaires de cette ville, I, 403. — Le Conseil exécutif y envoie des commissaires, 457, 458, 459. — L'avant-garde de l'armée française se replie sur Herve, II, 244, 249.

Herxheim (Palatinat). — Un engagement a lieu dans ce village, IV, 65.

Hesdin (Pas-de-Calais). — Arrestation des contre-révolutionnaires de cette ville, II, 396. — Bon esprit des habitants, V, 125.

Hesse (Charles, prince de), lieutenant général. — Commandant par intérim de l'armée du Midi, I, 35. — Notice biographique, *ibid.* — Éloge de son civisme à Besançon, 168, 182. — Active la mise en état de défense de cette place, 183-188. — Suspend le maréchal de camp d'Arçon, II, 66, 118, 119.

Hesse-Cassel. — Le prince de Hesse-Cassel marche vers les frontières de France, I, 29. — Sa correspondance avec le district d'Étain et avec le général Dillon, 125-128.

Hesse-Darmstadt. — Le prince de Hesse-Darmstadt marche vers les frontières de France, I, 29.

Hessois. — Se conduisent sagement à Clermont, I, 87.

HILLER. — Voir INLER, et l'erratum du tome I, à la fin du tome II.

Hiox, commissaire du Conseil exécutif, I, xix, 38. — Envoyé à Châlons-sur-Marne, 39.

HOHENLOHE (Prince de). — Sa lettre à Custine, III, 274.

Hollain (Belgique). — Annexion de ce lieu à la France, II, 464.

Hollande. — Établissement de paquebots de Dunkerque en Hollande, I, 58. — Dumouriez reçoit l'ordre d'envahir le territoire hollandais, 239. — Le Conseil exécutif répare une infraction commise à Cayenne contre le traité avec la Hollande au sujet des déserteurs, 281. — Pourparlers entre le cabinet français et Pitt au sujet de la Hollande, 300. — Les réfugiés hollandais en France proposent au Conseil exécutif l'invasion de la Zélande, 411. — Le Conseil exécutif ajourne ce dessein, 482. — Les patriotes hollandais se rendent à Liège, *ibid.* — Débat au Comité de défense générale sur les Hollandais résidant en France, II, 48. — Ils pressent le gouvernement français d'envahir la Hollande, 70. — Capture

d'un navire hollandais à Toulon, 104, 107. — Projet de saisir des bois en destination de la Hollande, 140. — Inquiétudes du gouvernement hollandais, 147. — Plan de Dumouriez pour envahir la Hollande, 156. — Il est sursis, jusqu'après l'invasion de ce pays, à la vente des prises hollandaises, 157. — Prise d'un bâtiment hollandais, 173. — Plan de conduite des Français dans l'hypothèse d'une occupation de ce pays par eux, 190. — Projet de lever une légion batave, 210, 216, 227, 241. — Adoption du projet de décret de Cambon sur la Hollande, 223. — Premières opérations de Dumouriez dans ce pays, 224, 230-232. — Le Comité de défense générale s'occupe du sort des réfugiés hollandais, 245, 254. — Le Conseil exécutif songe à une expédition sur les possessions hollandaises, 275. — Affaire des navires de l'armateur hollandais Van Steveninck, 418. — Rapport de Brissot sur une guerre à faire à cette puissance, III, 82. — Rapport de Guadet sur un mémoire de Chaumette sur la Hollande, *ibid.* — Règlement d'un cartel d'échange pour les prisonniers entre la France et la Hollande, 210. — Le Conseil exécutif est autorisé à traiter des prisonniers avec la Hollande sur le pied des anciens cartels, 353. — Le gouvernement français rend la Hollande responsable du traitement des représentants du peuple détenus à Maestricht, 366. — Le Conseil exécutif autorise la course sur les bâtiments pêcheurs hollandais, 447, 483. — Note du gouvernement français à la Hollande pour réclamer les représentants livrés par Dumouriez, 467. — Mesures prises pour intercepter une flotte venant du Bengale, 552. — Levée de l'embargo mis à Nantes sur deux bâtiments hollandais, IV, 165; V, 416. — Arrestation à Montdidier de neuf déserteurs hollandais, 549.

Homburg (Palatinat). — Les Français évacuent cette ville, III, 79.

Honfleur (Calvados). — Opérations des re-

présentants dans la Manche et le Calvados, III, 374.

Honnecourt (Abbaye d') (Nord). — Aliénation de ses biens, I, 462, 476, 477.

Hôpitaux. — Mesures prises par les représentants en mission relativement à l'hôpital de la marine de Toulon, II, 144, 145. — Propositions de Bézard et de Thibault au sujet des hôpitaux militaires, III, 137. — Détails sur l'état des hôpitaux militaires, 272. — Manduyt et Isoré visitent l'hôpital de Beauvais, 373. — Il existe à l'hôpital d'Orléans un poteau et un carcan, 455.

Honix (Auguste), allemand. — Est arrêté à Pontarlier, puis remis en liberté, V, 154.

Houchard, général de division. — Est nommé commandant de l'armée de la Moselle sous les ordres du général Custine, III, 191. — Est nommé commandant en chef de l'armée de la Moselle, 422. — Est maintenu dans le commandement de cette armée, 445. — Le Comité de salut public approuve cette nomination, IV, 129, 141. — Houchard se concerte avec les représentants en mission, 341. — Il est encore maintenu au commandement de l'armée de la Moselle,

V, 25. — Il est proposé pour commander l'armée du Nord, 380. — Il est confirmé dans ce dernier commandement, 443. — Est dénoncé par Jeanbon Saint-André et Prieur (de la Marne), 492. — Le Comité de salut public lui envoie Carnot, 528.

Huant, homme de loi à Rocroy. — Est nommé accusateur militaire, IV, 405. — Refuse ces fonctions, V, 225.

Huguenin, membre de la Commune. — Commissaire du Conseil exécutif, I, 38. — Est nommé commissaire près l'armée du Nord, IV, 145.

Huningue (Haut-Rhin). — Dénuement de cette place, II, 234. — Elle est dépourvue d'officiers, III, 309. — On fait retirer la batterie de Huningue, 478. — Incendie de l'arsenal de Huningue, V, 466.

Hussards de Chamborant. — Quittent la garnison de Saint-Quentin, V, 209.

Hussards de la Liberté. — Incarcération de dix d'entre eux, II, 573.

Husson. — Est nommé commis aux écritures au Comité de salut public, III, 133; IV, 125.

Huy (Belgique). — Scellés apposés sur les biens nationaux de cette ville, I, 488.

I

Ichon (Pierre). — Député du Gers à la Législative et à la Convention, I, xlv. — En mission dans la section du Louvre, II, 285. — En mission avec Dartigoeyte dans le Gers et les Landes, 303, 312. (Voir ses lettres au mot *Gers*.)

Iuler, officier général. — Est destitué, I, 27. — Repousse un corps de cavalerie, II, 279.

Île Bourbon. — Projet d'envoyer des renforts dans cette île, II, 275.

Île de France. — Les députés de cette colonie demandent audience au Comité de défense générale, II, 10. — Le Comité décide de se borner à mettre l'île de France en état de défense, 11,

88, 275. — On suspend l'envoi d'un convoi dans cette île, 556.

Îles du Vent. — Débat sur l'attitude de la France à l'égard de ces îles, II, 28, 29, 120, 556. — On leur envoie des secours, IV, 449.

Ille (Pyrénées-Orientales). — Agitation dans cette ville, III, 164, 165. — Les auteurs des troubles sont presque tous arrêtés, 237. — Incursion des Espagnols à Ille, V, 199.

Ille-et-Vilaine (Département de l'). — Mission de Billaud-Varenne et de Sevestre, II, 303, 313. — Opérations de Guermeur et de Lemalliaud, 449-455. — Insurrection dans ce département,

468-471, 567-569. — Lettres de Guermeur et Lemalliaud, III, 103, 123. —
Mesures de défense prises par ce département, IV, 176. — Arrêté relatif à l'inspecteur des postes d'Ille-et-Vilaine, 290.

IMBERT D'ENNEVELIN, colonel de gendarmerie.
— Est destitué par les représentants
dans le Nord, I, 143, 144.

Impôts. — Paganel et Garrau proposent
des mesures pour accélérer la rentrée
des impôts, III, 292.

Imprimerie nationale. — Arrêté du Comité
de salut public pour en assurer le fonc-
tionnement, IV, 440, 441.

Inde. — Plan de campagne contre les
Anglais dans l'Inde, I, 455. — On y renonce, II, 11. — On y revient, 275.
— Difficultés que rencontre l'exécution
de ce plan, 354, 439, 493.

Indre (Département de l'). — Suspension
de l'administration de ce département,
I, 32. — Le Conseil exécutif la relève de
cette suspension, 58. — Mission de
Piorry et de Lejeune, II, 303, 316. —
Lettres de ces représentants, 419; III,
335, 375, 436. — Opérations de Philippeaux, V, 283.

Indre-et-Loire (Département de l'). —
Mission de Goupilleau (de Fontenay) et
de Tallien, II, 303, 315. — Le directoire d'Indre-et-Loire envoie un courrier
aux représentants, 381. — Lettres de
ces représentants, 381, 408, 417, 424,
427. — Lettre des administrateurs de
l'Indre-et-Loire à ceux du Cher, 466.
— Lettres des représentants, 544; III,
160. — L'administration de ce département se plaint de Berruyer, 190. —
Lettres de Tallien et de Piorry, 233,
249, 304. — Jugement rendu par le
tribunal du district d'Indre-et-Loire, III,
328. — Lettres de Tallien, 435, 458,
615; IV, 5, 61. — Par décret du
10 mai 1793, Bodin et Ruelle sont
nommés représentants près l'armée des
Côtes de la Rochelle avec résidence dans
ce département, 86. — Lettre de Tallien
au Comité de salut public, 87 à 90. —
Lettre du procureur général syndic de ce

département au Conseil exécutif, 99. —
Lettres des représentants, 131, 132,
211, 243. — Attitude de ce département lors de l'insurrection fédéraliste,
V, 267.

Indret (Loire-Inférieure). — Mesures pour
utiliser l'établissement d'Indret, II, 189,
600; IV, 269.

Industrie. — Instructions aux représentants
au sujet de l'industrie, IV, 38.

Ingouville (Seine-Inférieure). — Le maire
de cette localité est arrêté, III, 477.

INGRAND (François-Pierre), député de la
Vienne à la Législative et la Convention.
— Envoyé en mission, I, LXV. — En
mission dans la section de la Fraternité, II, 286.

Instruction publique. — Établissement
d'écoles primaires dans toutes les parties
de la République, IV, 353, 378. — Le
Comité de salut public demande la mise
à l'ordre du jour du rapport sur l'instruction publique, V, 77.

IROOD (Jean), capitaine du navire hollandais
le Jean-et-Catherine. — Son navire est
capturé par les Français, II, 104.

Irlande. — Le Conseil exécutif veut faire
venir des salaisons de ce pays, I, 57. —
Chauvelin donne l'idée d'une descente
en Irlande, II, 39. — Envoi d'une
croisière sur les côtes de cette île, 196.

Isère (Département de l'). — Annulation
de deux arrêtés de ce département, I,
410. — Mission d'Amar et de Merlino
dans l'Ain et l'Isère, II, 303, 307.
(Voir leurs lettres au mot Ain.) — Disette des subsistances, III, 301.

Isle-Jourdain (Gers). — Arrestation du
procureur syndic du district de l'Isle-
Jourdain, II, 571.

Isle (L') [Vaucluse]. — Les habitants de
cette ville pactisent avec les révoltés de
Marseille, V, 360, 361.

ISNARD (Maximin), député du Var à la Législative et à la Convention. — Commissaire de l'Assemblée législative à l'armée
de La Fayette, I, LXI, 17. — Sa mission
aux prisons, LXIII. — Envoyé en mission
à Perpignan. (Voir ses lettres au mot

Perpignan.) — Notice biographique, 63 [1]. — Membre du Comité de défense générale, II, 515. — Est adjoint à Delmas, 591. — Son projet de réorganisation du Conseil exécutif, III, 43. — Il le présente à la Convention, 44. — Parle sur l'établissement du Comité de salut public, 82. — Est chargé de préparer un projet de décret sur l'établissement du Comité de salut public, 87. — Relit son projet, 112. — Il est adopté, 115. — Obtient des voix pour être membre du Comité de salut public, 131.

Isnardi, commissaire du Conseil exécutif à Malmédy, I, 457, 459; II, 3.
Isoré (Jacques), député de l'Oise à la Convention. — En mission dans la section des Quatre-Nations, II, 285. — En mission avec Mauduyt dans la Seine-et-Oise et l'Oise, 303, 315. (Voir ses lettres au mot Oise.) — Notice biographique, III, 186. — En mission dans l'Aisne et l'Oise, V, 444. (Voir ses lettres au mot Aisne.)
Issoudun (Indre). — Pétition de cette ville pour la déchéance du roi, I, 32.

J

Jacobins. — Voir Sociétés populaires.
Jacquet. — Est nommé juge militaire, V, 480.
Jacquot (Jean), courrier de Custine. — Infidélité de ce courrier, III, 576.
Jagot (Grégoire-Marie), député de l'Ain à la Convention. — Son registre de correspondance, I, xxii. — Est envoyé en mission dans le Mont-Blanc, I, 276. (Voir ses lettres au mot Mont-Blanc.) — Et dans les Alpes-Maritimes, 277. (Voir ses lettres au mot Alpes-Maritimes.) — Notice biographique, ibid. — Passe à Toulon, II, 238. — Lettre de sa main, 341.
Jalès (Ardèche). — Projets de contre-révolution dans cette localité, III, 295.
Jalup (Le chevalier de). — Est accusé d'aristocratie, III, 477, 603.
Jamon, député à la Législative. — En mission aux manufactures d'armes, I, lxiv.
Janot, président du Comité de sûreté générale à Genève. — Est suspect aux représentants en mission dans le Mont-Blanc, III, 504.
Janson. — Est nommé expéditionnaire au Comité de salut public, IV, 125.
Janson, médecin. — Est employé à l'hôpital militaire de Besançon, I, 186.

Janson, membre de la commune. — Commissaire du Conseil exécutif, I, 38. — Approbation de ses opérations, 228.
Jard-Panvillier (Louis-Alexandre), député des Deux-Sèvres à la Législative et à la Convention. — Envoyé en mission, I, lxiii. — En mission à l'armée des Côtes de la Rochelle, IV, 85. (Voir ses lettres au mot Armée des Côtes de la Rochelle.) — Notice biographique, ibid.
Jarry, officier général. — Est destitué, I, 27.
Jaubert (Joseph), envoyé du canton de Bourg-Lastic. — On lui vole son portefeuille au Champ de Mars, V, 536.
Javogues (Claude), député du Rhône-et-Loire à la Convention. — On veut incendier sa maison à Montbrison, II, 200. — Est envoyé en mission dans le département de Saône-et-Loire et les départements voisins, V, 310. (Voir ses lettres au mot Saône-et-Loire.) — Notice biographique, 311. — Lettre de sa main, 504.
Jeanbon-Saint-André (André), député du Lot à la Convention. — En mission dans la section des Halles, II, 285. — En mission avec Élie Lacoste dans la Dordogne et le Lot, 303, 311. (Voir ses lettres au mot Dordogne.) — Notice bio-

---

[1] C'est par erreur que nous avons, avec toutes les biographies, fait naître Isnard en 1751. Il était né le 18 février 1758. (Voir le Catalogue Sensier.)

graphique, 499. — Est insulté à son passage à Orléans, 533. — Lettre de sa main, 535; III, 307. — Information faite sur les injures dont il a été l'objet à Orléans, 454. — Lettre de sa main, IV, 50, 183, 214. — Est adjoint au Comité de salut public, 528. — Y fait partie de la section de la marine, 540. — Prépare un projet de décret, 558. — Le présente, 561. — Confère avec le Comité d'agriculture, 577. — Est chargé de présenter un projet de décret sur les subsistances, V, 181. — Est réélu au Comité de salut public, 224. — Fait adjoindre Robespierre à ce Comité, 393. — Son rapport sur Toulon, 414. — En mission aux armées du Nord, des Ardennes, de la Moselle et du Rhin, 442. (Voir ses lettres au mot *Armée du Nord*.)

JEANDEL (Jean-Joseph), habitant de Senones. — Remet les sceaux de la principauté de Salm aux représentants, II, 248.

Jemmapes (Département de). — Mesures relatives à l'organisation provisoire de ce département, II, 243, 244, 273. — Il est excepté de la mission des 82 commissaires, 298. — Opérations des représentants en Belgique, 366. — Ce département est divisé en districts, 393; IV, 224.

JENNESSON, secrétaire de Kellermann. — Son opinion sur Dumouriez et la royauté, III, 256. — Il est arrêté, 258. — Une lettre de lui compromet Kellermann, 260.

Jersey (Île de). — Mesures prises pour intercepter les communications entre Jersey et la France, II, 536.

JOUANNOT (Jean), député du Haut-Rhin à la Convention. — Membre du Comité de défense générale, I, 390. — Notice biographique, 391. — Est adjoint à la mission à l'armée de Dumouriez, 448. — Est remplacé dans cette mission par Treilhard, 477. — Est chargé d'examiner une lettre des représentants aux côtes de Lorient à Bayonne, II, 108.

— Et un état des poudres et salpêtres, 162. — Son rapport sur ce sujet, 222, 274.

JOINVILLE (Pierre-Madeleine). — Est nommé provisoirement commissaire de la comptabilité en remplacement de Denormandie, I, 261, 270.

JOLMON, garçon de bureau au Conseil d'État. — Ses appointements lui sont payés par le Conseil exécutif, II, 360.

JOLIMONT (Le camp de) [Basses-Pyrénées]. — L'armée des Basses-Pyrénées est divisée en trois camps, dont un à Jolimont, IV, 8.

JOLIVET, chargé d'affaires à Liège, I, 17.

Jollain (Belgique). — Annexion de ce lieu à la France, II, 464.

JOLY, membre de la commune. — Commissaire du Conseil exécutif, I, 38. — Remplit ces fonctions dans la Haute-Saône, II, 396.

JOLY, un des administrateurs de la Haute-Saône. — Remplit les fonctions de commissaire du ministre de la guerre, II, 475, 476.

JOLY (L'abbé), curé de Sotteville. — Est nommé procureur de sa commune, IV, 322.

JOSEPH II (L'empereur). — État des biens du clergé en Belgique dressé par son ordre, I, 425.

JOUBERT, ex-adjudant du général d'Alton. — Ses intrigues à Lille, II, 493.

JOUENNE-LONGCHAMP (Thomas-François-Ambroise), député du Calvados à la Convention. — Est envoyé en mission dans le Loir-et-Cher, I, 272. (Voir ses lettres au mot *Loir-et-Cher*.) — Notice biographique, *ibid.* — Est désigné pour faire partie de la mission du 9 mars 1793, II, 300.

JOULLET, commissaire du Conseil exécutif, I, 38.

JOURDAC, député à la Législative. — Membre de la commission des Douze, I, XLVII.

JOURDEUIL, chef de bureau au ministère de la guerre. — Est nommé adjoint de la 5ᵉ division, V, 448.

Journal de la ville de Lyon. — Influence
de cette feuille, II, 385.

Journal général de l'Europe. — Rédigé à
Herve par Le Brun, I, 2.

JOUSBERT DU LANDRAU, lieutenant de gendarmerie. — Est destitué, III, 415, 603.

Joux (Doubs). — Les représentants dans
le Doubs visitent le château de Joux, I,
219.

JOYEUSE. — Voir VILLARET-JOYEUSE.

Joyeuse (Ardèche). — Opérations des représentants, II, 559; III, 400, 419,
464.

JUEST-DYNCLEMABRE, commissaire observateur en 1793, I, XXIX.

Juges de paix et officiers de police militaire.
— Leur nomination par le Conseil exécutif provisoire, V, 225, 292, 479,
480, 529.

JUGLARD, commissaire des guerres. — Est
suspendu de ses fonctions, II, 560,
561; III, 516.

JULIAN, commissaire observateur en 1793,
I, XXIX.

JULLIEN (Jean), député de la Haute-Garonne
à la Convention. — Est envoyé en mission à Orléans, II, 390-392. (Voir ses
lettres au mot *Orléans.*) — Notice biographique, 392. — En mission à Tours,

III, 601. (Voir ses lettres au mot *Tours.*)
— Lettres de sa main, IV, 64. — Donne
sa démission de représentant en mission,
541. — Est remplacé par Turreau,
561.

JULLIEN, agent supérieur provisoire du
Conseil exécutif. — Les représentants
dans les Basses et les Hautes-Pyrénées
se félicitent de son énergie, III, 391.

JULLIEN (Marc-Antoine), député de la Drôme
à la Convention. — Ne peut se rendre
en mission à Nantes, V, 64.

Jura (Département du). — Mission de
Léonard Bourdon et de Prost, II, 303,
307. — Fanatisme et intolérance de ce
département, III, 418. — La levée de
300,000 hommes y est complète, IV,
51. — Mission de Bassal et de Garnier
(de l'Aube) dans le Jura et les départements limitrophes, 591, 595. — Lettres
de ces représentants, V, 117, 435,
438, 477, 478.

Justice. — Troubles à Montaner à l'occasion de l'élection du juge de paix, I,
XXX. — Le directoire de la Loire-Inférieure nomme d'office des juges, II,
567. — Conflit entre le tribunal criminel de la Vienne et les représentants
en mission, III, 336.

K

Kain (Belgique). — Annexion de ce lieu à
la France, II, 464.

KALCKREUTH, général prussien. — Son entrevue avec les représentants en mission,
I, 140. — Négocie avec Kellermann au
sujet de l'évacuation de Longwy, 164,
165.

Kastel, fort près de Mayence. — Voir *Castel.*

KELLERMANN, général. — Nommé comman-
dant de l'armée du Centre, I, 27. —
Notice biographique, *ibid.* — Avisé par
exprès de se rendre à son poste, 36. —
Commande l'armée de la Moselle, 82. —
Bon ordre de son armée à Suippes, 90.
— Rapporte un mot du roi de Prusse,
108. — Prend son quartier général à

Sainte-Menehould, *ibid.* — Sa confiance,
110. — Demande des ordres pour le
transport des émigrés prisonniers, *ibid.*
— Ses opérations sous Verdun, 138,
139. — Sa marche sur Étain, Spincourt
et Vaudoncourt, 163. — Campe à Vaudoncourt et confère avec le duc de
Brunswick sur l'évacuation de Longwy,
164, 165. — Fait faire trois salves d'artillerie pour annoncer l'évacuation du
territoire, 181. — Reçoit l'ordre d'aller
avec 20,000 hommes le long de la Moselle pour seconder Custine, 208. —
Excite les soupçons du Conseil exécutif et
est mandé par lui à Paris, 224. — Annonce qu'il va se mettre en marche avec

une partie de son armée, 227. — Demande au Conseil comment il doit se conduire avec le duc de Deux-Ponts, 234. — Arrive à Paris et demande à être admis devant le Conseil, 235. — Remplace Montesquiou dans le commandement de l'armée des Alpes, 235. — Ses conventions avec les généraux autrichiens, 270. — Son prompt départ pour l'armée des Alpes, *ibid.* — Son zèle à réprimer les manifestations contre-révolutionnaires, 375. — Annonce au Conseil exécutif la révolution de Genève, et en reçoit des instructions à ce sujet, 387-388. — Est requis par les représentants de mettre en état de guerre les villes de Moutiers, Montmélian, Saint-Jean-de-Maurienne et Chambéry, 484. — Renseigne le Conseil exécutif sur les dispositions de la Suisse et de Genève, II, 190. — Commande l'armée des Alpes, 228. — Est rappelé au respect de la loi, 482. — Ses pourparlers avec Brunswick, III, 20. — Les représentants sont chargés de le surveiller, 187. — Il leur paraît suspect, 202, 203. — Le Comité de salut public examine des lettres relatives à ce général, 239. — Hérault et Simond reconnaissent et démontrent son innocence, 256 à 260. — Sa conduite paraît équivoque, 331. — Toute délibération sera suspendue à son égard jusqu'au résultat de la discussion qui doit avoir lieu à son sujet, 387. — Il est mandé par le Conseil exécutif pour être entendu, 446, 486. — Il est surveillé par les représentants au Mont-Blanc, 503. — Il est entendu par le Comité sur la situation de l'armée des Alpes, IV, 138, 144. — Soumet au Comité des plans de campagne, 161. — Le Comité fait rendre un décret en sa faveur, 202. — Il confère avec le Comité sur les troubles de la Vendée, 224. — Sa nomination au commandement des armées des Alpes et d'Italie réunies, 240, 249, 264, 265. — Est entendu par le Comité, 285, 286. — Est invité à se rendre directement à l'armée des Alpes, 330. — Le Comité de salut public demande des renseignements sur lui, 474.

KERCY, ex-consul de France à Alger. — Payement de la dette qu'il a contractée envers l'envoyé de la cour d'Espagne, V, 114.

KERENVEYER, général. — Voir PASCAL-KERENVEYER.

KERGUELEN, adjoint au ministère de la guerre. — Est entendu par le Comité de salut public, III, 169. — Présente un mémoire, 183. — Une expédition secrète lui est confiée, 580, 598.

KERSAINT (Armand-Gui-Simon), député de Seine-et-Oise à la Législative et à la Convention. — Provoque la création du *Bulletin de la Convention*, I, VII-VIII. — En mission, LIX. — Commissaire de l'Assemblée législative, 16. — Député de Seine-et-Oise à la Convention, fait créer le Comité de défense générale, 376-377. En est nommé membre, 390. — Notice biographique, *ibid.* — Président du Comité de défense générale, 393. — Chargé d'examiner les états du ministère de la marine, 406. — Fait son rapport sur ces états, 450. — Décret présenté par lui sur la marine, 451. — Fait un rapport sur le même sujet, III, 81. — Est rayé des états de la marine, V, 182.

KIEFFER, juge de paix de Benfeld. — Sa suspension, II, 198.

KILMAINE, général. — Est nommé commandant en chef de l'armée du Nord, IV, 68, 70. — Est remplacé, V, 474.

KILSDONK (Le citoyen). — Son offre au sujet d'un achat de fusils en Hollande, V, 4.

Klundert (Hollande). — Capitulation de cette ville, III, 231.

KOCK (Dr.), banquier hollandais. — Présente au Conseil exécutif un plan d'invasion de la Hollande, I, 411, 414.

Kreuznach (Allemagne). — Opérations militaires près de cette ville, II, 579.

KNIEO, général de brigade. — Est nommé commandant de Metz, IV, 543.

KUSCINSKI (A.). — Prépare une biographie des conventionnels, II, 391, 503.

L

Labarre (De), commissaire du Conseil exécutif aux frontières du Nord. — Les représentants font son éloge, I, 141.

Labergerie. — Voir Rouger-Labergerie.

Labeyrie, lieutenant-colonel. — Un détachement commandé par lui met un corps de troupes espagnoles en déroute, III, 376.

Lablée (Jacques), ancien membre de la Commune, rédacteur du *Fanal parisien.* — Reçoit du Conseil exécutif une subvention de 1,000 livres, I, 236.

Laborey, commissaire du Conseil exécutif, I, 38. — Envoyé à l'armée du Rhin, 39. — Approbation de sa conduite par le Conseil, 296.

La Bourdonnaye (Comte de), général d'armée. — Notice biographique, I, 76. — Commande l'armée du Nord, 82. — Son éloge, 95. — Porte la garnison de Lille à 16,000 hommes, 100. — Fait une fausse attaque sur Menin, 228. — Quitte l'armée de Dumouriez, 254. — Est nommé commandant de l'armée du Rhin, 447. — Est entendu par le Conseil exécutif, II, 21. — Son mémoire sur la défense des côtes, 226. — Commande l'armée des côtes, 229. — Confère avec le Comité de défense générale, 270. — Nouveau plan pour la défense des côtes, 348. — Est chargé de réunir une armée à Nantes, 390. — Commande sur la rive droite de la Loire, 461. — Arrive à Rennes, 471, 486. — Marche au secours des départements attaqués, 490. — Demande un bataillon aux représentants en mission, 537. — Doit marcher sur les Sables-d'Olonne, 549. — Les représentants lui demandent des renforts, III, 39. — Il refuse une escorte au représentant chargé d'exécuter le décret de la Convention du 18 mars, 61. — Ses opérations près de Guérande, 74 — Lemalliaud et Guermeur lui écrivent, 123. —

Sa lettre au sujet de Dumouriez, 127. — Il va à Nantes se concerter avec Berruyer, 144. — Est appelé par le Comité de salut public, 181. — Est entendu par ce Comité, 281. — Fouché et Villers rendent justice à sa bonne conduite, 375. — Il est entendu par le Conseil exécutif, 422. — Il bat les Espagnols, V, 356.

La Bretèche (Ille-et-Vilaine). — Projet de démolir ce château-fort, III, 38.

Labrousse (Suzanne Courcelle), aventurière mystique. — Rapport sur son arrestation à Rome, II, 29. — Rapport de Lidon sur sa détention à Rome, III, 82.

La Canourgue (Lozère). — Le maire de cette ville, Alcais, fait arrêter différents chefs de rebelles, IV, 52.

Lacaune (Tarn). — Troubles dans ce district, II, 607.

Lacaze (Jacques), député de la Gironde à la Convention. — Membre du Comité de défense générale, I, 392. — Notice biographique, *ibid.* — Son rapport sur l'interdiction à faire aux autorités civiles de s'immiscer dans les opérations maritimes, II, 10. — Sur les étrangers domiciliés en France, 51. — Sur l'envoi de représentants aux armées, 59-62. — Est chargé par le Comité de défense générale de conférer avec le ministre de la marine, 72, 92. — Dépose son rapport sur les étrangers, 173. — Est encore chargé de conférer avec le ministre de la marine, *ibid.,* 254. — Son rapport sur la marine, III, 82. — Son rapport sur les étrangers voyageant ou résidant en France, *ibid.* — Accusé d'avoir égaré l'esprit public à Libourne, V, 135.

La Caze, commissaire national dans le Pas-de-Calais, I, xxix.

Lacépède, député à la Législative. — Membre de la Commission extraordinaire, I, xlix. — Son projet sur l'éducation du prince royal, lii.

La Chapelle, capitaine d'artillerie. — Remplit provisoirement les fonctions de lieutenant-colonel à Besançon, I, 185.

La Châtaigneraie (Vendée). — Les Vendéens sont battus dans cette localité, III, 125. — Bonne tenue des volontaires à ce combat, 233

La Chaussade (Nièvre). — Le ministre de la marine est chargé de surveiller ses forges, III, 183.

La Chausse, médecin. — Officier municipal de Strasbourg, I, 23.

La Chevandière (A.-L.), vice-président du directoire du département de Paris. — Commissaire du Conseil exécutif, I, xxxvii. — Son rôle dans les préparatifs de l'exécution de Louis XVI, 495. — Est nommé commissaire du Conseil exécutif dans les départements insurgés, IV, 70. — Le Conseil exécutif arrête qu'il reprendra ses fonctions aussitôt que sa présence dans les départements ne sera plus nécessaire, 83. — Choudieu l'envoie à Paris avec un projet pour réduire la Vendée, V, 433.

Lacombe Saint-Michel (Pierre-Jean), député du Tarn à la Législative et à la Convention. — Son discours du 18 juillet 1792, I, lvii. — Sa mission à Soissons, ibid. — Envoyé en mission à l'armée de Montesquiou, 69. (Voir ses lettres au mot Armée de Montesquiou.) — Notice biographique, ibid. — Membre du Comité de défense générale, 390. — Proposé par ce Comité pour une mission en Corse, II, 24. — Décret qui confirme cette désignation, 42, 59, 61. (Voir ses lettres au mot Corse.) — Ses rapports sur cette mission, 42, 43. — Signe une lettre de Grégoire et de Jagot, 379. — Lettres de sa main, 609; III, 238. — Est confirmé dans sa mission en Corse, 540 à 544. — Lettres de sa main, V, L 470, 528.

Lacoste (Élie), député de la Dordogne à la Convention. — En mission dans la section des Droits de l'homme, II, 286. — En mission avec Jeanbon Saint-André dans la Dordogne et le Lot,

303, 311. (Voir ses lettres au mot Dordogne.) — Notice biographique, 499. — Est menacé à son passage à Orléans, 498, 533. — Informations sur les injures dont il a été l'objet à Orléans, III, 454. — Lettre de sa main, 490. — En mission à l'armée du Nord, V, 374. (Voir ses lettres au mot Armée du Nord.) — Lettre de sa main, 540.

Lacoste (Jean-Baptiste), député du Cantal à la Convention. — En mission avec Faure dans le Cantal et la Haute-Loire, II, 303, 310. (Voir ses lettres au mot Cantal.) — Serait un terroriste, d'après son collègue Faure, 310. — Notice biographique, 505. — Le Comité de salut public projette de l'envoyer en mission dans le Bas-Rhin et le Haut-Rhin, V, 23. — Est envoyé aux armées de la Moselle et du Rhin, 365.

Lacour-Dambezieux, membre de la Constituante. — Est envoyé en mission, I, lvi.

Lacroix, commissaire du Conseil exécutif, I, xxx.

Lacroix, membre du bureau militaire de la Haute-Garonne. — Est nommé juge militaire, V, 226.

Lacuée, député à l'Assemblée législative, officier général. — Membre de la commission des Douze, I, xlix. — Proposé pour une mission, lxii. — Son rapport annexé à celui de Carnot, 64. — Commissaire du Conseil exécutif, il aide les représentants en mission à Bayonne, 151, 171. — Ceux-ci se louent de son zèle, 227. — Obtient une voix pour être ministre de la guerre, II, 57. — Sa lettre sur les besoins de l'armée des Pyrénées, 603. — Soupçons sur lui, III, 337, 488. — Demande l'envoi de Toulouse à Bayonne d'un convoi d'artillerie, 494. — Dénonciation des représentants à son sujet, IV, 74. — Le ministre de la guerre est autorisé à l'employer dans son grade, 474. — Lacuée est autorisé à retourner dans son département, V, 372.

La Fayette. — Le Conseil exécutif provi-

soire surseoit à prononcer sa destitution, I, 6. — Mandé à Paris, 16. — Mesures prises pour son arrestation, 25.

La Fère, directeur des douanes à Lille. — Démissionnaire, II, 16.

Lafille (Marquis de), émigré. — Sa correspondance, V, 541.

Lafitte, chimiste. — Fait partie d'une commission chargée d'éprouver les nouveaux moyens de défense, III, 166.

La Font, général. — Est envoyé par Custine à Manheim, II, 360.

Lafont, homme de loi. — Est nommé juge militaire, V, 225.

La Genetière, général. — Est pris par les Espagnols, IV, 471.

La Germonière, commissaire des guerres. — Est suspendu de ses fonctions, II, 577.

Lagny (Seine-et-Marne). — La municipalité de cette ville arrête des grains destinés à Paris, V, 353.

Lagrave, agent du directoire des achats. — Ses opérations en Belgique, I, 403, 404.

Lagnével, député à la Législative. — En mission dans les départements, I, LXIV.

La Hogue (Jacques-Gilbert de). — Un passeport lui est accordé par le ministre des affaires étrangères, IV, 80.

La Houlière, général. — Son plan d'invasion du val d'Aran, II, 373. — Il est remplacé provisoirement par le général La Laurencie de Charras, III, 464.

Laigue, sous-chef au bureau des décrets. — Sa pétition au ministre de la justice, V, 66.

Laillé (Ille-et-Vilaine). — La garde nationale de ce lieu vole au secours de Rennes, II, 450.

Lajard, ci-devant ministre de la guerre. — Son traité avec Beaumarchais, I, 24.

Lajand, fournisseur de l'armée du Midi. — Son improbité, I, 245, 266.

Lakanal (Joseph), député de l'Ariège à la Convention. — En mission avec Maudoyt dans l'Oise et la Seine-et-Marne,

II, 303, 315. (Voir ses lettres au mot Oise.) — Son rapport à la Convention sur Sauveur, III, 73, 74.

Lalande (Pierre), fédéré de la Vienne. — Commissaire de Roland dans la Vienne, I, XXV, 39.

La Laurencie de Charras. — Remplace provisoirement le général La Houlière, III, 464.

La Leyen (Comtesse douairière de). — Ses gens sont incarcérés, IV, 198. — Elle réclame contre son arrestation, V, 324.

Lallement (Antoine), commissaire de la section de la Fontaine de Grenelle. — Candidat au ministère de la justice, II, 439.

Lalligant-Morillon. — Est nommé commissaire du Conseil exécutif à Rennes, III, 61.

La Luzerne (De), ministre de la marine. — Sa décision en faveur de l'armateur hollandais van Steveninck, II, 418.

Lamain (Belgique). — Annexion de ce lieu à la France, II, 464.

La Marche, général. — Sa conduite digne des plus grands éloges, III, 269. — Est nommé commandant de l'armée des Ardennes, 421, 422. — Est maintenu dans le commandement de l'armée des Ardennes, 445. — Il remplace provisoirement le général Dampierre à l'armée du Nord, IV, 60, 73. — Il n'est pas maintenu dans ces fonctions par le Conseil exécutif, 70. — Est dénoncé, V, 475.

La Marche (Vosges). — Le directoire du district de La Marche dénonce un maître des eaux et forêts, II, 531.

La Marlière[1], général. — Campe à Louvain, II, 318. — Son mémoire sur la situation de l'armée, 339. — Rapport sur lui, 355. — Lettre de lui, III, 226. — Il est assez satisfait de la fermeté de ses avants-postes, 246. — Il visite le camp avec les représentants aux armées du Nord, 269, 270. — Fait une fausse attaque sur Beaulieu et Marquins,

[1] Et non Lamarlière. Voir l'erratum du tome I, à la fin du tome II.

205. — Se dirige sur Tournai, 230. — Rapport de lui, III, 314. — Avantage remporté par ses troupes, 570. — Sa lettre sur le mouvement ordonné pour délivrer Condé, 545. — Son rapport relatif aux fausses attaques subies par les camps de Maulde et de Saint-Arnaud, 566. — Il est chargé par les représentants de féliciter les troupes, 584. — Sa conduite au combat de Saint-Amand, IV, 107. — Son éloge par Lesage-Senault et Gasparin, 313. — Arrêté relatif à ses pouvoirs, 514. — Sa justification par Delbrel, de Sacy et Duhem, V, 102. — Ses succès, 228, 295. — Il est destitué, 336. — Il rend compte de sa conduite, 364.

LAMARQUE (François), député de la Dordogne à la Convention. — Membre de la Commission des Douze, I, XLIX. — En mission aux armées, LVI. — Envoyé en mission à Bayonne, 62. (Voir ses lettres au mot *Bayonne*.) — Notice biographique, 63. — Intervient dans un débat sur l'envoi de représentants aux armées, II, 60. — En mission dans la section du Louvre, 285. — Membre suppléant du Comité de défense générale, 514. — En mission à l'armée de Dumouriez, 574.

LAMARRE, secrétaire de l'ambassade de France à Constantinople. — Sémonville l'envoie à Paris, III, 15.

LA MARTINIÈRE, ex-procureur de la commune de Paris. — Est employé à la fabrication des assignats, II, 375.

Lamballe (Côtes-du-Nord). — Insurrection près de cette ville, II, 569.

LAMBERT. — Est nommé commissaire du Conseil exécutif près l'armée d'Italie, IV, 145.

LAMBERT, ex-contrôleur général. — Est arrêté à Lyon, II, 200.

LAMETH (Alexandre DE), ex-constituant. — Sollicite les soldats de se prononcer contre le 10 août, I, 79.

LA MORLIÈRE (Alexandre), général commandant de Strasbourg. — Notice biographique, I, 24.

LA MORLIÈRE, fils du précédent, adjudant général à l'armée des côtes. — Est mandé par Saladin et Pocholle, III, 69.

La Mothe-Achard (Vendée). — Le général Boulard marche sur cette localité, III, 142. — Il s'y établit, 162, 177.

LAMOTTE, administrateur du district de Saint-Yrieix. — Les scellés sont mis sur ses papiers et sur ceux de son frère, V, 164, 165.

LAMOTTE, colonel. — Reçoit l'ordre de se porter sur Nesle, III, 89.

LAMOUQUE, procureur-syndic du district de Dieppe. — Est nommé juge militaire, V, 226.

LANCHÈRE, entrepreneur de la fourniture des chevaux d'artillerie de l'armée du Rhin. — Sa lettre au ministre de la guerre, V, 356.

LANDAIS, officier de marine. — Est entendu sur l'expédition de Sardaigne, III, 327. — Une expédition secrète lui est confiée, 580.

Landau (Bas-Rhin). — Incendie de l'arsenal, I, 503. — Les représentants dénoncent le dénuement de cette place, II, 137. — Le maréchal de camp Gillot y commande, 156. — Affaire de la destitution de ce commandant, 163. — Mesures pour la défense de Landau, 188. — Explications des représentants à l'armée du Rhin sur la situation de Landau, 220-221. — État d'approvisionnement de cette place, III, 479. — Ajournement de l'organisation du nouveau district de Landau, IV, 275. — Incivisme de deux habitants, 342. — Organisation du district de Landau, V, 317. — Opérations de Dentzel, 368. — Approvisionnement de cette place, 381, 453. — Établissement d'un télégraphe à Landau, 471.

Landerneau (Finistère). — Les corps administratifs de cette ville font l'éloge du 77e régiment d'infanterie, II, 120. — Landerneau devient le siège de l'administration du Finistère, V, 299.

Landes (Département des). — Querelles de l'administration de ce département avec le district de Mont-de-Marsan, I,

134. — Le conventionnel Garrau s'occupe de réparer les routes des Landes, 154. — Annulation d'un arrêté de ce département, 380. — Mission d'Ichon et de Dartigoeyte dans le Gers et les Landes, II, 303, 312. — Ils demandent des armes pour les gardes nationaux qui ont été désarmés, III, 292. — Les habitants n'ont pas d'armes, 363. — Levée en masse de ce département au moment de l'invasion espagnole, IV, 50. — Difficulté du recrutement, 64.

Landrecies (Nord). — Transfert dans cette ville de la manufacture d'armes que Gossuin avait à Liège, IV, 142, 155.

LANDRAGIN, officier municipal de Paris. — Est nommé juge militaire, V, 480.

LANDREIN. — Est nommé juge militaire, V, 293.

LANDREMONT, général. — Est proposé pour le commandement de l'armée de la Moselle, V, 380.

LANDRIEUX, agent du ministre de la guerre. — Est arrêté, puis mis en liberté, III, 205.

LANELLE, commissaire national en Belgique, I, 345. — Envoyé à Diest, 457, 459; à Nesle, III, 89. — Sa réclamation, IV, 249.

La Neuville-aux-Bois (Loiret). — Cette commune envoie des grains aux armées, III, 10.

Langogne (Lozère). — Servière fait désarmer les habitants de cette localité, III, 295.

Langres (Haute-Marne). — Pétition de cette ville contre le directoire de la Haute-Marne, I, 18.

LANJUINAIS (Jean-Denis), ex-constituant, député d'Ille-et-Vilaine à la Convention. — Sa motion à la Constituante contre Mirabeau, I, LXVIII. — Est remplacé à la Convention par Tréhouart, V, 499.

LA NOUË [1], lieutenant général, commandant à Maubeuge. — Il est envoyé à Saint-Quentin, I, 95. — Le Conseil exécutif n'approuve pas le choix que Dumouriez a fait de lui pour commander par intérim l'armée de Belgique, 349. — Décret qui le mande à la barre, II, 365.

Laon (Aisne). — Le maire de cette ville est chargé de l'exécution du décret de suspension prononcé contre le directoire de l'Aisne, I, 12.

LAPIS, officier du génie à Givet. — Est destitué, I, 155.

LAPLAIGNE (Antoine), député du Gers à la Législative et à la Convention. — Sa mission aux prisons, I, LXIII. — Autre mission, LXV.

LAPLANCHE (Jacques-Léonard GOYRE-), député de la Nièvre à la Convention. — En mission dans le Nièvre et le Loiret, II, 303, 317. (Voir ses lettres au mot Loiret.) — Notice biographique, 414.

LA PORTE, commissaire du Conseil exécutif. — Est envoyé près de l'armée de réserve, IV, 145.

LAPORTE (Marie-François-Sébastien DE), député du Haut-Rhin à la Législative et à la Convention. — Son discours du 18 juillet 1792, I, LVIII. — Envoyé en mission, LXI, LXV. — Envoyé en mission dans le Bas-Rhin, la Meurthe et la Moselle, I, 351-354. (Voir ses lettres au mot Bas-Rhin.) — Notice biographique, 352. — Arrive à Strasbourg, II, 142. — Blaux et lui se réunissent à Hentz, 162. — Projet de l'envoyer en mission à l'armée des Ardennes, III, 181. — Il y est envoyé, 213, 538. (Voir ses lettres au mot Armée des Ardennes.) — Sa mission avec Reverchon dans les départements de Saône-et-Loire, de Rhône-et-Loire et de l'Ain, V, 243. (Voir ses lettres au mot Ain.)

LAPOYPE, général de brigade. — Est nommé général de division à l'armée du Nord, III, 156. — Envoyé à l'armée d'Italie, il sauve la vie à Barras et à Fréron, V, 400. — Est jalousé par le général Brunet, 485.

[1] Et non Lanoue.

La Prade. — Est nommé commissaire national dans la Sarthe, I, xxix.

Lardeselle, garde magasin des vivres à Metz. — Est maintenu jusqu'à son remplacement, III, 152.

La Revellière-Lépeaux (Louis-Marie de), député de Maine-et-Loire à la Convention. — Fait voter le décret du 19 novembre 1792, I, 388. — Membre suppléant du Comité de défense générale, II, 514. — Combat la motion de Danton du 11 mars 1793, III, 112. — Obtient des voix pour être membre du Comité de salut public, 131.

La Roche-Bernard (Morbihan). — Cette ville tombe au pouvoir des insurgés, II, 453, 588. — Est reprise par Beysser, III, 38. — La Convention décrète qu'elle prendra le nom de la Roche-Sauveur, 73, 74. — Elle est évacuée, 74. — Guermeur et Lemalliaud demandent des secours pour les personnes qui ont été victimes des horreurs commises par les brigands dans cette ville, IV, 4.

La Rochelle (Charente-Inférieure). — Attitude patriotique de cette ville, II, 189. — Ses députés extraordinaires sont entendus par le Comité de défense générale, 192. — Le recrutement s'y opère bien, 321. — L'armée s'y réfugie après la bataille de Saint-Vincent, 436. — Séjour de Niou et de Trullard, 548. — Le général Marcé est sur le point d'y être immolé par le peuple, III, 126. — Opérations des représentants aux Côtes de Lorient à Bayonne, 304. — Le citoyen Alauzet est nommé directeur des douanes dans cette ville, 355. — Opérations de Niou et Trullard, 415. — Nomination d'un essayeur à la Monnaie de la Rochelle, 613. — Niou et Trullard rendent compte de l'état du port de cette ville, IV, 7, 179. — Opérations des représentants à l'armée des Côtes de la Rochelle, 444, 490; V, 197.

La Roque, colonel. — Est dénoncé par ses soldats comme royaliste et arrêté, III, 308.

La Roque, général. — Sa conduite digne d'éloges, III, 269. — Est arrêté comme complice de Dumouriez, IV, 468.

La Rouerie[1], insurgé royaliste. — Détails sur sa conspiration, II, 470; III, 147.

La Rue, adjudant général, employé à Cherbourg. — Est suspendu de ses fonctions et envoyé à Coutances, IV, 443.

Lasalle, commissaire observateur en 1793, I, xxix.

Lasassio. — Son plan pour la conquête du Piémont, I, xxxv.

La Saussaye, commissaire ordonnateur. — Est nommé adjoint au ministère de la guerre, II, 111. — Est entendu par le Comité de défense générale, 573, 591, 594; III, 32. — Et par le Conseil exécutif, 33.

Lasoude de Veaux, adjudant général. — Est mis en arrestation, II, 592.

Lasource (Marc-David Alba, dit), député du Tarn à la Législative et à la Convention. — Membre de la Commission extraordinaire, I, LIII. — Est envoyé en mission à Nice, 246, 248. — Notice biographique, 247. — Vote par lettre contre Louis XVI, 346. — Rectification au sujet de son nom et de sa date de naissance, 508. — En mission dans la section de l'Arsenal, II, 285. — Livre de M. Camille Rabaud sur Lasource, 311. — Membre du Comité de défense générale, 515. — Est chargé d'un rapport, 591; III, 31, 32. — Rédige une adresse à l'armée, 45. — Est chargé de proposer une mesure sur l'armée de Dumouriez, ibid. — Projet présenté par lui, 57. — Il donne des explications sur la conspiration de Bretagne, 60. — Obtient des voix pour être membre du Comité de salut public, 131. — Dénonce l'investissement de la Convention par le peuple de Paris, 554. — Sa lettre au Comité de salut public, V, 23.

Lassalle, dragon au 15e régiment. — Sa conduite civique, V, 401.

La Touche-Tréville, capitaine de vaisseau.

[1] Et non La Rouarie.

— Notice biographique, I, 15. — Ses instructions, 16. — Doit se réunir à Truguet, 19. — Capture un brigantin espagnol dans le port de Toulon, 167, 168. — Est entendu par le Conseil exécutif, II, 542, 556, 574. — Et par le Comité de défense générale, III, 45. — Est nommé commandant d'une armée navale, 46. — Reçoit l'ordre de partir, 117. — Il est question de lui confier le commandement d'une escadre sur l'Océan, 353. — Est provisoirement suspendu de tout commandement maritime, 356.

LATOUR D'AUVERGNE CORRET, capitaine de grenadiers. — Donne 700 livres pour l'équipement de deux fantassins, I, 462. — Il ménage la retraite des troupes, III, 568; IV, 8, 9. — Commande le poste de Sars, 233.

LATOUR-LAMONTAGNE, commissaire observateur en 1793, I, XLIV.

LATOUR-MAUBOURG (DE), membre de la Constituante. — En mission, I, LVI.

LA TRÉMOILLE, ci-devant seigneur d'Attichy. — Il émigre, V, 502.

LAUBADÈRE (Joseph-Marie), général [1]. — Est entendu par le Conseil exécutif provisoire, IV, 492.

LAUGIER, commissaire du Conseil exécutif, III, 170. — Rend compte que les prisonniers de la famille Bourbon sont arrivés sains et saufs à Marseille, 524. — Reçoit une indemnité, IV, 288-289. — Commissaire pour la levée des scellés chez le général d'Anselme, 477.

LAUMUR, général et gouverneur de Pondichéry, ancien aide de camp de Dumouriez. — Son départ est provisoirement suspendu, III, 211. — Il est autorisé à partir, IV, 227.

LAUREL, curé de Saint-Bonnet-le-Troncy. — Sa pétition, I, 9.

LAURENT (Claude-Hilaire), député du Bas-Rhin à la Convention. — Sa mission dans le Porentruy, II, 93-102. (Voir ses lettres au mot Porentruy. — Notice biographique, 101. — Se rend à Besançon pour déposer contre Dietrich, 234. — Obtient un congé, III, 332. — Sa mission à l'armée du Rhin, 539 à 544. (Voir ses lettres au mot Armée du Rhin.)

LAUSSEL, procureur de la commune à Lyon. — Est suspendu de ses fonctions et arrêté, II, 386, 387.

LAUTHIER-XAINTRAILLES, adjudant général. — Chargé d'une mission près des bourgmestres de Bâle, I, 129.

LAUTREC, prêtre réfractaire. — Est mis en prévention, III, 163.

Laval (Mayenne). — Opérations des représentants en mission dans cette ville, IV, 546, 597.

LA VALETTE, commandant du bataillon des Lombards. — Seconde le commissaire national Courtois à Gand, II, 182.

LAVALLÉE (J.), auteur d'une pièce patriotique jouée sur le théâtre de la Montansier, I, 359.

LA VALLÉE (J.-B.-David). — Est nommé essayeur à la Monnaie de Limoges, III, 613.

LAVAU-GAYON, chef d'administration de la marine à Bordeaux. — Est destitué, V, 147, 148.

LAVEAUX, commissaire du Conseil exécutif, I, XXX.

LAVEAUX (Charles). — Annulation d'un ordre qui le concerne, I, 42 [2]. — Son attitude à Strasbourg, II, 456. — Il est suspect, III, 327.

LAYA, auteur dramatique. — Incidents à propos de sa pièce, l'Ami des lois, I, XXIX, 463-465.

LAYDEKER, officier municipal de Thionville. — Est nommé juge militaire, V, 479.

Leaucourt (Belgique). — Annexion de ce lieu à la France, II, 464.

LE BAS, frère du conventionnel. — Est

[1] Et non Laubarède.

[2] Le nom de Laveaux a été imprimé par erreur Savan. Voir l'errata du tome I à la fin du tome II.

nommé membre du directoire du district de Saint-Pol, V, 125.

Le Bas (Philippe-François-Joseph), député du Pas-de-Calais à la Convention. — En mission aux armées du Nord, des Ardennes, de la Moselle et du Rhin, V, 442. (Voir ses lettres au mot *Armée des Ardennes*.) — Notice biographique, *ibid*. — En mission à l'armée du Nord, 449. (Voir ses lettres au mot *Armée du Nord*.) — Lettre de sa main, 489.

Le Beausset (Var).—Les habitants de cette commune s'opposent à la révolte fédéraliste, V, 390.

Le Blond, citoyen de Paris. — Reçoit un secours du Conseil exécutif, I, 262.

Lenois (Claude [1]), accusateur public près du tribunal criminel de Paris. — Son rôle dans les préparatifs de l'exécution de Louis XVI, I, 493.

Le Bon (Gratien-François-Joseph), député du Pas-de-Calais à la Convention. — En mission dans la Somme, V, 514. (Voir ses lettres au mot *Somme*.) — Notice biographique, 514-515.

Le Bouc de Surgènes, lieutenant-colonel. — Commande à Chantonnay, II, 432.

Le Breton, commissaire observateur en 1793, I, xxiv. — Est nommé juge militaire, V, 225.

Le Brun, administrateur des postes. — Est admis à la retraite, I, 361-362.

Le Brun, dit Le Brun-Tondu, ministre des affaires étrangères. — Sa lettre sur l'agent Blanié, I, xxxvi. — Son élection au ministère des affaires étrangères, 2. — Notice biographique, *ibid*. — Ses rapports avec Beaumarchais dans l'affaire des fusils, 54. — Fait rectifier l'arrêté relatif à Genève, 96. — Ministre de la guerre par intérim, 98. — Annonce la présence de cinq vaisseaux russes à Livourne, 166. — Rend compte de ses dépenses pendant son intérim comme ministre de la guerre, 167. — Est chargé d'insister auprès de la cour de Madrid pour qu'elle reconnaisse la République française, 168. — Président du Conseil, 175. — Se fait autoriser par le Conseil à envoyer un négociateur à Genève, 208. — Président du Conseil, 286. — Est chargé de préparer des instructions pour les commissaires à envoyer en Belgique, 342. — Propose de demander à l'Angleterre des explications sur le bill contre les étrangers, 371. — Fait adopter des instructions pour Genet, 393-398. — Fait au Comité de défense générale un rapport sur la situation politique, 406. — Président du Conseil, 455. — Assiste Garat notifiant à Louis XVI sa condamnation à mort, 494. — Renseigne le Comité de défense générale sur les dispositions de l'Angleterre et de l'Espagne, II, 21, 22. — Est chargé de faire un manifeste sur la rupture avec l'Angleterre, 31. — Communique au Comité de défense générale une dépêche de Bourgoing, et lui trace un tableau de notre situation extérieure, 50. — Annonce l'entrée des Prussiens en Pologne, 55. — Préside le Conseil exécutif, 155. — A des renseignements sur l'insurrection de Bretagne, 454. — Défend Dubuisson, Péreyra et Proly, III, 1. — Dénonciation de Boisset et Bayle contre lui, 17-20. — Préside le Conseil exécutif, 611. — Les représentants à l'armée des Alpes critiquent et dénoncent la mission qu'il a donnée en Suisse au général Dumay, IV, 305. — Il reçoit une réponse de lord Grenville à ses ouvertures secrètes, 415. — Est autorisé à continuer ses fonctions, quoique prisonnier, 441, 442. — Lindet et Barère confèrent avec lui au nom du Comité de salut public, V, 96.

Lebrun (Écouchard), poète. — Reçoit une indemnité du Conseil exécutif, I, 303.

Le Carpentier (Jean-Baptiste), député de la Manche à la Convention. — En mission dans la section de Popincourt, II, 286. — En mission avec Bourdon

[1] Et non *Charles*.

(de l'Oise) dans la Manche et l'Orne. 3o3, 3i4. (Voir ses lettres au mot *Manche*.) — Lettre de sa main, 612.

LE CHAPELIER, membre de la Constituante. — Appuie une motion de Mirabeau, I, LXVII.

LECHÈNE. — Est employé dans les bureaux du Comité de défense générale, III, 33. — Est nommé commis chargé de l'enregistrement au Comité de salut public, IV, 124.

LE CLERC, directeur de la Monnaie à Metz. — Les scellés sont mis sur ses papiers, I, 289.

LECOINTE. — Est nommé premier commis du Comité de salut public, III, 133. — Est nommé chef de bureau au même comité, IV, 125.

LE COINTE, négociant à Londres. — Son marché avec Beaumarchais, IV, 157.

LECOINTE-PUYRAVEAU (Michel-Mathieu), député des Deux-Sèvres à la Législative et à la Convention. — En mission, I, LXIII. — Son discours sur le ministère, LXXII. — Envoyé dans l'Eure-et-Loir, 272. (Voir ses lettres au mot *Eure-et-Loir*.) — Notice biographique, *ibid.* — Par décret du 10 mai 1793, il est nommé représentant pour le département des Deux-Sèvres près l'armée des Côtes de la Rochelle, 85. — Seconde notice biographique sur lui, *ibid.*

LE COINTRE (Laurent), député de Seine-et-Oise à la Législative et à la Convention. — Bibliographie de ses factums contre le Comité de salut public, I, v. — En mission dans les départemements, LXII. — Réfuté par Beaumarchais, 54. — En mission dans la section de Montreuil, II, 286. — Communique au Comité de défense générale une lettre du maire de Givet, III, 2. — En mission à l'armée des Côtes de Cherbourg, 54o à 544. (Voir ses lettres au mot *Armée des Côtes de Cherbourg*.) — Bon de sa main, IV, 519. — Il est rappelé, V, 239. — Il refuse d'aller en mission à Rouen, 557.

LE COINTRE (fils), capitaine des canonniers du 1ᵉʳ bataillon de Seine-et-Oise. — Le

gouvernement français le réclame aux Autrichiens, III, 483, 484. — Le ministre de la guerre écrit au général de l'armée du Nord pour réclamer et recevoir de Cobourg Le Cointre fils et cinq autres prisonniers, IV, 128.

LE COU (J.-J.). — Est nommé essayeur à la monnaie de la Rochelle, III, 613.

Lectoure (Gers). — Opérations de Dartigocyte et Ichon dans cette ville, IV, 3o2.

LÉCUYER, prévôt de l'armée du Nord, I, 101. — Donne sa croix de Saint-Louis, 136. — Est nommé colonel de gendarmerie, 144.

LÉCLYER, général. — Voir LESCUYER.

Leers (Belgique). — Annexion de ce lieu à la France, II, 464.

LEFEBVRE, commissaire observateur en 1793, I, XXIX.

LEFEBVRE, député à la Législative. — En mission dans les départements, I, LXII.

LE FEBVRE. — Est nommé juge militaire, V, 225.

LE FEBVRE (Julien), député de la Loire-Inférieure à la Convention. — Envoyé en mission en Seine-et-Oise, I, 210-212. (Voir ses lettres au mot *Seine-et-Oise*.) — Notice biographique, 212. — Lettre de sa main, 254. — Membre suppléant du Comité de défense générale, 514.

LE FEBVRE D'ARLES, commandant du bataillon des Petits-Pères. — Est nommé commissaire du Conseil exécutif, pour aller mettre à exécution le décret d'accusation contre le général Montesquiou, I, 235.

LEFIOT (Jean-Alban), député de la Nièvre à la Convention. — En mission à l'armée des Pyrénées orientales, V, 3, 27. (Voir ses lettres au mot *Armée des Pyrénées orientales*.) — Notice biographique, 27. — Lettre de sa main, 187.

LE FORT, colonel. — Bonne tenue de ses soldats, I, 471.

LÉGÉ (Joseph). — Son livre sur *les diocèses d'Aire et de Dax, ou le département des Landes sous la Révolution française*, I, 134.

Legendre (François-Paul), député de la Nièvre à la Convention. — En mission auprès de la manufacture d'armes de Paris, IV, 561. — Notice biographique, 563. — Son rapport sur sa mission, 594.

Legendre (Louis), commissaire du Conseil exécutif, I, xxx. — Député de Paris à la Convention, refuse d'aller en mission à Lyon, 61. — Y est envoyé avec Rovère et Basire, II, 198, 205. (Voir ses lettres au mot *Lyon*.) — Notice biographique, 204. — En mission avec Tallien à Forges-les-Eaux, 27. — Doit fournir au citoyen Brésin, serrurier de la Monnaie, une pièce de quatre de fer battu, IV, 123. — Fait rappeler les représentants en mission à Perpignan, V, 241. — Il est question de l'envoyer en mission à Rouen, 558.

Légier, commissaire national en Belgique. — Envoyé à Mons, I, 456. — Notice biographique, 458. — Sa vie est mise en danger à Enghien (Belgique), II, 179. — Est nommé accusateur militaire, IV, 405.

Légion batave. — Projet de lever une légion batave, II, 210, 216, 227, 241.

Légion de la Moselle, ci-devant de Kellermann. — Blaux dénonce l'indiscipline de cette légion, III, 149.

Légion des Allobroges. — Voir *Allobroges.*

Légion des Pyrénées. — Sa création, II, 23.

Légion du Nord, recrutée par Westermann pour la conquête de la Belgique, I, 351. — Cette légion est envoyée à l'armée de réserve, III, 562. — Son transfert en Vendée, IV, 55, 285, 286. — Projet de sa réforme, V, 218. — Arrestation de six officiers et sous-officiers de cette légion, 483.

Légion germanique. — Le ministre de la guerre est chargé de faire passer aux Pyrénées cette légion, qui se trouve à Givet, III, 353. — Prieur (de la Marne) rend compte de plaintes graves contre elle, 596. — Décret y relatif,

601-602. — Bourbotte et Carra en destituent les chefs, 617. — Opérations des représentants dans le Maine-et-Loire relatives à cette légion, IV, 6. — Ses bonnes dispositions, 63. — Son lieutenant-colonel Burach est dénoncé par les Marseillais, 453.

Légion liégeoise. — Lettre des représentants en Belgique sur la manière de la payer, I, 412.

Le Gogen, citoyen du Finistère. — Remet un mémoire à Guermeur et à Lemalliaud, III, 41.

Legrand, capitaine du génie. — Est employé à Besançon, I, 181, 183.

Le Gray, membre de la Commune. — Commissaire du Conseil exécutif, I, xxx, 38. — Approbation de ses opérations, 228.

Legris (Henri), maître de poste à Vatry. — Injurie Danton et Delacroix, II, 113.

Legros, auteur du livre *La Révolution telle qu'elle est*, I, x-xi. — Authenticité des pièces contenues dans ce livre, 417.

Legros, capitaine au 6ᵉ escadron de cavalerie. — Décapité à Cambrai par les gendarmes nationaux, I, 131.

Lehardi (Pierre), député du Morbihan à la Convention. — Envoyé en mission dans la Sarthe, I, 272. (Voir ses lettres au mot *Sarthe*.) — Notice biographique, *ibid*. — Intervient dans un débat sur l'envoi de représentants aux armées, II, 59.

Leharevel, commissaire observateur en 1793, I, xxiv.

Le Havre (Seine-Inférieure). — Les armateurs de ce port demandent si la course sera permise, I, 401. — Defermon, Rochegude et Prieur partent pour le Havre, III, 316. — Opérations de Saladin et autres, 473 à 477, 488 à 490. — Pénurie de subsistances, 489. — Opérations de Defermon, Rochegude et Prieur, 515. — Ils envoient un état des bâtiments armés au Havre et de ceux en construction ou à construire, 546. — Vialla et Bergubruy sont nommés commissaires

nationaux au Havre, IV, 145. — Cette ville accepte la constitution, V, 261. — Arrivée de Pocholle, 395. — Faure (de la Seine-Inférieure) offre d'y aller en mission, 548.

Lenoc, chargé d'affaires de France à Hambourg. — Est expulsé de cette ville, II, 254. — Est entendu par le Comité de défense générale, 374.

Le Hodey de Saultchevreuil, ex-rédacteur du *Logographe*. — Commissaire national à Herve, I, 458. — Remplace à Dinant Tisseron fils, démissionnaire, II, 30. — Est nommé accusateur militaire, IV, 405. — N'est pas maintenu dans ces fonctions, 442.

Leigonyer, général. — Il s'empare de Caron, III, 232, 288. — Il fait mettre Quétineau aux arrêts, IV, 112. — Il est battu à Vézins, 270. — Les représentants le maintiennent à son poste malgré les soupçons émis contre lui, 480. — Ils se décident à le remplacer par Menou, 494.

Lejeune, chef du bureau des classes à Lorient. — Mandat d'arrêt contre lui, III, 520.

Lejeune (Sylvain-Phalier), député de l'Indre à la Convention. — En mission dans l'Indre et la Vienne, II, 303, 316. (Voir ses lettres au mot *Indre*.) — Notice biographique, 421. — Lettre de sa main, 491. — En mission dans l'Aisne et l'Oise, V, 444. (Voir ses lettres au mot *Aisne*.)

Lelong, homme de loi. — Est nommé juge militaire, V, 246.

Lemaire, officier de Philippe-Égalité. — Est mis en arrestation, II, 592.

Lemalliaud (François-Joseph), député du Morbihan à la Convention. — En mission avec Guermeur dans le Finistère et le Morbihan, II, 303, 313. (Voir ses lettres au mot *Finistère*.) — Lettre de sa main, 455. — Notice biographique, III, 56. — Lettres de sa main, 72, 180.

Le Mans (Sarthe). — Annulation d'un arrêté de la commune de cette ville taxant le pain, I, 288. — Opérations des représentants, 328. — Séjour de Philippeaux, V, 172.

Lemit, administrateur du département de Paris. — Est entendu par le Conseil exécutif, IV, 98.

Le Monastier (Haute-Loire). — Faure et Lacoste demandent des renseignements aux officiers municipaux de ce canton, II, 13.

Lemontey, député à la Législative. — Membre de la Commission extraordinaire, I, XLIX.

Lenglé d'Escoubec, maire de Cassel. — Son arrestation, I, 232.

Leonetti (Félix-Antoine), ex-député de la Corse à la Législative. — Attaque la ville de Calvi, IV, 450.

Léopold, grand-duc de Toscane. — Le Conseil exécutif veut qu'il livre à la France des vaisseaux russes qui se trouvent dans le port de Livourne, I, 176.

Le Page (Louis-Pierre-Nicolas-Marie), député du Loiret à la Convention. — Envoyé en mission à Orléans, I, 60, 61. (Voir ses lettres au mot *Orléans*.) — Notice biographique, 61. — Son rapport sur l'attentat commis contre Manuel à Montargis, II, 418.

Le Pelletier de Saint-Fargeau (Louis-Michel), député de l'Yonne à la Convention. — Sa mort et ses funérailles, II, 2, 6, 18. — Les assassins de Léonard Bourdon lui crient de rejoindre Le Peletier, 382. — Inauguration de son buste à Auxerre, III, 250. — Fête en son honneur à Toulouse, 293.

Le Puids, ville de la principauté de Salm. — Est incorporée au département des Vosges, II, 248.

Le Puy (Haute-Loire). — Opérations des représentants, II, 503-505; III, 13, 275.

Le Quesnoy (Nord). — Arrivée des représentants, I, 191. — Les communications du Quesnoy avec Valenciennes sont interceptées, III, 198. — Suspension de Belprey, commandant d'artillerie au Quesnoy, IV, 148.

Lequinio (Joseph-Marie), député du Morbihan à la Législative et à la Convention. — Sa mission aux prisons, I, LVIII. — Est désigné par le Comité de défense générale pour une mission dans le Nord, II, 38. — Envoyé en mission aux places fortes du Nord, 58-63, 171. (Voir ses lettres au mot *Places fortes du Nord*.) — Notice biographique, 63. — Décret qui l'envoie en mission à l'armée du Nord à la place de Jean de Bry, 189. (Voir ses lettres au mot *Armée du Nord*.) — Lettre de sa main, III, 65. — Est adjoint à du Bois du Bais et à Briez, 212, 326, 352, 367. — Est envoyé à Valenciennes, 405. — Est confirmé dans sa mission à l'armée du Nord, 538 à 544. — Il tombe dangereusement malade et est remplacé dans sa mission par Gossuin, IV, 85. — Est entendu par le Comité, 235, 309. — En mission dans l'Aisne et l'Oise, V, 444. (Voir ses lettres au mot *Aisne*.) — Lettre de sa main, 489.

Lequoy, lieutenant-colonel en garnison à Metz. — Les représentants en mission aux Côtes de Lorient à Dunkerque demandent qu'il passe général, III, 231.

Lermina, employé à la Trésorerie nationale. — Fait une communication au Comité de salut public, V, 239.

Lenoi, membre du directoire du district de Saint-Pol. — Est suspendu de ses fonctions, V, 125.

Lenoi (Raphaël). — Est condamné par le tribunal supérieur du Hainaut, II, 356.

Lenot, commandant du 5ᵉ bataillon du Calvados. — Sa trahison, V, 29.

Lesage (Denis-Toussaint), député d'Eure-et-Loir à la Convention. — Est envoyé en mission dans l'Orne, III, 195. (Voir ses lettres au mot *Orne*.) — Notice biographique, *ibid*.

Lesage-Senault (Gaspard-Jean-Joseph), administrateur du district de Lille, député du Nord à la Convention. — Proteste contre une adresse feuillantine signée par ses collègues, I, 147. — Envoyé en mission avec Carnot dans le Nord et le Pas-de-Calais, II, 302, 304. (Voir ses lettres au mot *Nord*.) — Délibère avec les représentants en Belgique, III, 48. — Duhem et Gasparin demandent qu'il leur soit adjoint, 197. — Envoyé en mission à Saint-Quentin, 214 à 217. — Puis à Lille, 367. — Il est adjoint à Duhem et Gasparin en mission auprès de l'armée du Nord, 405. (Voir ses lettres au mot *Armée du Nord*.) — Est confirmé dans cette mission, 538 à 544.

Les Andelys. — Opérations de Carrier dans cette ville, V, 395 à 397.

Lescuyer, général de brigade de gendarmerie, III, 159.

Lescuyer, général de division. — Examen des pièces le concernant, III, 385; IV, 308.

Loedains (Belgique). — Annexion de ce lieu à la France, II, 464.

Lespomanède, commissaire du Conseil exécutif. — Est nommé inspecteur des douanes à Saint-Amand, IV, 499.

Lesterpt-Beauvais (Benoît), député de la Haute-Vienne à la Convention. — Est envoyé en mission à la manufacture d'armes de Saint-Étienne, IV, 385. (Voir ses lettres au mot *Saint-Étienne*.) — Notice biographique, *ibid*. — Est remplacé dans sa mission par Noël Pointe, V, 28, 163. — Lettre de sa main, 207.

Lestrange (Louis), détenu. — Arrêté le concernant, V, 506.

Le Tourneur (Charles-Louis-François-Honoré), député de la Manche à la Convention. — Désigné par le Comité de défense générale pour aller en mission à Toulon, I, 499. (Voir ses lettres au mot *Côtes de la Méditerranée*.) — Notice biographique, *ibid*. — Sa mission, II, 3-5.

Le Tourneur (Emmanuel-Pierre), député de la Sarthe à la Convention. — En mission à l'armée du Nord, V, 325. (Voir ses lettres au mot *Armée du Nord*.) — Notice biographique, 326. — Lettre de sa main, 489.

Lettimonier, gendarme. — Fait une réclamation, II, 141.

Le Vasseur (Antoine-Louis), député de la

Moselle à la Convention. — Ses opérations à Nancy, II, 260-262. — En
mission dans la section du Finistère,
285. — En mission dans la Meurthe et
la Moselle avec Anthoine, 302, 305.
(Voir ses lettres au mot *Meurthe*.) —
Notice biographique, 503. — En mission
à l'armée de la Moselle, 539 à 544.
(Voir ses lettres au mot *Armée de la
Moselle*.) — Il y est remplacé par Gentil,
V, 26, 50.

Levasseur (René), député de la Sarthe à la
Convention. — En mission à l'armée du
Nord, V, 325. (Voir ses lettres au mot
Armée du Nord.) — Notice biographique,
ibid.

Le Vayer, commissaire du Conseil exécutif.
— Est envoyé à Saint-Étienne, IV, 145.

Le Veneur, général. — Le Comité de salut
public propose à la Convention de mettre
le général Le Veneur en liberté, mais de
le mander à Paris pour rendre compte
de sa conduite, III, 367. — Est mis
en liberté, 420, 421. — Est entendu
par le Conseil pour rendre compte de
sa conduite, 522. — La femme et les
enfants de ce général seront mis en
liberté, 532. — Le Conseil arrête que
ce général doit aller prendre son poste
à l'armée des Ardennes et y attendre de
nouveaux ordres, IV, 100. — Les représentants en mission le réclament à
l'armée du Nord, 515. — Ils le maintiennent, malgré le Comité de salut
public, dans le grade de général de
division, V, 90, 116. — Il est mis
en arrestation, 444, 445.

Le Voirier, membre du directoire de l'Aisne.
— Est suspendu de ses fonctions, I, 12.

Levris (Augustin-Jacques), député du Gard
à la Convention. — Est envoyé en mission à Perpignan, III, 215 à 217. (Voir
ses lettres au mot *Perpignan*.) — Notice
biographique, 215. — En mission à
l'armée des Pyrénées orientales, 539 à
544. (Voir ses lettres au mot *Armée des
Pyrénées orientales*.) — Erratum à sa
notice biographique, 539. — Son rappel, V, 190.

Libourne (Gironde). — Opérations de Garrau et Paganel dans cette ville, III, 305.
— Les représentants dans la Gironde
envoient en Vendée 400 hommes que ce
district fournit en sus de son contingent,
588. — Lacaze égare l'esprit public à
Libourne, V, 135. — Envoi à Montauban de 500 chevaux de remonte qui se
trouvent à Libourne, 179.

Lidon (Bernard-François), député de la
Corrèze à la Convention. — Envoyé en
mission en Seine-et-Oise, I, 210-212.
(Voir ses lettres au mot *Seine-et-Oise*.)
— Notice biographique, 212. — Fait
au nom du Comité militaire un plan
d'organisation de l'armée, 491-492. —
Est dénoncé par Marat, II, 47. — Son
rapport sur la force armée de la République, III, 82; IV, 57.

Liébaut, commissaire national en Belgique,
I, 345. — Envoyé à Rūremonde, 457,
459. — Est entendu par le Conseil exécutif, II, 348. — Candidat au ministère
de la justice, 439.

Liège. — Le gouvernement de Liège refuse
de recevoir le ministre de France, I, 17.
— Bataillon liégeois au service de la
France, 209. — État de cette ville d'a-
près les représentants, 304, 305, 319,
320. — Désordres commis par des
soldats liégeois, 354. — Mission des
commissaires nationaux Cochelet et
Chépy, 457, 459. — Publication du *Bulletin de la Convention liégeoise*, 472. —
Dispositions de cette ville en janvier
1793, 485, 487, 488. — Son vœu de
réunion à la France, II, 18. — Profa-
nation commise par des agents français
à Liège, 73, 74. — Méfaits des recé-
leurs, 145. — Menées du parti prussien
à Liège, 205, 206. — Séjour du conventionnel Robert dans cette ville, sa
patrie, 224. — Les patriotes de Liège
servent dans l'armée française, 249. —
Miranda annonce la perte de cette ville,
288, 289. — Entrée des Autrichiens et
fuite des administrateurs provisoires,
320. — Transport du trésor de Liège à
Lille, 598. — Transfert à Avesnes et à

Landrecies de la manufacture d'armes que Gossuin avait à Liège, IV, 142, 155. — Établissement d'un bureau de poste français, V, 113.

Liénard, rédacteur des mémoires de M. de la Bussière, I, vii.

Ligniville (Comte de), général. — Est nommé commandant de l'armée de la Moselle, I, 482. — Notice biographique, *ibid.* — Est de nouveau nommé au même commandement, mais à titre provisoire, II, 190. — Ses opérations dans le duché de Deux-Ponts, 255. — Est mis en arrestation, 592. — Demande à faire au Comité de salut public des communications importantes, III, 182. — Son interrogatoire devant le Comité de salut public, 205 à 209. — Lettre de lui au Conseil exécutif, 577. — Est autorisé à se retirer chez lui, V, 99.

Lille (Nord). — Les Autrichiens assiègent et bombardent cette ville, I, 95. — Courage de ses habitants, 100, 101, 103. — Arrivée des représentants, 102. — Ruines du quartier Saint-Sauveur, 106. — Détails rétrospectifs sur le siège, 114, 115, 124. — Lille n'est plus en état de siège, 134. — A proclamé la République avant de savoir que la Convention l'avait proclamée, 141. — Destitution des administrateurs et du secrétaire du district de Lille, 147. — Annulation par le Conseil exécutif d'un arrêté de ce district, 234, 235. — Fête civique, 262, 263. — Nomination d'un directeur des douanes, II, 15. — Règlement de police, 335. — Intrigues des royalistes, 493. — Les représentants en Belgique se réunissent dans cette ville, 494. — Sa situation, 495, 595 à 598. — Opérations des représentants, III, 8. — Envoi de nouveaux représentants, 63. — Opérations de Duhem, Gasparin, et autres, 197, 226, 246, 269 à 271, 287, 314, 361, 374, 413. — Nécessité de différents travaux pour éclairer la place de Lille, 447. — Opérations de Carnot, Duhem

et autres, 472 à 473, 488, 527, 545, 566, 583 à 584; IV, 177, 290, 313. — Mesures relatives à la défense de Lille, 514. — Adhésion de cette ville à la constitution, V, 220, 265. — Elle propose un plan de levée en masse, 281. — Sa situation, 354. — Arrêtés sur son approvisionnement, 461, 486. — Établissement d'un télégraphe, 471. — Opérations des représentants, 515. — Fête en l'honneur de la constitution, 522, 523. — Opérations des représentants, 559-563.

Limbourg. — Envoi de commissaires nationaux dans cette province, I, 457, 458, 459.

Limoges (Haute-Vienne). — Opérations des représentants, II, 506, 507; III, 436 à 438. — Nomination d'un essayeur à la monnaie de Limoges, 613. — Opérations de Philippeaux, V, 237. — Adresse patriotique des autorités constituées de cette ville, 247. — Horreur qu'on y éprouve pour les fédéralistes, 284. — Opérations de Baudot, 433, 434.

Linange [1] (Comte Auguste de). — Est retenu en otage par les Français, II, 212; III, 80. — Rühl passe pour être pensionné par lui, IV, 467. — Est maintenu prisonnier à l'Abbaye, 593; V, 33. — Et au Palais-Bourbon, 208.

Lindet (Jean-Baptiste-Robert), député de l'Eure à la Convention. — Son discours du 2 germinal an III, I, vi. — En mission dans la section du Panthéon, II, 286. — Membre suppléant du Comité de défense générale, 514. — Est nommé membre du Comité de salut public en remplacement de Jean de Bry, III, 116, 131, 132. — Notice biographique, 132. — Il est nommé secrétaire du Comité de salut public, 133. — Il est chargé de la correspondance, etc., 182. — Lettres de sa main, 373, 411. — Arrêté de sa main, 610. — Lettres de sa main, IV, 127, 138. — Arrêtés de sa main, 175, 265, 285, 286, 295, 319, 331. —

[1] Et non *Limanges*. Voir l'erratum du tome II.

Lettres de sa main, 358, 359, 371, 372.
— Est envoyé en mission à Lyon, 430,
432. (Voir ses lettres au mot *Lyon*.) —
Lettres de sa main, 497, 510, 523,
539. - - Il cesse de faire partie du Comité de salut public, 528. — Lettres
de sa main, 552, 568, 576. — Son
rappel, 578, 590. — Lettre de sa main,
584. — Il est rétabli dans ses fonctions
de membre du Comité de salut public,
V, 25, 48. — Est chargé de faire une
adresse, 59, 63. — Arrêté de sa main,
109. — Confère avec le Comité de législation, *ibid*. — En mission dans l'Eure,
218. (Voir ses lettres au mot *Eure*.) —
Il est réélu au Comité de salut public,
225. — Lettres de sa main, 252, 261,
266, 314. — Arrêté de sa main, 461.
— Il annonce qu'il part pour Paris,
509. — Lettre de sa main, 510. —
Bonnet signale son caractère difficile,
516. — Il revient sur sa détermination
de rentrer à Paris, 517. — Lettre de
sa main, 517.

LINDET (Thomas), député de l'Eure à la
Convention. — Est adjoint au Comité
de salut public, V, 169.

Lisieux. (Calvados). — Le recrutement est
terminé dans ce district, II, 595. — Situation satisfaisante de la ville de Lisieux, V, 417. — Séjour de Du Roy,
Bonnet et R. Lindet à Lisieux, 451.

Livourne (Italie). — Le Conseil exécutif
veut faire saisir des vaisseaux russes qui
se trouvent dans ce port, I, 167, 176. —
Suspension de ce projet, 190, 192.

Lodève (Hérault). — Arrêté du directoire
de ce district, II, 607, 608. — Incivisme des ouvriers en fer de Lodève, III,
607, 608.

LOEGEL, capitaine au 3ᵉ bataillon du Bas-
Rhin. — Il est arrêté, IV, 17, 18.

Loire. — La navigation sur ce fleuve est
interrompue entre Angers et Nantes, II,
405, 421.

Loire-Inférieure (Département de la). —
Destitution du juge de paix du canton
du Croisic, II, 115. — Mission de
Fouché et de Villers, 303, 313. —

Lettres de ces représentants, 430, 468.
— Renseignements recueillis par l'administration de ce département sur les
mouvements des royalistes, 472, 545.
— Lettres des représentants, 558, 566,
578, 591; III, 73, 144, 218, 273,
374, 414, 430, 528. — Mission de
Coustard 540 à 544. — Lettres des représentants dans la Loire-Inférieure et
la Mayenne, 558; IV, 111. — Et de
Coustard, 234, 269, 314, 373. —
Rappel de Coustard, 417. — Lettres du
même, 457, 520, 564, 582, 583. —
Arrêté séditieux du département de la
Loire-Inférieure, V, 297. — Ce département se soumet et se rétracte, 329. —
Mission de Carrier et de Pocholle, 547.

Loiret (Département du). — Confirmation
d'un arrêté de ce département, I, 447.
— Mission de Collot-d'Herbois et de
Laplanche dans le Loiret et la Nièvre,
II, 303, 317. — Lettres de ces représentants, 412, 463, 526, 557; III,
8, 46, 253, 320, 394, 414, 439. —
Lesage, Mariette, Plet-Beaupré et Duval
s'apprêtent à se rendre dans ce département, 515. — Lettres des représentants, 568, 572. — Mission de Du
Bouchet et de Maure, V, 294, 295. —
Lettres de ces représentants, 366, 408.
— Mission de Bonneval et de Roux,
555.

Loir-et-Cher (Département du). — Troubles
dans ce département, I, 271. — Mission de Jouenne-Longchamp, Villers,
Couthon, 272. — Compte rendu oral
de cette mission, 274. — Lettre de ces
représentants, 297. — Mission de Tallien et de Goupilleau (de Fontenay), II,
303, 315. — Lettres de ces représentants, 381, 407. — Opérations du recrutement, 424, 425. — Arrêté du
Conseil général de ce département relatif aux certificats de civisme, III, 328.
— Discorde des esprits, 615. — Arrêté
du directoire du département, IV, 213.
— Son attitude hostile, V, 9.

Lois. — Mode de les sceller et de les pro-
mulguer, I, 13.

Lombard-Lachaux (Pierre), député du Loiret à la Convention. — En mission avec Mailhe dans l'Aude et la Haute-Garonne, II, 303, 311. (Voir ses lettres au mot *Aude*.) — Lettres de sa main, 379, 416, 518, 549, 567; IV, 51.

Loncle, substitut du commissaire national de Lamballe. — Est nommé juge militaire, V, 226.

Londres (Angleterre). — Inquiétude des négociants et armateurs de cette ville, II, 147.

Longchamp, député du Calvados à la Convention. — Voir Jouenne-Longchamp.

Longuyon (Moselle). — Enquête sur la conduite de la municipalité de cette ville pendant l'occupation prussienne, I, 180.

Longwy (Moselle). — Négociations entre Kellermann, le duc de Brunswick et Kalkreuth sur l'évacuation de cette place, 164, 165. — Elle est reprise par les Français, 180, 181. — Des députés de Longwy se plaignent du mauvais état de ses défenses, II, 38. — Les représentants la trouvent bien approvisionnée, 374. — Sa garnison est incomplète, III, 168. — Opérations de Le Vasseur (de la Meurthe), Maignet et Soubrany, V, 17, 43.

Lons-le-Saunier (Jura). — Opérations des représentants, III, 295, 341, 417-418.

Lorient (Morbihan). — Mission de Royou, dit Guermeur, membre de la Commune de Paris, I, 57. — Arrivée dans cette ville des représentants Guermeur (du Finistère) et Lemalliaud, II, 54. — Ils la font palissader, 83. — Diverses mesures relatives à son port, 84, 85. — Le recrutement y est achevé, III, 304. — Un incendie éclate dans le port, 391, 413, 430, 483, 514, 520. — Opérations des représentants, 614. — Nouveaux détails sur l'incendie du port, IV, 102. — Opérations des représentants, 434, 435, 436, 564, 574.

Loriot, officier municipal de Thionville. — Est nommé juge militaire, V, 226.

Lot (Département du). — L'arrêté de ce département contre les déserteurs est loué par le Conseil exécutif, I, 445, 446. — Mission de Jeanbon Saint-André et d'Élie Lacoste dans la Dordogne et le Lot, II, 303, 311. — Esprit public et opérations du recrutement dans le Lot, 498, 499. — Les subsistances manquent dans ce département, III, 305. — Mission de Baudot, V, 374. — Lettres de ce représentant, 433, 504.

Lot-et-Garonne (Département du). — Ce département offre trois bataillons au lieu d'un, I, 151. — Mission de Paganel et de Garrau dans la Gironde et le Lot-et-Garonne, II, 303, 312. — Ce département promet d'envoyer 400 hommes de cavalerie en Vendée, 531. — Son ardent civisme, IV, 49, 198. — Il accepte unanimement la constitution, V, 314.

Loubert, commissaire national en Belgique. — Envoyé à Tournai, I, 456, 457, 458, 474.

Loude, commandant de la garde nationale du Puy. — Son courage, II, 505.

Loudun (Vienne). — Cette ville est menacée d'être la proie des brigands, IV, 6. — Tallien y va rétablir les autorités qui avaient été forcées de l'évacuer à l'approche de l'ennemi, 132, 152.

Louis (Jean-Antoine), député du Bas-Rhin à la Convention. — En mission dans la section de la Fontaine-Montmartre, II, 286. — En mission avec Pflieger dans le Haut et le Bas-Rhin, 302, 305. (Voir ses lettres au mot *Bas-Rhin*. — Notice biographique, III, 253. — Lettre de sa main, 320. — En mission à l'armée du Rhin, 539 à 544. — Les représentants à l'armée du Rhin se plaignent que Pflieger et Louis entravent leurs opérations, IV, 15.

Louis XVI. — Mesures prises par le Conseil exécutif pour assurer la sûreté générale pendant le jugement de Louis XVI, I, 300-302, 305, 306, 316. — Collot d'Herbois, Lasource et Goupilleau (de Fontenay) votent par lettre sa mort, 346. — Nouvelles mesures de sûreté pendant son jugement, 358, 360. — Merlin (de Thionville) envoie de Mayence son vote

IMPRIMERIE NATIONALE.

de mort contre lui, 407. — Libelle en
sa faveur répandu dans l'armée de Belgique, 442. — Les représentants dans
le Mont-Blanc votent par lettre dans son
procès, 463. — Mesures pour la sûreté
de Paris pendant son jugement, 477.
— Préparatifs de son exécution, 492-
497. — Détails sur cette exécution, 500-
502. — Son testament et son inhuma-
tion, II, 2. — Impression produite en
Espagne par la nouvelle de son exécution, 147. — Et dans le Nord de
la France, 209. — Mesures en faveur
des personnes attachées au service de
Louis XVI, 483, 484. — Les pièces relatives à son décès sont déposées aux
Archives nationales, III, 62. — Les citoyens de Bourg applaudissent à l'exécution de Louis XVI, 344. — Complainte
en son honneur chantée par le 7ᵉ régiment de chasseurs, V, 103.

Louis XVII. — Les insurgés vendéens
lui prêtent serment, IV, 153; V, 128.
— Il est séparé de sa mère dans la prison du Temple, 141, 208, 209.

Louvain (Belgique). — Rapport des représentants sur la situation politique de
cette ville, I, 485, 488-490; II, 17.
— Un corps de Belges y est cantonné,
87. — Elle vote sa réunion à la France,
230. — Préparatifs pour l'incorporer,
272. — La Marlière y campe, 318,
319. — Séjour de Treilhard et Camus,
336-340.

Louvèze (District de). — Troubles dans
cette région, II, 308.

Loyseau, directeur du jury. — Candidat au
ministère de la justice, II, 438.

Loyseau-Grandmaison, membre de la Commune. — Commissaire du Conseil exécutif, I, xxx, 38. — Envoyé dans les
Deux-Sèvres et la Vendée, 39. — Approbation de ses opérations, 228.

Loysel (Pierre), député de l'Aisne à la
Convention. — Refuse d'aller en mission
dans le Nord, I, 77. — Notice biographique, 78. — Communique une lettre
de Blaux, 389.

Lozère (Département de la). — Mission de
Gleizal et de Servière, II, 303, 309.
— Ardeur des sentiments catholiques
dans la Lozère, 310. — Opérations de
Servière et de Gleizal, III, 21-23. —
La tranquillité règne depuis que les
mauvais citoyens ont été désarmés, 324.
— Le recrutement va être terminé, 400.
— Mesures prises par le Conseil exécutif
au sujet des troubles de la Lozère, IV,
416, 417. — Bonnet transmet des détails sur ces troubles, 427. — Arrêté du
Comité de salut public à ce propos, 428,
429. — Mission de Châteauneuf-Randon et de Malhes, 432, 433. — Succès
remportés sur les rebelles, 446. —
Lettre des représentants, 447. — Lettre
de Bonhomme de Comeyras sur les
troubles de la Lozère, 465. — Défaite
des rebelles, 472. — Envoi de troupes,
474. — Lettres des représentants,
536, 552, 585, 609; V, 21, 61, 94,
118, 176, 222, 255, 287, 307.

Lucas, maire de Servan. — Est nommé
juge militaire, V, 225.

Lucat, médecin. — Dartigoeyte transmet
une dénonciation du médecin Lucat, III,
515.

Luckner (Nicolas, baron de), maréchal
de France. — Notice biographique, I,
24. — On lui ôte le commandement
de l'armée du Centre, 27. — Reçoit le
titre de généralissime, 40. — Appelé
à Paris, 55. — Invité à y demeurer,
59.

Luçon (Vendée). — Les insurgés attaquent
cette ville sans succès, V, 129. — Nouveau combat livré près de Luçon, 452.
— Défaite des Vendéens près de cette
ville, 551.

Lulier (Louis-Marie), procureur général
syndic du département de Paris, I, 337.
— Son rôle dans les préparatifs de l'exécution de Louis XVI, 493-496. — Notice
biographique, 495. — Est entendu par
le Conseil exécutif, IV, 98. — Est envoyé en mission pour les subsistances
dans les départements de Seine-et-Oise,
de l'Eure et du Loiret, V, 555.

Lunéville (Meurthe). — Le tribunal de

cette ville a à juger l'administrateur de
l'hôpital de Nancy, I, 498.

Lure (Haute-Saône). — Séjour des conventionnels Michaud et Siblot dans cette
ville, II, 475.

Luxembourg. — Mission secrète de Cusset
dans ce pays, V, 87.

LYAUTEY [1]. — Est nommé provisoirement
commissaire des guerres, I, 186.

Lycée de Paris. — Le Conseil exécutif lui
accorde une subvention de 10,000 livres,
I, 241. — Programme de ses cours,
ibid.

Lyon (Rhône-et-Loire, aujourd'hui Rhône).
— Suspension du directoire du district
de Lyon, I, 9, 10. — Mission de
Vitet, Boissy d'Anglas et Alquier, 61.
— Circonstances qui amènent leur mission et résumé de cette mission, 62. —
Lettres de ces représentants sur l'état de
cette ville, 238, 243, 263, 264, 267.
— La municipalité demande à la Convention 3 millions pour encourager l'industrie locale, 264. — Lettre des représentants sur leurs dernières opérations, 290. — Annulation d'un arrêté
du district de Lyon, 296. — Lettre des
représentants, 308. — Rapport de Tallien et mission de Rovère, Basire et Legendre, II, 198-205. — La place de
Lyon est placée directement sous les ordres du ministre de la guerre, 229. —
Lettre des représentants, 384. — Opérations de Reverchon et de Pressavin,
III, 51. — Lettres et opérations de
Rovère, de Legendre et de Basire, 202,
203. — Et de Merlino et Amar, 341
à 345, 346 à 347, 364. — Lettre des
représentants à l'armée des Pyrénées
orientales sur les fonderies de cette
ville, IV, 245. — Opérations de Bonnet
et Fabre à Lyon, 325. — Et de Gauthier et Nioche, 363 à 365. — Lettres
de Dubois-Crancé et d'Albitte sur les
événements de cette ville, 421 à 427.
— Mission de Robert Lindet à Lyon,

430, 432. — Lettre de Nioche et de
Gauthier sur leur arrestation à Lyon,
488. — Détails sur les troubles de Lyon,
459, 471, 478, 483, 497. — Opérations de Robert Lindet, 496. — Lettres
des représentants à l'armée des Alpes,
498, 510, 523, 539. — Opérations de
Robert Lindet, 508, 529, 536. — *Précis
des événements arrivés à Lyon*, par le
conventionnel Gauthier, 523, 539. —
Opérations de Robert Lindet, 550,
566, 575. — Rapport de Nioche sur les
affaires de Lyon, 571. — Rappel de Robert Lindet et décret relatif aux affaires
de Lyon, 578, 590. — Lettres de Robert Lindet, 583; V, 1. — Décret sur
la ville de Lyon, 26. — Les corps administratifs de Lyon ouvrent les lettres
adressées au Comité de salut public, 57.
— Délibération du Comité sur cette
ville, 138. — Décret pour la réduire
par la force, 239, 240. — Arrêté con-
forme du Conseil exécutif, 249, 250.
— Opérations de Rouyer et de Brunel,
255, 262. — L'armée des Alpes est requise de marcher sur Lyon, 256. —
État de cette ville, 278, 289. — Arrêté
de la commission populaire relatif à la
ville de Saint-Étienne, 306. — Lettre
de Brunel et de Rouyer, 318, 322. —
État de cette ville, 343. — Lettre des
révoltés de Lyon au général Dubouquet, 349. — Proclamation que leur
adressent Reverchon et Laporte, 358,
359. — Brunel et Rouyer plaident leur
cause, 369. — Réflexions de Dubois-
Crancé et de Gauthier, 382. — Attitude
de la commission populaire, 398, 399.
— Lettre du Comité de salut public sur
les affaires de Lyon, 423. — Lettre de
Laporte et Reverchon concernant le
même objet, 454. — Lettre du Comité
de salut public à ces représentants,
473. — Préparatifs des républicains
pour marcher sur Lyon, 492, 493, 504,
563.

[1] Et non *Lyantey*.

M

MacDermott, prêtre irlandais. — Réclame contre son arrestation à Nancy, IV, 500.

Machaut, commissaire du Conseil exécutif. — Est envoyé à Maubeuge et à Charleville, IV, 145.

Machecoul (Loire-Inférieure). — Les républicains sont menacés dans ce lieu, II, 313. — Prise de Machecoul par le général Beysser, III, 586.

Mack, colonel autrichien. — Son entretien avec le lieutenant-colonel Chérin, III, 389.

Mâcon (Saône-et-Loire). — Opérations de Reverchon et Laporte, V, 342, 358, 454, 504.

Macors, chef de brigade d'artillerie. — Son éloge par les représentants à l'armée des Côtes de la Rochelle, IV, 336; V, 398.

Madeleine (La) [Nord]. — Les troupes campées à la Madeleine ont un engagement avec l'ennemi, III, 584.

Maëstricht (Belgique). — Dumouriez reçoit l'ordre de s'emparer de cette ville, II, 30, 93. — Les Français cessent de la bombarder, 249, 250. — Ils en lèvent le siège, 264, 272. — Séjour des représentants livrés aux Autrichiens par Dumouriez, III, 246.

Magenthies, Italien. — Sa pétition contre Magon de la Balue, II, 441, 442.

Magon de la Balue, banquier. — Son différend avec Magenthies, II, 441, 442.

Maiche (Doubs). — Le receveur des douanes de cette localité est dénoncé comme suspect, III, 236.

Maignet (Étienne-Christophe), député du Puy-de-Dôme à la Convention. — En mission dans la section de la Fontaine-de-Grenelle, II, 285. — En mission à l'armée de la Moselle, III, 539 à 544. (Voir ses lettres au mot Armée de la Moselle.) — Notice biographique, 539. — Son rappel, V, 192.

Mailhe (Jean-Baptiste), député de la Haute-Garonne à la Convention. — En mission à la section de 1792, II, 285. — Et à celle du Panthéon, 286. — Et dans l'Aude et la Haute-Garonne avec Guffroy, 303, 311. (Voir ses lettres au mot Aude.)

Mailholas (Haute-Garonne). — Tous les hommes de ce village s'enrôlent, III, 533.

Maillard, membre du département de Paris. — — Son plan de surveillance, I, xxxi. — Lettre sur son arrestation, xxxii. — Sa lettre au Conseil exécutif, II, 165. — Son rapport sur les émigrés, 379, 380. — Est chargé de faire une enquête sur la légion de Saint-Georges, III, 598, 599.

Maine-et-Loire (Département de). — Le Conseil général de ce département casse un arrêté du district de Cholet, II, 53. — Mission de Goupilleau (de Montaigu), Choudieu et Richard, 303, 313. — Lettres de ces représentants, II, 405, 421. — Nouvelles de l'insurrection en Maine-et-Loire, 427. — Lettres des représentants, 448, 471. — Bonnes nouvelles de ce département, 487. — Lettres des représentants, 496; III, 11. — Pourquoi ce département reçoit parfois le nom de Mayenne-et-Loire, 70. — Lettres de Choudieu et Richard, 141, 160, 231, 288, 375, 415, 430, 434. — Le Comité de salut public entend les députés de ce département sur les troubles de l'Ouest, 530. — Lettres des représentants, IV, 60, 270.

Mainaut, commissaire du Comité de salut public. — Est envoyé en Bretagne, V, 536.

Maire de Paris. — Le Conseil exécutif lui demande trois rapports par semaine, II, 157. — Il le mande pour une conférence, 175. — Le maire de Paris reçoit

200,000 livres sur les fonds secrets, 224. — Il est mandé par le Conseil exécutif, 243, 255, 297, 359, 365, 379, 380. — Et par le Comité de défense générale, 540, 553, 555, 592. — Et de nouveau par le Conseil exécutif, III, 59. — Rend compte au Comité de salut public de l'état de Paris au 21 mai 1793, IV, 263. — Et au 30 mai, 379, 380. — Est invité à faire appliquer la loi sur les étrangers, 463-464. — Des fonds sont mis à sa disposition pour la police secrète, V, 497. — Voir Paris.

MAKENSTRO, réfugié hollandais. — Sa pétition sur la levée d'une Légion batave, II, 210, 216, 227, 241.

MALARTIC (DE), général. — Est accusé d'aristocratie, III, 477, 603.

Malestroit (Morbihan). — Opérations des représentants, II, 450, 454. — Projets des rebelles contre Malestroit, 517.

MALHES (Pierre), député du Cantal à la Convention. — Est envoyé en mission dans la Lozère, IV, 432. (Voir ses lettres au mot Lozère). — Notice biographique, 433. — Il rencontre Robert Lindet à Lyon, 567. — Il tombe malade, V, 287.

Malines (Belgique). — Rapport des représentants en mission sur la situation politique de cette ville, I, 485, 488-490. — État de ses magasins, II, 8.

MALLARMÉ (François-René-Auguste), député de la Meurthe à la Convention. — Contresigne, comme secrétaire de la Convention, une lettre des représentants dans la Sarthe et le Maine-et-Loire, II, 405. — Et une lettre des représentants dans l'Indre-et-Loire et le Loir-et-Cher, 408. — Est adjoint au Comité de salut public, V, 100.

MALLARMÉ, frère du député à la Convention. — Est nommé juge militaire, V, 480.

MALLEVAU, capitaine de vaisseau aux Antilles. — Est remplacé pour cause d'incivisme, I, 214-215.

Malmédy (pays de Stavelot). — Envoi dans cette ville de Rolland et d'Isnardi, I, 457, 458, 459.

Malte. — Affaire des sauvegardes accordées à l'ordre de Malte par le traité de 1765. I, 28. — Arrêté relatif aux biens des émigrés de cet ordre, IV, 287, 288. — Instructions du citoyen d'Eymar, envoyé de la République à Malte, V, 98, 99.

MALUS, commissaire ordonnateur à l'armée de Belgique. — Mémoire de Dumouriez sur son arrestation, I, 439. — Le Conseil exécutif le remet en fonctions, II, 67. — Est mis de nouveau en arrestation, 592. — Examen de sa conduite, IV, 98.

Mamers (Sarthe). — Mouvements fédéralistes dans cette ville, V, 174.

Manche (Département de la). — Mission de Bourdon (de l'Oise) et Le Carpentier, II, 303, 314. — Lettres de ces représentants, 611; III, 217, 303, 452; IV, 131.

MANDAR, commissaire observateur en 1793, I, XXIX. — Est envoyé en Rauracie, II, 135.

MANDRILLON [1]. — Commissaire national à Courtrai, I, 458, 459. — Ignore la langue flamande, II, 180.

Manheim (Allemagne). — Le Conseil exécutif autorise Custine à s'emparer de cette ville, I, 268, 349. — Les représentants à l'armée du Rhin démontrent l'urgence de cette opération, II, 291, 292, 294, 360. — Mission du lieutenant-colonel Corbeau, III, 590.

Mans (Le). — Voir Le Mans.

Mantes (Seine-et-Oise). — Opérations de R. Lindet et de Du Roy dans cette ville, V, 244, 252.

MANUEL (Pierre-Louis), procureur de la Commune. — Est suspendu de ses fonctions, I, L. — Député de Paris à la Convention, est envoyé en mission à Orléans, 60, 61. — Notice biographique, ibid. — Attentat commis contre lui à Montargis, II, 418.

[1] Et non Mandrion. Voir l'erratum du tome I, à la fin du tome II.

Manufactures d'armes. — Bordas et Borie se plaignent qu'il n'y ait qu'une seule manufacture d'armes dans la Corrèze, celle de Tulle, III, 437. — Mission de Legendre (de la Nièvre) auprès de la manufacture d'armes de Paris. 561, 563, 594. — Et de Lesterpt-Beauvais auprès de celle de Saint-Étienne, IV, 385. — Noël Pointe le remplace dans cette mission, V, 28. — Mission de Brival et de Forestier auprès des manufactures d'armes de Tulle, de Moulins et d'Autun, 49, 89, 188. — Mission de Guyton-Morveau auprès de celle de Paris, 250.

Marans (Charente-Inférieure). — L'armée républicaine se rallie dans cette ville, II, 490.

MARAS, procureur général syndic du département d'Eure-et-Loir. — Est entendu par le Comité de salut public sur l'état du département de Maine-et-Loire, IV, 2.

MARASSÉ, lieutenant général, commandant à Douai. — Son éloge; notice biographique, I, 95. — Il doit se rendre à Dunkerque avec 10,000 hommes; III, 134.

MARAT (Jean-Paul), député de Paris à la Convention nationale. — Veut qu'on diffère la création d'un Comité de défense générale, I, 377. — Dénonce Lidon, II, 47. — Intervient dans un débat sur l'envoi de représentants aux armées, II, 61, 62. — Opinion de Paganel et de Garrau sur Marat, 489. — Intervient dans le débat sur l'établissement du Comité de salut public, III, 115. — Déclaration du citoyen Tisset concernant les moyens de faire exécuter le décret de la Convention nationale relatif à Marat, 387. — Julien (de Toulouse), Bourbotte et Prieur (de la Marne) écrivent à la Convention que, s'ils eussent été présents, ils auraient voté contre la mise en accusation de Marat, 414. — S'oppose à la nomination de nouveaux représentants à l'armée des Côtes de la Rochelle, IV, 86. — Opinion de Fréron

sur Marat, V, 216. — Et de Garrau et Lefiot, 379, 380.

MANCÉ, général. — Son éloge, II, 189. — Ses opérations en Vendée, 367, 368. — Bat les insurgés près de Chantonnay, 399, 415. — Sa défaite près de Saint-Vincent, 431, 435. — Son arrestation et celle de son fils, 436, 437. — Sa trahison à Saint-Vincent, III, 126. — Manque être immolé par le peuple à la Rochelle, *ibid.*

MARCHAL, commissaire des guerres. — Sa révocation, II, 75.

MANCHENA, espagnol. — Est dénoncé par Ysabeau, V, 15.

Marchiennes (Nord). — Reprise de cette ville par les Français, I, 178.

MARCILLY, capitaine d'artillerie. — Est nommé provisoirement directeur et commandant du fort de la Liberté, III, 179.

Marcq-en-Barœul (Nord). — Combat livré dans cette localité, III, 226.

MAREC (Pierre), député du Finistère à la Convention. — Rapporteur du Comité de marine, I, xxxiv.

MARET (H.-B.). — Agent secret de la France à Londres. — Son entrevue avec Pitt, I, 300. — Écrit au ministre des affaires étrangères, II, 88. — Est nommé ministre à Naples, IV, 499. — Ses instructions, 587.

Mareuil (Vendée). — Les révoltés se rendent maître de Mareuil, III, 447. — Cette ville est reprise par le chef de brigade Nouvion, 547, 614.

MAREY (Nicolas-Joseph), député de la Côte-d'Or à la Convention. — Membre du Comité de défense générale, I, 389. Notice biographique, 390. — Ses réflexions sur la guerre maritime, II, 67. — Est chargé d'examiner un plan de campagne maritime, 108.

MARIBON-MONTAUT (Louis), député du Gers à la Convention. — En mission dans la section de Molière et La Fontaine, II, 285. — Est envoyé en mission près l'armée du Rhin, III, 213. (Voir ses lettres au mot *Armée du Rhin*). — Notice biographique, *ibid.* — En mission

à l'armée de la Moselle, III, 539 à 544. (Voir ses lettres au mot *Armée de la Moselle*). — Il revient à Paris pour empêcher l'exécution du plan de Custine en juin 1793; V, 7. — De nouveau en mission à l'armée du Rhin, 301. (Voir ses lettres au mot *Armée du Rhin*).

Marie-Christine, sœur aînée de Marie-Antoinette. — Préside au bombardement de Lille, I, 102.

Mariette (Jacques-Christophe-Luc), député de la Seine-Inférieure à la Convention. — Est envoyé en mission dans l'Orne, III, 195. (Voir ses lettres au mot *Orne*). — Notice biographique, *ibid.*

Marine. — Rapport de Monge sur l'état des armements de la marine, I, 7. — Rixe entre des Français et des Vénitiens à Gênes, 15. — Rouyer propose d'incorporer dans la marine des officiers étrangers, II, 8. — Arrêté sur le cabotage dans la Manche, 57. — Le Conseil exécutif demande à Monge un état des forces navales de la République, 211. — Idées de Mazade sur l'administration de la marine, 225. — Mesures relatives à la solde des soldats de marine, 258, 259. — Et à l'établissement des calfats, 341, 342. — Arrêté du Conseil exécutif sur les armements dans les ports, III, 3, 4. — Rapport de Kersaint, 81. — Rapport de Rouyer sur les armements en course, *ibid.* — De Bréard et de Lacaze sur l'organisation de la marine, 82. — De Barère, sur l'organisation provisoire du ministère de la marine, *ibid.* — De Doulcet, *ibid.* — Projet d'une expédition secrète à confier à Kerguelen, 598. — Instructions aux représentants en mission relativement à la marine, IV, 35. — Délibération du Comité de salut public au sujet des prises, 66. — Ordres donnés à l'escadre de Brest, 187. — Décret sur les subsistances de la marine, 247. — Projets pour la défense des côtes de la Manche, 310 à 312, 329. — Sevestre et Cavaignac dénoncent les vices de l'administration de la marine, 456. — Le Comité de salut public charge Guyton-Morveau et Jeanbon Saint-André de s'occuper particulièrement des affaires de la marine, 540. — Désarmement de la frégate l'*Expériment*, V, 32. — Plan de dispositions des forces navales, 68, 96. — Rapport de Marec sur l'acte de navigation, 120. — Mission secrète du citoyen Percheron, pour acheter des vaisseaux en Danemark, 155. — Arrêté relatif à l'embargo mis sur les corsaires et bâtiments du commerce, 257. — Instructions pour les commandants et officiers de marine, 346. — Et pour les commandants des stationnaires, 364. — Envoi de 500,000 livres à Bordeaux pour le service de la marine, 498. — Arrêté relatif à la flotte de Brest, 556.

Marmande (Lot-et-Garonne). — Les Jacobins de cette ville aident à l'approvisionnement de Bordeaux, I, 150.

Marmet. — Est nommé premier commis au Comité de salut public, IV, 125.

Marne (Département de la). — Suspension de l'administration de ce département, I, 47. — Elle est requise par les représentants à Châlons de réparer les maux de la guerre, 90. — Elle obtient, du ministre de la guerre, des subsistances, 142. — Mission de Thuriot, Pons (de Verdun), Drouet et Battellier, II, 302, 305. — Justification de l'administration départementale de la Marne par les représentants à l'armée des Ardennes, V, 193. — Lettre du directoire de ce département, 354.

Marquain (Belgique). — Annexion de ce lieu à la France, II, 464.

Marquet, homme de loi. — Est nommé accusateur militaire, IV, 442.

Marquet, président de la Commune de Paris. — Sa lettre du 5 juin 1793 au Comité de salut public, IV, 452.

Marseillaise (La). — Le général Régnier entonne ce chant pour entraîner son régiment qui trahit, III, 491.

Marseille (Bouches-du-Rhône). — D'Anselme veut licencier les 6,000 hommes

que cette ville a levés, 1, 133. — Inquiétudes de Marseille sur les subsistances, II, 89, 90, 107. — Débat au Comité de défense générale sur les affaires de cette ville, 274, 282. — Opérations de Bayle et de Boisset 308, 309. — Décret de la Convention pour y transférer les membres de la famille Bourbon autres que ceux qui sont au Temple, III, 157. — Opérations de Bayle et Boisset, 237. — Le citoyen Gauthier, directeur des douanes, donne sa démission, et est remplacé par le citoyen Brath, 355. — Arrivée de Marseillais à Paris, 386. — Opérations de Bayle et Boisset, 518 à 520. — Les Bourbons prisonniers arrivent sains et saufs à Marseille, 524. — Maintien des bataillons marseillais envoyés dans le Comtat, 550. — Prétendu projet d'envoyer un bataillon de Marseillais à Paris, IV, 83. — La Convention suspend l'arrêté pris par Bayle et Boisset à Marseille, 130, 137. — Détails sur la situation de cette ville, 184, 216 à 220, 293, 294, 306, 326, 342. — Envoi d'un courrier extraordinaire pour y faire exécuter la loi, 351, 354. — Lettre anonyme sur l'état des esprits à Marseille, 400. — L'aristocratie y est en force, 453, 510. — Antiboul et Bo y sont retenus captifs, V, 44, 56. — Envoi d'une croisière devant cette ville, 108, — Retrait de cette mesure, 119, 120. — Elle est reprise et aggravée, 210. — Le général Carteaux marche contre les rebelles marseillais, 277, 278, 289, 360, 361. — Destitution du commissaire des Monnaies de Marseille, 442. — Les rebelles marseillais évacuent Avignon, 457. — Situation de la ville de Marseille, 494.

Martel (Charles-F.) — Est nommé essayeur à la Monnaie de Bayonne, III, 613.

Martin, capitaine au 38ᵉ régiment d'infanterie. — Surveille les approvisionnements à Montpellier, I, 292.

Martin, capitaine du navire le Paquebot de Phernesse. — Levée de l'embargo mis sur son bâtiment, III, 449.

Martin, chef de bataillon de la Loire-Inférieure. — Est blessé en combattant les Vendéens, V, 532.

Martin, homme de loi. — Est nommé juge militaire, V, 480.

Martin, inspecteur de la régie dans le département de la Haute-Loire. — Est nommé directeur de la régie à Moulins, III, 577.

Martin, membre de la Commune. — Commissaire du Conseil exécutif, I, xxv, 38. — Est arrêté par le directoire de la Haute-Saône, 98 (et Introd., xxxii).

Martin (Étienne, dit Martin le Juste), député des Bouches-du-Rhône à la Législative. — Reçoit une mission, I, lxv.

Martinique (La). — Nouvelles de cette colonie, II, 92, 295, 296, 334.

Marvejols (Lozère). — Cette ville perd le tribunal criminel de la Lozère, qui est transféré à Mende, II, 310. — Le citoyen Micalet, administrateur du district de Marvejols, fait arrêter différents chefs de rebelles, IV, 52. — Opérations de Châteauneuf-Randon et de Malhes, V, 307.

Mas Deu (Pyrénées-Orientales). — Défaite des Français près de ce lieu, IV, 258-262.

Maseick (Belgique). — Scellés apposés sur les biens nationaux de cette ville, I, 488.

Mas-le-Comte (Pyrénées-Orientales). — Occupation de cette ville par les Espagnols, IV, 326.

Massabiau, commissaire national dans le Morbihan, I, xxix.

Masséna, capitaine des guides à l'armée du Var, futur maréchal de France. — Ses exactions dans le comté de Nice, I, 248.

Massieu (Jean-Baptiste), député de l'Oise à la Convention. — En mission à l'armée des Ardennes, IV, 578, 589. (Voir ses lettres au mot Armée des Ardennes). — Notice biographique, 589. — Lettre de sa main, 590.

Masson, entrepreneurs de fournitures mili-

taires. — Sont dénoncés auprès des représentants en mission, III, 107. — Blaux se plaint de la compagnie Masson, 516. — Le colonel Mériau interrompt le service de cette compagnie, IV, 53. — Arrêtés du Comité de salut public à ce propos, 429, 498, 511. — Du Bois du Bais dénonce la compagnie Masson, 529.

Masson, vainqueur de la Bastille. — Indemnité accordée à sa famille, I, 34.

Massoulard. — Est nommé commissaire national près l'armée d'Italie, IV, 145.

Masuyer (Claude-Louis), député de Saône-et-Loire à la Convention. — En mission dans la section de la République, II, 286.

Mathieu (Jean-Baptiste-Charles), député de l'Oise à la Convention. — Son discours sur l'organisation du ministère, I, LXXII. — Est envoyé en mission dans la Sarthe, 272. (Voir ses lettres au mot Sarthe). — Notice biographique, ibid. — En mission dans la section de la Maison-Commune, II, 285. — Envoyé en mission à Orléans, 390, 391, 392. (Voir ses lettres au mot Orléans). — Se rencontre à Orléans avec Collot d'Herbois et Laplanche, 529. — Est chargé de rédiger un rapport sur l'établissement du Comité de salut public, III, 87. — Il s'oppose à ce que la Convention approuve les vues d'Hérault et de Simond sur Kellermann, 260. — Il est adjoint au Comité de salut public, IV, 381. — Y fait partie de la section des contributions publiques, intérieur et justice, 540. — En mission dans la Gironde et le Lot-et-Garonne, 590. (Voir ses lettres au mot Gironde). — Son rappel, V, 311.

Mathis, chef de la 3e légion à Paris. — Sa lettre au Comité de salut public, IV, 285.

Matthews (James), anglais. — Intermédiaire officieux entre Londres et Paris, III, 34, 167, 415.

Maubeuge (Nord). — Ardeur républicaine des troupes au camp de Maubeuge, I, 209. — Séjour des représentants, 495.

— Lettre de cette commune au Comité de sûreté générale, 572. — L'ennemi se présente devant cette ville, III, 217. — Le Comité arrête que les 60,000 fusils qui s'y trouvent seront transportés à Paris pour y être réparés, 282. — L'ennemi se borne à sommer Maubeuge, sans l'attaquer, 286. — Il l'attaque et est repoussé, 390. — Ce camp est inexpugnable, IV, 105. — Envoi de commissaires du Conseil exécutif, 145. — Fusils empruntés à la manufacture de Maubeuge, 222. — Mesures prises par du Bois du Bais pour approvisionner cette ville, 434, 528. — Elle accepte la Constitution, V, 212. — Opérations de du Bois du Bais, 366, 378. — Armement de Maubeuge, 495. — Les représentants visitent le camp de Maubeuge, 516.

Maudlaxc, ancien juge à Paimbœuf. — Est nommé accusateur public, IV, 405. — N'est pas maintenu dans ces fonctions, 442. — Est nommé juge militaire, V, 225.

Maubray (Belgique). — Annexion de ce lieu à la France, II, 464.

Maubuyt (Pierre-François-Ange), député de Seine-et-Marne à la Convention. — En mission dans l'Oise et en Seine-et-Marne, II, 303, 315. (Voir ses lettres au mot Oise). — Notice biographique, III, 186.

Maupas, ex-commissaire national au tribunal criminel du Finistère. — Est nommé juge militaire, V, 226.

Maugras, citoyenne de Besançon. — Préside la Société des femmes républicaines de cette ville, III, 91.

Maulde (Pierre-Jacques), député de la Charente à la Convention. — Est adjoint aux représentants dans ce département, par décret du 9 avril 1793, IV, 72. — Notice biographique, ibid.

Maulde (De), ministre de France en Hollande. — Son rôle dans l'affaire Beaumarchais, I, 53, 54.

Maulde (Nord). — Présence de Dumouriez au camp de Maulde, III, 8. — Une

grande partie de ce camp revient se rallier à la République, 97.

Mauléon (Basses-Pyrénées). — Opérations des représentants dans les Basses et les Hautes-Pyrénées dans cette ville, IV, 51.

Maure (Nicolas), député de l'Yonne à la Convention. — Est envoyé en mission dans l'Eure-et-Loir, I, 272. (Voir ses lettres au mot Eure-et-Loir). — Notice biographique, ibid. — En mission dans la section de l'Arsenal, II, 285. — En mission dans l'Eure-et-Loir et en Seine-et-Oise, 3o3, 3i5. (Voir ses lettres au mot Eure-et-Loir). — Et dans Seine-et-Marne et le Loiret, V, 294. (Voir ses lettres au mot Loiret).

Maurin fils (A.), commissaire du Conseil exécutif, I, 38.

Max-Cerf-Berr, négociant juif. — Membre du directoire des achats, I, 371. — Ses opérations en Belgique, 4o3. — Est arrêté, II, 13.

Maximum. — Cette loi reçoit sa pleine exécution en Seine-et-Oise, V, 378.

Mayence (Allemagne). — Rapport sur les réfugiés mayençais, I, xxix. — Opérations et lettres des représentants, 4o6-4o9. — Le Conseil exécutif y envoie Simon et Grégoire, 457, 459. — Situation de cette ville en janvier 1793, d'après les représentants en mission, 468-469. — Custine fils donne au Comité de défense générale des renseignements sur Mayence, II, 65. — Mémoire d'un général sur la situation de cette place, 73. — Emprunt forcé, 242. — Opérations des représentants, 561. — État de cette place d'après Haussmann, 579-581. — Annexion de Mayence à la France, 581. — Bruits de capitulation de l'armée de Mayence, III, 588. — Détails sur un combat livré le 6 mai 1793 devant cette ville, IV, 171. — Situation de l'armée de Mayence, 177; V, 18, 19. — Capitulation de Mayence, 368, 381, 428, 429. — Envoi de sa garnison en Vendée, 4ho, 441, 4h2, 492, 5o4, 5a1. — Arrêté pour retirer

de la circulation la monnaie de siège restée à Mayence, 555.

Mayenne (Département de la). — Mission de Fouché et de Villers, II, 3o3, 3i3. — Leurs opérations dans la Mayenne, 43o. — Lettre de Fouché, III, 391.

Mayenne-et-Loire (Département de). — Voir Maine-et-Loire.

Mazade (Julien-Bernard-Dorothée), député de la Haute-Garonne à la Convention. — Désigné par le Comité de défense générale pour aller en mission à Rochefort, I, 5oo. — Notice biographique, ibid. — En mission aux côtes de Lorient à Bayonne, II, 3-5. (Voir ses lettres au mot Côtes de Lorient à Bayonne.) — Il tombe malade en arrivant à Rochefort, 225. — Demande à être envoyé dans la Haute-Garonne, ibid. — Le Comité de défense générale lui refuse cette autorisation, 274. — Se charge de presser les secours demandés aux départements contre les Vendéens, 4oo. — Marche contre les Vendéens, 473. — Veut se rendre à Bayonne, 475, 491. — Lettre de sa main, III, 201. — En mission à l'armée des Côtes de la Rochelle, 5ho à 544. (Voir ses lettres au mot Armée des Côtes de la Rochelle). — Il est malade par excès de fatigue, 547, 6o7. — Son prochain départ de Bayonne, IV, 14. — Lettres de sa main, 134, 170, 273.

Mazères (Ariège). — Les femmes de cette ville se font inscrire pour marcher à la frontière et combattre l'ennemi, III, 529.

Méaulle (Jean-Nicolas), député de la Loire-Inférieure à la Convention. — Est envoyé en mission dans la section des Champs-Élysées, II, 285. — Et à l'armée du Nord, V, 3, 27. (Voir ses lettres au mot Armée du Nord). — Notice biographique, 27. — En mission dans les départements du Centre et de l'Ouest, 58, 7o. (Voir ses lettres au mot Départements du Centre et de l'Ouest). — En mission à l'armée des Côtes de Brest, 444. (Voir ses lettres au mot Armée des Côtes de Brest). — Lettre de sa main, 55o.

Meaux (Seine-et-Marne). — Opérations d'Isoré et de Mauduyt, III, 185-186. — Et de Maure et du Bouchet, V, 408.

Méchain. — Il est choisi par l'Académie des Sciences avec Delambre pour s'occuper de la mesure géométrique des degrés du méridien depuis Dunkerque jusqu'à Perpignan, III, 302.

Meisten (Holtz), patriote mayençais. — Reçoit un secours, IV, 275.

Melle (Belgique). — Annexion de ce lieu à la France, II, 464.

Melle (Deux-Sèvres). — Héroïsme de cette commune, IV, 361.

Melun (Seine-et-Marne). — Le district de Melun est autorisé à acheter des fruits à Paris, V, 78. — Civisme des habitants, 117. — Opérations de Maure et du Bouchet, 366.

Mende (Lozère). — Opérations de Gleizal et de Servière, II, 309. — Le tribunal criminel de la Lozère est transféré à Mende, 310. — Autres opérations de Gleizal et de Servière, III, 21-23, 74, 75, 295, 379, 400; IV, 52. — Et de Fabre, 552, 584, 585, 609.

Menessier, membre de la Commune de Paris. — Commissaire du Conseil exécutif, V, 263.

Mengin, capitaine dans l'armée du Rhin. — Les représentants demandent son déplacement, II, 332.

Menou (Jean-François de), ex-constituant, général. — Accomplit un acte de bravoure, III, 232, 233. — Débat sur la destination à lui donner, 284. — Son éloge par les représentants à l'armée des Côtes de la Rochelle, IV, 45. — Ils le nomment au commandement de cette armée en remplacement de Beauharnais, 494.

Menou (Le citoyen), agent secret en Allemagne. — Réclame une indemnité, 240.

Menton (Alpes-Maritimes). — Devient un des trois chefs-lieux de district du département des Alpes-Maritimes, III, 78. — Trois citoyens de cette localité sont arrêtés par le général Biron, 278.

Mer (Loir-et-Cher). — Les conventionnels Longchamp, Couthon et Villers ramènent le calme dans cette ville, I, 297.

Mercien, canonnier à Morlaix, tué par les rebelles. — Indemnité à sa veuve et à ses enfants, III, 54.

Mercien (Alexis). — Est nommé juge militaire, V, 226.

Mercien (M.-M.-A.), libraire. — Directeur de la fabrication des assignats, I, xxxiii; III, 58. — Est nommé directeur de l'imprimerie des assignats, 184.

Mériau, colonel des hussards noirs du Nord. — Interrompt le service des compagnies Masson et d'Espagnac, IV, 53.

Méridien. — Méchain et Delambre sont chargés de la mesure géométrique des degrés du méridien depuis Dunkerque jusqu'à Perpignan, III, 302.

Mérillon, préposé aux biens nationaux à Saverne. — Requiert la force armée, II, 457.

Merlet, inspecteur des ports de Paris. — Son rapport sur le pillage des bateaux de savon, V, 87, 88.

Merlin (Belgique). — Annexion de ce lieu à la France, II, 464.

Merlin (Antoine, dit *Merlin de Thionville*), député de la Moselle à la Législative et à la Convention. — En mission dans les départements, I, lxii. — En mission à l'armée du Rhin, 341. (Voir ses lettres au mot *Armée du Rhin*.) — Notice biographique, *ibid*. — Résumé de sa mission, 342. — Envoie de Mayence son vote de mort contre Louis XVI, 407. — Lettre de sa main, II, 295. — Est confirmé dans sa mission, III, 213, 539 à 544. — Lettres de sa main, V, 492, 504.

Merlin (Philippe-Antoine, dit *Merlin de Douai*), député du Nord à la Convention. — Notice biographique, I, 284. — En mission à l'armée de Dumouriez, 284-286, 448. (Voir ses lettres au mot *Armée de Dumouriez*.) — Demande au Conseil exécutif les motifs du rappel du général Dillon, 360. — Son séjour dans le Brabant, II, 140. — Lettres de sa main, 251, 278. — Va presser la levée dans les départements du Nord, 265. —

Lettres de sa main, 367, 598. — Il obtient des voix pour être membre du Comité de salut public, III, 131. — En mission à l'armée des Côtes de Brest, 540 à 544. (Voir ses lettres au mot *Armée des Côtes de Brest*.) — Lettres de sa main, V, 267, 348.

Merlino (Jean-Marie-François), député de l'Ain à la Convention. — Membre du Comité de défense générale, I, 392. — Notice biographique, *ibid.* — Est chargé par le Comité de défense générale de recevoir les renseignements de Dillon sur les colonies, II, 108. — En mission avec Amar dans l'Ain et l'Isère, 303, 307. (Voir ses lettres au mot *Ain*.)

Meslier (Les frères). — Annulation d'un arrêté du département de l'Aisne qui les excluait de la salle des ventes des biens nationaux, III, 268.

Mesnières, orfèvre. — Logé au Louvre, I, 82.

Metz (Moselle). — Le maire de cette ville obtient des mesures pour sa défense, I, 41. — Ses députés demandent un renfort de troupes de ligne, 51. — On y envoie le régiment de Castella, *ibid.* — Renouvellement et extension des pouvoirs des commissaires du Conseil exécutif envoyés dans cette ville, 76. — Nomination du directeur des douanes, 375. — Situation des magasins militaires de Metz, 344, 345, 374. — Opérations des représentants, 502, 503; III, 128, 151 à 153. — Plusieurs fonctionnaires sont suspendus, 152. — Le citoyen Segond est nommé commissaire national des monnaies, 267. — Il n'y a pas d'armes dans les magasins, 294. — Promulgation de la loi qui prohibe la vente du numéraire et les conventions qui ne seraient point faites en assignats, IV, 99. — Séjour de Le Vasseur, 170. — Et de l'ensemble des représentants à l'armée de la Moselle, 337, 375, 399, 411. — Le général Krieg est nommé commandant de Metz, 543. — Fonds accordés au Comité de surveillance de cette ville, V, 149.

Meurthe (Département de la). — Commissaires envoyés dans les salines de la Meurthe, I, xxxvii. — Envoi dans ce département des conventionnels Dentzel, Couturier, Rühl, de Laporte et Blaux, 351-354. — Enquête et opérations de ces représentants, 381-386. — Confirmation d'un arrêté du département de la Meurthe, 447. — Mission d'Anthoine et de Le Vasseur, II, 302, 305. — Lettres de ces représentants, 502; III, 72, 128, 151, 399. — Plan de mesures locales pour arrêter l'ennemi en cas d'invasion, 522. — Lettre des représentants, IV, 91. — Décret relatif au directoire du département de la Meurthe, 431.

Meuse (Département de la). — Le Conseil général de ce département nomme une commission extraordinaire pour administrer provisoirement, I, 148. — Mission de Thuriot, Pons (de Verdun), Drouet et Battellier, II, 302, 305.

Meuse, fleuve. — Le Conseil exécutif arrête que la navigation de ce fleuve sera rendue libre, I, 239, 240, 250.

Mévolhon (L'abbé). — Ses manœuvres contre-révolutionnaires, IV, 94.

Mévolhon père, ex-constituant. — Ses manœuvres royalistes, IV, 94.

Meyrueis (Lozère). — Opérations de Servière et Gleizal, III, 419.

Mézières (Ardennes). — Opérations de Perrin et de Massieu, V, 193.

Miaczynski, général. — Lettre de lui, III, 282. — Billet de lui trouvé dans la redingote de Dumouriez, 310. — Ordre du général Dumouriez pour mettre les troupes commandées par lui sous les ordres de Philippe Devaux, III, 368. — Son interrogatoire dans sa prison, IV, 221.

Micalet, administrateur du district de Marvejols. — Il fait arrêter différents chefs de rebelles, IV, 52.

Michau. — Grenadier du 2e régiment, I, 205, 206.

Michard, membre de la Commune. — Commissaire du Conseil exécutif, I, 38.

Michaud (Jean-Baptiste), député du Doubs à la Convention. — En mission avec Siblot dans la Haute-Saône et le Doubs, II, 3o2, 3o6. (Voir ses lettres au mot *Doubs*.)

Michaux-Prieur, administrateur de l'hôpital Saint-Jean-de-Dieu à Nancy. — Son arrestation, I, 498.

Michel, membre de la Commune. — Commissaire du Conseil exécutif en Seine-et-Oise, I, xxv, 38, 39. — Approbation de ses opérations, 228.

Michel (Pierre), député de la Meurthe à la Convention. — Est envoyé en mission dans la principauté de Salm, II, 246-248. (Voir ses lettres au mot *Salm*.) — Notice biographique, 247.

Michet (Antoine), député de Rhône-et-Loire à la Convention. — Salaire du gendarme chargé de le garder, V, 364.

Michot, commissaire du Comité de salut public. — Est envoyé en Bretagne, V, 535.

Mieskowski, général français. — Commande à Poreutruy, II, 177.

Milhaud (Jean-Baptiste), député du Cantal à la Convention. — Est envoyé en mission à l'armée des Ardennes, III, 538. (Voir ses lettres au mot *Armée des Ardennes*.) — Notice biographique, *ibid.* — Lettre de sa main, IV, 419.

Millau (Aveyron). — Complot pour empêcher le recrutement dans cette ville, III, 348.

Millier, commissaire du Conseil exécutif, I, xxv, 38. — Envoyé dans la Seine-Inférieure, 39. — Approbation de ses opérations, 228.

Millières (François). — Est envoyé en mission par le Conseil exécutif, IV, 99.

Millo, maire de Monaco. — Est destitué, III, 28, 278.

Millot (J.-B.), habitant d'Évreux. — Fait une communication au Comité de salut public, V, 3.

Mindin (Loire-Inférieure), fort à l'embouchure de la Loire. — Fouché maintient une station en face de ce fort, II, 559, 578.

Mines. — Concessions de mines dans l'Aude et le Puy-de-Dôme, IV, 266. — Et dans les départements de l'Isère et des Ardennes, V, 431. — Réouverture des mines de Doullens, 485.

Mixieu, officier municipal. — Est nommé commissaire du Conseil exécutif dans les départements insurgés, IV, 70.

Ministère de la guerre. — Élection de Servan, I, 4. — Et de Pache, 166. — Le Comité de défense générale discute un projet de réorganisation du ministère de la guerre, 401, 409, 413, 439, 440. — Il nomme Dubois-Crancé « rapporteur », 450. — Il entend Laclos sur ce sujet, 453, puis Sieyès, 455; II, 5. — Beurnonville est nommé ministre de la guerre, 56. — Ses vues sur l'organisation de ses bureaux, 66. — Son rapport au Comité de défense générale, 88. — Texte du décret sur l'organisation du ministère de la guerre, 109-110. — Le ministre de la guerre fait agréer par le Conseil exécutif la liste de ses adjoints, 109-111. — Sa réponse aux représentants en mission à Sarrelouis, 133. — Démission de Beurnonville, 334. — L'adjoint La Saussaye expédie les affaires du ministère en l'absence de Beurnonville, envoyé en mission près de Dumouriez, 573, 591, 594. — Le Comité de défense générale mande les six adjoints de ce ministère, III, 3. — Ils sont mandés également par le Conseil exécutif, 33. — Le Comité de défense générale leur demande un compte détaillé, 45. — Ils accompagnent le Conseil exécutif à la barre de la Convention, 46. — Bouchotte est nommé ministre de la guerre, 63. — Rapport de Sieyès sur la réorganisation de ce ministère, 81. — Rapport de Dubois-Crancé sur la guerre, *ibid.* — Rapport de Lidon sur l'organisation de la force armée, 82. — Delmas et Delacroix sont chargés de sa surveillance, 182. — Le Comité arrête que le ministre lui rendra compte des mesures qu'il a prises, 266. — Nomination de nouveaux ad-

joints à ce ministère, 284. — Le Comité écrit au ministre de se rendre à sa séance afin de s'assurer de la formation de ses bureaux, 309. — Bonnier et Voulland dénoncent le ministre de la guerre qui, au lieu d'envoyer un agent pour le recrutement dans chaque département, en a placé un par armée, 351. — Bouchotte s'occupe de l'exécution du décret sur l'impression de l'état des fonctionnaires de son ministère, 556. — Nomination d'adjoints au ministère de la guerre, 612. — Lidon annonce au Comité de salut public que ce ministère est dans un état d'inactivité qui demande un changement, IV, 57. — Carra se plaint du peu d'activité de ce ministère relativement à la guerre civile, 90. — Le ministre remet l'état des commissaires qu'il a envoyés depuis le 16 avril 1793, 144. — Il reçoit un million pour les subsistances, 186. — Organisation du bureau du dépôt général de la guerre, 380. — Le Comité de salut public propose de remplacer Bouchotte par Beauharnais, 482, 526. — Beauharnais, nommé par la Convention, n'accepte pas, 544. — Alexandre est nommé à sa place, V, 30, 35. — Retrait de cette nomination, 49. — Projet de diviser ce ministère en trois sections, 48. — Danton et Delmas sont chargés de suivre les opérations du ministère de la guerre, 119. — Nomination d'un adjoint, 201. — Les représentants à l'armée du Nord suspendent l'exécution d'un ordre du ministre de la guerre, 235. — Merlin (de Douai) et Cavaignac demandent le remplacement de Bouchotte, 314. — Nomination de deux adjoints au ministère de la guerre, 448. — Le ministre de la guerre est invité à remettre tous les quinze jours au Comité de salut public le contrôle de tous les régiments et bataillons, 486.

Ministère de la justice. — Élection de Danton à ce ministère, I, 2. — Il est remplacé par Garat, 132. — Le ministre de la justice convoque extraordinairement le Conseil exécutif, II, 223. — Élection de Gohier au ministère de la justice, 438. — Gohier s'occupe de faire exécuter le décret relatif à l'impression de l'état des fonctionnaires de son ministère, 555. — Réparations à l'hôtel du ministère de la justice, V, 33.

Ministère de la marine. — Élection de Monge comme ministre de la marine, 1, 2. — Débat au Comité de défense générale sur l'organisation du ministère de la marine, II, 48, 49, 51, 64. — Le service des consulats est distrait du ministère de la marine pour être rattaché aux affaires étrangères, 64. — Projet de décret sur l'organisation de ce ministère, 92. — Le ministre de la marine est autorisé à décider seul des questions d'embargo, 133. — Il présente la liste de ses adjoints, 165-168. — Décret sur l'organisation du ministère de la marine, 166. — Monge y est nommé de nouveau, 189. — Le Conseil exécutif lui demande un état des forces navales de la République, 211, 223. — Rapport de Barère sur l'organisation provisoire de ce ministère, III, 82. — Nomination d'un adjoint, 136. — Monge est chargé de remettre les états de la marine, 156. — Dalbarade est nommé ministre de la marine en remplacement de Monge, 181. — Treilhard et Bréard sont chargés de surveiller ce ministère, 182. — Le ministre de la marine est chargé de la surveillance des forges, 183. — Il est chargé aussi de relever les batteries des côtes, 211. — Il informe le Conseil de diverses mesures qu'il a prises, 284. — Il propose de faire circuler en Angleterre l'adresse de la Convention nationale au peuple anglais, 325. — Il communique différentes dépêches, 355. — Nomination d'adjoints, 405. — Il fait arrêter les signaux, 428. — S'occupe de faire exécuter l'impression de l'état des fonctionnaires de son ministère, 556. — Soumet au Conseil des projets de mouvements de flotte, 580. — Communique le projet d'une expédition secrète confiée à Kerguelen,

597. — Nomination d'un adjoint au ministère de la marine, IV, 380 ; V, 6. — Arrêté secret pour autoriser le ministre à acheter des fusils, 138.

Ministère de l'intérieur. — Élection de Roland, I, 4. — Sa démission, II, 6. — Projet de subdiviser ce ministère, 10. — Débat sur ce sujet au Comité de défense générale, 48, 49, 215, 216, 226. — Garat succède à Roland, II, 594. — Rapport de Barère sur l'organisation du ministère de l'intérieur, III, 82. — Garat s'occupe de faire exécuter le décret relatif à l'impression de l'état des fonctionnaires de son ministère, 555. — Et des lois relatives aux émigrés, 612. — Le ministre de l'intérieur entre en exercice de la présidence du Conseil exécutif, IV, 139. — Carnot se plaint de lui, 359. — Il est invité à remettre la liste de ses employés, V, 485. — Garat donne sa démission des fonctions de ministre de l'intérieur, 557.

Ministère des affaires étrangères. — Élection de Le Brun comme ministre des affaires étrangères, I, 2. — Le service des consulats est rattaché à ce ministère, II, 64. — Barère et Danton sont chargés de surveiller ce ministère, III, 182. — Le Brun lit un mémoire sur la situation politique de la France en avril 1793, 311. — Rédige une instruction pour Dampierre, 421. — S'occupe de faire exécuter le décret relatif à l'impression de l'état des fonctionnaires de son ministère, 555. — Est autorisé à continuer ses fonctions, quoique prisonnier, IV, 441, 442. — Le ministre des affaires étrangères est chargé d'envoyer à Bordeaux un agent secret, 512. — Deforgues est nommé ministre des affaires étrangères, V, 30, 35.

Ministère des contributions publiques. — Élection de Clavière comme ministre des contributions publiques, I, 4. — Expose au Conseil les réclamations du citoyen Santerre, III, 117. — S'occupe de faire exécuter le décret relatif à l'impression de l'état des fonctionnaires de son ministère, 555. — Est chargé de faire une instruction sur le mode d'acquittement des contributions, IV, 279, 351. — Destournelles est nommé ministre des contributions, 526, 544. — Il est invité à remettre la liste de ses employés, V, 485.

Ministres formant le Conseil exécutif provisoire. — Leur nomination, I, 1-4. — Voir *Conseil exécutif provisoire.*

MINVIELLE (Pierre), député des Bouches-du-Rhône à la Convention. — Pactise avec les rebelles marseillais, V, 360, 362.

MIRABEAU (Comte DE), constituant. — Candidat au ministère, I, XLVI. — Sa motion sur le ministère, LXVII-LXIX.

MIRABEL, dragon. — Est équipé aux frais du président du département de l'Hérault, II, 253.

MIRANDA, général. — Commande par intérim l'armée du général Valence, I, 402. — Extension de ses pouvoirs, 440. — Surveille le directoire des achats, 461. — Ses instructions relativement à la ville de Venloo, 465. — Sa lettre sur l'expédition de Zélande, 482. — Est autorisé à traduire le général Eustace devant une cour martiale, II, 194. — Annonce le bombardement de Maëstricht, 216. — Et la levée du siège de cette ville, 250, 264. — Écrit que les troupes se rallient, 279. — Annonce la perte de Liège, 288. — Dépêche de lui, 296, 380. — Commande la gauche de l'armée française à Tirlemont, 442. — Est mis en arrestation, V, 179, 208.

Mirecourt (Vosges). — Opérations de Roux, III, 75.

Mirepoix (Ariège). — Opérations des représentants dans l'Ariège et les Pyrénées-Orientales, III, 529.

Moen (Belgique). — Annexion de ce lieu à la France, II, 464.

MOISE, ex-évêque de Saint-Claude. — Justifie Grégoire accusé de régicide, I, 464.

Moissac (Lot, aujourd'hui Tarn-et-Garonne). — Séjour d'Élie Lacoste et de Jeanbon Saint-André dans cette ville, II, 532.

Molinier (J.), juge au tribunal de Villefranche-d'Aveyron. — Candidat au ministère de la justice, II, 439.

Mollet, commissaire du Conseil exécutif, I, 38. — Envoyé dans la Loire-Inférieure, 39. — Approbation de ses opérations, 228.

Molsheim (Bas-Rhin). — Opérations militaires du côté de cette ville, II, 537, 538, 547.

Momoro, commissaire du Conseil exécutif, I, xxx, xxxvii, 38. — Envoyé dans le Calvados et l'Eure, 39. — Envoyé en Vendée, IV, 99.

Monaco. — Le prince de Monaco réclame à la France l'exécution du traité de 1661, I, 73. — Envoi d'une garnison française à Monaco, 74. - - Annexion et organisation de ce pays par Grégoire et Jagot, II, 361, 362. — Destitution du maire Millo, III, 28, 278. — Mémoire du ci-devant prince de Monaco, V, 324, 325.

Moncontour (Côtes-du-Nord). — Insurrection près de cette ville, II, 568.

Monestier (Jean-Baptiste-Benoît), député du Puy-de-Dôme à la Convention. — En mission dans la Creuse et le Puy-de-Dôme, II, 303, 316. (Voir ses lettres au mot Creuse.) — Et à l'armée des Pyrénées orientales, V, 3, 27. (Voir ses lettres au mot Armée des Pyrénées orientales.) — Notice biographique, 27.

Monestier (Pierre-Laurent), député de la Lozère à la Convention. — En mission dans la section de la Fontaine-de-Grenelle, II, 285.

Monge (Gaspard), membre de l'Académie des Sciences. — Est porté sur la liste des émigrés, I, xxxiv. — Son élection au ministère de la marine, 2. — Notice biographique, ibid. — Son rapport sur l'état des armements de la marine, 7. — Président du Conseil, 56. — Communique les dépêches d'Espagne, 133. — Président du Conseil, 161, 410; II, 92. — Sa lettre au commissaire ordonnateur Vincent, 130. — Sa nomination nouvelle au ministère de la marine, 189. — Son rapport au Comité de défense générale, 241-242. — Préside le Conseil exécutif, 379. — Rend compte de ses opérations, 403. — Est dénoncé par Bayle et Boisset, III, 14, 15, 19-21. — Est remplacé par Dalbarade comme ministre de la marine, 181, 210.

Mongin. — Est nommé premier commis au Comité de salut public, IV, 125.

Moniteur universel. — Bibliographie de ce journal, I, iv, viii.

Monnaies. — Projet de fabriquer en France des monnaies étrangères, I, 402. — Écu frappé à l'image de Louis XVI en mars 1793, II, 248. — Nomination d'essayeurs et de graveurs dans les Monnaies de Strasbourg, Bayonne, Perpignan, Limoges, la Rochelle, III, 613.

Monnier. — Est nommé expéditionnaire au Comité de salut public, IV, 125.

Monnot. — Est nommé expéditionnaire au Comité de salut public, IV, 125.

Monnot (Jacques-François-Charles), député du Doubs à la Convention. — Envoyé en mission dans le Porentruy, II, 93-102. (Voir ses lettres au mot Porentruy.) — Notice biographique, 101.

Montrichard [1], capitaine. — Son compte rendu au général Ferrier, II, 197.

Mons (Belgique). — Prise de cette ville par Dumouriez, I, 231. — Mission de Mouchet et Légier, 456, 458. — Mons vote sa réunion à la France, II, 114. — Dispositions des habitants, d'après Treilhard et Camus, 148. — Les représentants suspendent la démolition des fortifications de Mons, 149. — Sentiments français de cette ville, 152. — Le ministre de la guerre ordonne de maintenir ses fortifications, 163, 165. — Situation de Mons au moment du vote de réunion, 178, 179. — Opérations des représentants, 392, 393. — Et du général Ferrand, 443.

Monsieur, frère de Louis XVI (Louis-Stanislas-Xavier de Bourbon). — Les représen-

[1] Et non Monrichand.

tants à Châlons envoient une de ses lettres, I, 88. — Sa correspondance est saisie à Verdun, 162. — Mesures en faveur des personnes attachées à son service, II, 483, 484. — Son portefeuille tombe aux mains des Français, III, 16.

Montagnac. — Est poursuivi comme agent de contre-révolution, III, 255.

Montagny (Blaise). — Est nommé graveur à la monnaie de Bayonne, III, 613.

Montaigu (Vendée). — Suspension des officiers municipaux de cette commune, 112.

Montané, président du tribunal révolutionnaire. — Son arrestation, V, 413.

Montaner (Basses-Pyrénées). — Troubles dans cette ville à l'occasion de l'élection du juge de paix, I, xxx.

Montansier (La citoyenne). — Subvention accordée à son théâtre, I, 359, 360. — Organise un spectacle à Bruxelles, II, 74. — Réclame une indemnité au Conseil exécutif provisoire, V, 98. — Cette indemnité lui est accordée en principe, 123, 124.

Montargis (Loiret). — Opérations du recrutement dans cette ville, II, 412. — Attentat contre Manuel, 418. — Troubles intérieurs, III, 10.

Montauban (Lot, aujourd'hui Tarn-et-Garonne). — Opérations des représentants, II, 497. — Établissement de cartes civiques à Montauban, III, 306. — Opérations de Jeanbon-Saint-André, 375, 477; IV, 49-50, 180, 213. — Établissement d'une fonderie de canons à Montauban, 572. — Opérations de Treilhard et de Mathieu, V, 331. — Et de Brival, 412. — Et de Baudot, 504.

Montauban (Louis-François-Hurtevin). — Est nommé directeur de la régie nationale de l'enregistrement et domaines réunis à Corte, III, 510. — Est chargé en outre d'une mission importante, 511, 512.

Montaut, conventionnel. — Voir Maribon-Montaut.

Montbéliard (Principauté de). — Situation de cette principauté par rapport au duc de Wurtemberg, II, 19. — Les représentants dans le Porentruy demandent la conquête de cette ville et de son territoire, 234. — Ils prévoient l'annexion de Montbéliard, 347.

Mont-Blanc (Département du). — Mission des conventionnels Hérault, Grégoire, Simond et Jagot, I, 276. — Lettres de ces représentants, 339, 344, 364, 374, 378, 399, 411, 437, 462. — Leur vote dans le procès de Louis XVI, 463. — Leurs lettres, 472, 474, 483; II, 31. — Organisation de ce département, 32, 33. — Lettres des représentants, 81, 140, 145. — Défense des frontières du Mont-Blanc, 163. — Ce département est excepté de la mission des 82 représentants, 298. — Lettres des représentants, 352; III, 187, 220. — Mission d'Amar, Voulland, Moyse Bayle, 214 à 217. — Lettres d'Hérault et Simond, 256, 258, 364, 377. — Le bruit court que Voulland est envoyé dans le Mont-Blanc, 482. — Lettres d'Hérault et Simond, 499, 549. — Les députés extraordinaires de ce département demandent à être autorisés à faire un marché de fusils, IV, 137. — Lettre d'Hérault, 200. — Albitte et Gauthier font verser à la Trésorerie nationale toutes les sommes qui sont au pouvoir de l'administration dans le département du Mont-Blanc, 491. — Les députés de ce département sont entendus par le Comité de salut public au sujet du canton de Berne, 542.

Montbourg, inspecteur de la régie dans le département de Seine-et-Marne. — Est nommé à la direction de Nantes, III, 404.

Montbrison (Loire). — Mouvements contre-révolutionnaires dans cette ville, II, 200.

Mont-de-la-Liberté (Pyrénées-Orientales). — Voir Mont-Louis.

Mont-de-Marsan (Landes). — Suspension de l'administration de district, I, 134. — Dartigoeyte presse l'arrivée des recrues, III, 363. — Autres opérations de Dartigoeyte, 515, 567 à 568.

Montélimar (Drôme). — Opérations des re-

présentants dans les Bouches-du-Rhône et la Drôme, IV, 136, 183.

Montesquiou (Anne-Pierre, marquis DE), ex-constituant, général. — Fait une communication à la commission des Douze, I, LI. — Est maintenu dans le commandement de l'armée du Midi, 7. — Est rappelé, 35. — Il reçoit l'ordre de marcher sur la Savoie, 48. — La Convention nationale prononce sa révocation, 69. — Elle autorise les représentants à ajourner l'exécution de ce décret, *ibid.* — Montesquiou commande l'armée des Alpes, 82. — Suspension du décret qui le révoque, 91. — Est excusé par les représentants, 93, 94. — Rapport définitif du décret rendu contre lui, 94. — Reçoit l'ordre de marcher sur Genève, 97, 99, 122. — Occupe Carrouge, 105. — Persiste à licencier les grenadiers volontaires, 105, 106. — Chargé par le Conseil exécutif de présenter un ultimatum au Corps helvétique, 155-158. — Communique au Conseil exécutif le projet de traité sur l'évacuation de Genève, 193. — Le général d'Anselme est rendu indépendant de son commandement, 214. — Il excite les soupçons du Conseil exécutif, 222. — Mission de Genet auprès de lui, 222, 225. — Envoie au Conseil exécutif son traité avec Genève, 227. — Est décrété d'accusation, 235. — Est remplacé dans son commandement par Kellermann, 236. — Approuve les marchés frauduleux de Benjamin et de Vincent, 264, 265.

Montesquiou (Philippe-André-François, comte DE), commandant de l'ouest de Saint-Domingue. — Quitte son poste sans congé, II, 174.

Montesson (Marquise DE). — Sa correspondance est saisie, III, 30.

Montfort, capitaine d'artillerie à Strasbourg. — Est appelé à Besançon comme sous-directeur, I, 185.

Montfort-l'Amaury (Seine-et-Oise). — Insurrection dans le district de Montfort-l'Amaury à l'occasion des subsistances, I, 210, 211.

Montjoie, adjudant général. — Est mis en arrestation, II, 592.

Montlieu (Charente-Inférieure). — Opérations de Féraud, IV, 121.

Mont-Louis (Pyrénées-Orientales). — Les représentants donnent à cette ville le nom de Mont-de-la-Liberté, III, 164. — Ils s'occupent à la ravitailler, 565. — Projean s'y rend, V, 363. — Rapport de Cassanyès sur la situation de Mont-Louis, 564.

Montmajor, dragon au 15° régiment. — Sa conduite civique, V, 401.

Montmélian (Savoie). — Cette ville est mise en état de guerre, I, 483-484.

Montpellier (Hérault). — Boissy d'Anglas, Vitet et Alquier inspectent les magasins militaires de cette ville, I, 292-294, 308-313. — Opérations de Voulland et de Bonnier, II, 582-584, 607-608; III, 324 à 325, 351, 366, 442, 482, 505, 549, 559, 591, 607, 618, 622; IV, 79, 122, 153. — Opérations de Brunel et de Rouyer, V, 43. — Mission de Pomme et de Servière, 488.

Montpensier (Duc DE). — Est mis en arrestation, II, 592, III, 237, 267, 280. — Mesures pour le faire conduire en sûreté à Marseille.

Montperreux, chef de brigade et directeur d'artillerie. — Il est arrêté, IV, 13. — Plaintes contre lui, 64.

Mont-Terrible (Département du). — Mesures pour former ce département, II, 177. — Projet de donner ce nom au département formé avec le Porentruy, 347. — Formation définitive, 466; V, 167, 168.

Morard de Galle, capitaine de vaisseau. — Commande le vaisseau *le Républicain*, destiné à aller aux îles du Vent, I, 215. — Ordres que lui donne le ministre de la marine, IV, 189. — Refuse le commandement de la flotte de Brest, 227. — Se ravise et accepte, 288. — Sa flotte est renforcée, 464, 475, 514. Sa correspondance avec le ministre de la marine, V, 200. — Arrêtés le concernant, 471, 472, 554, 556.

Morbihan (Département du). — Rapport au Conseil exécutif sur les réclamations de ce département et envoi de représentants, I, xxix. — État des campagnes du Morbihan, xxx. — Les représentants réclament un renfort de troupes pour ce département, II, 72. — Mission de Guermeur et Lemalliaud dans le Finistère et le Morbihan, 303, 313. — Lettre des administrateurs du Morbihan au Comité de défense générale, 517. — Opérations du recrutement, III, 179, 200; IV, 87, 149. — Fanatisme des habitants, 169. — Civisme de l'administration départementale du Morbihan, 313, 314. — Elle prend un arrêté au sujet des événements du 31 mai, 457, 489. — Elle se rétracte, V, 417.

Moreau, officier municipal de Lille. — Est nommé accusateur militaire, IV, 405.

Moreau (Jean), député de la Meuse à la Convention. — En mission dans la section des Gravilliers, II, 286.

Moreau (Jean-Victor), lieutenant-colonel. — Aide de camp du général de Hesse à Besançon, I, 187. — Est nommé adjudant général, *ibid.*

Moreau (Nicolas). — Est nommé provisoirement commissaire des guerres, I, 186.

Moreaux (Jean-René), lieutenant-colonel. — Les représentants en mission aux côtes de Lorient à Dunkerque demandent qu'il passe général, III, 231. — Il est blessé à la jambe, V, 543.

Morel, membre du bureau de conciliation du district de Bourges. — Est nommé juge militaire, V, 480.

Moreton-Chabrillan, général commandant à Bruxelles. — Est remplacé, II, 164. — Annonce le vote de réunion émis par la ville de Bruxelles, 217. — Commande à Nancy, 261. — Est renvoyé par Dumouriez, 351. — Jugement exprimé sur lui par le conventionnel de Bellegarde, 352.

Morin, commissaire du Conseil exécutif, I, 38. — Approbation de ses opérations, 228.

Morin, défenseur officieux. — Est nommé accusateur militaire, IV, 405.

Mouizor (Le citoyen). — Sa pétition au Conseil exécutif, V, 462.

Morlaix (Finistère). — Séjour des représentants, II, 397. — Patriotisme des corps administratifs de Morlaix, 423.

Moselle (Département de la). — Suspension du conseil général, I, 9, 10. — L'administration de ce département est convoquée à Longwy, 181. — Annulation de l'un de ses arrêtés, 289. — Mission des conventionnels Dentzel, Couturier, Rühl, Sébastien de Laporte et Blaux, 351-354. Les représentants à l'armée du Rhin se disposent à se rendre dans la Moselle, II, 46. — Annulation d'un arrêté de ce département, 165. — Mission d'Anthoine et de Le Vasseur, 302, 305. — L'administration départementale nomme provisoirement des employés de la régie, IV, 165. — Elle offre de faire partir 2,000 hommes pour la Vendée, V, 99.

Mostyn, beau-frère de l'Anglais François Roper. — Son attitude suspecte, V, 481.

Mouchet, commissaire national en Belgique, I, 345. — Envoyé à Mons, 456, 458.

Moulins (Allier). — Le citoyen Martin est nommé directeur de la régie à Moulins, III, 577. — Le Comité recommande à l'administration de Moulins de fournir aux représentants de l'armée des Pyrénées orientales des armes et des munitions, IV, 20. — Opérations de ces représentants, 136, 183. — Mesures relatives à la manufacture d'armes de Moulins, 328, 352; IV, 571. — Mission de Forestier près de cette manufacture, V, 50.

Mourcour (Belgique). — Annexion de ce lieu à la France, II, 464.

Mourgoix. — Est nommé commissaire national près l'armée de la Moselle, IV, 145.

Mouret, procureur général syndic de la Meurthe. — Est rétabli dans ses fonctions, V, 431.

Mouron Egerton (Le citoyen). — Affaire de son passeport, IV, 569.

Moutier-Grandval (évêché de Bâle). — Les habitants de ce lieu n'envoient pas de députés à l'assemblée du Porentruy, II, 346, 348. — Débat au Comité de salut public sur les mesures à prendre avec le canton de Berne relativement à la prévôté de Moutier-Grandval, IV, 442.

Moutte, banquier à Rome. — Bassville se réfugie dans sa maison, II, 37.

Moyenvic (Meurthe). — Situation des salines de Moyenvic, I, 385.

Moyneau, lieutenant au 4ᵉ bataillon de chasseurs francs. — Trouve une liste de royalistes dans des papiers d'émigrés, V, 475.

Mozeau, ex-commissaire près le 5ᵉ tribunal criminel. — Est nommé juge militaire, V, 292.

Mugron (Landes). — Opérations de Dartigoeyte dans cette localité, III, 477.

Muguet, victime des massacres de septembre. — Ses effets sont délivrés à sa veuve, IV, 543.

Mulet, dit La Gerouzière, ancien commandant militaire de Sarrebourg. — Est arrêté, III, 152.

Mulhouse (République de). — Envoi d'un agent français à Mulhouse, V, 309.

Muller, membre du département de la Moselle. — Fait arrêter les gens de la comtesse de la Leyen, IV, 198.

Muller (Jacques-Léonard), chef de brigade. — Est nommé adjoint au ministère de la guerre. III, 612. — Est employé à l'armée des Pyrénées occidentales, V, 201.

Munier [1], général de division. — Jugement porté sur lui par les représentants, II, 331-332.

Munster (Vallée de). — Ce pays n'envoie pas de députés à l'assemblée du Porentruy, II, 346, 348. — Il est l'objet d'un arrêté du Conseil exécutif, 403, 572.

Munaire, député à la Législative. — Membre de la Commission extraordinaire, I, xlix.

Munatel, général. — Blaux le recommande, IV, 277.

Munger, cavalier au 11ᵉ régiment. — Fait don de sa médaille, V, 316.

Munxaxo (Gauthier). — Sa mise en liberté, V, 421.

Murray, général anglais. — Lord Grenville offre au gouvernement français de faire passer toute une communication par l'intermédiaire de ce général, IV, 485, 486.

Mùsel, commissaire du Conseil exécutif, I, 38.

Musquinet de la Pagne, maire d'Ingouville. — Son arrestation, III, 477, 489.

Musquinet Saint-Félix. — Ses menées contre-révolutionnaires, V, 29. — Son procès, 104.

Muzart (Isidore), homme de loi. — Est nommé juge militaire, V, 480.

N

Naigeon, commissaire du Conseil exécutif, III, 170. — Rend compte que les prisonniers de la famille Bourbon sont arrivés sains et saufs à Marseille, 524. — Reçoit une indemnité, IV, 288, 289.

Najac (Benoît-Georges, comte de). — Est nommé adjoint au ministère de la marine, I, xxxiv; II, 167. — Notice biographique, *ibid*. — Est de nouveau nommé adjoint au ministère de la marine, III, 405. — Devient ordonnateur civil de Saint-Malo, IV, 380.

Namur (Belgique). — Reddition du château de cette ville, I, 295. — Le Conseil exécutif arrête de conserver les fortifications de Namur, 359. — Envoi de Bexon et de Rigault dans cette ville, 456, 458. — Ordre donné de démolir ses fortifica-

[1] Et non *Meusnier*, comme nous l'avons imprimé par erreur. Il ne s'agit donc pas ici du célèbre général Meusnier.

tions, II, 26. — Dispositions hostiles des habitants de Namur contre les Français, 151. — Réunion de cette ville à la France, 341. — Les Autrichiens essaient vainement de la prendre, 443.

Nancy (Meurthe). — Pénurie dont souffre cette ville et séjour qu'y font les représentants Couturier, Kühl et Dentzel, I, 381-386. — Renseignements contradictoires sur ses approvisionnements, 442, 475. — Arrestation de l'administrateur de l'hôpital, 498. — Lettre de Le Vasseur et d'Anthoine, II, 260-262. — Intrigues de Salle, 502, 503. — Opérations d'Anthoine et de Le Vasseur, III, 72, 399. — Crime commis par quatre hussards près de cette ville, IV, 22.

Nantes (Loire-Inférieure). — Patriotisme de cette ville, II, 189. — Opérations de Fouché, 313. — La Bourdonnaye est chargé d'y réunir une armée, 390. — Cette ville est bloquée, 469, 549. — Opérations de Fouché, 558, 578; III, 73, 144, 218, 273. — Nantes est pendant 35 jours en état de siège, 281. — Craintes pour la ville et pour les côtes, 330. — Opérations de Fouché et Villers, 374 à 375, 391, 414, 430, 528, 558. — Opérations de Coustard, IV, 111, 112. — Adresse des républicains nantais à la Convention, 197. — Opérations des représentants, 209, 234, 269, 314, 373, 457, 564, 582, 583. — Délibération séditieuse des sections, V, 8. — La situation s'y améliore, 38, 39. — Secours pécuniaire accordé à cette ville, 47. — La Convention y forme une commission centrale, 58. — Esnüe de la Vallée y est envoyé, 64. — Les rebelles somment la ville de se rendre, 71. — Opérations de Merlin et de Gillet, 90. — Mesures pour la défense de Nantes, 111. — Détails sur l'attaque tentée par les Vendéens, 134. — Rapport oral de Choudieu sur les affaires de Nantes, 139. — Opérations de Merlin et de Gillet, 158. — Les corps administratifs refusent de reconnaître les représentants en mission, 196. — Lettre de Philippeaux aux Nantais, 237. — Les autorités de Nantes rétractent leurs arrêtés séditieux, 267. — Leurs assemblées séditieuses, 296, 297. — La ville accepte la constitution, 329. — Opérations de Coustard, 330. — Arrivée de l'armée de Mayence à Nantes, 492. — Opérations de Gillet, 511, 531, 532. — Et de Philippeaux, 563.

Nantua (Ain). — Le district de Nantua fournit le contingent, III, 109.

Naples (Italie). — Armements maritimes à Naples, I, 8. — Mesures défensives prises contre la cour de Naples par le Conseil exécutif, 42. — Ce Conseil arrête que l'escadre française ira demander au roi de Naples réparation de l'injure faite par son gouvernement à la France à propos de Sémonville, 189. — Maret est nommé ministre de la République à Naples, IV, 499. — Ses instructions, 587.

Narbonne (Aude). — Projets pour mettre Narbonne à l'abri d'un coup de main, IV, 19, 475. — Séjour de Projean, 481.

Nassau (Principauté de). — Le Conseil exécutif applique à cette principauté le décret du 15 décembre 1792, I, 358. — Plusieurs communes demandent leur réunion à la France, 502. — Les représentants réquisitionnent les chevaux du pays, II, 116. — Affaire du mobilier du prince de Nassau-Saarbrück, IV, 340, 341.

Navier, député à la Législative. — Membre de la Commission extraordinaire, I, xlix.

Nayrod [1], général commandant au Quesnoy. — Est destitué, V, 432.

Néchin (Belgique). — Annexion de ce lieu à la France, II, 464.

Neerwinden (Belgique). — Conduite du général Champmorin à la bataille de Neerwinden, III, 197.

Neigre, capitaine d'artillerie commandant à Porentruy. — Fait don de sa décoration militaire, V, 232.

Nemours (Seine-et-Marne). — Opérations des représentants, III, 93.

Nesle (Pas-de-Calais). — 60 prisonniers prussiens sont envoyés dans cette localité par Dumouriez, III, 89.

Neuchâtel (Principauté de). — Persécutions qu'éprouvent dans ce pays les amis de la Révolution, V, 438.

Neufchâteau (Vosges). — Opérations de Perrin et Roux, III, 129.

Neufchâtel (Seine-Inférieure). — Civisme de ses habitants, II, 524, 526.

NEUILLY, général. — Passe à l'armée autrichienne, III, 138.

Neunkirch (Moselle). — Blaux réclame des indemnités pour les habitants de cette localité, III, 575. — Occupation du château, IV, 243-244.

Neu-Saarwerden (Bas-Rhin). — Ce bailliage demande sa réunion à la France, II, 136, 172. — Éloge du patriotisme des habitants de ce lieu, III, 497.

Neutres (États). — Libre admission en France des navires de ces États, III, 284, 311. — La libre sortie des ports est accordée aux bâtiments étrangers qui ont amené des chevaux dans les ports de la République, 449. — Arrêté du Conseil exécutif sur le commerce des neutres, V, 422.

Nevel (Belgique). — Annexion de cette localité à la France, II, 404.

Nevers (Nièvre). — Opérations des représentants, II, 412-414; III, 253, 320 à 324, 394 à 399, 439 à 441, 568 à 571, 572 à 575. — Mission de Forestier, V, 191, 192. — Opérations des représentants, 418, 466, 505, 519, 533.

NEVEU (Étienne), député des Basses-Pyrénées à la Convention. — En mission avec Ysabeau dans les Hautes et les Basses-Pyrénées, II, 303, 312. (Voir ses lettres au mot Basses-Pyrénées). — Perd sa femme, V, 61.

Nice (Alpes-Maritimes). — Cette ville envoie à la Convention des députés extraordinaires, I, 246. — Mission de Lasource, Goupilleau et Collot d'Herbois, 247. — Exactions commises sur son territoire,

246-249. — D'Anselme organise un tribunal à Nice, 250. — Dispositions des Niçois, 251. — Opinion du conventionnel Grégoire sur la franchise à accorder au port de Nice, 278. — Lettres des représentants à Nice, 313, 314. — Troubles dans cette ville, 314. — Proclamation des représentants, 315. — Ils envoient par lettre leur vote contre Louis XVI, 346. — Nouvelles lettres d'eux, 362, 366, 450. — Décret sur leur mission, II, 34. — Mesures relatives aux miliciens qui habitent le comté de Nice, 481. — Opérations de Grégoire et de Jagot, III, 27, 77. — Nice devient un des trois chefs-lieux de district, 78. — Établissement d'un tribunal de commerce dans cette ville, ibid. — Opérations de Grégoire et Jagot, 277, 381, 401. — Opérations de Roubaud et Despinassy, 443. — Opérations de Grégoire et Jagot, 560 à 562. — Et des représentants à l'armée d'Italie, IV, 524, 555, 576, 613; V, 383, 400, 484, 495.

NICOLISI, Vénitien. — Propose de fournir des grains à la République, IV, 228.

NICUL, ex-inspecteur des troupes de la marine. — Saisie de ses biens, II, 259.

Nieuport (Belgique). — La France refuse de laisser ce port ouvert pendant la guerre, II, 57. — Caractère et attitude des habitants, 181.

Nièvre (Département de la). — Mission de Collot d'Herbois et de Laplanche, II, 303, 317. — Leurs opérations, 412, 414. — Succès du recrutement, III, 11. — Le directoire de ce département prend un arrêté pour la fabrication des piques dans les forges de Guérigny, 267. — Opérations de Fouché, V, 466. — Le département de la Nièvre lève 1,120 hommes, 533.

Nîmes (Gard). — Mesures prises par les représentants pour approvisionner cette ville, I, 159. — Une délibération prise par la commune de Nîmes est dénoncée par la commune d'Huningue, V, 94.

NIOCHE (Pierre-Claude), député d'Indre-et-

Loire à la Convention. — En mission dans la section du Temple, II, 286. — En mission à l'armée des Alpes, III, 539 à 544. (Voir ses lettres au mot *Armée des Alpes*). — Notice biographique, 539. — Son rapport verbal sur les affaires de Lyon, IV, 571.

Niort (Deux-Sèvres). — Arrivée dans cette ville des conventionnels Carra et Auguis, II, 415. — Leurs opérations, 487, 488, 539. — Nomination d'un directeur de l'enregistrement, 542. — Opérations d'Auguis, III, 178. — Le citoyen Montbourg est nommé à la direction de la régie de Niort, 404. — Opérations des représentants, 460, 614; IV, 47, 334, 361, 385, 386, 598. — Bourdon, Goupilleau et Auguis sont spécialement attachés à l'armée de Niort, V, 86. — Opérations de ces représentants, 314, 355.

Niou (Joseph), député de la Charente-Inférieure à la Législative et à la Convention. — En mission à Rochefort, I, LVI. — Est désigné par le Comité de défense générale pour aller en mission à Brest, 500. — Notice biographique, *ibid.* — Sa mission, II, 3-5. (Voir ses lettres au mot *Armée des Côtes de Brest*.) — Il visite avec Mazade les îles d'Oléron et de Ré, 225. — Il marche avec l'armée du général Marcé, 400. — Critique les dispositions de ce général à la bataille de Saint-Vincent, 432, 435. — Doit s'embarquer pour les Sables-d'Olonne, 549. — Se défend de l'accusation portée contre lui par un administrateur des Deux-Sèvres, III, 143. — En mission à Saint-Omer, V, 413. — En mission dans le Pas-de-Calais et le Nord, 444. Voir ses lettres au mot *Nord*.)

Nivière-Chol, maire de Lyon. — Succède à Vitet, II, 201. — Est réélu, 203.

Nobles. — Motion pour les éliminer de l'armée, III, 149.

Noël, diplomate. — Est nommé ministre de la République à Venise, IV, 499.

Nogaro (Gers). — Affaire du procureur-syndic de ce district, I, 58.

Nogent-le-Rotrou (Eure-et-Loir). — Opéra-

tions de Philippeaux dans cette ville, V, 171, 172.

Nogent-sur-Seine (Aube). — Opérations des représentants, II, 426, 499, 500. — Suspension de plusieurs administrateurs du district de Nogent-sur-Seine, V, 270.

Noirmoutier (Île de). — Est prise par les insurgés royalistes, II, 539, 549. — Est commandée par Guerry de la Fortinière, 569,

Noirs. — Débat au Comité de défense générale sur l'adoucissement de leur sort, II, 155, 173. — Nouvelles de la révolte des noirs à Saint-Domingue, 245.

Nord (Département du). — Mission de Delmas, Dubois de Bellegarde, Duhem, Duquesnoy, Doulcet et Daoust, I, 77-79. — Lettres de ces représentants, 95. — Élection de nouveaux administrateurs du Nord, *ibid.* — Lettres des représentants, 100, 102, 106. — Extension de leurs pouvoirs aux départements voisins, 101. — Lettres des mêmes, 113, 124, 130, 135, 136, 141, 143. — Les électeurs de ce département sont réunis à Lille pendant le siège, 144. — Lettres des représentants, 145, 146, 147, 169, 174, 177, 178, 190, 205. — Leurs proclamations sur les biens des émigrés, 205. — Lettres des mêmes, 209, 228, 231, 232, 237. — Leur rappel, 230. — Lettre d'eux, 262. — Levée d'hommes dans ce département pour aller au secours de la Belgique, II, 277. — Mission de Carnot et de Lesage-Senault, 302. — Lettres de ces représentants, 395, 484, 494, 566; III, 6, 7, 36, 50. — La Convention décrète que ce département a bien mérité de la patrie, 67. — Lettres des représentants, 99, 122, 159, 178. — Ce département ne reconnaît pas les pouvoirs des représentants en mission, 429. — Le Comité de salut public écrit à ce département de ne pas entraver le recrutement, IV, 22. — On lui restitue l'argent qu'il a avancé pour l'armée, V, 336. — Mission de Billaud-Varenne et de Niou dans le Nord et le Pas-de-Ca-

lais, 443. — Lettres de ces représentants, 482, 529.

Notaires. — Formules initiales de leurs actes, I, 14.

Nouvion, général de brigade. — Est en garnison à Tours, II, 485, — Il reprend aux insurgés Marœuil et Moutiers, III, 547.

Noyon (Oise). — Observations de Collot d'Herbois et Isoré sur la situation de cette ville, V, 501, 502.

Nœé, général. — Va commander dans le département de l'Ariège, qui est menacé du côté de Puycerda, III, 495.

Numéraire. — Le Comité de salut public invite la Convention à ordonner la refonte de la monnaie de bronze, IV, 345.

Nyon, imprimeur-libraire. — Est nommé directeur de l'imprimerie des assignats, II, 481. — Donne sa démission, III, 58.

O

Obet-Henry, capitaine de frégate. — Envoyé en station aux îles du Vent, I, 215.

Obigies (Belgique). — Annexion de ce lieu à la France, II, 464.

Oise (Département de l'). — Arrêté modèle de l'administration de ce département, I, 43. — Mission de Mauduyt, Lakanal et Isoré, II, 303, 315. — Lettres de ces représentants, III, 5, 6, 93, 185, 373, 390. — Mission de Saint-Just, V, 290. — Mission de Collot d'Herbois, Isoré, Lequinio et Lejeune, 444.

Oléron (Ile d'). — Les habitants de cette île jurent de vaincre ou de mourir, II, 321. — Les représentants dans la Charente-Inférieure inspectent l'île d'Oléron, III, 586.

Olivet (Loiret). — Destitution du curé de cette commune, III, 9.

Olivier (Guillaume-Antoine), naturaliste. — Reçoit des frais de voyage pour sa mission en Orient, 212-213. — Notice biographique, *ibid.*

O'Moran, général français. — Prépare la tenue des assemblée primaires à Tournai, II, 148. — Est d'avis de maintenir les fortifications de Mons, 149. — Éloge de son patriotisme, 180. — Il supprime les anciens impôts à Nieuport, 181. — Sa conduite sage et ferme à Tournai, 328. — Reçoit une dépêche de Dumouriez, 484. — Ses soldats jurent

fidélité à la République, III, 197. — Avis qu'il donne aux représentants en mission, 246. — Est invité à secourir Dunkerque, 299. — On lui envoie un renfort d'artillerie, IV, 147. — Il est dénoncé par Gasparin et Lesage-Senault, 242. — Est dénoncé comme traître par Duquesnoy, 324. — Le ministre de la guerre reçoit du Comité de salut public l'ordre de le déplacer, V, 4. — Est désigné comme traître dans une lettre anglaise, V, 474, 483. — Son arrestation, 489, 529.

Oneille (Italie). — Ses corsaires infestent les côtes de Nice, III, 107.

Orange (Vaucluse). — Passage dans cette ville des représentants à Nice, I, 450. — Lettre des administrateurs du district d'Orange, V, 363.

Orange (Prince d'), stathouder de Hollande. — Ses inquiétudes au sujet des Français, II, 147. — Confiscation de ses biens à Bréda, 230. — Et à Klundert, 231.

Orchies (Nord). — Reprise de cette ville par les Français, I, 178. — Combat livré près de cette localité, III, 584. — Évacuation d'Orchies, IV, 300.

Orfèvres. — Pétition de orfèvres de Strasbourg, II, 172, 176. — Décret sur l'exportation de leurs produits, *ibid.* — Seconde pétition des mêmes, 188.

Orléans (Loiret). — Envoi de trois représentants Manuel, Lepage et Thuriot dans cette ville, I, 60. — Récit de ses troubles,

61. — Attentat dont Léonard Bourdon est victime à Orléans, II, 376, 377, 381, 382, 383, 389. — Mission de Bourbotte, Mathieu, Prieur (de la Marne) et Julien (de Toulouse), 390-392. — Ces représentants confèrent avec le Conseil exécutif, 404. — Attitude des sansculottes d'Orléans, 407. — Cette ville offre des secours contre la Vendée, 409. — Elle envoie une députation à Collot d'Herbois et à Laplanche, 413. — Opérations de ces représentants, 446, 448. — Jeanbon Saint-André et Élie Lacoste sont insultés à leur passage à Orléans, 498, 534. — Lettres et opérations de Collot d'Herbois et de Laplanche, 526-530, 557; III, 8-11, 46, 47. — Lettres et opérations de Bourbotte, Julien, Prieur (de la Marne), 100-102, 186, 200-201. — Conduite des représentants à Orléans, 254. — Lettre des représentants, III, 273. — Lettre du Comité de salut public sur la situation de cette ville, 329. — Opérations de Julien, Bourbotte et Prieur, 414, 454-458; IV, 63. — Arrêté du Comité de salut public au sujet des canons retenus dans cette ville, 69. — Annulation d'un arrêté des représentants, 318, 322. — Rappel de Julien, Bourbotte et Prieur, 418, 561. — Mission de Bourdon (de l'Oise) et de Dameron, 561, 562. — Lettre de ces représentants, V, 39.

Orléans (Duc d'), député de Paris à la Convention. — Est mandé par le Comité de défense générale, II, 592, 593. — Sa correspondance avec la marquise de Montesson, III, 30. — Enquête au sujet de sa présence dans l'Orne, 195, 515.

Ornans (Doubs). — Le district d'Ornans dénonce le général Demars, II, 99.

Orne (Département de l'). — Mission de Bourdon (de l'Oise) et de Le Carpentier, II, 303, 314. — Et de Lesage, Mariette, Plet-Beaupré et Duval, III, 195. — Lettre des représentants, 515. — Les

représentants envoyés dans ce département continueront leurs opérations, 541. — Lettre de ces représentants, IV, 61. — Le département de l'Orne réclame des canons, V, 150.

Orthez (Basses-Pyrénées). — Excellent esprit qui règne dans ce district, III, 392.

Osselin (Charles-Nicolas), député de Paris à la Convention. — En mission dans la section de la Halle-au-Blé, II, 285.

Osselin-Conflans. — Est arrêté à Chauny, IV, 578. — Est renvoyé au Comité de sûreté générale, V, 78.

Ostende (Belgique). — Le Conseil exécutif veut faire encombrer ce port, I, 58. — Le consul de France dans cette ville dénonce les vues hostiles de l'Angleterre et de la Hollande, 409. — Mission de Gadolle et de Smith, commissaires nationaux dans cette ville, 456. — La France refuse de laisser le port ouvert pendant la guerre, II, 57. — Mesures pour la défense de cette place, 89. — On y crie Vive l'empereur! 151. — Autres mouvements hostiles, 153. — Caractère et attitude de ses habitants, 181. — Ils votent leur réunion à la France, 272, 273. — Les habitants de Dunkerque ne voudraient pas qu'on évacue Ostende, 517. — Ostende tombe au pouvoir des Anglais, 598; III, 2. — Projet d'une attaque sur cette ville, IV, 128, 434. — Nouvelles d'Ostende transmises par le ministre de la guerre à Custine, V, 89. — Les Anglais fortifient cette ville, 280.

Oudart [1], président du tribunal criminel de Paris. — Son rôle dans les préparatifs de l'exécution de Louis XVI, I, 493, 495.

Ouden-Busch (Hollande). — Opérations du général Dumouriez dans cette localité, II, 231.

Oudon (Loire-Inférieure). — Les royalistes sont chassés de cette ville, II, 471.

Ouessant (Île d'). — Les habitants de cette

[1] Et non Oudard.

ile sont réservés pour le service de la marine, IV, 406.

Ouvriers. — Les ouvriers de l'arsenal de Toulon souffrent de l'insuffisance de leur paye, II, 143. — Situation de ceux de Brest, 358. — Projet de dispenser du recrutement certains ouvriers employés par l'État, 517.

Ovardrie (Belgique). — Annexion de ce lieu à la France, II, 464.

Oyné (D'), général. — Son entrevue avec les officiers du roi de Prusse le 12 avril 1793, III, 588.

Ozeville (Manche). — Arrêté des représentants contre la municipalité de ce lieu, III, 218.

P

Pache (Jean-Nicolas), ministre de la guerre. — Prend séance au Conseil en cette qualité, I, 166. — Notice biographique, ibid. — Est chargé de recevoir le compte de Dillon, 175, 176. — Fait arrêter par le Conseil exécutif que les généraux ne pourront plus conférer de grades sans l'autorisation du ministre de la guerre, 208, 209. — Président du Conseil, 223. — Rend compte au Conseil de sa conférence avec le général Kellermann, 236. — Le Comité de défense générale critique son administration, 410. — Et réclame de lui des états, 445. — Pache répond que tous les comptes de son département lui ont été rendus, 450. — Le Conseil exécutif approuve son projet de lettre aux représentants à l'armée du Rhin, 474. — Est entendu par le Comité de défense générale, II, 5. — Ne répond pas à une lettre des représentants en Belgique, 102. — Confie au maire de Toulon l'intérim des fonctions que lui-même remplissait dans cette ville, 130. — Rend compte des mesures qu'il a prises pour le recrutement, 553. — Les représentants en Belgique se plaignent de lui, 597.

Paganel (Pierre), député du Lot-et-Garonne à la Législative et à la Convention. — Est adjoint au Comité de défense générale, II, 29. — Notice biographique, ibid. — En mission avec Garrau dans la Gironde et le Lot-et-Garonne, 303, 312. (Voir ses lettres au mot Gironde.) — Lettre de sa main, III, 125. — Il annonce au Comité qu'il va cesser ses

fonctions, conformément au décret du 30 avril, IV, 132.

Page, commissaire de Saint-Domingue. — Est entendu par le Comité de défense générale, II, 185, 186.

Pagès, commissaire de police. — Est nommé juge militaire, V, 226.

Paimbœuf (Loire-Inférieure). — Un corps d'armée marche au secours de cette ville, II, 558. — Bon état de défense de Paimbœuf, 578. — Détails sur sa situation, III, 218.

Pain, rédacteur du Bulletin d'Évreux. — Est mis en arrestation, V, 347.

Palange, garde d'artillerie à Arras. — Est suspendu de ses fonctions, II, 121, 122.

Palatinat. — Le général Wimpffen viole le territoire de l'Électeur palatin, I, 336. — Le Conseil exécutif ordonne d'attaquer cet Électeur, 349. — Danger de sa neutralité dérisoire, 290, 291, 294. — Nécessité pour la France de s'emparer du Palatinat, 295. — Détails sur les opérations militaires dans ce pays, III, 320.

Pamiers (Ariège). — Opérations de Fayau et Gaston, III, 379 à 380.

Panis (Étienne-Jean), député de Paris à la Convention. — En mission dans la section de la Réunion, II, 285. — Et dans celle du faubourg du Nord, 286.

Paoli (Pascal). — Ses lettres au Conseil exécutif, I, xxxi. — Le Conseil exécutif l'invite à concourir à l'expédition de Sardaigne, 58, 59. — Les représentants aux côtes de la Méditerranée donnent des

détails sur son attitude équivoque, II, 79, 80, 106. — Lettre du Comité de défense générale sur les mesures à prendre à son égard, 126. — Nouveaux détails sur lui, 143. — Renseignements donnés par Volney, 174. — Les représentants aux côtes de la Méditerranée le dénoncent de nouveau, 238, 258, 259. — Lettre qu'il leur écrit pour refuser leur invitation, 399. — Autre lettre de lui, 608. — Il est décrété d'arrestation, III, 35. — Il est invité par les représentants à se rendre auprès d'eux, mais il est retenu par une fluxion de poitrine, 204. — Les représentants en Corse donnent des détails sur son attitude équivoque, 238. — Son attitude à l'égard des représentants Delcher et Lacombe Saint-Michel, 262 à 264. — Est dénoncé par Saliceti comme trop faible, 264. — Grégoire et Jagot expédient en Corse le décret contre lui, 278. — Les représentants en mission le dénoncent, IV, 173, 316, 317, 428, 449-451. — Il est sursis à l'exécution du décret d'arrestation qui le concerne, 452. — Il jette le masque, V, 107. — Il est mis hors la loi, 279. — Ses agissements, 468, 469.

PAQUIN, commissaire du Conseil exécutif, I, xxx, 38.

PANCIN (Pierre-Mathieu), commissaire du Conseil exécutif, I, xxx, 38. — Envoyé dans la Seine-Inférieure et l'Oise, 39.

PARDIEU (Gui-Félix), ancien député à la Constituante. — Est suspendu de ses fonctions d'administrateur du département de l'Aisne, I, 12.

PARET, commissaire observateur en 1793, I, xxix.

Paris (Département de). — Arrêté de l'administration du département de Paris sur Momoro et La Chevardière, I, xxxvii. — Et sur Petion, I.. — Arrêté du Conseil exécutif sur les opérations du directoire, 348. — Rapport du président du directoire au Conseil exécutif, 485. — Lettre du Conseil au président, II, 175. — Le procureur général syndic est mandé et interrogé par le Conseil exécutif, 210,

211. — Le département de Paris refuse un certificat de civisme au notaire Demautort, 224. — Lettre du ministre de l'intérieur au procureur général syndic, 243. — Le territoire du département de Paris est excepté de la mission des 82 représentants, 298.

Paris (Ville de). — Liste des commissaires observateurs dans cette ville, I, xxix. — Vues pour sa défense, 33. — Est invitée à envoyer des troupes aux frontières, 36. — Grande réunion chez le maire de Paris pour organiser la défense de cette ville, 45. — État des subsistances, 286-287. — — Subvention accordée au maire pour les subsistances, 359. — Rapport du maire Chambon sur la tranquillité de la ville, 374. — La Convention nationale enjoint au Conseil exécutif de lui rendre compte de l'état de Paris, 476. — Rapport de Santerre sur cet objet, 485. — Le Conseil exécutif demande au maire de Paris trois rapports par semaine sur la situation de la ville, II, 157. — Mesures prises par le Conseil exécutif pour accélérer le recrutement à Paris, 175, 191. — Autres mesures pour y ramener la tranquillité, 210, 211, 223, 224. — Rapport des autorités sur la situation de Paris, 297, 379, 380, 539. — État des approvisionnements en avril 1793, III, 297. — Application à cette ville du plan de recrutement proposé par le département de l'Hérault, 521. — Mesures pour faire partir le secours extraordinaire formé par Paris contre les insurgés de la Vendée, 531, 598, 609. — État de Paris le 21 mai 1793, IV, 263-264. — État de Paris le 30 mai, 379. — Et pendant la journée du 31 mai, 390-393. — Et pendant celle du 1er juin, 402-403. — Rapport du maire sur les événements du 2 juin, 430, 431, 452. — Avance de 4 millions faite à Paris, 541. — Projet pour l'approvisionner, 548; V, 1. — Pillage de bateaux de savon, 87, 88. — Supplément de dépenses pour la police, 89. — Mesures secrètes de sûreté, 138.

— Réclamation sur la qualité de l'avoine à Paris, 164. — Le Conseil exécutif accorde à la Commune 150,000 livres pour les frais de la journée du 31 mai, 241. — Fonds accordés aux comités de surveillance des 48 sections, 310. — Autres fonds accordés à la Commune pour les subsistances, 352. — Atrocités commises près d'Angers par deux bataillons de Paris, 432. — Arrêtés sur les subsistances de Paris, 496, 497, 514, 545.

PÂRIS, commissaire des guerres. — Porte à Lyon une proclamation de Dubois-Crancé et de Gauthier, V, 563.

PÂRIS, commissaire du Conseil exécutif, I, 38. — Commissaire national en Belgique, 345. — Son règlement de comptes, 380. — Est envoyé à Diest, 457. — Notice biographique, 459. — Prend le prénom de Fabricius, II, 157, 158. — Son retour à Paris, 566; III, 42.

PÂRIS, garde du corps. — Assassin de Le Peletier, II, 2, 6, 18, 158. — Mission de Legendre et de Tallien pour constater son suicide, 27.

Parthenay (Deux-Sèvres). — Rassemblement de troupes républicaines dans cette ville, II, 414. — Les insurgés vendéens l'environnent, III, 615. — Retraite de la garnison, IV, 115. — Les Vendéens sont battus à Parthenay, V, 79.

PASCAL-KERENVEYER, général commandant. — Sa réponse énergique au commandant d'une escadre anglaise croisant devant Dunkerque, III, 485. — Il est en butte aux dénonciations malgré sa belle conduite à Dunkerque, IV, 130. — Le Comité de salut public demande au Comité de sûreté générale des renseignements sur son compte, 441. — Il est renvoyé à son poste, 451.

Pas-de-Calais (Département de). — Rapport au Conseil exécutif sur les réclamations de ce département, et envoi de représentants, I, XXIX. — Intelligences des aristocrates de ce département avec les Autrichiens, 101. — Les administrateurs du Pas-de-Calais se plaignent que leurs lettres aux ministres restent sans réponse, II, 53. — Mission de Carnot et de Lesage-Senault, 302. — Le directoire du Pas-de-Calais est autorisé à prendre certaines mesures contre les émigrés, 396. — La Convention décrète que ce département a bien mérité de la patrie, III, 67. — Mission de Billaud-Varenne et de Niou, V, 443.

Passeports. — Des passeports sont exigés pour aller en Angleterre ou en venir. II, 194, 242, 243. — Collot d'Herbois demande une loi sur les passeports, III, 396. — Décret de la Convention pour que ses membres envoyés en mission ne soient obligés de justifier que du passeport qui leur sera délivré par la Convention elle-même, 425. — Passeports de Suisse en France, IV, 203. — Les commissaires du Conseil exécutif doivent faire viser leurs passeports par les représentants en mission, 221. — Défense aux autorités d'employer pour les passeports les formulaires de l'ancien régime, 307. — Passeport donné à Beaumarchais, 309. — Arrêté sur les passeports des Français rentrant de Suisse en France, 321. — Et sur ceux des agents de la République, 591, 592. — Et sur ceux des généraux actuellement à Paris, V, 179.

PASTORET, député à la Législative. — Membre de la Commission extraordinaire, I, XLIV. — Son projet sur l'éducation du prince royal, LII.

PATOCHI, secrétaire des représentants à l'armée du Rhin. — Contresigne une lettre de ces représentants, III, 274.

Pau (Basses-Pyrénées). — Opérations de Neveu et d'Ysabeau, III, 188, 189. — Quantité de sols fabriqués à la Monnaie de Pau, 393. — Plusieurs effigies de tyrans sont brûlées dans cette ville, 568.

PAZZI-DAUBIGNAN, ministre plénipotentiaire à Liège, I, 17.

PAW, député de Bergues. — Fait prendre par le Comité de salut public des mesures de sûreté pour la place de Bergues, III, 189.

Peccais (Gard). — Arrêté du Conseil exé-

cutif sur le régime des salines de Peccais, I, 361; II, 349.

Pêche. — Le Conseil exécutif autorise la course sur les bâtiments de pêche hollandais, III, 448.

Pelleport (Marquis de). — Mesures prises contre lui, II, 565.

Pelvey, ex-prisonnier en Angleterre. — Est mis en arrestation, III, 354.

Pénières (Jean-Augustin de), député de la Corrèze à la Convention. — Membre du Comité de défense générale, I, 391. — Notice biographique, 392. — Est chargé d'un rapport sur les colonies orientales, II, 10. — Lit ce rapport, 72, 88, 108. — Est chargé de communiquer au Conseil exécutif une lettre des représentants en Belgique, 163. — Et de proposer à la Convention l'envoi de Lequinio aux places fortes du Nord, 171. — Fait un rapport sur les îles Saint-Pierre et Miquelon, 210. — Communique une lettre au ministre de la guerre, 334. — Fait un autre rapport sur les colonies orientales, III, 81.

Penthièvre (Duc de). — Son influence sur les habitants d'Aumale, II, 524.

Pépin, rédacteur du Journal des Jacobins. — Est nommé accusateur militaire, IV, 405.

Peraldi, député de la Corse à la Législative. — En mission aux armées, I, LIX, 16.

Pencheron (Le citoyen). — Est envoyé en mission secrète à Copenhague pour y faire des achats, V, 155, 167, 169.

Percy (François-Louis de), vérificateur en chef du bureau de Paris. — Est envoyé en Belgique pour rechercher les faux assignats, II, 155, 156.

Père Duchesne, journal. — Bentabole se plaint que l'armée du Nord ne reçoive plus cette feuille, V, 540.

Pénès, aide de camp. — Donne des nouvelles de l'armée des Pyrénées, III, 307.

Pereyra, agent de la République en Bel-

gique. — Lecture de son rapport, II, 591. — Est mis en arrestation, 592. — Ses relations avec les représentants en Belgique, 596. — Débat sur son arrestation, III, 1, 2, 45.

Pérez. — Est nommé expéditionnaire au Comité de salut public, IV, 125.

Périer. — Fait partie d'une commission, III, 166.

Périer[1] (Les frères). — Le directoire de l'Eure veut leur acheter quatre pièces de canon, II, 562, 564. — L'un d'eux est entendu par le Comité de salut public sur les moyens de multiplier les fonderies de canons, III, 563. — Arrêté du Comité les concernant, IV, 569; V, 26.

Pérignon, colonel à l'armée des Pyrénées orientales. — Éloge de sa conduite, V, 308.

Périgueux (Dordogne). — Le Conseil exécutif casse une nomination faite par le corps électoral de Périgueux, I, 325. — Opérations d'Élie Lacoste et Jeanbon Saint-André, III, 490. — Et de Mathieu et Treilhard, V, 228, 246.

Pérille (Charles-Pierre-Louis), ci-devant commissaire des guerres. — Donne sa croix de Saint-Louis, I, 136.

Péris, membre du directoire de l'Aisne. — Est suspendu, I, 12.

Perlet, imprimeur. — Envoyé en mission en Suisse, II, 134. — Son journal est lu dans les Basses-Alpes, IV, 94.

Péronne (Belgique). — Annexion de ce lieu à la France, II, 464.

Péronne (Pas-de-Calais). — Mission de Delbrel et Roux-Fazillac III, 63. — Saladin et Pocholle blâment la municipalité de Péronne, 69. — Lettre de Delbrel et de Roux-Fazillac, 196. — Réponse du Comité de salut public, 197. — Lecture est faite au Comité de salut public d'une lettre sur l'état de dénuement de cette place, 209. — Mission de Roux-Fazillac et Delbrel, 214 à 217. — Duhem, Gasparin et Lesage-Senault s'élèvent contre le projet de former un camp à Péronne,

[1] Et non Perrier.

247. — Lettres de Roux-Fazillac et Delbrel, 302, 360, 413, 514, 525. — Opérations de Beffroy, V, 102. — Projet d'envoyer Guillemardet et Prieur (de la Côte-d'Or) en mission à Péronne, 507. *Perpignan* (Pyrénées-Orientales). — Mission dans cette ville d'Aubry, Despinassy et Isnard, I, 62. — Résumé de cette mission, 64, 65. — Lettres de ces représentants, 75, 159, 202, 242, 250, 252; II, 23. — Blindage des fortifications de cette place, 54. — Les représentants aux côtes de la Méditerranée projettent de se rendre dans cette ville, 253, 322. — Leur départ, 325. — Leur arrivée à Perpignan, 369, 372. — Leurs. opérations, 508, 512. — Adresse de la Société populaire de Perpignan, III, 125. — Opérations de Rouyer et autres, 153, 163 à 166, 238. — Mission d'Ysabeau, Leyris et Garrau, 215 à 217. — Opérations de Brunel, Le Tourneur et Rouyer, 351, 380 à 381, 419, 464, 482, 591. — Opérations de Fayau et Gaston, 608. — Nomination d'un essayeur à la Monnaie de Perpignan, 613. — Opérations de Brunel et Le Tourneur, 622; IV, 19, 65, 172, 215, 257, 260, 427. — Mesures prises par le Comité pour la défense de cette partie de la frontière, 452. — Opérations des représentants, 505 à 506, 529, 555, 559 à 560. — Opérations des représentants à l'armée des Pyrénées orientales, V, 238. — Rappel d'Aubry, de Despinassy et d'Isnard, 241. — Opérations des représentants, 308, 520.

PERREGAUX, banquier. — Est mêlé à l'affaire Beaumarchais, IV, 237, 281 à 285, 319.

PERRET, président du tribunal criminel du Finistère. — Remet un mémoire à Guermeur et Lemalliaud, III, 41, 200.

PERRIÈRE, commissaire observateur en 1793, I, xxix.

PERRIN (Jean-Baptiste)[1], député des Vosges à la Convention. — En mission dans la section de Beaurepaire, II, 285. — En mission avec Roux dans les Vosges et la Haute-Marne, 302, 305. — Notice biographique, 531. — En mission à l'armée des Ardennes, IV, 578, 589.

PERROT, commissaire des guerres à Montpellier. — Ses malversations, I, 309, 311.

PERRUCHOT, directeur des douanes. — Est nommé maire de Saint-Malo, IV, 265, 266.

PESTIAU, ancien professeur à Liège. — Est nommé accusateur militaire, IV, 405.

PETÉ, greffier du tribunal de Trévoux. — Est nommé juge militaire, V, 225.

PÉTION (Jérôme), ex-constituant, député d'Eure-et-Loir à la Convention. — Est suspendu de ses fonctions de maire de Paris, I, L. — Sa mission à Varennes, LVI. — Est nommé président du Comité de défense générale, II, 254. — Réélu membre de ce Comité, 515. — Indemnité aux gendarmes qui le gardent, V, 537.

PETIOT, aide-commissaire des guerres. — Arrêté le concernant, V, 465.

PETIOT, commissaire observateur en 1793, I, xxix.

PETIT, commandant de la place de Douai. — Est remplacé par le général Moreton, II, 351.

PETIT-BOIS (Du), général. — Commande en Bretagne, II, 589, 590. — Réquisition que lui adressent les représentants en mission, III, 38, 39. — Ses réclamations, 72. — Sa conférence avec Lemalliaud et Guermeur, 103. — Le

---

[1] Par suite d'une erreur typographique, la fin de la notice de Perrin a été confondue avec celle de son collègue Roux. Il faut la rétablir et la rectifier ainsi :

Jean-Baptiste Perrin, né à Damas-Devant-Dompaire (Vosges) le 5 mars 1754, négociant à Épinal, président de l'administration départementale des Vosges, député de ce département à la Convention, membre du Conseil des Cinq-Cents, puis du Conseil des Anciens, puis du Corps législatif sous le Consulat, mort à Épinal le 10 mai 1815. (Robert et Cougny. *Dictionnaire des parlementaires.*)

contre-amiral Chevigné lui écrit qu'il va redemander des hommes et des armes, 123. — Il est accusé d'incapacité et est remplacé, 304. — Son arrivée à Nantes, IV, 373.

Petit-Jean, commissaire ordonnateur en Belgique. — Reçoit une réquisition, II, 87. — Passe des marchés à Anvers, 232. — Est nommé commissaire ordonnateur de l'armée du Nord et des Ardennes, IV, 223. — Bellegarde, Courtois et Delbrel font un éloge enthousiaste de ses services, 372. — Il est réprimandé par Levasseur, V, 541.

Petitjean (Claude-Lazare), député de l'Allier à la Convention. — En mission dans la Creuse et le Puy-de-Dôme, II, 303, 316. (Il n'y a pas de lettres de lui).

Petit-Rumes (Belgique). — Annexion de ce lieu à la France, II, 464.

Pétriaux (Belgique). — Annexion de ce lieu à la France, II, 464.

Pétry, commissaire du Conseil exécutif. — Sa mission à l'armée de Custine, IV, 486, 586. — Ses instructions, V, 324, 407.

Peyrard. — Souscription à son livre De la nature et de ses lois, I, xxxvii.

Peyre, commissaire du Conseil exécutif, I, xxx, 38. — Est nommé commissaire à Brest, IV, 145.

Peyron, chef de légion. — Ses vues sur la défense des côtes de la Méditerranée, II, 186, 208, 257, 280.

Peyssard (Jean-Charles), député de la Dordogne à la Convention. — En mission à l'armée du Nord, V, 394.

Pflieger (Jean-Adam), député du Haut-Rhin à la Convention. — En mission avec Louis dans le Haut-Rhin et le Bas-Rhin, II, 302. (Voir ses lettres au mot Bas-Rhin). — Notice biographique, III, 253. — En mission à l'armée du Rhin, 539 à 544. — Les représentants à l'armée du Rhin se plaignent que Pflieger et Louis contrarient leurs opérations, IV, 15.

Philippe-Égalité. — Voir Orléans (Duc d'.)

Philippeaux (Pierre), député de la Sarthe

à la Convention. — En mission dans la section des Lombards, II, 285. — Et dans les départements du Centre et de l'Ouest, V, 58, 70. (Voir ses lettres au mot Départements du Centre et de l'Ouest). — Notice biographique, 70. — Lettres de sa main, 175, 238, 297, 305.

Piémont. — Les Piémontais évacuent la Savoie, I, 92, 94. — Stupeur où les jette l'arrivée des Français, 104. — Leur fuite, 105. — Ils repassent les monts, 117. — Leur projet de retour offensif, 400, 484. — Combats livrés par eux à Sospello, 338. — Intrigues de la cour de Turin à Lyon, 387. — Le roi de Sardaigne promet 20 sols par jour aux émigrés, III, 500. — Les Piémontais se préparent à attaquer avec les Autrichiens notre frontière des Alpes, IV, 483.

Pierre, commis du Comité de salut public. — Dénonce un courrier de Custine, III, 576. — Est nommé chef de bureau au Comité de salut public, IV, 124.

Pierre, homme de loi. — Est nommé juge militaire, V, 480.

Pignans (Var). — La municipalité de cette ville tente de mettre en arrestation Barras et Fréron, V, 400-404.

Pinard, inspecteur de la régie. — Est nommé à la direction de Vesoul, III, 405.

Pinet, fils du député à la Convention. — Est nommé juge militaire, V, 480.

Piny, officier. — Sa dénonciation contre Dumouriez et Dampierre, III, 58.

Piorry (Pierre-François), député de la Vienne à la Convention. — En mission dans la section des Piques, II, 285. — En mission dans l'Indre et la Vienne, 303, 316. (Voir ses lettres au mot Indre). — Notice biographique, 421. — Lettre de sa main, III, 337.

Pior, procureur-syndic de Belley. — Est révoqué pour prévarication, III, 109.

Pipaud (Léonard), procureur général syndic de la Dordogne. — Son arrestation et son transfert à Paris, V, 406.

Pitt, ministre anglais. — Le Conseil exé-

cutif décide de continuer les négociations avec lui, I, 300. — Il refuse de recevoir une communication de Chauvelin, 451.

Places fortes du Centre. — Mission de Hentz aux places fortes du Centre, II, 58. — Blaux et Laporte se joignent à lui, 162. — Lettres de ces représentants, 343, 374.

Places fortes du Nord. — Mission de Cochon, Gasparin, Jean de Bry et Lequinio aux places fortes du Nord, II, 58. — Lettres de ces représentants, 91, 117, 121, 122, 127, 139, 318, 351, 425, 444, 465, 495; III, 37. — De Bellegarde est nommé représentant en remplacement de Gasparin malade, 37. — Lettres des représentants, 64, 65, 67, 93, 97, 98, 137, 159, 174, 197, 217. — La Convention décrète que les citoyens Lequinio, Bellegarde et Cochon feront sans délai le rapport de leur mission sur la frontière du Nord, 388.

Places fortes du Rhin. — Mission de Ferry aux places fortes du Rhin, II, 58. — Lettres de ce représentant, 198, 353.

Plaine, ville de la principauté de Salm. — Est incorporée aux Vosges, II, 248.

Plaines-du-Nord. — Projet de former un département de ce nom avec la ville de Gand et sa banlieue, II, 185.

Plet-Beaupré (Pierre-François-Nicolas), député de l'Orne à la Convention. — Est envoyé en mission dans l'Orne, III, 195. (Voir ses lettres au mot *Orne*). — Notice biographique, *ibid.*

Plougoulm (Finistère). — Capitulation accordée à cette commune, III, 53, 54.

Pocholle (Pierre-Pomponne-Amédée), député de la Seine-Inférieure à la Convention. — En mission avec Saladin dans la Seine-Inférieure et la Somme, II, 303, 315. (Voir ses lettres au mot *Seine-Inférieure*). — Notice biographique, 526. — En mission avec Carrier dans le Calvados, la Seine-Inférieure et autres départements, V, 239, 242. (Voir ses lettres au mot *Calvados*). — Se rend au Havre, 395. — Sa mission est étendue aux départements du Finistère, du Mor-

bihan, des Côtes-du-Nord, de l'Ille-et-Vilaine et de la Loire-Inférieure, 547.

Pointe (Noël), député de Rhône-et-Loire à la Convention. — En mission à la manufacture d'armes de Saint-Étienne, V, 28. (Voir ses lettres au mot *Saint-Étienne*). — Notice biographique, *ibid.* — Lettre de sa main, 287.

Poinson, membre du directoire du département des Vosges, II, 248.

Poitiers (Vienne). — Émoi causé dans cette ville par les nouvelles de l'insurrection vendéenne, II, 415. — Opérations de Piorry et Lejeune, 419-421. — Envoi de troupes, 466, 467. — Opérations de Piorry et Lejeune, III, 304, 335-337, 375, 436. — Et de Féraud, IV, 118. — Et de Creuzé et Thibaudeau, 291, 349, 420, 480, 494, 535.

Pologne. — Projet de représailles contre les Polonais qui se trouvent à Paris (avril 1793), I, xxxii. — Dispositions de ce pays à l'égard de la France, II, 50. — Entrée des Prussiens en Pologne, 55, 57. — Bayle et Boisset se plaignent de ce qu'on laisse écraser ce peuple, III, 16. — Le secrétaire de la légation de France à Varsovie est envoyé en Sibérie, 90. — Les Polonais qui se trouvent à Paris sont exceptés des représailles contre les Russes, 169.

Polverel, commissaire national à Saint-Domingue. — Est l'objet d'un décret d'arrestation, V, 471.

Pomme (André), député de la Guyane à la Convention. — Est envoyé en mission à Montpellier avec Serrière, V, 488. — Notice biographique, 488.

Poncin. — Est nommé juge militaire, V, 226.

Poncy, garde magasin des vivres à Pont-à-Mousson. — Est suspendu de ses fonctions, III, 152.

Poncy, membre du directoire du département de Seine-et-Marne. — Est nommé procureur général syndic de ce département, III, 185.

Pons (Philippe-Laurent, dit *Pons de Verdun*), député de la Meuse à la Convention,

— En mission dans la section des Arcis, II, 285. — En mission avec Thuriot dans la Marne et la Meuse, 302, 305. (Voir ses lettres au mot *Marne*).

Pont-à-l'Haye (Belgique). — Annexion de ce lieu à la France, II, 464.

Pont-à-Marcq (Nord). — Combat près de ce lieu, V, 295.

Pont-à-Mousson (Meurthe). — Les représentants dans la Meurthe et la Moselle y suspendent quelques fonctionnaires inciviques, III, 152.

Pontarlier (Jura). — Cette ville s'inquiète des dispositions hostiles de la Suisse, I, 120. — Elle reçoit la visite des représentants en mission dans le Doubs, 219. — Opérations des représentants, III, 575.

Pont-de-Vaux (Ain). — Opérations d'Amar et Merlino dans cette ville, III, 108.

Pontivy (Morbihan). — Les insurgés royalistes attaquent cette ville, II, 454.

Pont-l'Abbé (Finistère). — La ville de Brest est autorisée à s'approvisionner dans les greniers de cette ville, III, 40.

Pontoise (Seine-et-Oise). — Enquête sur les magasins de blé de Pontoise, V, 505, 506.

Pont-Sainte-Maxence (Oise). — Bézard et Thibault demandent qu'on établisse une force armée dans cette ville, III, 137.

Pont-Saint-Esprit (Gard). — Opérations de Bonnet et Fabre dans cette ville, IV, 377. — Elle est occupée par le général Carteaux, V, 277, 278, 289.

Ponts-de-Cé (Maine-et-Loire). — Succès remporté par les républicains près de cette ville, V, 348. — Elle est prise par les Vendéens, 397, 398. — Et reprise par les républicains, 503.

Porentruy (Ville et pays de). — Opérations des représentants, I, 195-202. — Situation de ce pays, 215-219. — Proclamation de la République de Rauracie, 288. — Cette ville est mise en état de défense contre les Autrichiens, II, 23. — Dénonciation des députés du Porentruy contre Gobel, Rengguer et Demars, 66, 72. — Mission de Laurent, Monnot et Ritter, et rapport de Guyton-Morveau, 93. — Les Français fortifient les gorges du Porentruy, 163. — Lettre des représentants, 176. — Projet de lettre du Comité de défense générale à ces représentants, 186. — Lettres des représentants, 232, 346. — Le pays de Porentruy vote sa réunion à la France, 346-348. — Arrêté du Conseil exécutif sur diverses régions attenant à ce pays, 403. — Lettres des représentants, 407. — Annexion du Porentruy à la France sous le nom de département du Mont-Terrible, 465. — Lettres des représentants, III, 91, 332, 480; IV, 171.

Port-au-Prince. — Le bataillon de la Guyane est incorporé avec celui de Port-au-Prince, II, 83.

Port-de-la-Liberté. — Voir *Port-Louis*.

Porte Ottomane. — Voir *Turquie*.

Port-Louis ou *Port-de-la-Liberté* (Morbihan). — Dénuement de cette place, II, 83. — Les représentants la visitent, 86.

Portrieux (Côtes-du-Nord). — Projet de travaux pour mettre en état la jetée de Portrieux, IV, 319.

Port-Vendres (Pyrénées-Orientales). — Les représentants font recouvrir d'un bonnet de la liberté la fleur de lis de l'obélisque, III, 165.

Poste aux lettres et aux chevaux. — Organisation de ce service près des armées, I, 51. — Alexis Sompron est nommé administrateur des postes, 362. — Rétablissement de la poste française à Genève, 402. — Les administrateurs des postes sont requis par le Conseil exécutif d'avoir à le renseigner sur les courriers venant d'Angleterre, 452. — Ils sont dénoncés par la commune de Paris, II, 27. — Installation du directeur des postes de Fort-Louis, 136. — Organisation de la poste à Bruxelles et à Louvain, 146. — Annulation d'un arrêté de l'assemblée électorale du district de Belfort qui nomme un distributeur de lettres à Dannemarie, 174. — Suppression d'une surtaxe sur les ports de lettres à Genève, 193. — Envoi d'un commissaire pour

organiser les postes en Belgique, 271.
— Désorganisation de la poste aux chevaux en province, 370. — Arrestation de courriers des postes, 380. — Le service des postes est mal fait dans l'Ardèche et la Lozère, 595. — Proposition de Gossuin sur le service des postes, III, 585. — Le Comité de salut public arrête que toutes les lettres venant de l'étranger à Paris seront ouvertes, 506, 507. — Un directeur des postes est installé à Ustaritz (Basses-Pyrénées), IV, 13. — Mesures prises pour assurer le service des postes dans la journée du 31 mai, 388. — Examen des lettres venant de l'étranger, 431, 432. — Renseignements demandés par les sections de Paris au sujet de l'administration des postes, 500. — Établissement d'un bureau de poste français à Liège, V, 113. — Duhem et Lesage-Senault dénoncent la direction des postes de Paris, 251. — Arrêté relatif à l'inspection des postes d'Ille-et-Vilaine, 290. — Nomination de divers inspecteurs des postes dans les départements, 373. — Arrêté relatif à la poste de Paris, 447. — Nomination d'une nouvelle administration des postes et messageries, 487. — Ordre donné à la poste d'arrêter les lettres timbrées de Thouars, 545. — André Dumont et Le Bon se plaignent de la poste aux chevaux, 548, 549.

Potte (Belgique). — Annexion de ce lieu à la France, II, 464.

Poudres, poudreries. — Rapport de Johannot sur l'état des poudres et salpêtres, II, 162, 222. — Projet de suspendre la vente de la poudre de chasse, 222, 274. — Achat de poudres et salpêtres à Dunkerque, 439. — Comparaison de la force de la poudre de muriate avec le poudre superfine d'Essonnes, III, 484. — Arrêté sur la fabrication de la poudre de muriate, 556. — Les ouvriers des poudres réclament une augmentation de salaire, IV, 161. — Arrêté sur la fabrication des poudres, 236. — Projet de règlement sur la conservation de la poudre, 354. — Dénonciation d'abus dans le service de la régie des poudres, 474. — Règlement sur l'emploi de la poudre de guerre, 485.

Poultier (François-Martin), député du Nord à la Convention. — Est envoyé en mission dans les Bouches-du-Rhône à la place de Basire, V, 101. (Voir ses lettres au mot Bouches-du-Rhône).

Poutier, général de brigade. — Est nommé commandant de Givet, I, 155. — Plaintes sur son inertie, V, 541,

Pozzo di Borgo, ex-membre de la Législative, procureur général syndic du département de la Corse. — Est décrété d'arrestation, III, 35; V, 279.

Prats-de-Mollo (Pyrénées-Orientales). — Les représentants visitent cette place, II, 510, 512. — La Société républicaine ouvre une souscription en faveur des volontaires, III, 238. — Le commandant est sommé par les Espagnols, 506. — Ferme contenance de la garnison, IV, 326.

Pressavin (Jean-Baptiste), député de Rhône-et-Loire à la Convention. — En mission avec Reverchon dans les départements de Rhône-et-Loire et de Saône-et-Loire, II, 303, 307. (Voir ses lettres au mot Rhône-et-Loire).

Presse. — Annulation de deux arrêtés de représentants en mission contraires à la liberté de la presse, IV, 318, 322. — Création d'un journal officieux, V, 459, 506.

Prière, commissaire du Conseil exécutif. — Est envoyé à Bayonne, IV, 145.

Prieur, commissaire ordonnateur. — Les représentants à Besançon se louent de ses services, I, 185.

Prieur (Claude-Antoine), député de la Côte-d'Or à la Législative et à la Convention, — En mission aux armées en 1792, I, LIX. — Envoyé en mission dans le Doubs, le Jura et l'Ain, 120. (Voir ses lettres au mot Ain) — Son rapport, ibid. — Notice biographique, ibid. — Désigné par le Comité de défense générale pour aller en mission à Brest, 499. — Sa mission.

II, 4-5. (Voir ses lettres au mot *Armée des Côtes de Brest*). — Lettres de sa main, 537; III, 230. — En mission à l'armée des Côtes de Cherbourg, 540 à 544; IV, 229. (Voir ses lettres au mot *Armée des Côtes de Cherbourg*).—Est mis en arrestation par les autorités de Caen, 501-503, 516, 517, 518. — Est rendu à la liberté, V, 417. — Projet de l'envoyer en mission à Péronne, 507. — Il est adjoint au Comité de salut public, 547.

Prieur (Pierre-Louis), ex-constituant, député de la Marne à la Convention. — En mission, I, LVI. — Commissaire du Conseil exécutif, 47. — Notice biographique, *ibid*. — Envoyé en mission à Châlons, 66. (Voir ses lettres au mot *Châlons*). — Son rapport sur cette mission, 67. — Harangue les soldats à Bienne, 88. — En mission dans la section du Mont-Blanc, II, 285. — Et à Orléans, 390-392. (Voir ses lettres au mot *Orléans*). — Membre du Comité de défense générale, 514. — Demande qu'on décrète une taxe de guerre, 554. — Post-scriptum de la main de Prieur, III, 201. — En mission à l'armée des Côtes de Cherbourg, 540 à 544. (Voir ses lettres au mot *Armée des Côtes de Cherbourg*). — Il rend compte au Comité de salut public de plaintes graves qu'il a reçues contre la légion germanique, 596. — Est élu membre du Comité de salut public, V, 225. — Est rappelé de sa mission à l'armée des Côtes de Cherbourg, 239. — Rend compte de sa mission, 425. — En mission aux armées du Nord, des Ardennes, de la Moselle et du Rhin, 442. (Voir ses lettres au mot *Armée des Ardennes*.)

Prieur (fils). — Est nommé provisoirement commissaire des guerres, I, 186. — Prieur (de la Côte-d'Or) déclare qu'il n'est pas son parent, *ibid*.

Prises. — Projet de décret sur les prises, IV, 310. — Le Conseil exécutif provisoire déclare valables les ventes à des nationaux alliés ou neutres des prises faites sur les ennemis, V, 68.

Prisonniers. — Ouverture d'un cartel général d'échange pour les prisonniers de guerre, IV, 189. — Arrêté sur le mode d'échange avec les Anglais, 204. — Mode d'échange des prisonniers de mer, 543, 559. — Mission de Forster et Pétry pour l'échange des prisonniers avec l'Angleterre, 486, 586, 594. — Mesures à l'égard des prisonniers internés dans la ci-devant Bretagne, V, 32. — Mesures pour l'habillement des prisonniers de guerre en général, 33. — Transfert au bagne des prisonniers condamnés aux fers, 182. — Arrêté fixant le mode de translation des prisonniers, 258. — Instructions données aux commissaires envoyés à Londres pour traiter de l'échange des prisonniers, ainsi qu'à Forster et à Pétry, 324, 407. — Arrêté pour que les prisonniers de guerre soient traités humainement, 487. — Internement de prisonniers de guerre à Amiens, 549.

Privas (Ardèche). — Opérations des représentants, II, 438, 507; III, 347.

Probst (Valentin). — Est nommé commissaire du Conseil exécutif près l'armée du Rhin, IV, 355. — Est révoqué par les représentants en mission, V, 230.

Procès-verbal de la Convention. — Méthode employée par les rédacteurs de ce journal pour analyser les lettres des représentants, II, 396.

Projean (Joseph-Étienne), député de la Haute-Garonne à la Convention. — Est envoyé en mission à l'armée de Bayonne, III, 215 à 217. (Voir ses lettres au mot *Bayonne*.) — Notice biographique, 215. — En mission à l'armée des Pyrénées orientales, 539 à 544. (Voir ses lettres au mot *Armée des Pyrénées orientales*.) — Il se rend à Mont-Louis, V, 363.

Proly, agent de la République en Belgique. — Lecture de son rapport, II, 591. — Est mis en arrestation, 592. — Ses relations avec les représentants en Belgique, 596. — Débat sur son arrestation, III, 1, 2, 5.

Promulgation des lois. — Formule de cette promulgation, I, 13.

PROST (Claude-Charles), député du Jura à la Convention. — En mission dans le Jura et dans la Côte-d'Or, II, 303, 307. (Voir ses lettres au mot *Jura.*) — Notice biographique, 383. — Sa santé le force à se retirer quelque temps dans sa famille à Dôle, III, 591. — Lettre de sa main, *ibid.*

PROVENCE (Comte DE). — Voir MONSIEUR.

PROVINS, citoyen de la section du Luxembourg. — On saisit chez lui 5,000 fusils, II, 557.

PRUDHOMME, maire de Saint-Pol-de-Léon. — Est destitué, II, 425.

Prusse. — Réponse du Conseil exécutif provisoire aux offres de paix que lui fait le roi de Prusse, I, 70. — Les Prussiens lèvent leur camp, 84. — Le secrétaire du roi de Prusse est échangé contre l'ex-constituant George, 85. — Mésintelligence du roi de Prusse avec les émigrés et les Autrichiens, 107. — Un mot de lui, 108. — Plusieurs soldats Prussiens passent à l'armée française, 109. — Le roi de Prusse reconnaît implicitement la République française dans la capitulation de Verdun, 139. — Soins donnés aux blessés prussiens laissés à Verdun, 181. — Entrée des Prussiens en Pologne, II, 55, 57. — Proclamation du roi de Prusse sur la foire de Francfort, 76. — L'armée prussienne perce les cantonnements de l'armée de Valence, 264. — Mésintelligence entre les Prussiens et les Autrichiens et levée du camp de Bruille, 360. — Entrevue de Reubell et de d'Oyré avec les officiers du roi de Prusse, le 12 avril 1793, III, 588. — Lettre de Custine au duc de Brunswick, IV, 16.

Puget-Théniers (Alpes-Maritimes). — Devient un des trois chefs-lieux de district des Alpes-Maritimes, III, 78.

PUISSANT, ordonnateur de la marine à Toulon. — Est mandé à Paris, V, 414.

PULLY, général. — Établit son quartier général à Saarbrück et à Saint-Johann, III, 148. — Sa division se porte sur Blieskatel et Deux-Ponts, 294. — Ses soldats ne voudraient pas être payés en assignats, 339. — Il est remplacé par Moreaux, V, 543.

Puy-de-Dôme (Département du). — Mission de Monestier et de Petitjean dans la Creuse et le Puy-de-Dôme, II, 303, 316. — Concession de mines dans ce département, IV, 266.

Pyrénées-Orientales (Département des). — Lettre du directoire de ce département aux représentants à Toulon, II, 257. — Mission de Gaston et de Fayau dans les Pyrénées-Orientales et l'Ariège, 303, 311. — Les députés des Pyrénées-Orientales demandent l'établissement d'une croisière de deux frégates depuis Port-Vendres jusqu'à Cette, IV, 279.

Q

QUENTIN (Joseph), secrétaire de Dumouriez, III, 159. — Procès-verbal de son interrogatoire, 385.

Quesnoy (Le) [Nord]. — Lettre des administrateurs de ce district, III, 301.

QUETINEAU, général. — Ce général est pris par les brigands avec toute son armée et son artillerie, IV, 44. — Est suspect de trahison, 61, 88. — Après avoir été arrêté, il est élargi par les ordres de Carra, 89. — Est mis aux arrêts par Leigonyer, 112. — Sa justification par Carra, 113. — Il est critiqué par Guimberteau et Bernard, III, 256. — Il est envoyé à Paris sous escorte, 547.

QUEYSSAT, lieutenant général. — Bonne tenue de ses soldats, I, 471.

Quimper (Finistère). — Convocation du syndicat du quartier de Quimper, II, 84. — Guermeur et Lemalliaud se disposent à se rendre dans cette ville, III, 42. — Opérations de Guermeur et Lemalliaud,

3o4, 391. — Quimper cesse d'être chef-
lieu, V, 299.

Quimperlé (Finistère). — Cette ville est ex-
posée à perdre sa garnison, II, 83. — Le
recrutement y est achevé, III, 3o4. —
On redoute une descente des Anglais de
ce côté, *ibid.* — Opérations de Guerneur
et Lemalliaud, 43o, 527; IV, 60, 87.

Quincy, commissaire du Comité exécutif à
Brest. — Son arrestation et sa mise en
liberté, V, 34.

Quinette (Nicolas-Marie), député de l'Aisne
à la Législative et à la Convention. —
Membre de la Commission extraordinaire, I, xlix. — Commissaire de la
Législative à l'armée de La Fayette,
lxi, 17. — Membre du Comité de défense générale, II, 515. — Notice biographique, *ibid.* — Est chargé d'un
rapport sur les affaires étrangères, 562.
— En mission à l'armée de Dumouriez,
574.

R

Rabaut Saint-Étienne (Jean-Paul), député
de l'Aube à la Convention. — Soutient
le projet de Kersaint, I, 377.

Raisson. — Est nommé directeur de l'imprimerie des assignats, II, 441. — Refuse cette place, 48o.

Ramecroix (Belgique). — Annexion de ce
lieu à la France, II, 464.

Ramel-Nogaret (Dominique-Vincent), député de l'Aude à la Convention. — Est
envoyé en mission, I, lvi. — Adjoint
au Comité de salut public, IV, 381.
— Notice biographique, *ibid.* — Fait
partie, dans le Comité, de la section des
contributions publiques, intérieur et
justice, 54o. — Est chargé d'examiner
une proposition de l'abbé d'Espagnac, V,
47. — Confère avec le Comité de législation, 109. — Le Comité de salut
public propose de l'envoyer en mission à
l'armée des Pyrénées orientales, 18o.

Raoux (Pierre). — Est nommé lieutenant
d'artillerie, II, 83.

Ratisbonne (Allemagne). — La diète de
Ratisbonne décide la guerre d'Empire
contre la France, I, 349.

Rauracie. — Établissement de la république de Rauracie dans les états du ci-
devant évêque de Bâle, I, 288-289;
II, 96. — Envoi de Théophile Mandar
comme commissaire dans ce pays, 135.
— Le général Deprez-Crassier dissout
l'Assemblée nationale rauracienne, 177.
— Convocation des assemblées primaires

dans la Rauracie, 232. — Voir *Porentruy.*

Ravalelx (Germain), canonnier volontaire.
— Reçoit un secours, II, 588.

Raymond, député des noirs de Saint-Domingue. — Communique au Comité de
défense générale ses réflexions sur les
colonies, II, 154, 173.

Razilly, officier de marine. — Est entendu
par le Conseil exécutif sur les opérations
à faire éventuellement dans les Indes
contre les Anglais, I, 455.

Ré (Île de). — Situation de cette île en
mars 1793, II, 321.

Recrutement. — Débat sur le recrutement
au Comité de défense générale, II, 132,
163. — Mesures prises par le Conseil
exécutif pour accélérer le recrutement
à Paris, 175, 191. — Mission de
96 conventionnels dans les 48 sections
de Paris pour exciter les citoyens à s'en-
rôler, 284-287. — Mission de 82 conventionnels dans les départements pour
hâter le recrutement, 298-317. — Le
recrutement s'opère bien dans la Drôme,
3o8. — Et à la Rochelle, 321. —
Situation générale du recrutement, 35o.
— Santerre est invité à rendre compte
des progrès du recrutement à Paris,
359. — Opérations du recrutement à
Limoges, 4o1. — Dans l'Eure, 4o6.
— Dans la Haute-Marne, 4o7. — Dans
le Loir-et-Cher, 4o8. — Dans l'Indre-
et-Loire, 4o9. — Dans la Nièvre, 413.

— Dans la Vienne, 419. — Dans le Loir-et-Cher, 424, 425. — Dans l'Aube, 426. — Dans l'Indre-et-Loire, 428. — Dans la Mayenne et la Loire-Inférieure, 430. — Dans l'Ardèche, 438. — Dans la Haute-Marne, la Seine-Inférieure, la Nièvre, l'Aube et le Cher, 462-463. — Dans la Gironde, 472, 473. — Dans la Haute-Saône, 475, 476. — En Seine-et-Marne, 482. — Dans le Lot, 497. — Dans l'Aube, 499. — Dans l'Ardèche, 508. — Dans le Tarn, 508. — Débat au Comité de défense générale pour dispenser du recrutement certaines catégories d'ouvriers des établissements publics, 517. — Succès du recrutement dans la Seine-Inférieure, 524. — Dans les Vosges, 530. — Dans l'Indre-et-Loire et le Loiret-Cher, 546. — Dans le Gard, 557. — Pache rend compte des mesures qu'il a prises pour assurer le recrutement, 553. — Succès du recrutement dans l'Ardèche, 559. — Dans le Gers, 571. — Dans la Gironde, 577. — Difficultés du recrutement dans l'Eure et le Calvados, 586. — Il est achevé dans le district de Lisieux, 595. — Opérations du recrutement dans l'Aube et l'Yonne, 599. — A Saint-Malo, 602. — Dans le Tarn et l'Aveyron, 604. — Dans le Doubs et la Haute-Saône, 605, 606. — Dans la Manche, 611. — Dans l'Ardèche et la Lozère, III, 5. — Dans l'Ain et l'Isère, 6. — Dans la Nièvre, 11. — A Saint-Flour, 14. — Dans la Drôme et les Bouches-du-Rhône, 14. — Dans l'Ardèche, 21. — Dans la Haute-Marne et les Vosges, 75. — Dans l'Ain, 108. — Il est arrêté que le ministre de la guerre établira un bureau pour le recrutement de l'armée, 135. — Le recrutement est achevé dans la Meurthe et la Moselle, 151. — Dans le Morbihan, 179, 200. — Dans les Ardennes, 181. — Le recrutement a lieu par voie de scrutin dans la Manche, 227. — Il est achevé dans la Haute-Saône et le Doubs, 236. — Dans le

district d'Uzès (Gard), 237. — Et dans la Drôme et les Bouches-du-Rhône, ibid. — Réclamation de plusieurs départements au sujet du recrutement, 244. — Mesures prises pour accélérer le recrutement dans le Loir-et-Cher et l'Indre-et-Loire, 249. — Le recrutement se fait bien dans la Gironde, sauf dans le district de la Réole, 249. — Empressement de l'Yonne pour le recrutement, ibid. — Bonnes nouvelles du recrutement dans le Bas-Rhin et le Haut-Rhin, 275. — Il est terminé dans la Haute-Loire, ibid. — Décret de la Convention nationale pour une levée de 25,000 hommes de cavalerie, 280. — Le recrutement surpasse le contingent dans tous les districts de la Charente et de la Charente-Inférieure, 290. — Il est presque terminé dans la Haute-Garonne, 293. — Et dans l'Aube, 294. — Il est achevé à Hennebont, Lorient et Quimperlé, 304. — Dans cinq districts de la Vendée, 316. — Dans le Gard et l'Hérault, 324. — Le mode de scrutin a jeté dans l'armée beaucoup d'aristocrates, 342. — Complot pour empêcher le recrutement à Millau et à Saint-Affrique, 348. — Détails sur le recrutement dans le Bas-Rhin et le Haut-Rhin, 364. — Mise en jugement de ceux qui ont retardé le recrutement à Montpellier, 366. — Le recrutement est terminé dans la Haute-Garonne, 379. — Motifs qui l'ont retardé dans le district de Saint-Chély, 379. — Un projet de décret pour accélérer le versement des recrues dans les cadres de l'armée est adopté, 383. — Le recrutement est terminé dans le département des Hautes-Pyrénées, 391. — Il va être terminé dans la Lozère, 400. — Il est achevé dans le Finistère, 413. — A Meyrueis, 419. — Dans les Côtes-du-Nord et l'Ille-et-Vilaine, 421. — Dans le département de la Sarthe, 431. — Proclamation que Roubaud et Despinassy font dans les Alpes-Maritimes à ce sujet, 443. — Le district de Florac a terminé les opérations du recrute-

ment, 463. — État du recrutement dans la Somme et la Seine-Inférieure, 490. — Il est presque terminé dans la Dordogne, *ibid.* — Il sera bientôt terminé dans le Mont-Blanc, 499. — Il est terminé dans l'Hérault, 505. — Causes qui l'ont retardé dans le Gers, 558. — Plan de recrutement proposé par le département de l'Hérault et recommandé par la Convention, en avril et mai 1793, 520, 521, 554, 598. — Difficulté du recrutement à Perpignan, IV, 19. — Et dans les Landes, 64. — Il n'est pas achevé dans le Morbihan, 87. — Il s'opère admirablement à Cuges (Bouches-du-Rhône), 305. — Les habitants de l'île d'Ouessant sont réservés pour le service de la marine, 406. — Révocation du commissaire supérieur du recrutement à Sedan, 513. — Levée de volontaires dans l'Aude, 592. — Et en Seine-et-Oise, V, 101, 110. — Et en Seine-et-Marne, 141. — Les représentants à l'armée du Nord consultent le Comité de salut public sur l'application de la loi du recrutement, 219. — Trafic honteux sur le recrutement, 251, — Abus du remplacement, 259. — Les Lillois proposent un plan de levée en masse, 281.

Redon (Ille-et-Vilaine). — Opérations des représentants, II, 451, 452. — Cette ville est assiégée par les royalistes, 469. — Opérations des représentants, 567-569. — Défaite des royalistes, 589. — Suspension de 3 membres du Conseil général de cette commune, III, 147.

REDON DE BEAUPRÉAU [1], ordonnateur civil de la marine à Brest. — Est mandé par le Conseil exécutif, V, 364.

Régiment de Provence. — Défection d'une partie des soldats de ce régiment, IV, 111.

Régiment lyonnais. — Dénonciation contre ce régiment, IV, 103.

Registre du Conseil exécutif provisoire, I, 5.

REGNAUD DE SAINT-JEAN-D'ANGELY, membre de la Constituante. — Envoyé en mission, I, LVI.

REGNAULT, vicaire épiscopal à Orléans. — Sa destitution, III, 9.

RÉGNIER (de Poitiers), commissaire de Roland dans les Pyrénées, I, 39.

RÉGNIER, maréchal de camp. — Est nommé commandant de la 11e division, I, 226. — Il demande du renfort contre les Espagnols, 362. — Dénonciation contre lui, 416. — Il est blessé, 491. — Dartigoeyte dénonce sa perfidie, IV, 8.

RÉGNIER, membre de la Constituante. — Envoyé en mission, I, LVI.

RÉGNIER, membre du tribunal de cassation. — Candidat au ministère de la justice, II, 439.

REIHOLD, envoyé du Palatinat à Mayence. — Son arrivée à Manheim, III, 590.

REIDMANN (Jacques), habitant de Saverne. — Est mis en arrestation, II, 458.

Reims (Marne). — Cette commune est autorisée à acheter des grains dans le district de Soissons, V, 108. — Inquiétudes des habitants au sujet des subsistances, 193.

Religion. — Proclamation d'Augis et de Carra aux Vendéens sur la religion, II, 550.

Remilly (Nièvre). — Contribution patriotique versée par cette commune, I, 115.

Renazé (Mayenne). — Mesures prises contre les suspects dans cette commune, II, 430.

RENGGUER (Joseph-Antoine), syndic des États de Porentruy. — Sa conduite dans ce pays, II, 94, 100. — Attitude de ses partisans, 177, 233.

Rennes (Ille-et-Vilaine). — Opérations des représentants aux côtes de Lorient à Dunkerque, II, 55. — Et des représentants dans le Morbihan et le Finistère, 449-455, 468. — Cinq représentants se trouvent réunis à Rennes, 469. — Situation de cette ville, 496. — Opérations de Sevestre et Billaud-Varenne, III, 145 à 147. — Cette ville manque de subsistances, 288. — Opérations de

[1] Et non *Redon-Beaupréaux.*

Merlin, Sevestre et Gillet, IV, 150, 178.
— Assemblée réunie à Rennes pour délibérer sur les événements du 2 juin 1793, 532.

Renouard, membre de la commune de Paris. — Confère avec le Conseil exécutif sur le sort de Cléry, II, 216.

Représentants en mission — Bibliographie des sources imprimées de leur correspondance, I, vii-xi. — Et des sources inédites, xvii-xxvi. — Histoire des précédents des missions, liv-lxvi. — Mission de Manuel, Lepage et Thuriot à Orléans, 22 septembre 1792 au matin, 60. — Mission de Vitet, Boissy-d'Anglas et Alquier à Lyon, 22 septembre 1792 au soir, 61. — Mission de Garrau, Lamarque et Carnot à Bayonne, et d'Aubry, Despinassy et Isnard à Perpignan, 23 septembre 1792, 62. — Mission de Prieur (de la Marne), Sillery et Carra à Châlons, 24 septembre 1792, 65. — Mission de Dubois-Crancé, Gasparin et Lacombe-Saint-Michel, à l'armée de Montesquiou, 24 septembre 1792, 68. — Mission de Delmas, Dubois de Bellegarde, Duhem, Duquesnoy, Doulcet et d'Aoust dans le département du Nord, 30 septembre 1792, 77. — Mission de Rovère et Fauchet à Sens, 9 octobre 1792, 118. — Mission de Deydier, Guyton-Morveau et Prieur (de la Côte-d'Or) dans le Doubs, le Jura et l'Ain, 9 octobre 1792, 120. — Mission de Lidon, Tellier et Le Febvre dans les départements de Seine-et-Oise, Seine-Inférieure, Eure, Aisne et Somme, 30 octobre 1792, 210-212. — La Convention décide que les lettres de ses commissaires seront désormais lues immédiatement après le procès-verbal, 235-236. — Mission de Lasource, Goupilleau (de Fontenay) et Collot-d'Herbois, à Nice, 18 novembre 1792, 246. — Mission de Mathieu, Couppé, Lehardi, Lecointe-Puyraveau, Maura, Birotteau, Jouenne-Longchamp, Villers et Couthon dans les départements de la Sarthe, d'Eure-et-Loir et de Loir-et-Cher, 26 novembre 1792, 271-275. — Mission de Simond, Grégoire, Hérault-Séchelles et Jagot dans le Mont-Blanc et dans les Alpes-Maritimes, 29 novembre 1792, 276-279. — Mission de Camus, Delacroix, Gossuin, Danton, Merlin (de Douai), Treilhard et Robert à l'armée de Dumouriez, 30 novembre 1792, 282-286. — Mission de Renbell, Haussmann et Merlin (de Thionville) à l'armée du Rhin, 18 décembre 1792, 341-342. — Mission de Dentzel, Couturier, Rühl et Laporte dans le Bas-Rhin, la Moselle et la Meurthe, 22 décembre 1792, 351-354. — Extension des pouvoirs des commissaires de la Convention en général, 370. — Kersaint veut qu'il en soit envoyé dans les départements maritimes, 377. — Mission dans les ports et sur les côtes de la République, savoir : Defermon, Prieur (de la Côte-d'Or), Rochegude, à Brest ; Rouyer, Brunel, Le Tourneur, à Toulon ; Niou, Trullard, Mazade, à Rochefort, 22 janvier 1793, 499, 500. — La Convention décrète d'adjoindre deux commissaires à la mission dans le Bas-Rhin, la Moselle et la Meurthe, 503. — Décret qui étend les pouvoirs des commissaires en général, II, 15. — Mission de Legendre et de Tallien à Forge-les-Eaux, 30 janvier 1793, 17. — Mission de Saliceti, Delcher et Lacombe-Saint-Michel en Corse, 1er février 1793, 41-43. — Décret établissant en principe une mission sur les frontières du Nord et de l'Est, 2 février 1793, 45. — Débat au sujet de cette mission projetée, 47. — Mission de Ferry sur le Rhin, de Cochon, Gasparin, Jean de Bry, Lequinio dans le Nord, et de Hentz dans le Centre, 5 février 1793, 58. — Mission de Laurent, Monnot et Ritter à Porentruy, 10 février 1793, 93. — Mission de Rovère, Basire et Legendre à Lyon, 25 février 1793, 198-205. — Mission de Goupilleau (de Montaigu), Michel et Couthon dans la principauté de Salm, 3 mars 1793, 246-248. — Mission de 96 représen-

tants dans les 48 sections de Paris, 8 mars 1793, 284-287. — Mission de 82 représentants dans les départements, pour hâter le recrutement, 9 mars 1793, 283, 295, 298-317. — Mission de Bourbotte, Prieur (de la Marne), Mathieu et Julien (de Toulouse) à Orléans, 18 mars 1793, 390-392. — Mission de Blaux et de Goupilleau (de Montaigu) au pays de Deux-Ponts, mars 1793, 477. — Mission de Thibault et Bézard à Chantilly, 24 mars 1793, 482. — Projet d'une mission auprès de Dumouriez, 564. — Décret relatif aux dépenses des commissaires, 565. — Organisation de la correspondance du Comité de défense générale avec les commissaires, 573. — Mission de Camus, Lamarque, Quinette, Bancal et Carnot à l'armée de Dumouriez, 30 mars 1793, 574. — Décret relatif à la mission dans la Meurthe, la Moselle et le Bas-Rhin, III, 47. — Projet d'envoyer des commissaires dans le Nord, 57. — Mission de Carnot, Gasparin, Briez, Duhem, Roux-Fazillac, Duquesnoy, Du Bois du Bais et Delbrel à l'armée du Nord et des Ardennes, 4 avril 1793, 62 à 64. — Les commissaires devront s'appeler désormais représentants de la nation, députés par la Convention nationale, 64. — Fixation de leur costume, ibid. — Le Comité de salut public établit un bureau de correspondance avec eux, 133. — Décret qui envoie trois représentants à l'armée du Rhin, 148. — Décret sur les représentants en mission, 158. — Projet d'un autre décret, 167. — Laporte, Hentz et Thuriot sont proposés pour être envoyés à l'armée des Ardennes, 168. — Décret relatif à leurs pouvoirs, 171 à 173. — Décret relatif à la mission du 9 mars 1793, 173. — Bellegarde, Cochon et Lequinio sont adjoints à Du Bois du Bais et Briez, 176. — Le Comité arrête, en principe, une liste de représentants près les armées, 189. — Ils sont appelés «représentants» en mission, 194. — Mission de Lesage, Mariette, Plet-

Beauprey et Duval dans l'Orne, 11 avril 1793, 195-196. — Décret relatif à la mission à l'armée du Nord, 212. — Aux missions aux armées, 213 à 217. — A la mission dans les Deux-Sèvres et la Vendée, 221. — Les représentants à l'armée du Rhin se plaignent que dans le Bulletin on laisse subsister le nom de commissaires, 338. — Décret relatif à la mission à Valenciennes, 387. — Décret relatif à la mission aux places fortes du Nord, 388. — Décret relatif à la mission à l'armée du Nord, 405. — Projet de réorganisation des commissions et députations envoyées par la Convention, 421, 422. — Décret relatif aux missions en général, 425. — Le Comité de salut public examine la correspondance des représentants en mission, 530. — Décret relatif aux missions en général, 533. — Mission de Gasparin, Duhem, Delbrel, Carnot, Lesage-Senault, Cochon, Lequinio, Sallengros, Bellegarde, Duquesnoy et Cavaignac à l'armée du Nord; de Soubrany, Maribon-Montaut, Maignet et Le Vasseur (de la Meurthe) à l'armée de la Moselle; de Reubell, Merlin (de Thionville), Haussmann, Ruamps, Pflieger, Du Roy, Louis, Laurent, Ritter et Ferry à l'armée du Rhin; d'Albitte, Gauthier, Nioche et Dubois-Crancé à l'armée des Alpes; de Barras, Beauvais (de Paris), Despinassy et Pierre Bayle à l'armée d'Italie; de Fabre (de l'Hérault), Leyris, Bonnet (de l'Aude) et Projean à l'armée des Pyrénées orientales; de Féraud, Ysabeau, Garrau, Chaudron-Rousseau à l'armée des Pyrénées occidentales; de Carra, Choudieu, Garnier (de Saintes), Goupilleau, Mazade et Trullard à l'armée des Côtes de la Rochelle; de Merlin, Alquier, Gillet et Sevestre à l'armée des Côtes de Brest; de Prieur (de la Marne), Prieur (de la Côte-d'Or), Romme et Le Cointre (de Versailles) à l'armée des côtes de Cherbourg; de Saliceti, Delcher et Lacombe Saint-Michel dans l'île de Corse; de Coustard dans la Loire-Inférieure,

3o avril 1793, 538 à 544. — Décret relatif aux missions en général, 557. — Le Comité adopte l'instruction donnée aux représentants, 577. — Mission de Julien (de Toulouse) et de Bourbotte à Tours, 4 mai 1793, 601-602. — Décret relatif à la mission à l'armée du Nord, 4 mai 1793, 602. — L'instruction aux représentants sera présentée à la Convention par Cambon, IV, 1. — Plan de travail pour les représentants, 23. — Circulaire que leur adresse le Comité, 59. — P.-J. Maulde, député de la Charente, est adjoint aux représentants du peuple envoyés dans ce département, par décret du 9 mai 1793, 72. — Gossuin est nommé représentant à l'armée du Nord par décret du 10 mai 1793, en remplacement de Lequinio, 85. — Cavaignac est nommé représentant à l'armée des Côtes de Brest par décret du 10 mai 1793, en remplacement d'Alquier, ibid. — Par décret du 10 mai 1793 la Convention adjoint aux représentants qu'elle a près de l'armée des Côtes de la Rochelle, pour le département des Deux-Sèvres, Jard-Panvillier et Lecointe-Puyraveau; pour celui d'Indre-et-Loire, Bodin et Ruelle; pour la Vienne, Creuzé-Pascal et Thibaudeau, 85, 86. — Décret du 12 mai 1793 relatif à la mission dans les Bouches-du-Rhône, 129. — Débat et décret du 13 mai 1793 sur les pouvoirs des représentants en mission, 146. — Autres décrets relatifs aux missions en général, 16 mai 1793, 189. — Mission, à une date inconnue, de Dandenac jeune à l'armée des Côtes de la Rochelle, 257. — Le Comité de salut public propose de remplacer, à l'armée du Nord, Bellegarde, Briez et Cochon, 286. — Rappel de Lequinio, Briez, Bellegarde et Courtois, 23 mai 1793, 297. — Décret relatif à la mission en Corse, 23 mai 1793, 297 à 298. — Décret relatif à la mission à Orléans et à la mission dans les Bouches-du-Rhône et la Drôme, 318, 322. — Mission de Bo et d'Antiboul en

Corse, 3o mai 1793, 381, 382. — Mission de Beffroy, Bollet et de Sacy à l'armée du Nord, et de Lesterpt-Beauvais à la manufacture d'armes de Saint-Étienne, 3o mai 1793, 387-388. — Décret relatif aux missions en général, 31 mai 1793, 393. — Rappel de Coustard, 2 juin 1793, 417. — Rappel des représentants à Orléans, même date, 418, 561. — Mission de Robert Lindet à Lyon, 3 juin 1793, 430, 432. — Mission de Chateauneuf-Randon et de Malhes dans la Lozère, 3 juin 1793, 432, 433. — Mission d'Espert à l'armée des Pyrénées orientales, 5 juin 1793, 454. — Décret relatif aux pouvoirs des représentants à l'armée des Alpes, 7 juin 1793, 478. — Autre décret sur le même objet, 8 juin 1793, 483. — Rappel de Carra et de Courtois, 13 juin 1793, 526, 527, 544. — Les représentants en mission reçoivent chacun deux chevaux de luxe et des armes, 541. — Mission de Turreau (de l'Yonne) à l'armée des Côtes de la Rochelle, en remplacement de Julien (de Toulouse), 14 juin 1793, 561. — Mission de Bourdon (de l'Oise) et de Dameron à Orléans, et de Legendre (de la Nièvre) auprès des manufactures d'armes de Paris, 14 juin 1793, 561. — Mission de Perrin (des Vosges), Massieu et Calès à l'armée des Ardennes, 17 juin 1793, 578, 589. — Rappel de Robert Lindet, même date, 590. — Mission de Treilhard et Mathieu dans la Gironde et le Lot-et-Garonne, même date, 590. — Mission de Garnier (de l'Aube) et de Bassal dans le Jura et départements limitrophes, 18 juin 1793, 591, 595. — Mission de Méaulle à l'armée du Nord, 20 juin 1793, V, 3, 27. — Mission de Lefiot et de Monestier (du Puy-de-Dôme) à l'armée des Pyrénées orientales, 20 juin 1793, V, 3, 27. — Réduction à dix du nombre des représentants à l'armée des Côtes de la Rochelle, 22 juin 1793, 23, 49. — Mission de Noël Pointe à la manufacture d'armes de

Saint-Étienne, 20 juin 1793, 28. — Décret relatif aux missions en général, 28. — Mission de Brival et de Forestier aux manufactures d'armes de Tulle, de Moulins et d'Autun, 22 juin 1793, 49. — Mission volontaire de Bonnet et du Roy dans le Calvados et l'Eure, *même date*, 45. — Mission de Gentil à l'armée de la Moselle, *même date*, 50. — Mission de Méaulle, Fouché, Philippeaux et Esnüe de la Vallée dans les départements du Centre et de l'Ouest, 24 juin 1793, 58, 70. — Mission de Basire et de Rovère dans les Bouches-du-Rhône et départements voisins, *même date*, 70, 79. — Décret relatif aux missions en général, 26 juin 1793, 86. — Mission de Gasparin à l'armée des Côtes de la Rochelle, *même date*, 86, 89. — Décret relatif à la mission aux manufactures d'armes de Tulle, de Moulins et d'Autun, *même date*, 89. — Mission volontaire et secrète de Bonnet dans le Calvados, 27 juin 1793, 96. — Décret remplaçant Basire par Poultier dans la mission dans les Bouches-du-Rhône et départements voisins, *même date*, 101. — Mission de Berlier et de Chénier dans la Haute-Garonne, le Tarn, le Gard et l'Hérault, *même date*, 101. — Mission volontaire et secrète de Sautayra et de Dherbez-Latour dans la Drôme et les Basses-Alpes, 28 juin 1793, 107. — Mission de Cusset à l'armée de la Moselle, 29 juin 1793, 120, 124. — Décret relatif à la mission à l'armée des Côtes de Cherbourg, 3 juillet 1793, 156. — Mission d'Ysabeau à l'armée des Pyrénées occidentales, 157. — Le Comité de salut public propose d'envoyer Cambon, Ramel-Nogaret et Cassanyès à l'armée des Pyrénées orientales, 180. — Décret relatif aux missions en général, 5 juillet 1793, 184. — Mission de Cassanyès à l'armée des Pyrénées orientales, 6 juillet 1793, 191. — Décret relatif à la mission dans la Lozère, 6 juillet 1793, 191. — Décret relatif à la mission à la manufacture d'armes de Moulins, *même date*, 191. —

Décret relatif à la mission de Frécine à la papeterie de Bruges, 7 juillet 1793, 202. — Mission de Goupilleau (de Montaigu) et de Ruelle à l'armée des Côtes de la Rochelle, *même date*, 202. — Décret ordonnant aux députés rappelés de revenir à leur poste dans les trois semaines, 24 juin 1793, 215. — Mission de Robert Lindet et de Du Roy dans l'Eure, 9 juillet 1793, 218. — Mission de Carrier et de Pocholle dans la Seine-Inférieure, la Manche, l'Eure, l'Orne et le Calvados, 12 juillet 1793, 239, 242. — Rappel d'Aubry, de Despinassy et d'Isnard, *même date*, 241. — Mission de Reverchon et de Laporte dans les départements de Saône-et-Loire, de Rhône-et-Loire et de l'Ain, *même date*, 243. — Mission de Guyton-Morveau à la manufacture d'armes de Paris, 13 juillet 1793, 250. — Décret relatif aux missions en général, 15 juillet 1793, 264. — Mission de Saint-Just dans l'Aisne, l'Oise et la Somme, 18 juillet 1793, 290. — Extension au Calvados de la mission de Robert Lindet, Du Roy et Bonnet, *même date*, 290, 293. — Mission de Bonneval et Roux dans les départements de Seine-et-Oise, de l'Eure et d'Eure-et-Loir, et de Maure et Du Bouchet dans ceux de Seine-et-Marne et du Loiret, *même date*, 294. — Décret fixant le nombre et donnant la liste définitive des représentants aux armées, 19 juillet 1793, 300-302. — Rappel d'un grand nombre de représentants en mission et mission de Ruamps, Milhaud et Borie à l'armée du Rhin, *même date*, 302. — Décret relatif aux missions en général, *même date*, 302. — Mission de Javogues dans le département de Saône-et-Loire et les départements voisins, 20 juillet 1793, 310. — Rappel de Treilhard et de Mathieu, représentants dans la Gironde et le Lot-et-Garonne, *même date*, 311. — Mission de Levasseur et de Le Tourneur (de la Sarthe) à l'armée du Nord, et de Ricord à l'armée d'Italie, 21 juillet 1793, 325. — Mission de Giraud à

Essonnes, 22 juillet 1793, 337. — Mission d'Ehrmann à l'armée de la Moselle, *même date*, 337. — Décret relatif aux missions aux armées du Nord, de la Moselle et du Rhin, 25 juillet 1793, 365. — Mission de Baudot dans le Lot et de Lacoste à l'armée du Nord, 26 juillet 1793, 374. — Décret sur la mission à l'armée de la Moselle, 27 juillet 1793, 394. — Mission de Peyssard à l'armée du Nord, *même date*, 394. — Mission de Chabot et d'André Dumont dans la Somme, 28 juillet 1793, 351, 407. — Mission de Billaud-Varenne et de Niou à Saint-Omer et autres villes, 29 juillet 1793, 413. — Décret relatif à la mission à l'armée du Nord, *même date*, 416. — Décret relatif à la mission à l'armée de la Moselle, 31 juillet 1793, 431. — Décret relatif à la mission aux armées du Nord, des Ardennes, de la Moselle et du Rhin, 1er août 1793, 442. — Mission de Billaud-Varenne et de Niou dans le Pas-de-Calais et le Nord, *même date*, 443. — Mission de Ruelle, de Garnier (de Saintes) et de Méaulle à l'armée des Côtes de Brest, *même date*, 444. — Décret relatif à la mission à l'armée des Côtes de la Rochelle, *même date*, 444. — Mission de Collot-d'Herbois, Isoré, Lequinio et Lejeune dans l'Aisne et l'Oise, *même date*, 444. — Décret relatif à la mission aux Côtes de la Méditerranée, 2 août 1793, 449. — Mission de Duquesnoy et de Le Bas à l'armée du Nord, *même date*, 449. — Décret relatif aux missions en général, *même date*, 450. — Décret relatif à la mission à l'armée de la Moselle, 3 août 1793, 463. — Arrêté du Comité de salut public relatif à la correspondance des représentants en mission, 4 août 1793, 472. — Et aux voitures dont ils se serviront, 5 août 1793, 478. — Mission de Forestier à Clamecy, 5 août 1793, 480, 481. — Mission de Fouché dans la même ville, 6 août 1793, 487, 488. — Décret relatif à la mission à l'armée du Nord, *même date*, 488. —

Mission de Pomme et de Servière à Montpellier, *même date*, 488. — Arrêté du Comité de salut public sur la mission dans l'Aisne et l'Oise, 7 août 1793, 497. — Décret relatif à la mission de Brival à Tulle, 7 août 1793, 499. — Mission de Le Bon dans la Somme, 9 août 1793, 514. — Mission d'Escudier et de Gasparin aux armées des Alpes et d'Italie, *même date*, 515. — Arrêté du Comité de salut public envoyant Carnot en mission à l'armée du Nord, 11 août 1793, 528. — Mission de Dubois de Bellegarde à l'armée des Côtes de la Rochelle, 14 août 1793, 547. — Décret relatif à la mission de Carrier et de Pocholle, *même date*, 547. — Arrêté relatif à la mission de Bonneval et de Roux, 15 août 1793, 555. — Arrêté relatif à la mission dans la Somme, *même date*, 556.

République française. — Les représentants à Châlons proclament la république à l'armée du Centre, I, 66, 83. — La république est implicitement reconnue dans les articles de la capitulation de Verdun, 139.

Retourna. — Est nommé commissaire du Conseil exécutif à Dunkerque, IV, 145.

Reubell (Jean-François), député du Haut-Rhin à la Convention. — Envoyé en mission à l'armée du Rhin, I, 341. (Voir ses lettres au mot *Armée du Rhin*.) — Notice biographique, *ibid.* — Résumé de sa mission, 342. — Est confirmé dans sa mission, III, 213, 539 à 544. — Son entrevue avec les officiers du roi de Prusse le 12 avril 1793, 588.

Revel (Haute-Garonne). — Les habitants de cette ville vont au secours de Perpignan, III, 516, 517.

Revellière-Lépeaux. — Voir La Revellière-Lépeaux.

Reverchon (Jacques), député de Saône-et-Loire à la Convention. — En mission dans la section du Finistère, II, 285. — En mission avec Pressavin dans les départements de Rhône-et-Loire et de Saône-et-Loire, 303, 307. (Voir ses

lettres au mot *Rhône-et-Loire*.) — Et avec Sébastien de Laporte dans les départements de Saône-et-Loire, de Rhône-et-Loire et de l'Ain, V, 243. — Notice biographique, *ibid.*

REVEST. — Ses vues sur l'Espagne, II, 171.

Revonnas (Ain). — La municipalité de cette commune décide que les champs des citoyens enrôlés seront cultivés à ses frais, III, 108.

REYBAZ, ministre de la République de Genève à Paris. — Son discours d'installation devant le Conseil exécutif, I, 344. — Il expose à ce Conseil la récente révolution de Genève, 465-468.

REYNAL, administrateur du département de l'Eure. — Adresse une communication au Comité de salut public, V, 4.

REYNAUD (Claude-André-Benoît), député de la Haute-Loire à la Convention. — Est désigné pour faire partie de la mission du 9 mars 1793, II, 300. — Est envoyé dans le Cantal et la Haute-Loire, 303.

REYNAUD (Jean), éditeur d'un fragment autobiographique de Merlin de Thionville, I, 342.

Rhin. — Bon état des défenses de ce fleuve du côté de Mayence, II, 579. — Annexion à la France de la rive gauche du Rhin, 581.

Rhône-et-Loire (Département de). — Suspension de son directoire, I, 9, 42. — Annulation d'un arrêté de ce directoire, 296. — Mission de Reverchon et de Pressavin, II, 303, 307. — Lettre de ces représentants, III, 51. — Décret relatif au procureur général syndic de Rhône-et-Loire, IV, 590. — Nouvelle mission de Reverchon et de Sébastien de Laporte, V, 243.

RICARD, gouverneur de Sainte-Lucie-la-Fidèle, V, 6, 25.

RICARD (Xavier), député suppléant du Var. — Ne siège pas, II, 285.

RICARDOS, général espagnol. — Il somme vainement les forts de la Garde et des Bains, III, 464. — Sa lettre au général Flers, V, 178.

RICHARD (Joseph-Étienne), député de la Sarthe à la Législative et à la Convention. — En mission dans les départements, I, LXII. — Et dans la section des Arcis, II, 285. — En mission avec Goupilleau et Choudieu dans le Maine-et-Loire et la Sarthe, 303, 313. (Voir ses lettres au mot *Maine-et-Loire*.) — Notice biographique, 472. — Lettre de sa main, III, 12. — En mission aux Côtes, 215 à 217. (Voir ses lettres au mot *Armée des Côtes de la Rochelle*.) — Notice biographique complémentaire, 215. — Lettres de sa main, 233, 375, 434. — Éloge de son activité et de ses talents, IV, 45. — Lettres de sa main, 60, 61; V, 339. — Il demande son rappel, 339.

RICHARD (Nicolas). — Un passeport lui est accordé pour accomplir sa mission auprès du général Dampierre, III, 296.

RICHARDOT, général. — Est proposé pour remplacer le général Pascal, si ce dernier est déplacé, IV, 130. — Est mis en arrestation, V, 489, 529.

RICHAUD (Hyacinthe), député de Seine-et-Oise à la Convention. — En mission à l'armée de la Moselle, V, 301. (Voir ses lettres au mot *Armée de la Moselle*.) — Notice biographique, *ibid.*

Richelieu (Indre-et-Loire). — Les habitants de cette localité arborent le drapeau blanc, IV, 88. — Les représentants le font brûler et essaient de ramener ces habitants à des sentiments plus patriotiques, 88, 89.

RICORD (Jean-François), député du Var à la Convention. — En mission dans la section du Marais, II, 285. — En mission à l'armée d'Italie, V, 325. (Voir ses lettres au mot *Armée d'Italie*.) — Notice biographique, 326.

Rieutort (Lozère). — Mouvement dans cette localité, III, 23.

RIGAT, capitaine d'un bataillon de la Haute-Garonne, III, 29.

RIGAULT, commissaire national en Belgique, I, 345. — Envoyé à Namur, 456-458.

RINGLER, Genevois. — Un des chefs du parti français à Genève, III, 504.

Ripault (Indre-et-Loire). — La manufacture du Ripault fournit des armes à l'armée envoyée contre les Vendéens, III, 616.

Ritter (François-Joseph), député du Haut-Rhin à la Convention nationale. — Est envoyé en mission dans le Porentruy, II, 93-102. (Voir ses lettres au mot *Porentruy*.) — Notice biographique, 101. — Lettre de sa main, 234. — En mission à l'armée du Rhin, 539 à 544. (Voir ses lettres au mot *Armée du Rhin*.)

Rivail, homme de loi. — Est nommé accusateur militaire, V, 292.

Rivier, lieutenant-colonel du génie. — Tué à l'affaire de Ronsbrugge, I, 233.

Rivière, contre-amiral, commandant aux Antilles du Vent. — Le ministre de la marine Monge dénonce au Conseil son incivisme et le fait remplacer, I, 214-215.

Rivoire, vice-président du directoire de l'Aisne. — Est suspendu de ses fonctions, I, 12.

Roanne (Loire). — Troubles dans cette ville, II, 201.

Robert, assesseur du juge de paix de Manosque. — Est nommé juge militaire, V, 480.

Robert, commissaire national. — Est nommé accusateur militaire, IV, 405.

Robert, homme de loi. — Est nommé juge militaire, V, 226.

Robert, maire de Rethel. — Est nommé accusateur militaire, V, 225.

Robert (de l'Ain), homme de loi. — Est nommé juge militaire, V, 480.

Robert (Pierre-François-Joseph), député de Paris à la Convention. — Notice biographique, I, 284. — En mission à l'armée de Dumouriez, 284-286. (Voir ses lettres au mot *Armée de Dumouriez*.) — Texte du décret qui le charge de cette mission, II, 224-225. — Lettre de sa main, 485.

Robespierre (Augustin-Bon-Joseph), député de Paris à la Convention. — En mission dans la section de la Butte-des-Moulins, II, 285. — En mission à l'armée d'Italie, V, 301. (Voir ses lettres au mot *Armée d'Italie*.) — Notice biographique, *ibid.*

Robespierre (Maximilien-Marie-Isidore), député de Paris à la Convention. — En mission dans la section de Popincourt, II, 286. — Membre du Comité de défense générale, 514. — Notice biographique, *ibid.* — Assiste à la séance du Comité de défense générale du 1er avril 1793, III, 1. — Assiste à la séance du Comité de salut public du 26 juillet 1793, V, 371. — Est adjoint à ce Comité, 393. — Reçoit une lettre de Lacoste, 538.

Robichon, volontaire d'Orléans. — Trait de générosité de ce citoyen, III, 46, 47.

Robinet (Le docteur). — Son *Mémoire* sur la vie privée de Danton, I, 285.

Roby (P.-R.), consul d'Espagne par intérim à Bayonne. — Son rapport à M. d'Aranda sur l'enlèvement de l'écusson espagnol, I, 220.

Rochambeau (Vicomte de), général, fils du maréchal de Rochambeau. — Sa justification, II, 30.

Roché, sous-architecte de Soufflot, officier municipal. — Est nommé juge militaire, V, 480.

Rochefort (Charente-Inférieure). — Situation des chiourmes dans le port de Rochefort, I, xxxiv. — Mission de Niou, Trullard et Mazade, 500. — Opérations dans ce port des représentants aux Côtes de Lorient à Bayonne, IV, 7. — Le ministre donne ordre de faire sortir les deux vaisseaux de guerre qui se trouvent dans le port, 127. — Opérations de Garnier (de Saintes) et de Mazade, 548; V, 56, 198.

Rochefort (Morbihan). — Cette ville tombe au pouvoir des insurgés, II, 453, 454. — Elle est délivrée, 588. — Projet de démolir son château, III, 38, 39, 178. — Guermeur et Lemalliaud recommandent à la Convention la veuve et les quatre enfants du secrétaire du district de Rochefort massacré par les insurgés, 546; IV, 4. — Le Conseil exécutif lui envoie une nouvelle collection des lois, 354.

Rochegude (Henri de), député du Tarn à la Convention. — Membre du Comité de défense générale, I, 389. — Notice biographique, *ibid.* — Est chargé d'examiner les états du ministère de la marine, 406. — Désigné par le Comité de défense générale pour aller en mission à Brest, 499. — Sa mission, II, 3-5. (Voir ses lettres au mot *Armée des Côtes de Brest.*)

Rocroy (Ardennes). — Opérations des représentants à l'armée des Ardennes, III, 617; IV, 14, 300.

Rodemacker (Moselle). — Besoins de cette place, II, 374.

Rodez (Aveyron). — Opérations des représentants, II, 603, 604; III, 518.

Rodrigue, député de Saint-Pierre et de Miquelon. — Sa pétition sur la défense de ces îles, II, 186.

Roger, capitaine du paquebot *la Duchesse d'Yorck.* — Obtient l'autorisation de communiquer librement avec l'Angleterre, II, 111.

Roi, commandant de la garde nationale de Bourges. — Part à la tête du détachement envoyé contre les Vendéens, II, 467.

Roland (Mᵐᵉ). — Son opinion sur Grouvelle, I, xxvii. — Elle réclame contre son arrestation, V, 33.

Roland de la Platière. — Son altercation avec Grouvelle, I, xxvii. — Inscrit ses protestations au registre du Conseil, xxviii. — Ses commissaires dans les départements, xxxvi. — Annonce le vol du Garde-Meuble, lxiv. — Son élection au ministère de l'intérieur, 4. — Notice biographique, *ibid.* — Président du Conseil exécutif, 5. — Cote et parafe le registre du Conseil, *ibid.* — Communique des proclamations pour suspendre le directoire des départements de Rhône-et-Loire, de la Moselle, de la Somme et de l'Aisne, 9-12. — Refuse d'adhérer à l'envoi en mission de Guermeur, membre de la Commune de Paris, 57. — Liste des commissaires envoyés par lui, 39. — Sa lettre au président de la Convention, 62. — Demande la nomination de trois commissaires pour surveiller le général Montesquiou, 69. — Fait annuler un arrêté du district et de la municipalité de Soissons, 112. — Est requis de faire un rapport sur la situation des subsistances, 117. — Se réserve d'inscrire au registre son opposition, *ibid.* — N'assiste pas à la séance du Conseil du 12 octobre 1792, 128. — Fait un rapport sur les subsistances, 133. — Suspend le district de Mont-de-Marsan, 134. — N'assiste pas à la séance du Conseil du 17 octobre 1792, 154. — Rend compte au Conseil de ses dépenses secrètes et extraordinaires, 167. — Fait suspendre les officiers municipaux Royol et Gouin, 188. — Fait adopter une instruction sur la libre circulation des grains, 194. — Modifications apportées à ces instructions, 213. — Président du Conseil, 236. — Fait accorder une indemnité aux commissaires envoyés par lui dans les départements, 242. — Sa lettre à la Convention sur l'approvisionnement de Paris, 296. — N'assiste pas aux séances du Conseil du 15, du 16, du 19 et du 20 décembre 1792, 330, 335, 342, 345. — Ni à celle du 19 janvier 1793, 485. — Refuse de signer le procès-verbal des séances, 502. — N'assiste pas à la séance du 22 janvier 1793, II, 2. — Démissionne, 6. — Les scellés sont mis sur ses papiers, 592.

Rolando. — Son mémoire sur Sahuguet d'Espagnac, IV, 473.

Rolland, commissaire du Conseil exécutif, I, xxx, 38. — Envoyé à Malmédy, 457, 459. — Puis à Herve, II, 3. — Le Comité lui écrit de se concerter avec l'administration du département du Nord pour ne pas entraver le recrutement, IV, 22.

Rolland (de la Moselle), député à la Législative. — En mission dans les départements, I, lxiv.

Rollin, directeur de l'enregistrement. — Est suspendu, II, 606.

Rollin fils, membre du directoire de la

Meurthe. — Est rétabli dans ses fonctions, V, 431.

Romaixs de Launes, notable de la ville de Valenciennes. — Dévouement de ce citoyen, III, 67.

Rome (Italie). — Suppression de la poste française dans cette ville, I, 281. — Meurtre de Bassville, II, 37, 147.

Romme (Charles-Gilbert), député du Puy-de-Dôme à la Législative et à la Convention. — Envoyé en mission dans l'Oise, I, LVIII. — Et aux manufactures d'armes, LXIV. — Et dans la section du Bon-Conseil, II, 286. — En mission à l'armée des Côtes de Cherbourg, III, 540 à 544, — Notice biographique, 540. (Voir ses lettres au mot Armée des Côtes de Cherbourg.) — Est mis en arrestation par les autorités de Caen, IV, 501-503, 516, 517, 518. — Est rendu à la liberté, V, 417.

Romorantin (Loir-et-Cher). — Disette dans le district de Romorantin, I, 298,

Rondonneau (Louis), garde des archives du sceau. — Commissaire observateur en 1793, I, XXIX. — Est autorisé à faire imprimer une table des décrets, 31.

Rongies (Belgique). — Annexion de ce lieu à la France, II, 464.

Ronsin (Ch.-Ph.), commissaire du Conseil exécutif aux frontières du Nord. — Lettre sur son arrestation, I, XXXII. — Les représentants en mission font son éloge, 141. — Il est nommé adjoint au ministre de la guerre, III, 284. — Le Comité arrête qu'il se rendra dans l'Ouest pour organiser l'administration des subsistances, IV, 20, 21. — Est nommé commissaire du Conseil exécutif près l'armée des Côtes de la Rochelle, 71. — Est blâmé par le Conseil exécutif pour avoir excédé ses pouvoirs, 345. — Est entendu par le Comité de salut public, 511. — Est renvoyé au quartier général, 560. — Ses agents sont arrêtés à Nantes, V, 34. — Le Comité de salut public décide son rappel, 113. — Retrait de cette décision, 139, 140. — Suspension du départ de Ronsin pour

l'armée, 200. — Ses tracasseries à l'égard du général Boulard, 228.

Ropen (François), Anglais. — Son interrogatoire, V, 481.

Rosenthal (Légion de). — L'insubordination règne dans cette légion, IV, 44. — Elle se rend à Châteaudun, V, 125.

Rosman, homme de loi. — Est nommé juge militaire, V, 225. — Reçoit une indemnité, 529.

Rossi, colonel. — Il donne des ordres pour que 50 grenadiers escortent Aréna au château de Corte, III, 263.

Rossy (Les frères), généraux divisionnaires. — L'un d'eux commande le camp de Montmélian, I, 104. — Leur destitution, V, 381.

Rostock (Mecklembourg). — Cette ville est considérée par la France comme neutre, IV, 162. — Capture d'un navire de Rostock, 468.

Rouaud, commissaire du Conseil exécutif, I, 38.

Rouaud (Jean-Louis), député du Var à la Convention. — En mission dans la section de Beaurepaire, II, 285. — En mission avec Despinassy dans le Var et les Alpes-Maritimes, 303, 307. (Voir ses lettres au mot Alpes-Maritimes.) — Notice biographique, III, 106. — En mission à l'armée du Var, 214 à 217. (Voir ses lettres au mot Armée du Var.) — Lettres de sa main, 443; IV, 6; V, 270. — Il est adjoint à la mission à l'armée d'Italie, 402.

Rouen (Seine-Inférieure). — Cette ville satisfait au recrutement, II, 524. — Saladin et Pochelle se plaignent qu'elle soit le foyer de tous les complots, III, 315. — Le citoyen Savin y est nommé directeur des douanes, 485. — La commune de Rouen envoie des forces dans l'Ouest, 576. — Elle reçoit 12,000 quintaux de blé que lui envoie le Conseil exécutif, V, 236. — Carrier s'occupe d'approvisionner Rouen, 395, 396. — Le Cointre refuse d'y aller en mission, 557.

Rouger, secrétaire de la mission dans l'Ariège et les Pyrénées-Orientales. — Con-

tresigne une lettre de Fayau et de Gaston, III, 380.

Rougier-Labergerie, député à la Législative. — Membre de la Commission des Douze, I, xlviii. — Commissaire du Conseil exécutif dans l'Oise, lviii.

Roumière, premier commis des affaires étrangères. — Est dénoncé par Le Carpentier et Bourdon, III, 303.

Rousseau, fournisseur de l'armée du Nord. — Ses rapports avec du Bois du Bais, V, 52, 53.

Rousseau (Thomas), poète, archiviste du club des Jacobins. — Reçoit un secours, II, 165. — Notice biographique, ibid.

Rousseaux. — Est nommé commis correspondant aux enregistreurs, IV, 125.

Roussel, juge à Pont-l'Évêque. — Candidat au ministère de la justice, II, 439.

Roussel, membre de la Commune. — Commissaire du Conseil exécutif, I, 38.

Roussel. — Son État militaire de la France pour 1793, I, 82.

Roussel (Pierre), commissaire observateur en 1793, I, xvix.

Rousselin. — Est chargé avec Garat de rédiger un journal officieux, V, 506.

Roussillon, commissaire du Conseil exécutif pour le mouvement de l'artillerie, I, 39. — Envoyé à Cambrai, 343.

Routes et Chemins. — Voir Voirie.

Roux (Louis-Félix), député de la Haute-Marne à la Convention. — En mission dans la Haute-Marne et les Vosges, II, 302, 305; III, 75. (Voir ses lettres au mot Haute-Marne.) — Notice biographique[1], 531. — Lettre de sa main, III, 77. — En mission dans les départements de Seine-et-Oise, de l'Eure et d'Eure-et-Loir, V, 294. (Voir ses lettres au mot Eure.) — Sa mission est étendue au département du Loiret, 555.

Roux-Fazillac (Pierre), député de la Dordogne à la Convention. — En mission à l'armée du Nord et des Ardennes, III, 63. (Voir ses lettres au mot Armée du Nord.) — Est confirmé dans cette mission, 214 à 217. — Notice biographique, 214. — Il est malade et demande son remplacement, 514. — Lettre de sa main, ibid. — De nouveau en mission à l'armée du Nord, V, 365. — Est remplacé dans cette mission par Peyssard, 392.

Rouyer (Jean-Pascal), député de l'Hérault à la Législative et à la Convention. — En mission aux armées, I, lix. — Soutient une motion de Kersaint, 377. — Membre du Comité de défense générale, 389. — Notice biographique, 390. — Est chargé d'un rapport, 401. — Est chargé d'examiner les états du ministère de la marine, 406. — Présente son rapport, 409. — Désigné par le Comité de défense générale pour aller en mission à Toulon, 499. — Sa mission, II, 3-5. (Voir ses lettres au mot Côtes de la Méditerranée.) — Propose d'incorporer dans la marine des officiers étrangers, 8. — Son discours à la Société populaire de Toulon, 129-130. — Son rapport sur les armements en course, III, 81. — Est détaché par ses collègues Brunel et Le Tourneur pour hâter l'envoi des renforts à l'armée de Perpignan, III, 381; IV, 65. — Est décrété d'arrestation, V, 449.

Rouzet (Jean-Marie), député de la Haute-Garonne à la Convention. — Est chargé d'interroger Miaczinski, IV, 221.

Rovère (Joseph-Stanislas-François-Xavier-

[1] Par suite d'une erreur typographique, la fin de la notice de Roux a été confondue avec celle de son collègue Perrin. Il faut la rétablir et la rectifier ainsi :
Louis-Félix Roux, né à Vichy le 25 octobre 1753, curé de Vignory (Haute-Marne), vicaire de l'évêque constitutionnel de la Haute-Marne, député de la Haute-Marne à la Convention, député des Ardennes, puis du Nord au Conseil des Cinq-Cents, archiviste du ministère de la police sous Fouché, receveur des droits réunis à Dinant (Sambre-et-Meuse), sous-préfet de Laon pendant les Cent-Jours, proscrit en 1816, mort à Huy (Belgique) le 22 septembre 1817. (Robert et Cougny. Dictionnaire des parlementaires.)

Alexis), député des Bouches-du-Rhône à la Convention. — Envoyé en mission à Sens avec Fauchet, I, 118. (Voir ses lettres au mot *Sens*.) — Notice biographique, *ibid*. — Son rapport, 119. — En mission à Lyon. II, 198-205. (Voir ses lettres au mot *Lyon*.) — Et dans les Bouches-du-Rhône, V, 70, 79. (Voir ses lettres au mot *Bouches-du-Rhône*.)

Roye (Somme). — Arrivée de Jean de Bry et de Cochon dans cette ville, II, 91.

ROYER, membre du directoire de l'Isère. — Sa conduite contre-révolutionnaire, IV, 75.

ROYOL, officier municipal de Paris. — Est suspendu de ses fonctions, I, 188.

ROYRAND, chef vendéen. — Prend part à la bataille de Saint-Vincent, II, 432.

ROZIÈRE (Eugène DE), membre de l'Institut. — Nommé commissaire responsable du présent *Recueil*, I, LXXVII.

RUAMPS (Pierre-Charles), député de la Charente-Inférieure à la Législative et à la Convention. — En mission à Rochefort, I, LXI. — En mission à l'armée du Rhin, III, 213. (Voir ses lettres au mot *Armée du Rhin*.) — Notice biographique, *ibid*. — Est confirmé dans sa mission, 539 à 544. — Lettre de sa main, V, 20.

RUAULT, maréchal de camp. — Commande la place de Lille, I, 49. — Est autorisé à lever l'état de siège, 134. — Transmet un avis du conseil de guerre, 145.

RUBIN, président du tribunal du district d'Haguenau. — Est nommé accusateur militaire, V, 115.

RUELLE (Albert), député d'Indre-et-Loire à la Convention. — Par décret du 10 mai 1793 il est nommé représentant près l'armée des Côtes de la Rochelle pour le département d'Indre-et-Loire, 86. — Notice biographique, *ibid*. — De nouveau en mission à la même armée, V, 202. — En mission à l'armée des Côtes de Brest, 444.

Ruelle (Charente). — État des fonderies de ce lieu, V, 81, 246.

Ruffec (Charente). — Opérations de Féraud IV, 120.

RUHL (Philippe-Jacques), député du Bas-Rhin à la Convention. — Membre de la Commission des Douze, I, XLIX. — Est envoyé en mission dans le Bas-Rhin, la Moselle et la Meurthe, 351. (Voir ses lettres au mot *Bas-Rhin*.) — Notice biographique, 352. — Résumé de sa mission, 353. — Malade, il se fait remplacer comme représentant en mission, 502. — En mission dans la section des Tuileries, II, 285. — Membre du Comité de défense générale, 514. — Préside ce Comité comme doyen d'âge, 516. — Couturier se plaint de lui, 538; IV, 467.

Rumes (Belgique). — Annexion de ce lieu à la France, II, 464.

RUNSEN, ex-capitaine aux grenadiers suisses. — Est nommé commandant du 5ᵉ bataillon du Haut-Rhin, V, 21.

RUPPÉ, homme de loi à Toulouse. — Est nommé juge militaire, V, 226.

Ruremonde (Belgique). — Envoi de Liébaut et Bonnemant dans cette ville, I, 457, 459. — Leurs opérations, II, 125.

Russie. — Ses armements maritimes, I, 8. — Apparition d'une flotte russe dans la mer Noire, 41. — L'amiral Truguet reçoit l'ordre de s'emparer de cinq vaisseaux russes en rade de Livourne, 166, 167. — Le Conseil exécutif maintient cet ordre, 176. — Suspension de ce projet, 190, 192. — Représailles contre les Russes résidant en France, III, 169. — Arrêté qui ordonne de cesser ces représailles, 352, 356.

RUTTEAU (Louis), citoyen de Paris. — Offre de lever un corps de hussards de la Liberté, II, 573.

RUTTENBERG, colonel au service de la France. — Jugement porté sur lui par les représentants à l'armée du Rhin, II, 332.

S

Saarbrück (Allemagne). — Retraite des Français dans cette localité, III, 79. — Opérations de Blaux, 294, 320, 338 à 341, 400, 441 à 442. — Mesures prises pour que le travail ne soit pas interrompu dans les fourneaux de cette ville, IV, 262. — Fête en l'honneur de la Constitution, V, 526. — Opérations des représentants, 543.

Sables-d'Olonne (Vendée). — Mauvaises nouvelles de cette ville, II, 549. — Auguis et un détachement de 900 hommes partent pour la secourir, 550, 551. — Siège de cette ville, 569, 570. — Opérations de Niou, III, 142 à 143. — Victoire remportée sur les brigands, 142. — Opérations de Niou, 162. — Le district des Sables annonce les avantages que les troupes aux ordres de Boulard et de Baudry ont remportés sur les brigands, 290. — Autre avantage remporté dans cette ville, 316. — Ses députés demandent une corvette stationnaire, IV, 235. — Opérations de Gaudin, V, 411.

Sabonadière, commissaire observateur en 1793, I, xxix.

Sadouroux, commandant de Calais. — Lettre de lui, III, 296.

Sacy (Claude-Louis-Michel de), député de la Haute-Garonne à la Convention. — Est envoyé en mission à l'armée du Nord, IV, 378, 382. (Voir ses lettres au mot Armée du Nord.) — Notice biographique, 382. — Lettre de sa main, V, 424.

Saget. — Indemnité qu'on lui accorde pour avoir été arrêté par erreur, III, 157.

Saillant (Comte du). — Rapport sur sa conspiration, I, xxv. — Manœuvres de ses complices, II, 309, 559. — Deux de ses complices ont été exécutés à Joyeuse, III, 464. — Les autres seront jugés par le tribunal de l'Ardèche, V, 264.

Saint-Affrique (Aveyron). — Complot pour empêcher le recrutement dans cette ville, III, 348.

Saint-Amand (Cher). — Acceptation de la constitution dans cette ville, V, 276.

Saint-Amand (Nord). — Opérations des représentants à l'armée de Dumouriez, III, 49. — Combat livré près de cette ville, 584; IV, 60, 107.

Saint-André, général piémontais. — Réclame auprès des Français en faveur des habitants de Sospello, II, 378.

Saint-Brieuc (Côtes-du-Nord). — Opérations des représentants en mission dans cette ville, II, 422, 423; III, 287. — Projets de travaux à exécuter dans la baie de Saint-Brieuc, IV, 311.

Saint-Chély (Lozère). — Opérations des représentants, III, 324. — Motifs qui ont retardé le recrutement dans ce district, 379. — Séjour de Châteauneuf-Randon et de Malhes à Saint-Chély, IV, 447.

Saint-Dié (Vosges). — Plaintes contre les officiers de la maîtrise de Saint-Dié, II, 607.

Saint-Dizier (Haute-Marne). — Opérations des représentants en mission à l'armée du Rhin, III, 18, 219.

Saint-Domingue. — Arrêté relatif aux commissaires civils dans cette île, I, 330. — Débat sur la situation de cette colonie en janvier 1793, II, 29. — Elle députe un noir nommé Raymond, 154. — Moyens de la défendre, 163, 164, 173. — Rapport de Camboulas, 192. — Renforts envoyés dans cette île, 196, 218, 219. — Ajournement du projet de Camboulas, 241. — Nouvelles de la révolte des noirs, 245. — Départ d'un convoi de grains de Saint-Domingue pour la France, IV, 189. — Nomination du gouverneur de la partie nord, V, 6. — Ajournement de cette nomination, 25. — Décret d'accusation contre Polverel et Sonthonax, 473.

Saint-Esprit, commune près de Bayonne. — Ardeur civique de sa garde nationale, I, 154. — Opérations de Dartigoeyte et Ichon, III, 292, 362. à 363, 376. — L'agiotage est favorisé par les juifs qui habitent cette localité, IV, 134.

Saint-Étienne (Loire). — Ralentissement des travaux de la manufacture d'armes de cette ville, III, 500. — Envoi d'un courrier à Saint-Étienne pour faire enlever et transporter aux armées des Pyrénées et de la Vendée tous les fusils disponibles, 509. — Le Comité recommande à la commune de Saint-Étienne de fournir des armes et munitions aux représentants près l'armée des Pyrénées orientales, IV, 20. — Mission du commissaire national Bouillet, 145. — Mesures relatives à la manufacture d'armes, 353. — Mission de Lesterpt-Beauvais, 382. — Lettre de ce représentant, V, 43. — Noël Pointe remplace Lesterpt-Beauvais dans sa mission, 28. — Lettres de Lesterpt-Beauvais, 163, 207. — Lettre de Noël Pointe, 286. — Lettres de Lesterpt-Beauvais, 306, 369.

Saint-Firmin, (Oise). — Les représentants transmettent une communication de la municipalité de cette ville, III, 557.

Saint-Florent (Corse). — Arrivée dans cette ville de Delcher, Lacombe Saint-Michel et Saliceti, III, 203.

Saint-Florent (Maine-et-Loire). — Entrée de Gauvilliers dans cette localité, III, 232.

Saint-Fnond, aide de camp de Wimpffen. — Est arrêté, V, 523.

Saint-Front (Haute-Loire). — Incendie de cette commune, II, 504.

Saint-Gaudens (Haute-Garonne). — Opérations des représentants, IV, 19.

Saint-Genois (Belgique). — Annexion de ce lieu à la France, II, 464.

Saint-Georges (Chevalier de). — Enquête sur l'esprit de la légion commandée par lui, III, 599. — Notice biographique, *ibid.*

Saint-Gervais (Tarn, aujourd'hui dans l'Hérault). — Complots des royalistes dans cette commune, II, 607. — Les mesures

de précaution y ont parfaitement réussi, III, 163.

Saint-Gilles (Gard). — Arrêté relatif aux fermiers du ci-devant prieuré de Saint-Gilles, II, 349.

Saint-Gilles (Vendée). — Le général Boulard marche sur cette localité, III, 142. — Opérations de Niou, 202. — Les brigands sont défaits à Saint-Gilles, *ibid.*

Saint-Hermand (Vendée). — Arrivée du général Marcé dans ce village, II, 367. — Projet d'y rallier l'armée après la bataille de Saint-Vincent, 435. — Opérations des représentants, 551.

Saint-Hermine, un des commandants des insurgés vendéens, II, 400.

Saint-Hippolyte (Doubs). — Bassal dénonce le fanatisme qui règne dans ce district, V, 437.

Saint-Jean-d'Angély (Charente Inférieure). — Mesures prises par les représentants dans la Charente-Inférieure relativement aux poudrières de cette ville, III, 586. — Un Comité central de sûreté générale y est créé, IV, 272. — Arrivée de Mazade, 374.

Saint-Jean-de-Luz (Basses-Pyrénées). — Opérations d'Ysabeau et de Neveu, III, 931. — Arrivée de Mazade, 460.

Saint-Jean-de-Maurienne (Savoie). — Cette ville est mise en état de guerre, I, 483, 484.

Saint-Jean-Pied-de-Port (Basses-Pyrénées). — Neveu et Ysabeau se transportent dans cette localité, IV, 51. — Elle est attaquée par les Espagnols, 471, 491. — Mesures pour la défendre, V, 61, 204, 276, 367. — Opérations de Féraud, 513.

Saint-Julien, contre-amiral. — Est mandé à Paris, V, 414.

Saint-Julien (Haute-Loire). — Troubles dans cette commune, II, 503.

Saint-Just (Antoine-Louis-Léon de), député de l'Aisne à la Convention. — En mission dans la section du Luxembourg, II, 285. — En mission avec Deville dans l'Aisne et les Ardennes, 301, 305. (Voir ses lettres au mot *Aisne*.) — A des me-

sures de salut public à proposer au Comité de défense générale, 591. — Donne lecture au Comité de défense générale d'un arrêté qu'il a pris dans sa mission, III, 2. — Est adjoint au Comité de salut public, IV, 381. — Est chargé, dans ce Comité, de la correspondance générale, 540. — De combiner, avec Delmas et Cambon, des mesures contre les insurgés de l'intérieur, 568. — Et de faire avec Cambon un rapport sur les Girondins détenus, 578; V, 2. — Fait lecture de ce rapport au Comité de salut public, qui l'ajourne, 65. — Discussion sur ce rapport, 148. — Est réélu au Comité de salut public, 225. — En mission dans l'Aisne, l'Oise et la Somme, 290. (Voir ses lettres au mot *Aisne*.) — Arrêtés de sa main, 544, 545, 555.

Saint-Laurent, colonel du 37e d'infanterie. — Il est destitué, III, 479.

Saint-Laurent-de-Cerdans (Pyrénées-Orientales). — Mesures prises pour empêcher une sédition dans cette localité, III, 237.

Saint-Léger (Belgique). — Annexion de ce lieu à la France, II, 464.

Saint-Lô (Manche). — Succès du recrutement dans cette ville, II, 612.

Saint-Maixent (Deux-Sèvres). — Opérations des représentants, IV, 114 à 116.

Saint-Malo (Ille-et-Vilaine). — Opérations des représentants, II, 535-537, 586-587, 599-603; III, 24, 25, 26. — Elle manque de subsistances, 288. — Il s'y présente un bateau parlementaire pour proposer l'échange des prisonniers, 386. — Saint-Malo est destiné pour le lieu de rassemblement des nouvelles levées du département de la Manche, 452. — Arrêté relatif au maire de cette ville, IV, 265, 266. — Projets de travaux pour défendre son port, 310.

Saint-Martin (François-Gérôme), ex-constituant, député de l'Ardèche à la Convention. — Sa motion sur l'organisation du ministère, I, LXXI.

Saint-Martin, général commandant à Bastia. — Sa réponse au rapport de Lacombe-Saint-Michel, II, 43.

Saint-Mathieu (Haute-Vienne). — Mouvement dans cette commune, II, 506, 507.

Saint-Mesmin (Vendée). — Les Vendéens sont repoussés et battus dans cette localité, III, 125.

Saint-Michel, commissaire national en Belgique, I, 345.

Saint-Nicolas-Waes (Belgique). — Cette commune vote sa réunion à la France, II, 256.

Saint-Omer (Pas-de-Calais). — Cette place se trouve sur le pied de guerre, II, 123. — Opérations des représentants, 494, 335. — Plaintes de citoyens de cette commune, 557. — Corps belges en garnison à Saint-Omer, IV, 168. — Séjour de Carnot, 290. — Mission de Billaud-Varenne et de Niou, V, 413. — Leurs opérations, 482.

Saint-Pé (Basses-Pyrénées). — Les Espagnols pillent les maisons de cette localité, IV, 11.

Saint-Perreux (Morbihan). — Les royalistes attaquent ce bourg, II, 567.

Saint-Pierre-et-Miquelon (Îles). — Débat sur les moyens de les défendre, II, 186, 210.

Saint-Pierre le-Moutier (Nièvre). — Un bataillon du Var y séjourne, II, 414. — Mouvement contre-révolutionnaire dans cette localité, III, 320.

Saint-Pol, capitaine. — Met la ville de Bergues en état de défense, I, 234.

Saint-Pol-de-Léon (Finistère). — Séjour des représentants dans cette ville, II, 368. — Ils prennent des arrêtés au sujet des mouvements que le recrutement y produit, 397, 422, 423. — Victoire des républicains à Saint-Pol-de-Léon, III, 32. — Insurrection, 53, 54.

Saint-Preux. — Est nommé commissaire national près l'armée d'Italie, IV, 145.

Saint-Quentin (Aisne). — Annulation d'une vente de biens nationaux faits dans ce district, III, 5. — Bellegarde et Lesage-Senault sont envoyés en mission dans cette ville, 214 à 217. — Le Conseil rapporte la proclamation qui annulait les ventes

des biens nationaux faites au directoire du district de Saint-Quentin, 268. — La commission de Saint-Quentin est supprimée, 367, 406.

Saint-Renan (Finistère). — Les représentants envoient des agents, II, 369. — Ils prennent des arrêtés au sujet des mouvements qu'y produit le recrutement, 397.

Saint-Sever (Landes). — Au premier bruit de l'invasion espagnole, les jeunes gens de Saint-Sever s'enrôlent, III, 477. — Opérations de Dartigoeyte, 606; IV, 50, 73, 243.

Saint-Trond (Belgique). — Scellés apposés sur les biens nationaux de cette ville, I, 488.

Saint-Vaast-de-la-Hougue (Manche). — Civisme d'un habitant de cette commune, II, 612.

Saint-Valéry (Somme). — Patriotisme de ses habitants, III, 247. — Arrivée dans ce port de deux bâtiments chargés de grains, V, 514.

SAINT-VINCENT, colonel du 21ᵉ régiment. — Les représentants dans le Doubs dénoncent son incivisme, I, 201.

Saint-Vincent (Vendée). — Bataille livrée dans ce lieu entre les républicains et les Vendéens, II, 432-436. — Trahison du général Marcé, III, 126.

Saint-Yrieix (Haute-Vienne). — Mission de Brival, V, 499.

Sainte-Agnès (Alpes-Maritimes). — Les soldats français partagent leurs subsistances avec les habitants de cette commune, III, 29.

SAINTE-FOIX (Le citoyen), — Est mis en arrestation, II, 592.

Sainte-Foy (Gironde). — Cette commune refuse de s'associer à l'insurrection bordelaise, V, 135.

Sainte-Lucie, une des îles Antilles. — Débat sur les moyens de défendre cette île, II, 29, 164. — Envoi de renforts, 196. — Le citoyen Ricard est nommé gouverneur de Sainte-Lucie, V, 6, 25.

Sainte-Menehould (Marne). — Opérations des représentants, 84-89. — Kellermann

y prend son quartier général, 108. — Les représentants en visitent les hôpitaux, ibid. — Sa municipalité est requise de fournir des matelas, 109.

Sainte-Ursanne. — La Société populaire y dénonce Gobel, Rengguer et Demars, II, 96, 100. — Cette ville vote sa réunion à la France, 346.

Saintes (Charente-Inférieure). — Opérations de Bernard et Guimberteau, III, 290, 415, 586; IV, 48, 457. — Et de Mazade, 374. — Excellent esprit du district de Saintes, V, 80.

SALADIN (Jean-Baptiste-Michel), député de la Somme à la Convention. — Son rapport contre les anciens membres du Comité de salut public, I, v-vi. — En mission dans la section des Quatre-Nations, II, 285. — En mission avec Pocholle dans la Seine-Inférieure et la Somme, 303, 315. (Voir ses lettres au mot Seine-Inférieure.) — Dément qu'il ait failli être assassiné à Amiens, 523. — Notice biographique, ibid.

SALICETI (Christophe), ex-constituant, député de la Corse à la Convention. — Est proposé par le Comité de défense générale pour une mission en Corse, II, 24. — Notice biographique, 25. — Décret de la Convention qui l'envoie en Corse, 41-43. (Voir ses lettres au mot Corse.) — Pour sonder l'intérieur de l'île, il prend prétexte d'aller voir sa famille à Corte, III, 238. — Il dénonce Paoli comme trop faible, 264. — Est confirmé dans sa mission en Corse, 540 à 544.

Salis-Samade (Régiment de). — Expulsion du colonel de ce régiment suisse, I, 36.

SALLAIS (François-Pierre), commissaire nommé par le Conseil exécutif pour assister à l'exécution de Louis XVI, I, 497, 501.

SALLE (Jean-Baptiste), député de la Meurthe à la Convention. — Ses intrigues à Nancy, II, 502, 503.

SALLENGROS (Albert-Boniface-François), député du Nord à la Convention. — En mission dans la section du Mail, II, 286. — Lit une lettre de Gossuin, 394. —

En mission à l'armée du Nord, III, 538 à 544. (Voir ses lettres au mot *Armée du Nord*.) — Notice biographique, 538.

Salm (Principauté de). — Mission de Goupilleau (de Montaigu), Michel et Couthon, II 246, 248. — Dispositions des habitants et opérations des représentants, *ibid.* — Lettre des représentants, 459. — Éloge du patriotisme des habitants de ce lieu, III, 497.

SALMON, président du district de Lille. — Proteste contre une adresse feuillantine signée par ses collègues, I, 147.

Salon (Bouches-du-Rhône). — Les patriotes fugitifs de Salon sont réintégrés dans leurs biens, V, 223.

SANTERRE, commandant général de la garde nationale à Paris. — Réclame au Conseil exécutif les appointements de ses employés, I, XXXI. — Mesures prises par lui à l'occasion du jugement de Louis XVI, 300-302. — Rend compte au Conseil des mesures prises au sujet des théâtres, 473, 475. — Notice biographique, 476. — Son rapport au Conseil sur la situation de Paris, 485. — Son rôle dans les préparatifs de l'exécution de Louis XVI, 493-496. — Autre rapport de lui sur la situation de Paris, II, 211, 255, 297, 334. — Est invité à rendre compte de l'état du recrutement dans cette ville, 359. — Ses rapports sur la situation de Paris, 365, 539. — Est mandé par le Comité de défense générale, 553. — Sa lettre au ministre de la guerre, 557. — Ses propositions au Comité de défense générale, III, 44. — Ses observations sur la disette de charbon, 45. — Reçoit du Comité de défense générale diverses autorisations, *ibid.* — Est consulté pour former une armée de 40,000 hommes, 57. — Il demande et est autorisé à ne pas payer de droits sur les bières fabriquées dans ses brasseries pendant 1789 et 1790, 117 à 122. — Rend compte de la situation de Paris, 554.

Saône-et-Loire (Département de). — Mission de Reverchon et de Pressavin, II, 303,
307. — Le 5e bataillon de Saône-et-Loire improuve Dumouriez, III, 200. — Le 4e bataillon renouvelle son serment de fidélité à la République, 308. — Les administrateurs de ce département transmettent des pièces relatives aux prisonniers de Lyon transférés à Mâcon, 521. — Ce département organise un bataillon pour aller à la défense des départements de l'Ouest, IV, 128. — Mission de Reverchon et de Laporte, V, 243. — Mission de Javogues, 310.

SAPINAUD, chef vendéen. — Prend part à la bataille de Saint-Vincent, II, 432.

Saragosse (Espagne). — Les Espagnols n'ont encore réuni en avril 1793 que trois régiments dans cette ville, III, 462.

Sardaigne. — Le Conseil exécutif décide et organise une expédition contre cette île, I, 58. — Préparatifs pour cette expédition, 123; II, 31. — Elle échoue, 106, 222, 240, 241. — Rapport du ministre de la marine, 295, 296, 348. — Le citoyen Landais, officier de marine, est entendu sur l'expédition de Sardaigne, III, 327.

Sarralbe (Moselle). — Opérations de Blaux, III, 150.

Sarrant (Gers). — Destruction de l'arbre de la liberté dans cette commune, II, 571.

Sarre (Le camp de). — Les Espagnols évacuent ce camp, III, 568. — L'armée des Basses-Pyrénées le réoccupe, IV, 8.

Sarrebourg (Meurthe). — Le tribunal de cette ville se plaint de l'incivisme des avoués, I, 503. — Le district fait arrêter le nommé Mulet, dit La Gerouzière, III, 152.

Sarreguemines (Moselle). — Le conventionnel Blaux est chargé d'aller préparer dans cette ville l'annexion des communes allemandes voisines, I, 502, 503. — Annulation d'un arrêté pris par le district de cette ville, II, 40. — Opérations de Blaux, III, 79, 130, 148 à 150, 160 à 161, 496 à 499, 516, 547, 548 à 549, 575; IV, 198.

Sarrelouis (Moselle). — Les représentants

écrivent de celte ville une lettre au ministre de la guerre, II, 132, 133.

Sarthe (Département de la). — Rapport au Conseil exécutif sur les réclamations de ce département et envoi de commissaires nationaux, I, xxix. — Troubles au sujet des subsistances, 271. — Mission dans la Sarthe des conventionnels Mathieu, Couppé, Lebardi, 272. — Compte rendu oral de cette mission, 275. — Annulation d'un arrêté du département de la Sarthe fixant le prix du pain, 288. — Proclamation relative à cette annulation, 295. — Opérations des représentans, 326-330. — Mission de Goupilleau (de Montaigu), Choudieu et Richard, II, 303, 313. — Le recrutement est complet dans ce département, III, 431. — Le Comité de salut public refuse au département de la Sarthe 5 milliers de poudre qu'il demande, IV, 577. — Il lui accorde des fonds, V, 31, 346.

Saucubt, commissaire du Conseil exécutif, I, 38. — Approbation de ses opérations, 228.

Saulet, commissaire du Conseil exécutif, I, xxx, 38.

Saumur (Maine-et-Loire). — Les représentans en mission dirigent leurs forces vers cette ville, II, 427. — Elle est menacée par les insurgés, III, 464. — Arrivée de Carra, IV, 46. — Nouvelles menaces des insurgés, 61. — Opérations des représentans, 112, 180. — Ils s'y forment en commission centrale, 210, 301, 324. — Opérations de cette commission, 385, 397, 420, 480, 494. — Prise de Saumur par les Vendéens, 503, 504, 519, 520, 535. — Ils évacuent cette ville, V, 55. — Les troupes républicaines y entrent, 145. — Opérations des représentans, 171, 550.

Saunet, lieutenant-colonel à l'armée des Pyrénées orientales. — Est provisoirement nommé chef de brigade, IV, 342.

Sautayra (Jean-Baptiste), député de la Drôme à la Convention. — En mission dans la section de la Fraternité, II, 286. — En mission volontaire et secrète dans

la Drôme, V, 107. — Il est incarcéré à Lyon, 255. — Il est remis en liberté, 322.

Sauvan, partisan de Dumouriez. — Est mis en arrestation, II, 592.

Sauveur, président du district de la Roche-Bernard. — Sa mort héroïque, III, 73.

Sauviac, adjudant général de brigade à l'armée du Nord. — A la jambe cassée, V, 559.

Sauviac (Gers). — Destruction de l'arbre de la liberté dans cette commune, II, 571.

Savary, capitaine de frégate. — Se trouve en station à Mindin, II, 578.

Savary, général. — Démissionne et est mis en arrestation, III, 623.

Savenay (Loire-Inférieure). — Mort héroïque du curé de cette localité, III, 74.

Saverne (Bas-Rhin). — Opérations du conventionnel Couturier, II, 457. — Le bruit y court que Paris est en feu, 458.

Savis. — Est nommé directeur des douanes à Rouen, III, 485.

Savoie. — Est évacuée par les Piémontais, I, 92-94. — Les Savoisiens demandent à former un 84e département, 93. — Le Conseil exécutif désavoue de soi-disant commissaires de la Commune en Savoie, 112. — Plan du général d'Arçon pour la défense de la Savoie, II, 64. — Mauvaises dispositions des Savoisiens, 226.

Savon (Les frères), habitans de Marseille. — Sont incarcérés, IV, 184.

Savone (Italie). — Le Conseil exécutif veut occuper ce port, I, 194; III, 211.

Saxe. — Nomination d'un agent de la République à Dresde, IV, 499.

Saxe-Gotha (Principauté de). — Réclamation du ministre de cette principauté contre l'apposition des scellés dans sa maison de Paris, IV, 143.

Sazot, homme de loi. — Est nommé juge militaire, V, 293.

Sceau de l'État. — Sa forme est changée, I, 13. — L'ancien servira provisoirement, 14.

Schaden, habitant d'Augsbourg. — Reçoit

de la France une indemnité de 3,000 livres, I, 249, 250.

Schlestadt (Bas-Rhin). — La municipalité de cette ville dénonce les menées fédéralistes, V, 298.

Schmitz, ex-constituant. — Est chargé d'une mission, IV, 249. — Notice biographique, *ibid.*

Schmitz, prisonnier anglais. — Est mis en liberté, V, 507.

Schneider (Euloge), accusateur public à Strasbourg. — Sa vie est menacée, II, 456.

Secrétaire du Conseil exécutif provisoire. — Liste des candidats pour cette place, I, xlix. — Mode de nomination, 2. — Élection de Grouvelle, 3. — Le Conseil exécutif s'occupe du choix d'un nouveau secrétaire en remplacement de Grouvelle, V, 310. — Ces fonctions sont remplies provisoirement par Désaugiers, 462.

Section de Beaurepaire (ci-devant *des Thermes*). — Un de ses arrêtés est renvoyé au maire de Paris par le Conseil exécutif, I, 279-280. — Elle dénonce le département de Paris, 378. — Roubaud et Perrin sont envoyés en mission dans cette section, II, 285. — Elle transmet au Comité de salut public une circulaire du département du Finistère, IV, 453. — Dénonce une atteinte portée à la liberté de ses délibérations, 482.

Section de Bon-Conseil. — La Convention y envoie Romme et Anthoine, II, 286. — Députation de cette section au Comité de défense générale, III, 44. — Elle adresse une communication au Comité de salut public, V, 2.

Section de Bondy. — La Convention y envoie Duhem et Gay-Vernon, II, 286.

Section de Bonne-Nouvelle. — La Convention y envoie Garrau et Billaud-Varenne, II, 285.

Section de 1792. — La Convention y envoie Mailhe et Carnot, II, 285. — Rapport oral de ces représentants, 287.

Section de Franklin (à Bordeaux). — Son zèle patriotique, II, 474, 475.

Section de la Butte-des-Moulins. — Dénonce

le commissaire national Collin, II, 2, 3, 44. — La Convention envoie dans cette section Robespierre jeune et Fayau, 285.

Section de l'Arsenal. — La Convention y envoie Maure aîné et Lasource, II, 285.

Section de la Cité. — La Convention y envoie Delecloy et Audrein, II, 286.

Section de la Croix-Rouge. — La Convention y envoie Fabre (de l'Hérault) et Beffroy, II, 286. — Cette section met les scellés sur les papiers de M. de Staël, III, 2. — Son arrêté relatif au général Le Veneur, 532.

Section de la Fontaine-de-Grenelle. — La Convention y envoie Maignet et Monestier, II, 285. — Délibération de cette section sur le désarmement des suspects, III, 609.

Section de la Fontaine-Montmartre. — La Convention y envoie Louis et Couppé, II, 286.

Section de la Fraternité. — La Convention y envoie Ingrand et Sautayra, II, 286.

Section de la Halle-au-Blé. — La Convention y envoie Osselin et Girard (de l'Aude), II, 285. — Rapport oral de ces représentants, 287. — Les canonniers de la section de la Halle sont envoyés à Vernon, V, 263.

Section de la Maison-Commune. — La Convention y envoie Thomas et Mathieu, II, 285.

Section de la Place-des-Fédérés. — La Convention y envoie Delbrel et Cavaignac, II, 286.

Section de la République. — La Convention y envoie Garran-Coulon et Masuyer, II, 286.

Section de la Réunion. — La Convention y envoie Beauvais et Panis, II, 285.

Section de l'Observatoire. — La Convention y envoie Menier et Bassal, II, 285. — Rapport oral de ces représentants, 287.

Section de Marseille. — La Convention y envoie Danton et Gasparin, II, 285.

Section de Molière et la Fontaine. — La Convention y envoie Montant et Chabot, II, 285.

Section de Montreuil. — La Convention y envoie Collot d'Herbois et Le Cointre, II, 286.

Section de Popincourt — La Convention y envoie Robespierre aîné et le Carpentier, II, 286.

Section des Amis de la Patrie. — La Convention y envoie Dartigoeyte et Bourdon (de l'Oise), II, 285. — Arrêtés du comité de cette section, IV, 560; V, 5.

Section des Arcis. — Thuriot et Calou sont envoyés en mission dans cette section, II, 285.

Section des Champs-Élysées. — Demande le remboursement des dépenses qu'elle a faites pour inhumer les morts du 10 août, I, 287. — Cette demande lui est accordée par le Conseil exécutif, 295. — La Convention envoie dans cette section Méaulle et Choudieu, II, 285.

Section des Droits de l'homme. — La Convention y envoie Bo et Lacoste, II, 286.

Section des Gardes-Françaises. — La Convention y envoie Tallien et Bentabole, II, 285. — Cette section réclame et obtient des chevaux, V, 514.

Section des Gravilliers. — La Convention y envoie Du Roy et Moreau, II, 286.

Section des Invalides. — La Convention y envoie Bissy et Augnis, II, 286.

Section des Halles. — Témoigne en faveur du citoyen Drieu, II, 74. — Jeanbon Saint-André et David sont envoyés en mission dans cette section, 285.

Section des Lombards. — Le bataillon des Lombards est en garnison à Bruxelles, II, 182. — Châteauneuf-Randon et Philippeaux sont envoyés en mission dans cette section, 285.

Section des Piques. — La Convention y envoie Brival et Piorry, II, 285. — Pétition de cette section pour lever et organiser une force armée destinée à marcher contre les rebelles de l'Ouest, III, 598. — Les commissaires de cette section sont requis de lever sur-le-champ les scellés apposés sur la maison du ministre de Saxe-Gotha, IV, 144.

Section des Quatre-Nations. — La Convention y envoie Isoré et Saladin, II, 285.

Section des Quinze-Vingts. — La Convention y envoie Goupilleau et Audouin, II, 286.

Section des Sans-Culottes — Les représentants qui y ont été envoyés rendent compte de son enthousiasme, II, 286.

Section des Tuileries. — La Convention y envoie Rühl et Forestier, II, 285. — Leur rapport oral, 286.

Section du Contrat social. — La Convention y envoie Châles et Tellier, II, 285. — Sa députation au Comité de défense générale, III, 44. — Elle dénonce un complot, IV, 464.

Section du Faubourg-du-Nord. — La Convention y envoie Panis et Barras, II, 286.

Section du Faubourg-Montmartre. — La Convention y envoie Dumont (de la Somme) et Deville, II, 286.

Section du Finistère. — La Convention y envoie Le Vasseur et Reverchon, II, 285.

Section du Louvre. — La Convention y envoie Lamarque et Ichon, II, 285. — Rapport oral de ces représentants, 287.

Section du Luxembourg. — La Convention y envoie Fabre d'Églantine et Saint-Just, II, 285.

Section du Mail. — La Convention y envoie Thirion et Sallengros, II, 286. — Cette section envoie en Vendée une compagnie de volontaires, IV, 220. — Elle dénonce un complot, 464.

Section du Marais. — La Convention y envoie Fréron et Ricord, II, 285.

Section du Mont-Blanc. — La Convention y envoie Prieur (de la Marne) et Bouchon, II, 285. — Leur rapport oral, 286.

Section du Panthéon. — Sa délibération sur les moyens d'approvisionner Paris, I, XXIV. — Sa protestation contre une proclamation du Conseil exécutif, XXI. Mailhe et Lindet sont envoyés en mission dans cette section, II, 286. — Rapport oral de ces représentants, 287.

Section du Pont-Neuf. — La Convention y envoie Bouquier et Sergent, II, 285.

Section du Roule. — Elle arrête les malles du marquis de Circello, V, 211.

Section du Temple. — La Convention y envoie Ehrmann et Nioche, II, 286.

Section Poissonnière. — La Convention y envoie Pons (de Verdun) et Richard, II, 285.

Sections de Paris. — Réclamation des commissaires des sections qui demandent un local où ils puissent s'assembler, IV, 101. — Le Comité de salut public met une somme de 2,000 livres à la disposition de chacun des Comités de surveillance des 48 sections de Paris, V, 310. — Indemnités accordées aux membres de ces Comités, 497.

Sedan (Ardennes). — Arrestation des commissaires de la Législative, I, 16. — Suspension des autorités de Sedan, 47. — Hentz et Laporte veulent se rendre dans cette ville, II, 374. — État des forces envoyées à Sedan, 562. — Opérations de Deville, 606. — Succès du recrutement, III, 181. — L'ennemi se porte en force sur cette ville, 354. — Opérations des représentants, 376, 400, 441, 463, 547; IV, 91, 92, 252, 253, 360, 501, 530; V, 266, 409, 509.

SEDILLEZ, député à la Législative. — Membre de la Commission extraordinaire, I, XLIX.

Séez (Orne). — Enquête faite au sujet de la présence du duc d'Orléans dans cette ville, III, 515.

SEGOND. — Est nommé commissaire national de la Monnaie de Metz, III, 267.

SEIGER (C.-F.), député de Francfort près la Convention, I, 302.

Seine-et-Marne (Département de). — Mission de Mauduyt, Lakanal et Isoré, II, 303, 315. — Succès du recrutement, 482. — Arrêté de ce département qui déclare le citoyen du Châtelet émigré, IV, 144. — Il est invité à lever deux nouveaux bataillons, V, 141. — Mission de Du Bouchet et de Maure, 294, 295.

Seine-et-Oise (Département de). — Troubles dans ce département à l'occasion des subsistances et envoi de représentants, I, 210. — Lettre de ces représentants, 253. — Suspension du lieutenant-colonel du 2ᵉ bataillon de Seine-et-Oise, II, 69. — Mission de Chales et de Maure, 303, 315. — L'administration de Seine-et-Oise est invitée à se conformer à la loi sur les passeports, V, 86, 87. — Levée d'un nouveau bataillon, 101, 110. — Mission de Bonneval et de Roux, 294. — Lettres de ces représentants, 353, 378.

Seine-Inférieure (Département de la). — Envoi de représentants dans ce département pour assurer la circulation des grains, I, 212. — La contre-révolution y fait des progrès, II, 165. — Mission de Saladin et de Pocholle, 303, 315. — Lettres de ces représentants, 463, 523, 524; III, 68. — Lettre que leur écrit le Comité, 193. — Lettres de Saladin et Pocholle, 247, 315, 335, 473, 488, 585. — Ce département a deux bataillons tout équipés et prêts à se joindre à l'armée des côtes de la Rochelle, IV, 69. — Il demande et obtient des armes, 201; V, 31. — Mouvement de troupes dans la Seine-Inférieure, 201. — Situation alarmante de ce département, 213. — Mission de Carrier et de Pocholle, 239, 242. — Lettres de ces représentants, 395, 450. — Faure offre de se rendre en mission dans la Seine-Inférieure, 547.

Sels. — Le Conseil exécutif pourvoiera sans délai à l'exécution des traités pour la fourniture des sels aux Suisses, III, 443.

SÉMONVILLE, ministre de France à Gênes, I, 15. — Notice biographique, *ibid.* — Nommé ambassadeur à Constantinople, il est l'objet des intrigues de la cour de Naples, 189. — Demande des constructeurs de vaisseaux pour le Sultan, 275. — Ses instructions et celles de Descorches, 402. — La Porte semble décidée à l'accueillir, II, 209. — Boisset et Bayle protestent contre l'oubli où on le laisse, III, 15-20. — Danton est chargé de faire une enquête sur son

compte, 353. — Il est invité à présenter au Comité de salut public des explications sur sa conduite, IV, 58, 67, 83, 96, 97. — Arrêté du Conseil exécutif levant la suspension ordonnée contre ce citoyen, 99. — Ses instructions et sa mission à Florence, 235. — Est confirmé dans sa mission à Constantinople, 500.

SÉNART, agent du gouvernement révolutionnaire. — Ses mémoires, I, vii.

SENFT, ministre du roi de Prusse. — Est fait prisonnier, II, 380.

Senlis (Oise). — Opérations des commissaires du directoire du district de Senlis au château de Chantilly, II, 543. — Réquisition faite au directoire de ce district pour qu'il ait à faire approvisionner les ⸰marchés de son arrondissement, III, 557. — Opérations de Collot d'Herbois et Isoré, V, 500.

Senones, ville de la principauté de Salm. — Exprime son vœu de réunion à la France, II, 246. — Arrivée dans cette ville des représentants en mission, 247. — Elle forme le chef-lieu d'un district des Vosges, 248. — Patriotisme des habitants de Senones, 459.

SEXOVERRE, habitant de Paris. — Est mis en état d'arrestation, III, 182.

Sens (Yonne). — Mission de Rovère et Fauchet, I, 118. — Résumé de leur mission et analyse de leur compte rendu, 119.

SÉPHER, général. — Son arrivée à Vernon, V, 260. — Est proposé pour commander en chef l'armée des Côtes de Cherbourg, 311. — Son éloge par les représentants en mission, 328.

SERGENT (Antoine-François), député de Paris à la Convention. — En mission dans la section du Pont-Neuf, II, 285.

SÉRIZIAT, général. — Il est suspendu, IV, 65. — Est nommé général de brigade dans l'armée des Alpes, V, 20. — Sa destitution, 381.

SERRE (Joseph), député des Hautes-Alpes à la Convention. — Ses intrigues dans l'Isère et la Drôme, V, 277. — Notice biographique, ibid.

SERRETTE. — Est nommé aide-commissaire des guerres, I, 186.

Serres (Hautes-Alpes). — Les patriotes sont persécutés à outrance dans ce district, IV, 93.

SERS (Jean-Pierre), député à la Législative. — Ses intrigues dans le département de la Gironde, V, 135. — Notice biographique, ibid.

SERVAN, général. — Rend compte de ses dépenses secrètes, I, xxvii. — Son élection au ministère de la guerre, 4. — Notice biographique, ibid. — N'assiste pas aux premières séances du Conseil, 5. — Prend séance, 25. — Président du Conseil exécutif, 29. — Est autorisé à nommer l'état-major du camp de Châlons, 43. — Fait adopter par le Conseil des mesures pour la défense des places, ibid. — Démissionnaire, est nommé lieutenant général, 71. — Nommé commandant des 20°, 9° et 10° divisions, avec le titre de général en chef de l'armée des Pyrénées, 76. — Établit une nouvelle division militaire, 81, 82. — Demande à conférer avec Biron, 117. — Obtient des voix pour être de nouveau ministre de la guerre, II, 56. — Le Conseil attend son arrivée pour discuter le plan de campagne contre l'Espagne, 67. — Commande l'armée des Pyrénées, 229. — Communique au Comité de défense générale ses vues sur l'Espagne, 263. — Reçoit l'ordre de s'emparer du val d'Aran, 264. — Sa conférence avec le Comité de défense générale, 270, 283. — Ses vues sur la défense des Pyrénées, 364, 365. — Est maintenu dans son commandement, 376. — Inexactitude des renseignements qu'il a donnés sur l'armée des Pyrénées, 603. — Sa lettre sur la situation de l'armée des Pyrénées, III, 266. — Il expose la situation militaire à Lombard-Lachaux et Maillhe, 308. — Dartigoeyte et Ichon dénoncent son absence, 363. — Il se plaint de l'armée des Pyrénées, 379. — Brunel et Le Tourneur l'accusent d'incurie, 482. — Il concerte dans un con-

seil de guerre un meilleur plan de campagne, 568 ; IV, 10. — Les représentants demandent que le commandement en chef de l'armée des Pyrénées occidentales lui soit conservé, 13. — Dénonciation au Comité contre lui, 74. — Sa défense par les représentants en mission, 233. — Ils le maintiennent provisoirement dans son commandement, 490.

Servière (Laurent), député de la Lozère à la Convention. — En mission dans l'Ardèche et la Lozère, II, 303, 309. (Voir ses lettres au mot *Ardèche*.) — Notice biographique, 438. — En mission à l'armée du Nord, V, 301. — N'accepte pas cette mission, 325. — Est envoyé en mission à Montpellier, 488.

Seubrat (Mme), supérieure de l'hôpital d'Orléans. — Ses manœuvres aristocratiques, III, 456.

Sevestre (Joseph), député d'Ille-et-Vilaine à la Convention. — En mission avec Billaud-Varenne dans les Côtes-du-Nord et l'Ille-et-Vilaine, II, 303, 313. (Voir ses lettres au mot *Côtes-du-Nord*.) — Notice biographique, III, 147. — En mission à l'armée des Côtes de Brest, 540 à 544. (Voir ses lettres au mot *Armée des Côtes de Brest*.) — Il tombe malade, IV, 479. — Rentre à Paris, 591.

Sévignac (Côtes-du-Nord). — Armement de la garde nationale de cette commune, IV, 541.

Seytres (Étienne), procureur de la commune de Marseille. — Sa déposition sur les événements de cette ville, IV, 342.

Seyssel (Ain). — Un courrier des émigrés est fait prisonnier dans cette localité, III, 111.

Srysses (Haute-Garonne). — Révolte dans cette localité, III, 293.

Shéridan. — Son entrevue avec Chauvelin, I, 301.

Sias, commissaire du Comité de salut public. — Sa mission aux armées, V, 479.

Sibieu. — Est nommé juge militaire, V, 226.

Sibiril (Finistère). — Capitulation accordée à cette commune, III, 53, 54.

Siblot (Claude-François-Bruno), député de la Haute-Saône à la Convention. — Envoyé en mission dans la Haut-Saône et le Doubs, II, 302, 306. (Voir ses lettres au mot *Doubs*.)

Sibuet. — Commissaire national à Ostende, I, 457, 474. — Notice biographique, 458. — Dénonce le baron de Triest, II, 148. — Son inexpérience ; il ne parle pas flamand ; il opère particulièrement à Bruges, 180, 181. — Est nommé accusateur militaire, IV, 404.

Sicard. — Envoyé par le Conseil exécutif en mission à Rennes, III, 61.

Sierck (Moselle). — Besoins de cette place, II, 374.

Sieyès (Emmanuel-Joseph), député de la Sarthe à la Convention. — Membre du Comité de défense générale, I, 391. — Notice biographique, *ibid.* — Nommé commissaire pour la réorganisation du ministère de la guerre, 440. — Son rapport, 455, 500 ; II, 5. — Est réélu membre du Comité de défense générale, 515. — Écrit qu'il préfère rester au Comité d'instruction publique, III, 81. — Son rapport sur la réorganisation du ministère de la guerre, *ibid.*

Sigaud, membre de la Commune. — Commissaire du Conseil exécutif, I, 38. — Approbation de ses opérations, 228.

Sijas, chef aux bureaux de la guerre. — Est nommé adjoint au ministre de la guerre, III, 284.

Sillery (Charles-Alexis Brulart de), député de la Somme à la Convention. — Envoyé en mission à Châlons, I, 66. (Voir ses lettres au mot *Châlons*.) — Notice biographique, *ibid.* — Lettres de sa main, 122, 140, 192. — Son rapport au Comité de défense générale sur l'organisation de la guerre, 409. — Présente à ce Comité un plan de campagne maritime, II, 109, 112. — Membre suppléant du Comité de défense générale, 514. — Est mandé par ce Comité,

592, 593. — Arrêté au sujet de son évasion, V, 460, 461.

SILLERY (La citoyenne). — Est mise en arrestation, II, 592.

SIMON ou SIMOND. — Commissaire national à Mayence, I, 457, 459. — Est obligé de se transporter à Annecy, III, 187.

SIMOND (Philibert), vicaire épiscopal de Strasbourg. — Reçoit l'ordre de quitter cette ville, I, 23. — Député du Bas-Rhin à la Convention, est envoyé en mission dans le Mont-Blanc, 276-277. (Voir ses lettres au mot Mont-Blanc.) — Notice biographique, 276. — En mission à l'armée des Alpes, V, 534. (Voir ses lettres au mot Armée des Alpes.) — Lettre de sa main, ibid.

SIMONDÈS, commissaire du Conseil exécutif. — Est envoyé à Saint-Domingue, V, 473.

SIMONNOT, garçon de bureau du Conseil exécutif. — Fixation de ses appointements, I. 447.

SIXETY (DE), membre de la Constituante. — Envoyé en mission, I, LVI.

SIQUEMONT, commandant de Sarrelouis. — Projet de lui retirer le commandement de Longwy, III, 168. — Il est suspect, ibid.

Sisteron (Basses-Alpes). — Les corps administratifs de cette ville sont très républicains, IV, 92.

SMITH, colonel, citoyen des États-Unis d'Amérique. — Intermédiaire entre le Conseil exécutif de France et le Congrès des États-Unis, I, 224, 225.

SMITH, commissaire national à Ostende, I, 456, 458, 474.

Société des Jacobins. — Voir Club des Jacobins.

Société philanthropique. — Elle reçoit une subvention du Conseil exécutif, I, 481-482.

Sociétés populaires. — Subvention à la Société populaire de Grenoble, I, XXXVII. — Un club des Jacobins se forme à Chambéry, 93. — Séance des Jacobins de Bordeaux, 111. — Zèle patriotique des Jacobins de Tonneins et de Marmande, 150. — Et de ceux de Be-

sançon, 187. — Société populaire de Nice, 251. — Amis de la Liberté de Liège, 305. — Zèle des Jacobins de Chambéry, 340. — Appréciation des représentants en mission sur les Sociétés populaires de Belgique, 490. — Ardeur de la Société de Toulon, II, 75. — Les Sociétés populaires de Porentruy, Delémont, Saint-Ursanne et Laufen se plaignent des agents français, 97-100. — Attitude de la Société populaire de Toulon, 128. — Discours prononcé par Rouyer devant cette Société, 129, 130. — Elle dénonce le commissaire ordonnateur Vincent, 131. — La Société de Tournay célèbre la mémoire de Le Peletier, 148. — Adresse de celle de Bischwiller, 162. — Opinions et attitude des deux Sociétés populaires de Porentruy, 177. — Attitude de celle de Mons, 179. — Et de celle de Bruges, 180. — Et de celle de Toulon, 238. — Et de celle de Liège, 249. — Zèle de la Société de Brest, 357, 358. — Et de celle de Troyes, 500. — Pétition de celle de Vannes, III, 72. — Il s'établit à Besançon une Société de femmes républicaines, 91. — Vicissitudes des Sociétés populaires dans l'Ain, 110. — Paganel et Garrau sont assidus aux séances de celles du Lot-et-Garonne, 124. — Adresse de la Société de Perpignan, 125. — Lettre de la Société républicaine de Lamballe, qui est inquiète du manque de munitions dans l'armée, 283. — La Société populaire de Toulouse délibère presque à huis clos, 492. — Le Club des Marseillais à Genève, 504. — Instructions aux représentants au sujet des Sociétés populaires, IV, 38. — La Société populaire de Vinay dote la jeune fille la plus vertueuse et la plus patriote de ce canton, 76. — Ferveur et énergie de la Société populaire de Sisteron, 92. — Rareté des sociétés populaires dans les Hautes-Alpes, 93. — Attitude hostile du club des Récollets de Bordeaux, 196. — Confiance que les représentants en mission témoignent à la Société de

Metz, 337, 375. — Celle de Troyes change son nom, V, 136. — Patriotisme de celle de Nogent-le-Rotrou, 172. — Dénonciation contre celle de Niort, 355. — La Société de Caen vote pour l'arrestation des fédéralistes, 491.

Soissons (Aisne). — Annulation d'un arrêté du district et de la municipalité, I, 112. — Excès commis à Ronsbrugg par les grenadiers volontaires du bataillon de Soissons, 233. — Opérations de Lequinio et Lejeune, V, 489, 497. — Projet d'établir à Soissons un atelier pour réparer des fusils, 502.

Soleure (Suisse). — L'État de Soleure a à s'expliquer sur la nature du traité qui le lie au chapitre de Delémont, III, 444.

Soliva, commissaire ordonnateur. — Il passe à l'ennemi, III, 98.

Sollien (Le citoyen). — Est chargé par le Comité de salut public d'une mission à Pontoise, V, 505, 506.

Somme (Département de la). — Suspension de son directoire, I, 9, 11. — Troubles au sujet des subsistances, 211. — Envoi de représentants dans ce département, 212. — Mission de Saladin et de Pocholle, II, 303, 315. — État du recrutement dans ce département, III, 490. — Décret contre les administrateurs de la Somme, IV, 558, 559; V, 4. — Mission de Saint-Just, 290. — Mission de Chabot et d'André Dumont, 407. — Lettre de ces représentants, 463. — Mission de Le Bon, 514. — Lettre des représentants, 548. — Arrêté relatif à la mission de Dumont et de Le Bon, 556. — Lettres des représentants, 558.

Somme-Tourbe (Marne). — Dévastation de ce village, I, 89.

Soupnox (Alexis), caissier de la poste aux chevaux. — Est nommé administrateur des postes, I, 362.

Songis, lieutenant-colonel d'artillerie. — Annonce la rentrée du camp de Maulde,

III, 97. — Les représentants en mission demandent le maintien à Lille de Songis, devenu général, V, 490.

Sonthonax [1], commissaire national à Saint-Domingue. — Est l'objet d'un décret d'arrestation, V, 471.

Sorel, inspecteur des charrois. — Reçoit une réquisition des représentants à Chantilly, II, 610.

Sospello (Alpes-Maritimes). — Défaite des Français dans cette ville, I, 251, 252. — Leur revanche, II, 154. — Hostilités des habitants contre la France, 378. — Défaite des Autrichiens près de Sospello, III, 532.

Sotteville (Seine-Inférieure). — Le curé de cette commune est nommé procureur, IV, 322.

Soubès (Hérault). — La Société populaire de cette commune dénonce le général Demars, II, 99.

Soubrany (Pierre-Amable), député du Puy-de-Dôme à la Législative et à la Convention. — Sa mission aux prisons, I, LXIII. — Et aux manufactures d'armes, LXIV. — En mission à l'armée du Rhin, III, 213. (Voir ses lettres au mot *Armée du Rhin*.) — Notice biographique, *ibid.* — En mission à l'armée de la Moselle, 539 à 544. (Voir ses lettres au mot *Armée de la Moselle.*)

Soucy (Du), général commandant dans la division de Coutances et de Granville. — Est suspendu de ses fonctions, V, 335.

Souillac (Lot). — Renseignements demandés à cette commune sur les forges et les fourneaux des environs, V, 2.

Soulavie. — Il est entendu sur les dispositions et les intérêts politiques de l'Europe, III, 484. — Est nommé ministre à Genève et dans le Valais, IV, 500. — Ses instructions, 587.

Soulès, membre de la Commune. — Commissaire du Conseil exécutif, I, XXX, 38. — Envoyé en mission dans le Midi, 36.

---

[1] Et non *Santhonax.*

— Approbation de sa conduite par le Conseil exécutif, 296.

Sparre, général. — Réunit un corps de gendarmerie à cheval, I, 83. — Commande le camp de l'Épine, 86. — Commande à Strasbourg et réclame une indemnité, IV, 276. — Offre sa démission, 453.

Spezia (Italie). — Les Français veulent occuper le golfe auquel cette ville donne son nom, II, 119; III, 211, 221.

Spincourt (Meuse). — Kellermann se porte sur ce village, I, 163.

Spinosa. — Mazade allègue ce philosophe au sujet des juifs de Saint-Esprit, IV, 134.

Spire (Allemagne). — Cette ville est prise par Custine, I, 91. — Réclamations du chapitre de Spire, 378.

Sta, procureur-syndic du district de Lille. — Proteste contre une adresse feuillantautine signée par ses collègues, I, 147. — Usurpe le rôle de commissaire en Belgique et est désavoué par le Conseil exécutif, 276. — Vend des biens d'émigrés à Tournai, II, 183. — Est mis en arrestation, V, 532.

Staël (Baron de), ambassadeur de Suède. — La section de la Croix-Rouge met les scellés sur ses papiers, III, 2. — Projet de traité entre la France et la Suède, IV, 142.

Stavelot (Belgique). — Envoi d'Isnardi et de Rolland dans cette ville, I, 457, 459.

Stenart, fort près de Gertruydenberg (Hollande). — Il est pris par les Français, II, 231.

Stengel, général. — Décret qui le mande à la barre, II, 365.

Stéphanis (Don Joseph de), ex-lieutenant général au service de l'Autriche. — Offre à la France ses services auprès de plusieurs États de l'Italie, IV, 521.

Stettenhoffen, général de l'armée française. — Il demande sa retraite, III, 282. — Extrait du rapport de ce général sur l'affaire de Saint-Amand, IV, 60. — Il démasque un traître, 359.

Stockholm (Suède). — Dispositions de la cour de Stockholm à l'égard de la France, I, LII.

Strasbourg (Bas-Rhin). — Annulation des ordres donnés par son Comité permanent, I, 42. — Les conventionnels Reubell, Haussmann et Merlin (de Thionville) sont chargés d'y rétablir la tranquillité, 341. — Leur arrivée et leurs opérations, 365-367. — Nomination d'un directeur des douanes dans cette ville, 402. — Remplacement de ses officiers municipaux, II, 7. — Fêtes civiques, 63. — Des troubles y amènent la révocation de divers fonctionnaires, 71. — État de cette ville en février 1793, 75, 76, 124. — Annulation d'un arrêté des autorités du Bas-Rhin, 136. — Leur anxiété au sujet de la défense militaire, 138. — Pétition des orfèvres de cette ville, 172, 176, 188. — Réclamation contre la destitution d'employés de la régie de Strasbourg, 191. — Intrigues des spéculateurs de cette ville, 221. — Opérations de Couturier, 455-459, 537-539, 546-548. — Des députés de cette ville font révoquer par la Convention des arrêtés des représentants en mission, III, 47. — Couturier et Dentzel donnent des détails sur la situation de Strasbourg, 184-185. — Opérations de Pflieger et Louis, 252 à 253, 275. — Arrivée de soldats de la nouvelle levée, 275. — Opérations de Louis et Pflieger, 295, 317 à 318, 319 à 320. — Le citoyen Laveaux est la cause des dissensions qui agitent cette ville, 327. — Les représentants Haussmann et Ruamps séjournent à Strasbourg pour faire exécuter le décret sur le payement des troupes en assignats, 338. — Opérations de Pflieger et Louis, 364, 463, 516. — Opérations des représentants à l'armée du Rhin, 588 à 590, 607. — Nomination d'un essayeur à la Monnaie de Strasbourg, 613. — Opérations de Louis et de Pflieger, 617. — Couturier dénonce au Comité une pétition des factieux de Strasbourg, IV, 18. — Opérations de Pflieger et Louis, 52, 64, 216, 263, 276, 302, 304,

410, 411, 458, 471, 505, 521, 536; V, 164, 207, 269. — Opérations de Borie, Milhaud et Ruamps, 465.

Stuttgard (Wurtemberg). — Desportes est nommé ministre de la République à Stuttgard, IV, 499.

Subsistances. — Rapport sur les subsistances en l'an ii, I, xxxv. — Amélioration du pain de munition, 90. — Roland est requis de faire un rapport sur la situation des subsistances, 117, 133. — Approvisionnements autrichiens trouvés à Verdun par les Français, 140. — Les représentants en mission à Bayonne prohibent l'exportation des bestiaux de France en Espagne, 152, 153. — Le Conseil exécutif révoque sa proclamation sur les subsistances en date du 4 septembre 1792, 158. — Pénurie des subsistances dans l'Hérault et le Gard, 159, 160. — Roland fait une proclamation sur la libre circulation des grains, 194. — Les représentants en mission à Perpignan s'occupent de la circulation des grains par le canal des Deux-Mers, 203, 204. — Troubles au sujet des subsistances dans les départements de Seine-et-Oise, Somme, Aisne, Eure, Seine-Inférieure, 210, 212. — Modifications apportées à la proclamation de Roland sur la circulation des grains, 213. — État des subsistances dans la ville de Paris, 286, 287. — Dans le département de Loir-et-Cher, 297, 299. — Le directoire des subsistances rend ses comptes au Conseil exécutif, 316. — Décret sur les subsistances militaires, 323, 324. — Compte présenté au Conseil exécutif par les régisseurs chargés des approvisionnements de la guerre et de la marine, 368. — Instruction aux commissaires nationaux en Belgique sur les subsistances, 429. — Dilapidations à Strasbourg dans les achats de bœufs pour l'armée, II, 75, 76. — Déclarations du ministre de la guerre au sujet des subsistances, 88, 92, 93. — Achats de blé à Toulon, 104, 128, 132. — Règlement des comptes de l'adminis-

tration des subsistances en Belgique, 133, 134. — Annulation d'un arrêté du département de la Moselle relatif aux subsistances, 165. — Conflit entre les représentants au sujet d'achats de bœufs, 219-221. — Jeanbon Saint-André et Elie Lacoste demandent un recensement général de tous les grains, 534, 535. — Détresse du département des Alpes-Maritimes, III, 107. — Le ministre de la guerre est chargé de dresser un état des subsistances destinées aux garnisons, 134, 183, 205. — Distribution de viande aux troupes en garnison, 252. — Arrêté du Comité de salut public relatif aux subsistances de Paris, 280. — Les fourrages manquent dans toutes les places depuis Dunkerque jusqu'à Rocroy, 283. — Les États neutres sont admis à porter des subsistances dans nos ports, 284. — Causes de la rareté des subsistances, 296. — Disette de subsistances dans l'Isère, 301. — Et dans le Lot, 305. — Blaux propose de tirer des villes d'Empire des subsistances pour l'armée française, 340. — État des subsistances dans les magasins militaires de Bayonne, 362. — Hérault et Simond proposent de supprimer les entrepreneurs et régisseurs des subsistances militaires, 378. — Prix élevé des subsistances dans la Seine-Inférieure, 476. — Pénurie de subsistances au Havre, 489. — Mémoire adressé au Comité militaire par les administrateurs des subsistances, IV, 97. — Le ministre de la marine donne des ordres pour faire partir et protéger les subsistances destinées à Nantes, 126. — Le ministre de la guerre reçoit 1 million pour les subsistances, 186. — Transport des subsistances de Tours à Nantes, 187. — Approvisionnement des îles de l'Océan et de la Méditerranée, 226. — Et de la ville de Tours, 577. — Et de Paris, 578. — Et de Reims, V, 46. — Débat et décret sur les achats de subsistances militaires, 148, 168, 169. — Arrêté sur les subsistances de l'armée de la Moselle,

180, 181. — Et sur celles de Paris, 309, 352. — La municipalité de Lagny arrête des grains destinés à Paris, 353. — Mission de Collot d'Herbois, Isoré et Lequinio au sujet des subsistances, 476. — Arrêté sur les subsistances de Château-Thierry et de Lille, 486. — Arrêté relatif à l'administration des subsistances, 486. — Approvisionnement de Paris, 496, 497. — Enquête sur les magasins de blé de Pontoise, 505, 506. — Et sur ceux de Castres, 507. — Mission de Colonge à Melun et à Montereau pour y rechercher les grains et farines, 514. — Arrêté relatif à l'approvisionnement de Paris, 514. — Proclamation des représentants en mission à l'armée des Côtes de Cherbourg sur les subsistances dans le Calvados, 518. — Arrêté relatif à l'administration des subsistances, 544. — Et aux voitures de farine arrêtées à Chartres, à Gonesse et à Montfort-l'Amaury, 544, 545. — Arrêté sur l'approvisionnement de Paris, 545. — Mission de Lulier au sujet des subsistances, 555. — Mesures pour l'approvisionnement de Lille, 561.

Suède. — Dispositions de cette puissance à l'égard de la France, I, LII; II, 50. — La section de la Croix-Rouge met les scellés sur les papiers de l'ambassadeur de Suède, III, 2. — Le Conseil exécutif arrête d'assurer protection aux navires suédois et danois, III, 284. — Négociations entre la France et la Suède en vue d'un traité d'alliance, IV, 66, 70, 142, 185. — Verninac est nommé ministre à Stockholm, 499. — Ses pouvoirs, ses instructions et projet de traité dont il est chargé, 586-588.

Suèvres (Loir-et-Cher). — Les conventionnels Longchamp, Couthon et Villers ramènent le calme dans ce bourg, I, 297.

Suippes (Marne). — L'armée de Kellermann y est campée, I, 89, 90. — Annulation d'un arrêté pris par la municipalité de cette commune, II, 41.

Suisse. — Les cantons suisses envoient

1,600 hommes à Genève, I, 92. — Ils interrompent les relations avec l'ambassadeur de la République française, 155. — Ultimatum que leur signifie le Conseil exécutif, 155, 158. — Vraies dispositions de la Suisse à l'égard de la France, II, 24. — Renseignements donnés par le chancelier de la République de Bâle sur l'esprit de la Suisse, 37. — Le citoyen Perlet est envoyé en mission en Suisse, 134. — Les dispositions de ce pays deviennent plus favorables à la France, 147, 186. — Appréciation de sa puissance militaire par Reubell, 293. — Négociations au sujet de l'Erguel et de la vallée de Munster, 403, 572. — Mouvements en Suisse, III, 111. — Réclamations de soldats suisses au service de la France, 140. — Kellermann propose de former des régiments suisses, 259. — Pensions et indemnités dues aux Suisses, 353. — Mémoire du général Custine concernant la Suisse, 401. — Manœuvres des émigrés, 418. — Instruction du Comité de salut public en faveur de ce pays, 444, 445. — Hérault-Séchelles croit que sa neutralité n'est qu'hypocrisie, 502. — Envoi d'agents pour y faire des achats de fusils, 553. — Négociation en vue d'une alliance avec la Suisse, ibid; IV, 21. — Arrêté relatif aux passeports, 203. — Mission du général Dumay, 305. — Arrêtés sur les passeports des Français rentrant de Suisse en France, 321. — Et sur les achats d'armes en Suisse, 329. — Et sur les passeports à délivrer aux Suisses habitant le département de Seine-et-Oise, V, 87. — Mesures relatives aux Suisses qui ont des possessions individuelles en France, 93, 147. — Arrêté du Conseil exécutif relatif à la fourniture du sel aux Suisses, 142. — Mesures pour empêcher les Suisses de violer le territoire français, 534.

Surreau, général de brigade. — Est suspendu de ses fonctions, V, 145, 158.

Suspects. — Le Comité de défense géné-

rale présente un projet de décret sur les suspects, II, 552. — Précautions prises par Collot d'Herbois contre les suspects de la Nièvre, III, 396. — Af-

faire des suspects de Grenoble, IV, 471-472.

SUTIÈRES, employé dans la mission de Páris et Fréron, I, 381.

T

Tabago. — Le citoyen Coquille Dugommier est nommé gouverneur de cette colonie, V, 6.

TAILLEFIS, adjoint au ministère de la marine, I, xxxiv.

TALLEYRAND-PÉRIGORD (Charles-Maurice DE), ex-constituant. — Conseiller de Chauvelin à l'ambassade d'Angleterre, I, 30.

TALLIEN (Jean-Lambert), député de Seine-et-Oise à la Convention. — Son discours contre le général Montesquiou, I, 68. — En mission avec Legendre à Forges-les-Eaux, II, 27. — Son rapport sur les affaires de Lyon, 198, 204. — En mission dans la section des Gardes-Françaises, 285. — Et dans l'Indre-et-Loire et le Loir-et-Cher, 303, 315. (Voir ses lettres au mot *Indre-et-Loire*.) — Notice biographique, 382. — Collot d'Herbois et Laplanche rectifient certains propos qu'il leur a prêtés, 527. — Lettres de sa main, III, 460, 616; IV, 5, 7. — Le Comité de salut public lui écrit au sujet des Comités de correspondance, 138. — Lettre de sa main, V, 267.

Tanargue (District du). — Succès du recrutement dans ce district de l'Ardèche, II, 559.

Tantaignies (Belgique). — Annexion de ce lieu à la France, II, 464.

Tarascon (Gard). — Arrêtés relatifs aux événements de Tarascon, IV, 19.

Tarbes (Hautes-Pyrénées). — Présence dans cette ville des conventionnels Carnot, Lamarque et Garrau, I, 256. — Opérations de Mazade, III, 147, 148. — Et d'Ysabeau, V, 356, 368.

TARDI, officier du génie. — Son rapport au Conseil exécutif, III, 87.

TARDIVEAU, député à la Législative. — Membre de la Commission extraordi-

naire, I, XLVII, XLIX. — Propose d'envoyer des commissaires aux armées, LVIII.

TARGET, ex-constituant. — Candidat au ministère de la justice, II, 438.

TARLET. — Est nommé accusateur militaire, IV, 405. — N'est pas maintenu dans ces fonctions, 442.

Tarn (Département du). — Mission de Bo et Chabot, II, 303, 311. — Mission de Berlier et de Chénier dans la Haute-Garonne, le Tarn, le Gard et l'Hérault, V, 101.

TASCHEREAU, commissaire du Conseil exécutif. — Il fait élargir des personnes mises en arrestation, entre autres Caharrus père et fils, IV, 50. — Ysabeau l'envoie au Comité de salut public, V, 84.

TASSY, juge de paix à Manosque. — Est nommé juge militaire, V, 480.

TAVEAU (Louis-Jacques), député du Calvados à la Convention. — Membre du Comité de défense générale, I, 389. — Notice biographique, *ibid.* — Est chargé d'écrire aux représentants à Toulon, II, 171. — Et de conférer avec le ministre de la marine, 173. — Et d'examiner sa réponse, 209.

TEISSIER, commissaire du Comité de salut public. — Est envoyé à l'armée du Nord, IV, 330. — Ses instructions, 331. — Rend compte de sa mission, 441. — Reçoit une indemnité, V, 223.

Télégraphe. — Établissement d'un télégraphe à Lille et à Landau, V, 471. — Et à Dunkerque, 479.

TELLIER (Armand-Constant), député de Seine-et-Marne à la Convention. — Envoyé en mission en Seine-et-Oise, I, 210-212. (Voir ses lettres au mot *Seine-*

et-Oise.) — Notice biographique, 212.
— En mission dans la section du Contrat-Social, II, 285.

Templeuve (Belgique). — Annexion de ce lieu à la France, II, 464.

Terrasson, commissaire observateur en 1793, I, xxix.

Ter-Veere (Hollande). — Cette ville contient un dépôt d'armes achetées par Beaumarchais, IV, 156.

Testaments. — Mauvais effet produit dans le sud-est par l'abolition des testaments en ligne directe, V, 269.

Texier. — Blessé à la Martinique, il réclame une pension, I, 380.

Théâtres. — La commune de Paris les fait fermer en janvier 1793, I, 464. — La citoyenne Montansier organise un théâtre à Bruxelles, II, 74. — Représentation de l'*Honnête criminel* à Orléans, 528. — Représentation de *Caïus Gracchus* et de *Robert, chef de brigands,* à Lille, V, 562.

Théâtre de la Montansier. — Reçoit une subvention, I, 359, 360.

Théâtre de la République, rue Richelieu. — Le Conseil exécutif lui accorde une subvention, I, 71-73.

Théâtre de Molière, rue Saint-Martin. — Le Conseil exécutif lui accorde une subvention, 71-73.

Théor, commissaire national dans les départements, I, xxx.

Thèse, capitaine au 109ᵉ régiment. — Est destitué, II, 205.

Thoux (Belgique). — Scellés apposés sur les biens nationaux de cette ville, I, 488.

Thévenard, vice-amiral, commandant à Brest. — Confère avec les représentants en mission, II, 218. — Reçoit l'ordre d'appareiller, 196 [1]. — Est autorisé à nommer provisoirement le commandant de l'escadre, IV, 227, 288.

Thibaudeau (Antoine-Claire), député de la Vienne à la Convention. — Par décret du 10 mai 1793, il est nommé représentant près l'armée des Côtes de la Rochelle pour le département de la Vienne, IV, 86. (Voir ses lettres au mot *Armée des Côtes de la Rochelle.*) — Notice biographique, *ibid.*

Thibault (Anne-Alexandre-Marie), député du Cantal à la Convention. — En mission à Chantilly, II, 482. (Voir ses lettres au mot *Chantilly.*) — Notice biographique, *ibid.*

Thiébault, commissaire national en Belgique, I, 345. — Envoyé à Tournai, 456, 458. — Son fils lui est adjoint, II, 180.

Thionville (Moselle). — La municipalité de cette ville dénonce le général Wimpffen, I, 261. — État des approvisionnements de Thionville, II, 374; V, 453.

Thiouville (Seine-Inférieure). — Troubles dans cette commune, III, 474, 488, 489.

Thirion (Didier), député de la Moselle à la Convention. — En mission dans la section du Mail, II, 286.

Thomas (Jean-Jacques), député de Paris à la Convention. — En mission dans la section de la Maison-Commune, II, 285.

Thomassin, strasbourgeois. — Couturier se plaint de lui, II, 538.

Thomasson, employé de la régie nationale. — N'est pas nommé à la direction d'Agen par le défaut d'un certificat de civisme, III, 404. — Se justifie et est décidément appelé à ce poste, IV, 486-487.

Thônes (Mont-Blanc). — Rébellion dans ce lieu, IV, 200.

Thort (François), courrier. — Ses frais de route, IV, 568, 569.

Thouars (Deux-Sèvres). — Cette ville est attaquée de toutes parts par les insurgés, IV, 5, 44, 47, 60. — Les administrateurs de ce district arborent le drapeau blanc, 88. — Ce district est évacué par les insurgés, 90, 139; V, 433. — Les lettres timbrées de Thouars sont arrêtées à la poste, 545.

Thouret, constituant. — Sa motion sur l'organisation du ministère, I, lxxi.

[1] Ce nom est ici imprimé par erreur *Thévenot.*

Thourout (Belgique). — Annexion de cette localité à la France, II, 404.

THOUVENOT, général employé à l'armée de Dumouriez. — Se rend à Paris avec Camus, I, 308. — Sa conférence avec le Conseil exécutif, 317, 321. — Il rallie les fuyards d'Aix-la-Chapelle, II, 249. — Il passe à l'ennemi, III, 98.

THURING [1] DE RYS, adjudant général. — Sa dénonciation contre Dumouriez et Dampierre, III, 57, 58. — Réclame et obtient une indemnité, V, 100.

THURIOT DE LA ROZIÈRE (Jacques-Alexis), député de la Marne à la Convention. — Membre de la Commission des Douze, I, XLIX. — En mission, LXIII, LXV. — Envoyé en mission à Orléans, 60, 61. — Rend un compte oral de sa mission, 61. — Notice biographique, *ibid.* — S'oppose à la création d'un Comité de défense générale, 377. — En mission dans la section des Arcis, II, 285. — En mission avec Pons (de Verdun) dans la Marne et la Meuse, 302, 305. (Voir ses lettres au mot *Marne.*) — Fait mander le Conseil exécutif devant la Convention, III, 46. — Est chargé de rédiger un projet sur l'établissement du Comité de salut public, 87. — Prend la parole sur cet objet, 113. — Obtient des voix pour être membre du Comité de salut public, 131. — Défend Gasparin, IV, 207, 208. — Est élu membre du Comité de salut public, V, 225.

Tirlemont (Belgique). — Le général Valence y établit son quartier général, II, 288. — Opérations militaires autour de Tirlemont, 393. — Bataille livrée par Dumouriez près de cette ville, 442.

TISSERAND (L'abbé). — Son *Histoire de la Révolution dans les Alpes-Maritimes*, I, 250.

TISSERON fils, commissaire national à Herve (Limbourg) I, 457, 459; II, 3. — Démissionne, 30.

TISSERON père, commissaire national en Belgique. — Est envoyé à Dinant, I, 457, 459.

TISSET. — Déclaration de ce citoyen concernant les moyens de faire exécuter le décret de la Convention nationale relativement au citoyen Marat, III, 387.

TOLOZAN, colonel en garnison à Nancy. — Son rapport aux représentants en mission, I, 386.

Tongres (Belgique). — Scellés apposés sur les biens nationaux de cette ville, I, 488.

TONNEAU, capitaine au 109° régiment. — Est suspendu, II, 205.

Tonneins (Lot-et-Garonne). — Les Jacobins de cette ville aident à l'approvisionnement de Bordeaux, I, 150.

Tonnerre (Yonne). — Opérations de Garnier et Turreau, III, 496, 528.

TONNERI, adjoint aux adjudants généraux à l'armée du Nord. — Émigre, III, 451, 525.

Toscane. — Le Conseil exécutif envoie un ultimatum à cette puissance, I, 176. — Le grand-duc autorise l'exportation de blés en France, II, 106.

Toul (Moselle). — Opérations des représentants, I, 381-386. — Leur lettre sur la situation de Toul, 441. — Les volontaires de Toul volent à Wissembourg, V, 543.

Toulon (Var). — Situation des chiourmes dans le port de Toulon, I, XXXIV. — Mesures extraordinaires prises par les trois corps administratifs de cette ville, 22. — Mission des conventionnels Rouyer, Brunel et Le Tourneur, 499. — État de cette ville en février 1793 d'après ces représentants, 77, 78. — État de son arsenal d'après les mêmes, 103-107. — Paye des ouvriers de l'arsenal, 143. — Nomination de médecins à l'hôpital de la marine, 144. — Projet de renforcer la garnison, 187. — Opérations des représentants, 234-241, 251-253, 256-259, 265-269, 279-282, 322-325. — État de la marine à Toulon, III, 14. —

[1] Et non *Thuringe*. Voir l'erratum du tome V.

Opérations de Roubaud et Despinassy, 106. — La marine à Toulon est sans activité, 237. — Situation du port, 532. — Opérations des représentants à l'armée du Var et d'Italie, IV, 66, 216, 293, 305, 326, 327, 350, 366. — Nomination d'un directeur des douanes, 368. — Opérations des représentants, 440, 449, 473. — Pétition des ouvriers de l'arsenal, 556. — Chaudron-Roussau intercepte à Toulouse les lettres de Toulon, V, 368. — Détails sur la révolte de cette ville, 384 à 392. — Envoi de fonds à la marine de Toulon, 441. — Destitution et remplacement du commissaire des guerres et de l'ordonnateur, 414, 442, 507.

Toulouse (Haute-Garonne). — Annulation d'un arrêté du district de Toulouse, 1, 167. — Opérations de Carnot, Garrau et Lamarque, 255 à 260. — Opérations des représentants dans l'Aude et la Haute-Garonne, III, 293, 307, 379, 416. — Opérations des représentants à l'armée des Pyrénées, 492 à 495. — Opérations des représentants dans l'Aude et la Haute-Garonne, 516 à 518, 549, 567; IV, 51. — 3,000 fusils seront pris à l'arsenal de cette ville pour armer les volontaires de l'armée des Pyrénées, IV, 57, 215, 232. — Opérations de Chabot et de Maillhe, 274. — Et de Projean, 565. — Suspension de l'arrêté pris contre la ville de Toulouse, V, 109. — Rapport de Chaudron-Roussau, 152. — Opérations de Chaudron-Roussau et de Leyris, 247, 259, 368.

Tournai (Belgique). — Mission de Thiébault et Loubers dans cette ville, 1, 456, 458. — Ordre donné pour démolir ses fortifications, II, 26. — Tenue des assemblées primaires, 148. — Cérémonie funèbre en l'honneur de Le Peletier, *ibid.* — Les représentants en mission suspendent la démolition des fortifications de Tournai, 149. — Le ministre de la guerre confirme cette mesure, 165. — Caractère et attitude des habitants, 179, 180. — Préparatifs en vue d'annexer cette ville, 271-272. — Fête à Tournai pour célébrer sa réunion à la France, 273. — Gonchon manque d'être assassiné dans cette ville, 327, 328. — Mise en état de défense de Tournai, 329, 484, 485.

Tournaisis. — Caractère et attitude des habitants de ce pays, II, 179, 180. — Projet de faire du Tournaisis un 4ᵉ district du département de Jemmapes, 393.

Tournon (Ardèche). — Opérations de Gleizal, IV, 52.

Tours. — Opérations des représentants en mission, II, 408-411. — Le général Berruyer y fait passer des forces, 417. — Cette ville est déclarée en état de guerre, 428. — Opérations des représentants, 485-487, 544-545; III, 160, 233, 249, 435, 458 à 460. — Cette ville sert d'entrepôt pour l'équipement de l'armée formée contre la Vendée, 593. — Mission de Julien (de Toulouse) et de Bourbotte à Tours, 601-602. — Opérations de Tallien, 615. — De Bourbotte et Carra, 617. — De Tallien, IV, 61. — De Féraud, 117, — Et de Bodin, Ruelle et Tallien, 271, 301, 348, 384, 503, 565. — Arrêté relatif à l'approvisionnement de la ville de Tours, 577. — Opérations des représentants, 597, 598; V, 39, 40, 65. — Choudieu, Bourbotte, Bodin, Tallien, Richard et Turreau sont invités par le Comité de salut public à déléguer quatre d'entre eux près de l'armée de Tours, 86. — Opérations des représentants, 125, 126, 283, 296, 305, 348. — La ville de Tours est le point de concentration des levées faites par Méaulle, 550.

Toûrville, général de division. — Commande à Maubeuge, IV, 307. — Remporte un succès, V, 61. — Son éloge par du Bois du Bais, 157, 243.

Tourzel (Mᵐᵉ de). — Son appartement est occupé par les bureaux du Conseil exécutif provisoire, 1, 326.

Toussaint (Laurent), ancien major aux hussards de Lauzun. — Est prévenu d'émigration, IV, 338.

Tranchant. — Est nommé expéditionnaire au Comité de salut public, IV, 125.

Transport de troupes. — Arrêté du Comité de salut public pour le transport de troupes en Vendée, IV, 53, 67. — Envoi de renforts à l'armée de la Rochelle, 81. — Ces renforts sont décommandés, 328. — Voir Armée.

Tréaos (Esprit). — Commissaire du département de l'Hérault à Carcassonne, I, 159.

Treuix, trésorier des invalides à Lorient. — Mandat d'arrêt contre lui, III, 520.

Trénorant (Bernard-Thomas), maire de Saint-Malo, député suppléant d'Ille-et-Vilaine à la Convention. — Est nommé adjoint au ministère de la marine, III, 405; IV, 265; V, 6. — Est admis à siéger à la Convention, V, 499.

Treilhard (Jean-Baptiste), député de Seine-et-Oise à la Convention. — Notice biographique, I, 284. — En mission à l'armée de Dumouriez, 284-286, 477. (Voir ses lettres au mot Armée de Dumouriez.) — Opère dans le Hainaut et la Flandre, II, 140. — Se dispose à se rendre à Paris, 184. — Renseigne oralement le Comité de défense générale sur les dispositions de la Belgique, 215. — Dément la nouvelle de la prise de Breda, 217. — Reste en Belgique avec Camus, 265. — Membre suppléant du Comité de défense générale, 514. — Son rapport sur l'armée de Belgique, III, 1. — Il entre au Comité de défense générale, 81. — Il est nommé membre du Comité de salut public, 117. — Est chargé de surveiller le ministère de la marine, 189. — Cesse de faire partie du Comité de salut public, IV, 528. — En mission dans la Gironde et le Lot-et-Garonne, 590. (Voir ses lettres au mot Gironde.) — Son rappel, V, 311.

Trépier, commissaire national dans le Pas-de-Calais, I, XXIX.

Trésorerie nationale. — Ses commissaires sont mandés et entendus par le Conseil exécutif, I, 452, 454, 455. — Cambon est chargé d'en suivre les opérations, V, 119.

Tribunal révolutionnaire. — Décret qui l'institue en principe, II, 287. — Arrêté sur le local où il siégera, 404. — Sur l'emplacement pour l'exécution de ses jugements, IV, 145. — Arrestation de Montané, président de ce tribunal, V, 413.

Tribunaux. — Formules initiales et finales des expéditions de leurs jugements, I, 14.

Tribunaux militaires. — Arrêtés nommant les accusateurs près de ces tribunaux, IV, 404, 405, 442. — Instructions à leur usage, 543.

Tricotel[1], général commandant de la place d'Arras. — Éloge de son patriotisme, II, 117, 122.

Triest (Baron de). — Il intrigue contre les Français à Bruges, II, 148. — Les représentants en mission arrêtent qu'il sera incarcéré; il échappe à leurs poursuites, 180.

Trinqualéon, capitaine de frégate. — Envoyé en station aux îles du Vent, I, 215.

Trogoff, contre-amiral. — Pactise avec les révoltés de Toulon, V, 385. — Est mandé à Paris, 414.

Trouquet Saint-Micuel, commissaire national en Belgique. — Est envoyé à Anvers, I, 457, 459.

Troussel (aîné). — Est nommé chef de bureau au Comité de salut public, IV, 125.

Troussel (Charles-Nicolas), secrétaire-commis des Comités de défense générale et diplomatique réunis. — On lui donne un adjoint, II, 295. — Est nommé commis chargé de l'enregistrement au Comité de salut public, IV, 124.

Trouville, administrateur des voitures et selleries de la République. — Arrêté à son sujet, V, 478.

Troyes (Aube). — Opérations des représentants II, 499-501; III, 141; V, 136, 151, 229, 267.

[1] Et non Tricotelle. Voir l'erratum du tome II.

Thouvet, contre-amiral. — Rapport le concernant, I, xxxiv. — Projet de lui confier le commandement d'une escadre dans la Méditerranée, 7. — Notice biographique, *ibid.* — Instructions qu'il reçoit, 18. — Son escadre est renforcée de 6 vaisseaux, 42. — Est invité à se concerter avec le général d'Anselme, 123. — Reçoit l'ordre de s'emparer de cinq vaisseaux russes en rade de Livourne, 167. — Et de se rendre à Brest, II, 31. — Ses relations avec les représentants aux côtes de la Méditerranée, 90. — Est sur le point de rentrer à Toulon, 144. — Sa lettre à sa mère sur l'expédition de la Sardaigne, 240, 241. — Son escadre est signalée près de Toulon, 269. — Il mouille aux îles d'Hyères, 281.— Arrive à Toulon, 323. — Sa dépêche au Conseil exécutif, 348. — Son plan d'opérations, 439.   Il se rend à Paris, II, 14.— Opinion de Boisset et de Bayle sur ses opérations, 19. — Est entendu par le Comité de salut public, 220. — Et par le Conseil exécutif, 221. — Il fait une lecture d'un mémoire sur les forces navales, 532. — Arrêté le concernant, V, 508.

Thivlland (Narcisse), député de la Côte-d'Or à la Convention. — Désigné par le Comité de défense générale pour aller en mission à Rochefort, I, 500. — Notice biographique, *ibid.* — Sa mission, II, 3-5. (Voir ses lettres au mot *Côtes de Bayonne à Lorient.*)— Il visite avec Niou les îles d'Oléron et de Ré, 225. — S'établit au quartier général à Saint-Hermand, 400. — En mission à l'armée des Côtes de la Rochelle, III, 540 à 544. (Voir ses lettres au mot *Armée des Côtes de la Rochelle.*) — Il demande son rappel, IV, 409. — Supplément à sa notice biographique, *ibid.*

Tulle (Corrèze). — Opérations des représentants, II, 506. — Le directoire des Deux-Sèvres arrête d'acheter 5,000 fusils à la manufacture de Tulle, III, 369. — Les représentants se plaignent qu'il n'y ait qu'une seule manufacture d'armes,

celle de Tulle, 437, 438. — Jeanbon Saint-André annonce qu'il pourrait tirer parti d'une quantité de vieux fusils entassés à Tulle, 477. — Application du décret qui réserve à la marine les produits de cette manufacture, 605. — Les représentants dans la Dordogne requièrent les directeurs de cette manufacture de livrer les vieux fusils pour être réparés, IV, 49. — Mission de Brival près manufacture, V, 49. — Lettres de Brival, 238, 369, 412, 418. — Décret relatif à sa mission, 499. — Lettre de Brival, 513.

Tuncq, général de brigade. — Le Comité de salut public écrit au ministre de la guerre pour qu'il expédie à Tuncq les brevets et ordres nécessaires pour qu'il se rende à son poste, IV, 124. — Est en effet renvoyé à son poste, V, 1. — Se rend aux Ponts-de-Cé, 515. — Suspendu de ses fonctions, est maintenu par les représentants en mission et nommé par eux général de division, 552. — La Convention confirme cette nomination,

Tunis. — Envoi de présents au bey de Tunis, III, 371. — Le bey obtient une indemnité de la France, IV, 162. — Il est invité à réfréner l'audace de ses corsaires, 477.

Turin (Italie). — Émotion de l'aristocratie de cette ville à l'approche des Français, I, 104.

Turpin (François-Henri), littérateur. — Reçoit une subvention du Conseil exécutif, I, 461.

Turquie. — Le général Acton fait remettre à cette puissance une note contre Sémonville, I, 189. — Mission de Sémonville et de Descorches à Constantinople, 189, 326, 402. — Dispositions de la Turquie à l'égard de la France, II, 50. — Elle approuve le choix du chef diplomatique élu par les Français résidant à Constantinople, 209. — Boisset et Bayle dénoncent la politique de Le Brun à l'égard de la Porte, III, 15-18. — Elle consent à recevoir un ministre de la République, 353; IV, 67, 96. — Le mi-

nistre des affaires étrangères écrit à la Porte pour se procurer des sabres, 128. — Sémonville est confirmé dans sa mission à Constantinople, 500.

Turreau (Louis), député de l'Yonne à la Convention. — Demande l'envoi de représentants à Sens, I, 118. — En mission dans l'Aube et l'Yonne, II, 303,

317. (Voir ses lettres au mot *Aube.*) — Notice biographique, 426. — Est proposé pour une nouvelle mission, IV, 541. — En mission à l'armée des Côtes de la Rochelle, 561. (Voir ses lettres au mot *Armée des Côtes de la Rochelle.*)

Tunski (Albert, dit *Albert le Sarmate*), colonel, V, 97.

U

Ustaritz (Basses-Pyrénées). — Un directeur des postes y est installé, IV, 13.

Uzépy (La citoyenne). — Remplit au Comité de salut public les fonctions de garçon de bureau, IV, 462.

Uzerche (Corrèze). — Opérations de Treilhard et de Mathieu, V, 425-427.

Uzès (Gard). — Opérations de Bonnier et de Voulland, III, 237, 276.

V

Vacquié, président du tribunal de Villeneuve. — Candidat au ministère de la justice, II, 439.

Vadier, citoyen de Pamiers. — Est nommé juge militaire, V, 480.

Vaine, homme de loi. — Est nommé juge militaire, V, 480.

Valazé. — Voir Dufriche-Valazé.

Valence, capitaine au 78ᵉ régiment d'infanterie, est dénoncé comme suspect par les représentants à Valenciennes, III, 525.

Valence, général. — Poursuit l'ennemi jusqu'à Buzency, I, 125. — Remplace Dillon dans son commandement, 133. — Règle la capitulation de Verdun, 139. — S'empare du poste de Virton, 191. — Annonce au Conseil exécutif la reddition du château de Namur, 295. — Reçoit le commandement par intérim de l'armée de Belgique, 349. — Donne des ordres pour l'exécution du décret du 15 décembre 1792, 357. — Est autorisé à traiter de l'échange des prisonniers, 365. — Obtient un congé pour venir à Paris, 402. — Ses dépêches sur la position de l'armée de Belgique, 411. — Mandé et entendu par le Comité de

défense générale, 492, 500; II, 5, 20. — Et par le Conseil exécutif, 45, 93. — Commandant de l'armée des Ardennes, 228. — Ses alarmes sur la situation de cette armée, 250, 251. — Annonce qu'il est coupé d'avec le général Miranda, 264. — Est, dit-on, à Namur, 318. — Va réprimer une insurrection à Hal, 355. — Commande la droite de l'armée française à Tirlemont, 442. — Est autorisé à se rendre à Paris, 481. — Son arrestation est ordonnée, 592, 593. — Sa correspondance avec la marquise de Montesson, III, 30. — Est d'abord laissé en arrestation chez lui, puis transféré dans une prison, 32. — Lettre adressée à Valence par les représentants aux places fortes du Nord, 66. — Il passe à l'ennemi, 98. — Sa lettre du 2 avril au général Biron, 402.

Valenciennes (Nord). — Ordres donnés au district de Valenciennes relativement aux mines d'Anzin et de Fresnes, I, 190. — Conduite répréhensible du maître de poste de Valenciennes, qui refuse les assignats, II, 112. — Succès du recrutement, 351. — Opérations des représentants, 424. — Lettre des adminis-

trateurs du district, 553. — Opérations de Cochon, Bellegarde et Lequinio, III, 37. — Envoi de deux représentants, 63. — Opérations de Cochon, Bellegarde et Lequinio, 65 à 67, 93 à 99, 137 à 140, 159, 174 à 176. — Opérations et lettres de Briez et de Du Bois du Bais, 197 à 200, 217, 222 à 225, 225 à 226. — Rappel des représentants Du Bois du Bais et Briez, 225. — Leurs lettres et leurs opérations, 245, 268, 286, 302 à 303, 313 à 314. — Ils sont rappelés de leur mission, 326. — Opérations des représentants, 332 à 334, 360 à 361, 374. — Décret relatif à la mission à Valenciennes, 387. — Le rappel de cette mission est suspendu, 388. — Opérations des représentants, 390, 413, 429 à 430, 472, 514, 525 à 527, 565 à 566, 583; IV, 4, 60, 209, 229, 241, 268, 299. — Le Comité de salut public demande le rappel de Bellegarde, Briez et Cochon, 286. — Mesures pour la défense de Valenciennes, V, 344, 345. — Réflexions de Du Bois du Bais sur la chute de cette place, 432. — Réflexions de Carnot sur le même sujet, 450. — Insubordination de la garnison, 464. — Mémoire de Briez et Cochon sur la reddition de cette place, 488. — Dispersion volontaire des soldats qui composaient la garnison de Valenciennes, 549.

Valentin. — Est nommé juge militaire, V, 225.

Vallières-les-Grandes (Loir-et-Cher). — Succès du recrutement dans cette commune, II, 425.

Valmont. — Est nommé commissaire national près l'armée de la Moselle, IV, 145.

Valognes (Manche). — Opérations de Le Carpentier et Bourdon, III, 217, 452 à 454.

Valombre, adjudant de la place de Metz. — Est arrêté, III, 152.

Van der Noot. — Son parti est dominant à Nieuport, II, 181.

Vandeuvre, banquier. — Est mis en arrestation, V, 446.

Vanhecghe, administrateur du district de Saint-Omer. — Traduit la constitution de 1793 en langue flamande, V, 227.

Vannes (Morbihan). — Les insurgés royalistes entourent cette ville, II, 454. — Séjour des représentants, 588-590. — Opérations de Guermeur et Lemalliaud, III, 38 à 42, 52 à 56, 69 à 72, 123 à 124, 178 à 180, 546; IV, 149, 194, 229, 253, 313. — Opérations de Gillet et Merlin, 360.

Van Steveninck, armateur hollandais à Dunkerque. — Sa pétition au Conseil exécutif, II, 418.

Vaqué. — Commissaire observateur en 1793, I, xlix.

Varades (Loire-Inférieure). — Cette commune accepte la constitution, V, 417.

Varaigne ou Devaraigne (B.), député à la Législative. — Sa mission aux prisons, I, lxiv.

Varin. Est nommé commissaire national près l'armée de Péronne, IV, 145.

Varini, membre de la Commune. — Commissaire du Conseil exécutif, I, 38.

Varlet (Charles-Zachée-Joseph), député du Pas-de-Calais à la Convention. — Est désigné par le Comité de défense générale pour une mission dans le Nord, II, 38. — Cette désignation est confirmée par la Convention, 58. — Notice biographique, ibid. — Est remplacé dans sa mission par Cochon, 61, 62.

Vast, commissaires des guerres à l'armée du Midi. — Ses prévarications, I, 245.

Vatry (Marne). — Danton et Delacroix sont injuriés par le maître de poste de cette commune, II, 113.

Vaublanc (Viennot de), député à la Législative. — Membre de la Commission extraordinaire, I, xlix. — En mission dans l'Oise, lviii.

Vaucluse (Département de). — Formation de ce département, V, 64.

Vaudoncourt (Moselle). — Kellermann établit son camp dans ce village, I, 164.

Vaudreuil (Marquise de). — État certifié de tous les effets et argenterie trouvés chez elle, III, 518.

Vaugeois, commissaire national à Verviers (Belgique), I, 457. — Notice biographique, 459. — Est nommé accusateur militaire, IV, 405.

Vaux (Belgique). — Annexion de ce lieu à la France, II, 464.

Velin, secrétaire d'une commission près les places frontières. — Est nommé juge militaire, V, 480.

Velvain (Belgique). — Annexion de ce lieu à la France, II, 464.

Vendée (Département de la). — Mission de Gasparin, du Bois du Bais, Auguis, Carra et Bourbotte, II, 303, 312. — Débuts de l'insurrection en Vendée, 367, 368. — Ce département demande du secours à celui de la Nièvre, 413, 414. — Envoie des commissaires extraordinaires au Comité de défense générale, 460. — Forces envoyées au secours de la Vendée, 531. — Les représentants en mission présentent un mémoire sur les troubles de la Vendée, III, 160. — Envoi de renforts, 450, 490. — Il sera envoyé à l'armée de la Vendée tous les fusils disponibles à la manufacture de Saint-Étienne, 509. — Troubles dans ce département, 553. — Mesures militaires prises contre les rebelles, 593. — Débat au Comité de salut public sur l'insurrection vendéenne, IV, 1. — Lettre des représentants au Conseil exécutif où le danger de leur position, IV, 82. — Rapport de Baudry sur les troubles de la Vendée, 464-465. — Envoi de la garnison de Mayence en Vendée, V, 440. — Voir Vendéens.

Vendéens (Insurgés). — Ils massacrent les républicains à Machecoul, II, 313. — Historique de l'insurrection par Richard et Choudieu, 314. — Débuts de la révolte vendéenne, 367, 368. — Les insurgés sont vaincus près de Chantonnay, 399. — Leur caractère, d'après Carra et Auguis, 416. — Et d'après Piorry et Lejeune, 420. — Progrès des Vendéens, 460. — Préparatifs pour le combattre, 485. — Le Comité de salut public discute le mode d'organiser une force publique contre eux, III, 575; IV, 56. — Envoi de renforts, 57. — Les Vendéens prêtent serment à Louis XVII, 153. — Ils sont vaincus par les républicains, 210, 932. — Adresse que leur décrète la Convention, 221, 222. — Ils mettent des prisonniers en liberté sous des conditions que reconnaît le Comité de salut public, 308. — S'emparent de Saumur, 503. — Importants détails sur leur succès, 582, 583, 598-609. — Ils sont battus à Parthenay, V, 79. — Échec de leurs tentatives sur Luçon, 129. — Et sur Nantes, 134. — Arrêté du Comité de salut public sur la façon de leur faire la guerre, 371. — Ils évacuent la ville de Thouars, 433. — Projet de Choudieu pour les réduire, ibid. — Leur échec à Doué, 483. — Ils sont chassés des Ponts-de-Cé, 503. — Et repoussés près de Nantes, 531. — Horreurs qu'ils commettent près d'Angers, 541. — Leur défaite près de Luçon, 551.

Venise (Italie). — Ses armements maritimes, I, 8. — Demande de réparation adressée à l'ambassadeur de Venise par le gouvernement français, 15. — Cet ambassadeur promet satisfaction, 24. — Les émigrés portent publiquement la cocarde blanche dans cette ville, 41. — Mesures défensives prises contre elle par le Conseil exécutif, 42. — Noël y est nommé ministre de la République, IV, 499.

Venloo (Hollande). — Évacuation de cette ville par les Hollandais, I, 465. — Dumouriez reçoit l'ordre de s'en emparer, II, 30, 93.

Verchers (Les) [Maine-et-Loire]. — Succès des républicains dans ce lieu, IV, 362.

Verdun (Meuse). — Reprise et capitulation de cette place, I, 138-140. — Les représentants font une enquête sur la conduite des habitants pendant l'occupation ennemie, 148, 149. — On y saisit une correspondance des émigrés, 162. — Manque de garnison, III, 168. — Le Comité de salut public maintient Verdun comme place de guerre, IV, 400-402.

Vergnes, chef d'état-major de l'armée des Côtes de Brest. — Merlin (de Douai) et Cavaignac disent qu'il ferait un bon ministre de la guerre, V, 314. — Ses observations sur la retenue qui s'exerce à la charge des caporaux en route, 330.

Vergniaud (Pierre-Victurnien), député de la Gironde à la Législative et à la Convention. — Membre de la Commission extraordinaire, I, xlix. — Chargé de presser le Comité diplomatique, li. — Son rapport sur la déchéance, lii. — Membre du Comité de défense générale, II, 515. — Notice biographique, ibid. — Est chargé d'un rapport sur le ministère de l'intérieur, 562. — Sa lettre au club des Récollets de Bordeaux, IV, 196. — Demande que le Comité de salut public presse son rapport sur les députés détenus, V, 2. — Sa prétendue évasion, 78.

Verlsict (Guillaume), belge. — Est incarcéré, II, 355.

Vermeil, volontaire du Doubs. — Emprisonné par ordre du maréchal de camp Demars, II, 97.

Verne (Belgique). — Annexion de ce lieu à la France, II, 464.

Verneuil (Jean-Étienne), ancien major commandant de Port-Vendres. — Est nommé lieutenant-colonel commandant de la place de Bellegarde, I, 204.

Verneuil (Marne). — Passage de courriers suspects par cette ville, IV, 151.

Verninac (de), diplomate. — Est nommé ministre en Suède, IV, 499. — Ses pouvoirs, 586-588. — Est chargé de protéger les négociations de Beaumarchais, V, 63-65.

Vernon (Eure). — Envoi de munitions à cette commune, V, 233. — Opérations d'Esnüe de la Vallée à Vernon, 236. — Et de Du Roy, 244, 245. — Défaite des fédéralistes près de Vernon, 260, 261. — Prétentions de cette ville, 327.

Vernières. — Commandant d'un corps de gendarmerie nationale, I, 121.

Versailles. — Arrivée de Maure et de Chales dans cette ville, II, 315. — Renard Duclozeaux y est envoyé comme commissaire du Conseil exécutif, 438. — Opérations de Le Cointre, Prieur (de la Marne) et Romme, IV, 87. — Arrêté relatif aux harnais qui se trouvent dans les maisons de la ci-devant liste civile à Versailles, V, 446.

Vert-Bois (Belgique). — Annexion de ce lieu à la France, II, 464.

Verteuil, commandant de l'armée vendéenne, II, 368, 400.

Verteuil, général. — Éloge de son patriotisme, II, 189. — Projet de le destituer, 436. — Bernard et Guimberteau le remplacent [1] par Berruyer, III, 291. — Mazade et Garnier se plaignent vivement de sa destitution, V, 11.

Verviers (Belgique). — Les Français s'emparent de cette ville, I, 320, 321. — Vaugeois et Hébert y sont envoyés comme commissaires nationaux, 457, 459. — Scellés apposés sur les biens nationaux de Verviers, 488.

Vesoul (Haute-Saône). — Opérations des représentants, II, 396, 475; III, 161, 162. — Le citoyen Pinard est nommé directeur de la régie à Vesoul, 405.

Veuquin, élève-médecin de la marine. — Est nommé médecin auxiliaire à Toulon, II, 239.

Véze (Belgique). — Annexion de ce lieu à la France, II, 464.

Vézelise (Meurthe). — Annulation d'un arrêté pris par le district de cette ville, II, 40.

Vezins (Maine-et-Loire). — Nos troupes sont mises en déroute du côté de Vezins, III, 375, IV, 270.

Vezon (Belgique). — Annexion de ce lieu à la France, II, 464.

Vialla. — Est nommé commissaire du Conseil exécutif au Havre, IV, 145.

Vic-sur-Aisne (Aisne). — Arrêté du Comité de salut public relatif au port de cette ville, IV, 587.

[1] Ce nom est ici imprimé par erreur Verneuil.

VIELFORT (Geneviève), habitant du Pas-de-Calais. — Arrêté comme conspirateur, I, 101.

VIELLART père, homme de loi à Saint-Lô. — Candidat au ministère de la justice, II, 439.

Vienne (Isère). — Opérations des représentants dans l'Ain et l'Isère dans cette ville, IV, 74.

Vienne (Département de la). — Mission de Piorry et de Lejeune, II 303, 316. — Opérations du recrutement, 419, 420. — Dénonciation du 1er bataillon de la Vienne contre son chef, le citoyen Dumoustier, III, 499. — Par décret du 10 mai 1793 Creuzé-Pascal et Thibaudeau sont nommés représentants près l'armée des côtes de la Rochelle pour ce département, IV, 86. — Lettres de ces représentants, 132, 349, 535.

VIENNEY, conspirateur. — Est envoyé au tribunal révolutionnaire, III, 265.

VIGER (Philippe). — Est nommé commissaire du Conseil exécutif près l'armée du Nord, IV, 355.

VIGNETTE. — Est nommé directeur de l'enregistrement dans le département des Vosges, I, 100.

VIGNY, commissaire du Comité de salut public. — Est envoyé en Bretagne, V, 535.

VILLARET DE JOYEUSE (Louis - Thomas), amiral. — Sa lettre au ministre de la marine, III, 352. — Son rapport au Comité de salut public pour lui annoncer qu'il a repris l'île de Noirmoutier, IV, 7, 8. — Le Conseil exécutif l'engage à maintenir la plus exacte discipline dans son armée et à rendre compte de la conduite de chacun des officiers, 84. — Le ministre de la marine lui écrit de quitter la baie de Quiberon pour ne pas se laisser bloquer, 126. — Arrêté du ministre pour que les vaisseaux en état de sortir des ports de Brest, Lorient et Rochefort se joignent à ceux qui se trouvent sous le commandement de Joyeuse, 139, 187, 188.

VILLARS, ministre de France à Mayence. — Son compte rendu, I, LI.

VILLEBRUNE, directeur de la Bibliothèque nationale. — Rapport sur sa personne, I, XXXVII.

Villefort (Lozère). — Ce district fournit son contingent, III, 21. — Projet d'un complot contre-révolutionnaire qui devait se former aux environs de cette localité, 295.

Villefranche (Pyrénées-Orientales). — Rapport de Cassanyès sur la situation de cette ville, V, 446.

Villefranche (Tarn). — Opérations de Bo et de Chabot, III, 417.

VILLEMINOT, commandant des grenadiers-gendarmes. — Sa lettre au Comité de salut public, IV, 2.

Villeneuve (Lot - et - Garonne). — Opérations de Paganel et Garrau, III, 124.

VILLERS (François), député de la Loire-Inférieure à la Convention. — Est envoyé en mission dans le Loir-et-Cher, I, 272. (Voir ses lettres au mot Loir-et-Cher.) — Notice biographique, ibid. — En mission avec Fouché dans la Loire-Inférieure et la Mayenne, II, 303, 313. — Sa maladie, 431.

VILLEVIEILLE, capitaine de vaisseau en station aux Antilles. — Est remplacé pour cause d'incivisme, I, 214-215.

VIMAN, député à l'Assemblée législative. — Membre de la commission des Douze, I, XLVII.

Vinay (Isère). — La Société populaire de ce canton dote la jeune fille la plus vertueuse et la plus patriote, IV, 76.

Vincennes (Paris, aujourd'hui Seine). — Le Comité de salut public arrête que la famille royale sera transférée à Vincennes, III, 156.

VINCENT, commissaire du Conseil exécutif, I, XXX.

VINCENT (Jacques), adjoint au ministère de la marine, I, XXXIV. — Commissaire ordonnateur en chef de l'armée du Midi, décrété d'accusation, 243. — Ses malversations, 244, 245, 265, 266, 375. — Est dénoncé par la Société populaire de Toulon, II, 130, 131. — Est nommé adjoint au ministère de la marine, 167.

— Notice biographique, *ibid.* — Lettres de Taveau à son sujet, au nom du Comité de défense générale, 171, 186, 187. — Il donne sa démission, III, 157.

Vincent, ordonnateur civil de la marine au port de Bordeaux. — Sa destitution, V, 147, 148.

Vincuon, membre du directoire de l'Aisne. — Est suspendu de ses fonctions, I, 12.

Vinczac (La citoyenne). — Arrêté la concernant, V, 406.

Vire (Calvados). — Mission dans cette ville du commissaire du Conseil exécutif Pierre Gauthier, II, 439.

Virton (Luxembourg). — Les Autrichiens sont délogés de ce poste par le général Valence, I, 191.

Visé (Belgique). — Scellés apposés sur les biens nationaux de cette ville, I, 488.

Vitet (Louis), maire de Lyon, député de Rhône-et-Loire à la Convention. — Sa proclamation, I, 9. — Envoyé en mission à Lyon, 61. (Voir ses lettres au mot *Lyon.*) — Notice biographique, 62. — Est remplacé par Nivière-Chol à la mairie de Lyon, II, 201.

Vitré (Ille-et-Vilaine). — Les habitants de cette ville demandent des mesures contre les suspects, II, 431. — Beysser la préserve du pillage, 470.

Voirie. — Les représentants à Bayonne signalent le mauvais état des routes dans le sud-ouest, I, 153. — Le conventionnel Garrau s'occupe de les réparer dans les Landes, 154. — Leur mauvais état en Lorraine, 163. — Et dans le sud-est, II, 327. — Et dans la Gironde, 531.

Voiron (Isère). — Patriotisme révolutionnaire de cette commune, IV, 76.

Volland, ex-commissaire du Conseil exécutif. — Est nommé juge militaire, V, 292.

Volney, commissaire observateur en 1793, I, xxix.

Volney, littérateur. — Communique au Comité de défense générale des renseignements sur la Corse, II, 161, 173. — Fait la même communication au Conseil exécutif, 174. — Le Comité de défense générale lui pose diverses questions sur la Corse, 222, 223.

Volontaires. — Inconvénients du décret qui les autorise à quitter les drapeaux à la fin d'une campagne, I, 106. — Les représentants à l'armée du Midi insistent sur ce sujet, 116. — Les représentants dans le Nord font de même, 143. — Le 15ᵉ bataillon de volontaires témoigne du repentir de son indiscipline, 169. — Le Conseil exécutif fait renvoyer dans leurs municipalités respectives des volontaires détenus à Reims pour désertion, 208. — Éloge des volontaires campés dans le Porentruy, 216-217. — Insubordination du 4ᵉ bataillon du Var à Lyon, 267, 268. — Ils quittent en grand nombre l'armée de Dumouriez, 289, 290. — Proclamation de la Convention pour engager les volontaires à rester sous les drapeaux, 313. — Décret sur cette question, 323. — Des volontaires abandonnent l'armée de Beurnonville, 441, 442. — Levée de volontaires dans le Mont-Blanc, II, 82. — Pétition des volontaires du 6ᵉ bataillon du Doubs contre le général Demars, 98, 99. — Les volontaires en garnison à Calais demandent la solde de guerre, 139. — Dénuement du 4ᵉ bataillon du Gard, 237. — Désertion des volontaires en Belgique, 393, 443, 444. — Valeur et désintéressement des volontaires de la Nièvre, 557. — Ceux de l'Aveyron sont envoyés à l'armée des Pyrénées, 604. — Arrêté relatif à ceux qui se sont retirés à Lille, III, 6. — Des volontaires de l'armée du Nord se dirigent vers Paris, 136. — Leur indiscipline, 196. — Licenciement de ceux de la Corse, 204. — Leur tenue à l'affaire de la Châtaigneraie, 233. — La Société républicaine de Prats-de-Mollo ouvre une souscription en faveur des volontaires, 238. — Le Comité de salut public recommande de surveiller l'armement des volontaires, 244. — Du Bois du Bais et Briez sont d'avis d'amalgamer les bataillons des

volontaires, 245. — Dans l'Aube et l'Yonne, les volontaires marchent au combat avec assurance, 249. — Le départ des volontaires est suspendu dans l'Aube et l'Yonne, 251. — Kellermann propose d'établir l'égalité du nombre entre les troupes de ligne et les volontaires nationaux, 259. — Licenciement d'une partie des volontaires de la Corse, 262. — Le départ des volontaires est suspendu dans l'Yonne et l'Aube, 294. — Difficulté de les armer dans le Lot, 306. — Il est impossible d'armer tous ceux de l'Aveyron et du Tarn, 349. — Le ministre présentera un mode de réunion des bataillons de volontaires et des troupes de lignes, 352. — Mesures prises par que Jeanbon Saint-André et Lacoste pour leur armement, 375. — Le ministre de la guerre écrit au général Berruyer pour l'inviter à armer les volontaires, 415. — Interdiction de les organiser en corps particulier, 459. — Le Comité de salut public arrête qu'ils seront sans délai incorporés dans les cadres existants, 507, 508. — Secours accordés par la Convention aux femmes et aux enfants des volontaires, 587. — La levée de 300,000 hommes est complète dans la Côte-d'Or et le Jura, IV, 51. — Un grand nombre de volontaires quittent les drapeaux à l'armée des Pyrénées orientales, sous prétexte qu'ils ne doivent pas rester plus d'un mois en état de service, 79. — Décret sur leur solde, 221. — Leur ardeur dans la guerre de postes, 299. — Marche irrégulière des volontaires parisiens se rendant en Vendée, 320. — Les volontaires qui se rendent à Tours ont vendu ou perdu leurs armes, 344. — Volontaires alsaciens envoyés contre les Vendéens, 349. — Levée d'un bataillon en Seine-et-Oise, V, 101, 110. — Et dans l'Aube, 136, 151. — Le département de Seine-et-Marne est invité à lever deux nouveaux bataillons, 141. — Les bataillons de Bordeaux à l'armée de Biron réclament leur remplacement, 160. — Une partie des volontaires de la Gironde quitte l'armée des Côtes de la Rochelle, 339, 411. — Atrocités commises près d'Angers par deux bataillons de Paris, 432. — Le département de la Nièvre lève 1,120 hommes, 533. — Les volontaires de Toul volent à Wissembourg, 543. — Voir Armée et Recrutement.

Vosges (Département des). — Nomination du directeur de l'enregistrement de ce département, I, 100. — La principauté de Salm est incorporée aux Vosges, II, 248. — Mission de Roux et de Perrin dans les Vosges et la Haute-Marne, 302, 305. — Le recrutement est terminé dans les Vosges, 530, 607; III. 75.

Voulland (Jean-Henri), député du Gard à la Convention. — En mission avec Bonnier dans le Gard et l'Hérault, II, 303, 309. (Voir ses lettres au mot Gard.) — En mission dans le Mont-Blanc, III, 214 à 217. (Voir ses lettres au mot Mont-Blanc.) — Notice biographique, 214.

Vrinz (Maximilien-Joseph de), citoyen de Brême. — Séquestre de ses biens, V, 324.

Vuibert, président du tribunal du district de Rethel. — Est nommé accusateur militaire, IV, 405.

W

Warloing (Belgique). — Annexion de ce lieu à la France, II, 464.

Washington, président des États-Unis de l'Amérique. — Lettre que lui écrit le Conseil exécutif de France, I, 478-480.

Wasseignes (Belgique). — Réunion de ce lieu à la France, II, 341.

Wervicq (Nord). — Ce poste est attaqué pendant la nuit et repousse l'ennemi, III, 270.

Westermann (François-Joseph). — Com-

missaire du Conseil exécutif près l'armée des Ardennes, I, 56. — Notice biographique, *ibid*. — Chargé de transmettre au Conseil exécutif les propositions prussiennes, 70. — Recrute une *légion du Nord*, 351. — Le Comité de défense générale ordonne son arrestation, II, 592. — Carnot et Lesage-Senault envoient des pièces relatives à Westermann, III, 178, — Son rapport élogieux sur la légion du Nord, 562. — Sa légion est transférée en Vendée, IV, 55, 285, 286, — Westermann bat les Vendéens à Parthenay, V, 79, 90, 104, 105. — Remporte un nouveau succès, 159. — Est battu à Châtillon, 203.

Wiers (Belgique). — Annexion de ce lieu à la France, II, 464.

Willemeau (Belgique). — Annexion de ce lieu à la France, II, 464.

Willemstad (Hollande). — Siège de cette place, II, 231.

WILLOT, général. — Il fait une tentative malheureuse sur le port de Céret avec le général Gauthier, III, 381. — Il est éloigné de son commandement, 419. — Et mis en arrestation, 623. — Pièces relatives à son procès, IV, 427.

WIMPFFEN (Félix), général. — Commandant de l'armée des côtes, I, 82. — Est dénoncé par la municipalité de Thionville, 261. — Notice biographique, *ibid*. — Son billet au Conseil exécutif, 262. — Est entendu par le Conseil et se justifie, 268, 269. — Est blâmé par le Conseil pour avoir violé le territoire de l'Électeur palatin, 336. — Il est question de lui pour commander une armée à former sur les côtes de la Manche, 367. — Obtient des voix pour être ministre de la guerre, II, 56. — Est nommé commandant de l'armée des côtes de la Manche, 168. — Faiblesse numérique de ses troupes, 585. — Les représentants Rochegude, Prieur et Defermon transmettent ses vues, III, 227 à 231. — Il est mandé par le Comité de salut public, V, 4. — Sa réponse au ministre de la guerre, 26, 27. — Projet de le décréter d'accusation, 77. — Défense d'obéir à ses ordres, 132, 144. — Ses intrigues contre Bertèche, 312, 313. — Proclamation adressée à ses soldats par les représentants, 379. — Son influence à Caen, 510.

WIMPFFEN (François), général de division. — Jugement porté sur lui par les représentants à l'armée du Rhin, II, 331.

WIMPFFEN fils. — Ritter annule sa nomination au grade de commandant du 5ᵉ bataillon du Haut-Rhin, V, 21.

Winter (Compagnie). — Le Comité de salut public la frappe de déchéance, IV, 123. — Elle réclame, 222. — Le ministre de la guerre est autorisé à continuer à l'employer, 296, 297, 329. — Contestation entre cette compagnie et le ministre de la guerre, V, 97.

Wissembourg (Bas-Rhin). — Opérations des représentants en mission à l'armée du Rhin, III, 235, 273, 274, 294, 337, 417, 478 à 480; IV, 15 à 17, 65, 134, 171, 234, 262, 274, 276, 292. — Réunion provisoire au district de Wissembourg de communes allemandes annexées, 275. — Lettres des représentants, 315, 325, 342, 349, 377. — Échec des Autrichiens près de Wissembourg, V, 542, 543.

WITTINGOUFF (Baron DE), lieutenant général. — Les représentants demandent son remplacement, II, 409. — Il arrive à Angers, 448, 486.

Worms (Allemagne). — Annexion de cette ville à la France, II, 581.

Y

Yeu (Île d'). — Cette île tombe au pouvoir des insurgés royalistes, II, 549. —   Sommation adressée à ses magistrats par Guerry de la Fortinière, 569.

Ypres (Belgique). — Suppression de l'administration provisoire de cette ville, II, 87.

Yonne (Département de l'). — Troubles dans ce département au sujet des subsistances, I, 118. — Mission de Garnier et de Turreau dans l'Aube et l'Yonne, II, 303, 317. — Succès du recrutement, III, 249.

Yonck (Duc d'). — Il doit se porter d'Ostende sur Dunkerque, III, 296.

Ysabeau (Claude-Alexandre), député d'Indre-et-Loire à la Convention. — En mission avec Neveu dans les Hautes et les Basses-Pyrénées, II, 303, 312. (Voir ses lettres au mot *Basses-Pyrénées*.) — Est envoyé en mission à Perpignan, III, 215 à 217.—Notice biographique, 215. — En mission à l'armée des Pyrénées occidentales, 540 à 544. (Voir ses lettres au mot *Armée des Pyrénées occidentales*.) — Lettre de sa main, V, 15. — Envoyé de nouveau à l'armée des Pyrénées occidentales, 153, 157. — Son éloge par Féraud, 204. — Ses opérations à Tarbes, 356, 368.

Ysabeau [1] (François-Germain), père du précédent. — Commissaire nommé par le Conseil exécutif pour assister à l'exécution de Louis XVI, I, 497, 501.

Z

Zélande (Hollande). — Les réfugiés hollandais en France proposent au Conseil exécutif un projet d'invasion de cette province, I, 411, 414. — Le Conseil exécutif ajourne ce dessein, 482.

Zevenbergen (Hollande). — Opérations du général Dumouriez dans ce lieu, II, 231.

Zugarramondi (Espagne). — Les Français s'emparent de cette localité, III, 376.

Zurich (Suisse). — Rôle de cet État dans les démêlés avec la France I, 156-158.

[1] Et non *Isabeau*.

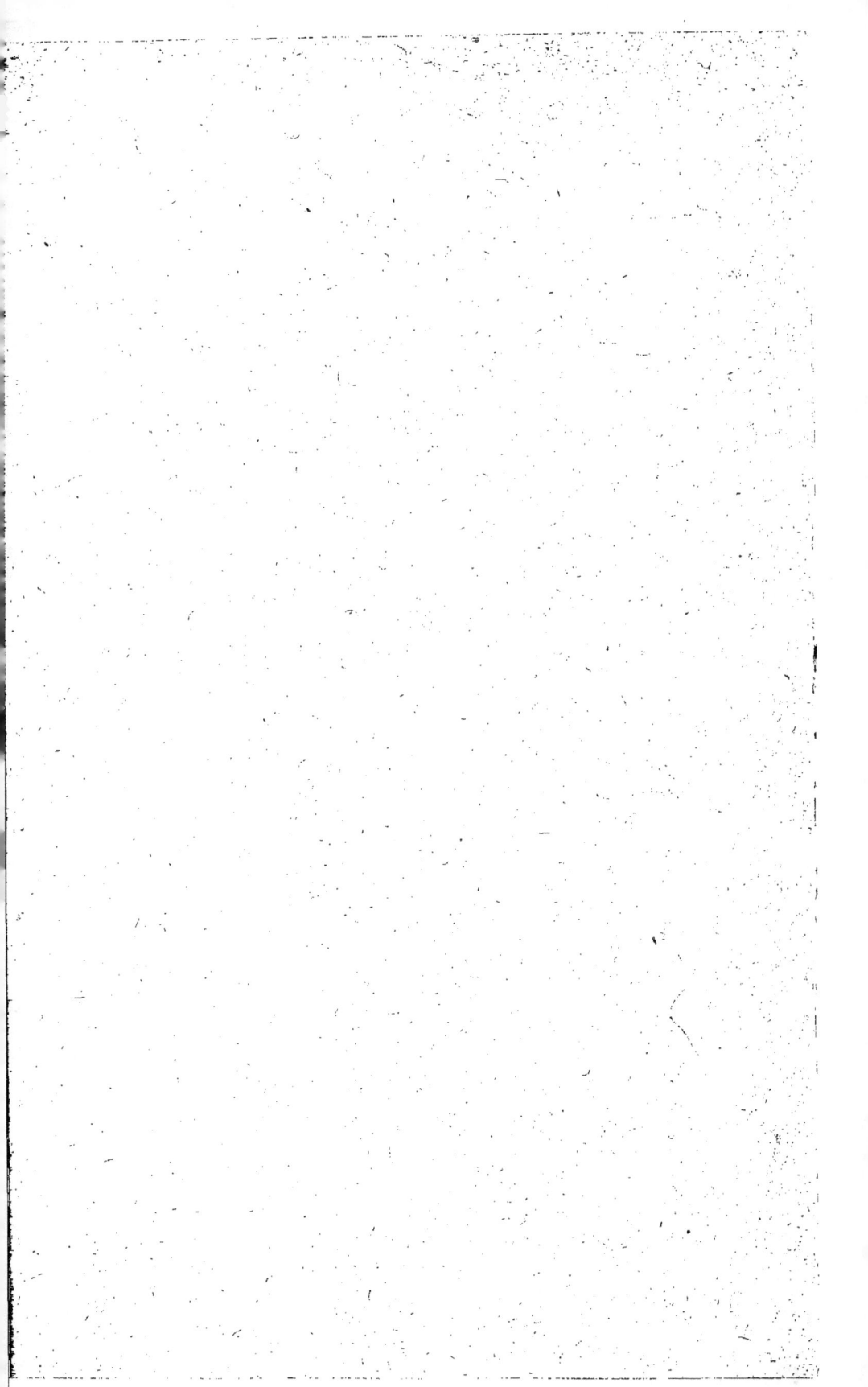

SE TROUVE À PARIS

À LA LIBRAIRIE HACHETTE ET Cⁱᵉ

BOULEVARD SAINT-GERMAIN, 79

www.ingramcontent.com/pod-product-compliance
Lightning Source LLC
Chambersburg PA
CBHW060027100426
42740CB00010B/1624